浙江省文化研究工程指导委员会

浙江文化名人传记精选修订丛书

原 主 编：万　斌

执行主编：卢敦基

时代的吹号者

艾 青 传

骆寒超　骆蔓　著

浙江人民出版社

图书在版编目（CIP）数据

时代的吹号者 ：艾青传 / 骆寒超，骆蔓著.

杭州 ：浙江人民出版社，2025. 6. -- ISBN 978-7-213
-12041-1

Ⅰ. K825. 6

中国国家版本馆CIP数据核字第2025RZ9527号

时代的吹号者：艾青传

SHIDAIDE CHUIHAOZHE AIQING ZHUAN

骆寒超　骆　蔓　著

出版发行：浙江人民出版社(杭州市环城北路177号　邮编　310006)

市场部电话:(0571)85061682　85176516

| 责任编辑:尚咪咪 | 责任校对:杨　帆　汪景芬 |
| 责任印务:程　琳 | 封面设计:王　芸 |

电脑制版:杭州天一图文制作有限公司

印　　刷:杭州钱江彩色印务有限公司

开　　本:710毫米×1000毫米　1/16	印　　张:22
字　　数:330千字	插　　页:2
版　　次:2025年6月第1版	印　　次:2025年6月第1次印刷

书　　号:ISBN 978-7-213-12041-1

定　　价:82.00元

如发现印装质量问题,影响阅读,请与市场部联系调换。

"浙江文化研究工程成果文库" 总序

有人将文化比作一条来自老祖宗而又流向未来的河，这是说文化的传统，通过纵向传承和横向传递，生生不息地影响和引领着人们的生存与发展；有人说文化是人类的思想、智慧、信仰、情感和生活的载体、方式和方法，这是将文化作为人们代代相传的生活方式的整体。我们说，文化为群体生活提供规范、方式与环境，文化通过传承为社会进步发挥基础作用，文化会促进或制约经济乃至整个社会的发展。文化的力量，已经深深熔铸在民族的生命力、创造力和凝聚力之中。

在人类文化演化的进程中，各种文化都在其内部生成众多的元素、层次与类型，由此决定了文化的多样性与复杂性。

中国文化的博大精深，来源于其内部生成的多姿多彩；中国文化的历久弥新，取决于其变迁过程中各种元素、层次、类型在内容和结构上通过碰撞、解构、融合而产生的革故鼎新的强大动力。

中国土地广袤、疆域辽阔，不同区域间因自然环境、经济环境、社会环境等诸多方面的差异，建构了不同的区域文化。区域文化如同百川归海，共同汇聚成中国文化的大传统，这种大传统如同春风化雨，渗透于各种区域文化之中。在这个过程中，区域文化如同清溪山泉潺潺不息，在中国文化的共同价值取向下，以自己的独特个性支撑着、引领着本地经济社会的发展。

从区域文化入手，对一地文化的历史与现状展开全面、系统、扎实、有序的研究，一方面可以借此梳理和弘扬当地的历史传统和文化资源，繁荣和丰富当代的先进文化建设活动，规划和指导未来的文化发展蓝图，增强文化软实力，为全面建设小康社会、加快推进社会主义现代化提供思想保证、精神动力、智力支持和舆论力量；另一方面，这也是深入了解中国文化、研究中国文化、发展中国文化、创新中国文化的重要途径之一。如今，区域文化研究日益受到各地重视，成为我国文化研究走向深入的一个重要标志。我们今天实施浙江文化研究工程，其目的和意义也在于此。

千百年来，浙江人民积淀和传承了一个底蕴深厚的文化传统。这种文化传统的独特性，正在于它令人惊叹的富于创造力的智慧和力量。

浙江文化中富于创造力的基因，早早地出现在其历史的源头。在浙江新石器时代最为著名的跨湖桥、河姆渡、马家浜和良渚的考古文化中，浙江先民们都以不同凡响的作为，在中华民族的文明之源留下了创造和进步的印记。

浙江人民在与时俱进的历史轨迹上一路走来，秉承富于创造力的文化传统，这深深地融汇在一代代浙江人民的血液中，体现在浙江人民的行为上，也在浙江历史上众多杰出人物身上得到充分展示。从大禹的因势利导、敬业治水，到勾践的卧薪尝胆、励精图治；从钱氏的保境安民、纳土归宋，到胡则的为官一任、造福一方；从岳飞、于谦的精忠报国、清白一生，到方孝孺、张苍水的刚正不阿、以身殉国；从沈括的博学多识、精研深究，到竺可桢的科学救国、求是一生；无论是陈亮、叶适的经世致用，还是黄宗羲的工商皆本；无论是王充、王阳明的批判、自觉，还是龚自珍、蔡元培的开明、开放，等等，都展示了浙江深厚的文化底蕴，凝聚了浙江人民求真务实的创造精神。

代代相传的文化创造的作为和精神，从观念、态度、行为方式和价值取向上，孕育、形成和发展了渊源有自的浙江地域文化传统和与时俱进的浙江文化精神，她滋育着浙江的生命力、催生着浙江的凝聚力、激发着浙江的创造力、培植着浙江的竞争力，激励着浙江人民永不自满、永不停息，在各个不同的历史时期不断地超越自我、创业奋进。

悠久深厚、意韵丰富的浙江文化传统，是历史赐予我们的宝贵财富，也是我们开拓未来的丰富资源和不竭动力。党的十六大以来推进浙江新发展的实践，使我们越来越深刻地认识到，与国家实施改革开放大政方针相伴随的浙江经济社会持续快速健康发展的深层原因，就在于浙江深厚的文化底蕴和文化传统与当今时代精神的有机结合，就在于发展先进生产力与发展先进文化的有机结合。今后一个时期浙江能否在全面建设小康社会、加快社会主义现代化建设进程中继续走在前列，很大程度上取决于我们对文化力量的深刻认识、对发展先进文化的高度自觉和对加快建设文化大省的工作力度。我们应该看到，文化的力量最终可以转化为物质的力量，文化的软实力最终可以转化为经济的硬实力。文化要素是综合竞争力的核心要素，文化资源是经济社会发展的重要资源，文化素质是领导者和劳动者的首要素质。因此，研究浙江文化的历史与现状，增强文化软实力，为浙江的现代化建设服务，是浙江人民的共同事业，也是浙江各级党委、政府的重要使命和责任。

2005年7月召开的中共浙江省委十一届八次全会，作出《关于加快建设文化大省的决定》，提出要从增强先进文化凝聚力、解放和发展生产力、增强社会公共服务能力入手，大力实施文明素质工程、文化精品工程、文化研究工程、文化保护工程、文化产业促进工程、文化阵地工程、文化传播工程、文化人才工程等"八项工程"，实施科教兴国和人才强国战略，加快建设教育、科技、卫生、体育等"四个强省"。作为文化建设"八项工程"之一的文化研究工程，其任务就是系统研究浙江文化的历史成就和当代发展，深入挖掘浙江文化底蕴、研究浙江现象、总结浙江经验、指导浙江未来的发展。

浙江文化研究工程将重点研究"今、古、人、文"四个方面，即围绕浙江当代发展问题研究、浙江历史文化专题研究、浙江名人研究、浙江历史文献整理四大板块，开展系统研究，出版系列丛书。在研究内容上，深入挖掘浙江文化底蕴，系统梳理和分析浙江历史文化的内部结构、变化规律和地域特色，坚持和发展浙江精神；研究浙江文化与其他地域文化的异同，厘清浙江文化在中国文化中的地位和相互影响的关系；围绕浙江生动的当代实践，深入解读浙江现象，总结浙江经验，指导浙江发展。在研究力量上，通过课题组织、出版资助、重点研究基地建设、加强省内外大院名校合作、整合各地各部门力量等途径，形成上下联动、学界互动的整体合力。在成果运用上，注重研究成果的学术价值和应用价值，充分发挥其认识世界、传承文明、创新理论、咨政育人、服务社会的重要作用。

我们希望通过实施浙江文化研究工程，努力用浙江历史教育浙江人民、用浙江文化熏陶浙江人民、用浙江精神鼓舞浙江人民、用浙江经验引领浙江人民，进一步激发浙江人民的无穷智慧和伟大创造能力，推动浙江实现又快又好发展。

今天，我们踏着来自历史的河流，受着一方百姓的期许，理应负起使命，至诚奉献，让我们的文化绵延不绝，让我们的创造生生不息。

2006年5月30日于杭州

目 录

引　言

　　在20世纪人类文明的星空中，出现了一颗又大又亮的诗星。他的光芒给众多命运不幸者以温暖，给许多心灵受创者以勇气，给无数真理追求者以信念。他的光芒还将穿越世纪，通向未来。这颗星，从亚洲的东方升起，从中国的吴越大地升起，从东南沿海浙江升起，从金华婺州这块红土地上升起。

　　他就是"中国诗坛的泰斗"①——艾青。

---

①引自智利大诗人、诺贝尔文学奖获得者巴勃罗·聂鲁达的话。

第一章　畈田蒋村的孩子

1910年3月27日，即宣统二年（庚戌）农历二月十七，艾青诞生在浙江金华一户姓蒋的人家。

金华是浙江中部的一座中等城市，一条北接杭州、南通株洲的铁道——浙赣铁路，像一条巨龙，喷云吐雾、逶迤而来，经年累月穿城而过，使这里成为重要的交通枢纽；更有义乌江与武义江历经曲折，到此汇入婺江，桅樯帆影、渔歌号子，一起装点着日波夜涛，滚滚东逝。金华不仅物产丰富、交通便利、商贾云集，且能以双龙洞、八咏楼、天宁寺、侍王府等地域人文景观，吸引普天下骚人墨客或前来观光、或寄托余生。早在12世纪初叶，宋代著名女词人李清照，在金兵大举南侵的离乱岁月里，就从山东避难至此，站在如今还横跨于三江交汇口的通济桥上，极目长天，吟诵出千古名篇《武陵春》——"闻说双溪春尚好，也拟泛轻舟。只恐双溪舴艋舟，载不动、许多愁"。由这三江口向北行30余公里，有个现属金东区傅村镇管辖的小山村——畈田蒋村，那里就是艾青的诞生地。

大叶荷与她的乳儿

畈田蒋村位于金东与义乌的交界线上。这条交界线以双尖山为中心，呈肩形蔓延开去，连绵10余里，是一片由红色的岩石、红色的泥土、红色的玉米穗子组合成的丘陵地。航慈溪荡漾着透明的水波蜿蜒地流淌着，带给山涧以归宿、池沼以滋养，使得这片贫瘠蛮荒的丘陵地，在山岚溪波的掩映里、青松翠竹的点缀下，显出了几分神秘、几点灵奇。不错，这是块"神奇三角洲"。20世纪的中国，应和着人的觉醒曾出现过一批面向世界的文化名人，其中就有好几位来自这块"神奇三角洲"，包括义乌的陈望道、冯雪峰、吴晗，金东的施存统、施光南父子，而艾青便来自金东这边的畈田蒋村。

这是一个小小的村庄，与外界相当隔绝，只有两个出口：往东行三里，到傅村镇；往西行半里，通西周村。村子南面是重峦叠嶂的南山，朝云暮霞变幻着山野景色，给人以山外青山的旷远遐思；村子北面是林深雾重的北山，枫叶松岗荫护着炊烟柴扉，给人以世外桃源的沉静凝想。全村由一条自东向西的卵石路贯穿起来，高矮不齐的瓦舍茅房向两边放射出去；埠阳塘、正宫塘、石王塘、荷花塘、门口塘……散布在村四周的老樟树荫、苦楝树旁，像星星一样闪烁着明丽的波光；而祠堂前、石井边、晒场上、果园内，终年出没着咳嗽的田夫、佝偻的石匠、担水的童养媳，算命的瞎子则一只手敲着面小锣，另一只手用一根细竹竿点着地、探着路，寂寞地走过。

艾青的家，就在这个村子的东南头。

这是一幢坐北朝南、三间两厢的台门楼屋。进得大门便是一个天井，正中有一条青石板路，通正厅台阶；石板路两旁置有长长的石条，匀称地置放着花草盆栽。上得台阶，正厅屋檐下的正中，挂着写有"望益"二字的直匾；大厅后壁悬有"天伦叙乐"横匾，匾下靠壁是搁几，正中置一座新式自鸣钟，左右是一对景德镇靛蓝大花瓶；紧挨搁几的是红漆八仙桌，两边分置红木雕花太师椅，使整个正厅显出几分肃穆气氛。正厅两侧的正屋分别是灶间和餐室；两边厢房分别是艾青祖母和父母亲的卧室，艾青就诞生在西厢房——一间铺着木地板、置有雕花大床的父母亲起居间里。

那是一次难产。

母亲苦苦挣扎了48个小时，还没能把孩子生下来。在半昏迷状态中，她忽然"啊"地叫了一声：艾青来到了人间。

这一家人为生了个白白胖胖的男孩子而分外高兴，父亲替他取名"正涵"，字"养源"，号"海澄"。可一等冷静下来，大家寻思开了：一个孩子出生得如此奇特，会给家里带来福还是祸呢？遂请算命瞎子为他排八字算命。瞎子经过仔细推算，竟吐出一番吓人的话来，说这孩子命硬，留在身边不是克死爹就是克死娘，让一家人不得安宁；若要避灾消难，除非寄养到穷人家去。瞎子的这一席话对蒋家来说无疑是当头一棒。

在畈田蒋村，蒋家靠着祖上遗留下来的四五十亩田，过着衣食无忧的生活。祖父也算有生意头脑，在世时在傅村镇上和人合股开了家"永福祥"杂货店，又在金华孝顺镇同样合股开了"蒋贤兴"南货店。艾青出生时，父亲蒋忠樽还只有21岁，正在金华的浙江省立第七中学（金华一中的前身）读书。蒋忠樽受了梁启超的影响，成了"维新派"的信徒，不仅在村子里最早剪去辫子，还订阅《申报》和《东方杂志》等，在研读"四书五经"、闲看《聊斋志异》之余，也经常翻阅世界地图，关注气象学和《天演论》。这使他有思想开放的一面，不仅支持女人放足，也不推崇"女子无才便是德"的古训，且不顾封建势力的反对，把女儿送到普通学校和教会学校去读书。但他也有地主家庭的通病：封建、迷信、守旧、吝啬，只求好好继承祖业，过安分守己的日子。因此，算命瞎子的一番推算就使他丧失了理性，初为人父的欢欣马上为相生相克的担忧所取代，并毫不犹豫地把这个刚出生的孩子送到村子里一个最穷最苦的人家里寄养。那家的农妇分娩不久，艾青便成了她的乳儿。她，就是大叶荷。

大叶荷的老家在邻村。由于当时童养媳地位卑微，她连一个真正的名字都没有，人们就用她老家的村名"大叶荷"称呼她。她在生下三个男孩后，丈夫亡故，迫于生计只得改嫁，从邻村的上姜村把一个叫姜正兴的招赘了进来。姜正兴好逸恶劳，使本来就一贫如洗的家更是捉襟见肘。大叶荷的第二个女儿落地不久，艾青就被送到她家来寄养。一个已生育数胎且长期营养不良的妇人，奶水本已不足，如今要喂养两张小嘴巴确实力不从心，为了能增加点收入补贴家用，她只得狠下心肠放弃了自己的女儿。

虽然为了几块"奶娘钱"，但大叶荷并不只把艾青当作摇钱树看待，在一天天的哺育过程中，这个善良的劳动妇女与乳儿之间滋生了一种难以割舍的骨肉亲情。于是，每当劳作之余，她就用她宽大的手掌把艾青抱在怀里，用爱怜的眼光宽慰着这个不受家庭欢迎的孩子，小小的艾青在乳母的怀中无所顾忌地撒娇，用他清澈明净的目光诠释着母爱的无私。

农村的日子在农民们日出而作、日落而息的单调重复中无声逝去，艾青也一点点地长大且懂事了——他总是挑适当的时候去赢得忙碌中乳母的关注。看着这个机灵可爱的孩子，大叶荷悲苦的脸上焕发出了母性的光芒，她把舍不得吃、要换油盐火柴的鸡蛋省下来偷偷给乳儿吃，在年节里为他做冻米糖吃，每当艾青亲昵地叫她"妈妈"时，她都会放下手中的活计，用她黝黑的脸温柔地贴着乳儿白皙娇嫩的小脸蛋，亲吻乳儿的小嘴唇……母性的洁光在大叶荷平凡的脸上绽放了。

这样的日子过了四年，艾青便被父母领回去了。

艾青走进了一个全新的环境。这窗明几净、宽敞舒适的高大宅院跟狭窄的陋巷尽头乳母家那间残瓦颓墙、难挡风雨的小屋的对比，实在是太明显了，一种无所适从的窘迫感使艾青顿生怯意，他幼小的心灵里只觉得自己从此"做了生我的父母家里的新客"了。他不习惯这家中的一切，更何况"生我的父母"又总把这个贫苦农家养大的孩子看成是身份低微的人，不由自主地把他从家庭圈子里划了出去；对自己的父母只许叫"叔叔""婶婶"，不准叫"爸爸""妈妈"，无形中更增添了艾青与父母的距离。于是，童年的艾青内心深处涌动着淡淡的忧愁，那是一种无法言说的心灵伤害，然而，他只能用沉默寡言来反抗这种伤害，而他的沉默却使父母偶尔升起的愧疚与歉意转瞬即逝。

被孤独和寂寞包围着的艾青常常透过木格窗棂，望着窗外苍凉的远天发呆。他思念着乳母过度劳累而佝偻的背影，思念着她用散发着泥土芳香的粗糙手掌抚摸自己脸蛋的温暖，思念着那间只靠一丈见方的院子才送进一点亮光来的破旧小屋——因为那里才有真正的爱、温暖和慰藉。为此，他总是偷偷跑回大叶荷家去，只有在大叶荷温暖宽厚的怀抱中，他才能感觉到被人宠爱、受人重视的愉悦；而大叶荷每当看着乳儿悄然回来，总是悲喜交加，她为乳儿的不幸命运伤心落泪，也被乳儿对自己的这一片孺慕之情所感动。有一次，艾青将自己画的一张色彩鲜艳的关云长像送给她，她高兴地将画像贴在灶边的墙上，还直向邻居夸耀艾青的聪明、乖巧。大叶荷在等待，等待着她心爱的乳儿快点长大，她甚至梦想着有一天自己能以母亲的身份坐在宾客满堂的喜宴上，吃着乳儿的婚酒，接受着人们的恭维、道贺，更有娇美腼腆的新嫁娘亲切地唤她为"婆婆"……

艾青，这个被家里抛弃的人，在贫苦农妇大叶荷家中，获得了精神的慰藉和灵魂的归属感。然而，大叶荷赋予他的，岂止是甘甜的乳汁、伟大的母爱，更有那纯朴、憨厚的气质，勤劳、善良的本性。大叶荷把劳动者生存价值的感性因素给予了童年的艾青，这是多么珍贵的一笔精神财富，为艾青一生无畏地踏上一条为劳苦大众放声歌唱的艰难之旅起了决定性作用。

感受大革命时代的暴风雨

艾青被领回家后，就开始了他的读书生涯。他先在村中蒙馆念了一年，再进入村办乔山初级小学。三年后的1918年9月，8岁的艾青就读傅村镇私立育德小学。1919年，五四运动爆发不久，反帝反封建的呼声、要求民主与科学的进步思想，已在他的课本中出现了。

在育德小学，童年的阴影仍挥之不去。艾青不爱多说话，但他心灵手巧。凭着聪明，对付功课是件轻而易举的事，有时也免不了调皮捣蛋，比如在上课时厌倦了老师反复的讲解，他会在下面偷偷用黏泥或蜡油捏小玩意儿，或者悄悄地在作业本上给先生画头像，神似却形变，让先生哭笑不得。面对这个不受管束且早慧的学生，老师会在家访时状告家长，父亲脾气暴烈又爱面子，听到儿子不长进的行为，气不打一处来，边打边骂他。这样的打骂时常发生。有一年冬天，艾青与妹妹玩暖手用的小炭炉，艾青为了显示自己的本事，快速地将小炭炉翻转一圈，而炉内的炭火一点儿都没有掉出来，妹妹看着好玩也照样去做，结果炭火落到脖子内，把她烫得哇哇大哭。为此，父亲狠狠地痛打了他一顿。艾青认为不是自己的责任，越想越委屈，气得拿了张纸写上"父贼打我"四个大字压在父亲的案头，以发泄心头的愤懑，同时也准备承受更大的灾难。可是一天过去了，没见父亲来找他算账；两天过去了，仍没见父亲咆哮着抢起鞭子；到第三天，他发现父亲竟然对他和颜悦色起来。此后，父亲不再打他了。

从这件小事上，艾青悟出了一个人生哲理：想不受压迫，就要直起反抗！

在没有父亲体罚的日子里，艾青的心情轻松了不少。这期间，他痴迷于绘画和工艺美术，他能用竹子做成担水的小水桶，用白萝卜削制同学肖像，用红胶土捏成形态各异、栩栩如生的动物造型，让人忍不住赞叹；他做成一间门窗齐全的小木房，门窗可开可关，体现出他的匠心独运；他还做过万花筒，透过眼洞，在筒身的慢慢转动中，出现在眼前的是一幅幅五彩缤纷的动人画面，像西洋镜一样。当然，他图画和劳作两门课的成绩在学校里是最好的。学校每次举办画展，都有他的作品参展。此外，他的作文也不错，屡屡被作为范文贴在墙上。

对艾青而言，育德小学是难忘的，因为那里有一位艾青艺术上的启蒙老师。这位老师擅长绘画和工艺美术，常常带领学生们去野外写生，示范做各种手工艺品，以陶冶学生们的心灵。在他的言传身教下，艾青进一步加深了对视觉形体艺术的兴趣，发展了他心灵手巧的天赋。在家乡上演文明戏时，他看美术老师画舞台布景，又看老师拿泥土、石块充当道具，也不由得学了起来。这使父亲一再扬言要把他送到"贫民习艺所"去。

艾青才不理会父亲的态度，只要有机会，他还是会从课堂溜出去写生——画风景。他喜欢古定禅寺那种庄严肃穆的氛围，喜欢画寺门前那两棵老态龙钟的罗汉松；喜欢画村西北的扬乔山，那郁郁葱葱的山林给他多少神秘的美感；还喜欢画西周村头那株老樟树，画一只蚂蚁在树上艰难地爬行。在这样的描画中，他感受到了一种无法言喻的快乐，这种快乐弥补了家庭生活中的屈辱，让他有心灵归依的喜悦。

日子在这样的自娱自乐中悄然过去。1925年8月，他正式考取浙江省立第七中学（后简称"省七中"）。省七中是当年金华的最高学府，校内环境优美、设施齐全，除各类实验室，还有艺术馆；除必修课外，另有农业、木工、金工、藤工等职业类科目。省七中努力在崇尚读书的传统学风中提倡实践能力，从而多方面培养学生，尽可能激发出他们的潜能。

艾青来到省七中时，正是五卅运动之际。1925年5月30日，上海工人举行大规模反帝示威活动。当示威游行的队伍来到南京路上时，租界的英国巡捕突然开枪镇压工人，致使一瞬间这条上海第一繁华的大街在枪林弹雨中血流成河，触目惊心。这就是举国震惊的五卅惨案，之后，上海工人、学生、商界20余万人罢工、罢课、罢市。这一场轰轰烈烈的反帝爱国运动以上海为中心，声势浩大地向全国各地蔓延开去。浙江中部的小城金华，也掀起了一场以省七中为核心的学潮，响应这场反帝爱国斗争。学生们手执各色小旗，游行在大街小巷，他们高呼"抵制英、日货！""收回租界，誓雪国耻！""废除不平等条约！"等口号。在这一场斗争中艾青的民族意识觉醒。他与同学们一起来到通济桥下，来到梅花门、船埠头等处检查、抵制和没收英日货。一些不法奸商由于经营"仇货"而大发横财，游行队伍捣毁了这些商店、公司的招牌，打烂了它们的橱窗，把仓库中的"仇货"统统抬到南市街沙滩上当众烧毁。

艾青还和同学们一起冲进了"禁烟督察署"，那是一个以"禁烟"为名实则大肆贩卖鸦片、毒害人民的地方。英帝国主义在一个世纪前向中国大量倾销鸦片，血的教训记忆犹新，如今又在南京路上枪杀同胞，新仇旧恨同时袭上心头，大家义愤填膺，干脆就捣毁了这个官办机构。

随着革命形势的发展，《新青年》《向导》《小说月报》《赤光》《洪水》《科学的社会主义》《社会进化史》《经济侵略下之中国》等一些爱国的、反帝反封建的、宣传马列主义的书刊，在青年学生中广为流传，艾青的心也为那些滚烫、闪亮的字眼而激情澎湃，特别是一本油印的《唯物史观浅说》，给这位沉郁多思的少年开启了一扇哲理的门扉。他开始以阶级斗争学说来分析社会生活中许多不公道现象的原因。艾青后来深有感触地说，"《唯物史观浅说》，使我第一次获得了马克思主义阶级斗争的观念——这个观念终于和我的命运结合起来，构成了我一生的悲欢离合"[①]。

为了推翻帝国主义和封建军阀的反动统治，北伐战争打响了。北伐军于1926年7月兵分三路，向北方的军阀吴佩孚、南方的军阀孙传芳等发动进攻。同年12月，北伐军到达金华。金华人民一片欢腾，夹道欢迎，并举行了盛大的欢迎集会。军官在大会上作报告，宣传北伐的伟大意义。这时已17岁的初三学生艾青正坐在台下一角，神情痴迷地望着台上的年轻军官们。直到大会结束，

---

① 艾青：《在汽笛的长鸣声中》，载《艾青全集》第3卷，花山文艺出版社1991年版，第390页。

这支部队远去了，他还魂不守舍地徘徊在操场上，若有所思。

经过一段时间的深思熟虑，艾青决定到广州去报考黄埔军校。他回到畈田蒋村家中，向父亲坦陈了这一打算，父亲却沉默着，没有回答。没有父亲经济上的资助，艾青不能成行。不久，四一二反革命政变发生，白色恐怖蔓延到全国各地，艾青和许多青年一样，因时代的风云突变而无所适从、苦闷彷徨。

1928年暮春，即将初中毕业的艾青，随学校组织的旅行参观团第一次来到人间天堂杭州，为西子湖畔的旖旎风光所陶醉，写成《游痕》（二首）。这两首诗反映了一个少年人对自然风光的敏感，也体现了一代民主意识觉醒的青年徘徊在十字路口而无所依傍的复杂心境。

这个在省七中读书期间"不算是守纪律的学生"[1]，在学好功课的前提下，总想最大限度地发展自己的兴趣爱好。他爱画画，常常巧妙地逃课，溜到郊外写生。然而他的画也不是纯艺术倾向的风景画，而是一开始就从"一个时代有一个时代的文学"的艺术观念出发，把自己的审美创造和社会人生牢牢地结合起来。他同情劳动人民，同情封建礼教迫害下女性的悲惨命运。他曾经画过一幅仕女图，送给被他舅父抛弃的舅妈，在画上还题了两句诗："试问海山今夜月，不知何处照人圆？"这位不幸的女性将这幅画一直珍藏着，作为一种心灵的慰藉，陪伴她度过孤苦无告的一生。

初中毕业之后，艾青就怀着对"淡妆浓抹总相宜"的西子湖的眷恋之情，也怀着对绘画事业的挚爱之意，考入了位于杭州的国立艺术院绘画系。

西湖边孤独的画学生

国立艺术院就是今天中国美术学院的前身。它是在著名教育家蔡元培的直接倡导下建立起来的，创办于1928年春天，翌年秋天改名为国立杭州艺术专科学校，和那时的国立北平艺术专科学校南北对峙，成为中国美术界培养高级人才的地方。1928年秋天，艾青进入了这所权威性学府，成为该校绘画系第一届

---

[1] 周红兴：《艾青研究与访问记》，文化艺术出版社1991年版，第322页。

第二期学生。

那时，这所学校坐落在风景秀丽的西子湖畔，孤山脚下，柳绿桃红环绕的罗苑为总办公室，一株大樟树庇荫下的照胆台为大礼堂，三贤祠等处为教室，苏公祠、白公祠、莲花松舍做了学生寝室。德高望重的蔡元培当时深感中国艺术教育的落后，把"欧洲文艺复兴得重见于中国"的厚望寄托于这所学校，邀请年仅28岁的林风眠出任校长，还聘请了潘天寿、李风白、李金发、吴大羽、孙福熙、李骧、斋藤佳藏（日籍）、蔡威廉（蔡元培女儿）、林文铮、李苦禅等知名艺术家为教授，下设国画、油画和雕塑三个系。林风眠留法多年，回国后又已在国立北平艺术专科学校担任过校长。他艺术视野开阔、思想开明，不仅被公认是造诣很高的油画家，而且在艺术教育界被委以重任，威望很高，而他的为人又正直、厚道，所以在他的主持下，国立艺术院显示出一股良好的学风：要为艺术救国鞠躬尽瘁。他们富有"艺术情调"的校歌就是这样唱的："莫道西湖好，雷峰已倒；/莫道国粹高，保俶倾凋；/看，四百兆生灵快变虎豹！/不有新艺宫，情感何以靠？/艺校健儿，齐挥毫横扫！/艺校健儿，齐抡锤痛敲！/要把亚东艺坛重造！/要把艺光遍地耀！"

艾青进入这所学校，可谓如鱼得水。当时教他们中国画的是潘天寿，教水彩画的是孙福熙，教油画与木炭画的是王月芝，艾青从这些艺术大师的授课中，总结绘画的技巧，灵活运用线条与色彩，努力使孩提时代和中学时代所培育起来的对美术的热爱与才华，在这个环境中得到很好的发展。

常常湖面上淡淡的晨雾还没有褪尽，艾青就背着画具漫步在柳枝摇曳、清风拂面的长堤上，遥望在薄雾中游荡的远山，那变幻莫测的剪影，让他敏感的心浮想联翩；仰望朝阳下坚毅挺拔的保俶塔，像一柄长剑守护着这一池粼粼碧波，已历尽千年风霜，他的心中涌起莫名的感动；坐在临湖的长椅上，看涟漪轻荡的碧水间，鸟儿掠波而过，带出一串欢歌……大自然的活跃生趣让人情难自禁；站在断桥上，回看湖光山色，心往往在这一刻显得格外的平静而安详。或者拾级而上，穿过浓荫蔽天、逶迤曲折的山道，伫立孤山最高处远眺，望着空蒙的山色、高远的天幕和绿荫丛中古朴悠闲的亭台楼阁，感受着西湖的清丽与纯真。然后，他架起画架，用笔画着他对世界、对人生的新鲜感触，而忘掉了还须吃早饭、还得去上课。他在《忆杭州》一文中，曾这样回忆这段生活："每天在吃稀饭以前，不论是晴天还是细雨罩住湖面的早晨，我常是一个人背了画具，彳亍在西湖的边上，或是孤山的树林间，或是附近西湖的田野里，用自己喜爱的灰暗的调子，诚挚的心，去描画自己所喜爱的景色。"值得注意他是"用自己喜爱的灰暗的调子"。他确实不喜欢画美艳、奔放的景致，总觉得明丽、鲜亮的生活不属于自己，秋风、秋雨、秋色中西湖的空茫与暗淡和他内心的情调才是一致的，所以，他爱画栖霞岭下阴暗的茅屋、颓废的泥墙，初阳台边峥嵘的危石、冷僻的亭子，也爱画昭庆寺前手推车上的藕粉摊、望湖楼下瑟缩于晨风中的人力车夫……或许是童年大叶荷家贫穷困苦生活的烙印太深，或许是对落后闭塞的乡间环境感受太多，在他眼中"那种飘忽与迷蒙、清晨与黄昏的、浮动着水蒸气的野景，和那种为近海地带所常有的、随气候在变幻的天色，也常为我所爱"。这是为什么呢？他认为是"因为自己处境的孤独"[1]。

是的，孤独一直如影随形似的伴随着他，打他出生的那一天起，就深深地扎根在他的心头——乳母大叶荷虽然给了他神圣的母爱，但这个普普通通的农村妇女对生命的理解和感悟是有限的，她无法给予他所需要的精神上的慰藉；父亲的冷漠与暴烈，是一层无法融化的坚冰，阻隔着这对父子情感的交流；弟妹们尚不谙世事，艾青无意于与他们探讨人生；同窗学友们不是贪图玩乐、荒废学业，就是各有各的功利追求，艾青更无心与他们为伍。后来成为著名历史学家的吴晗，是他省七中时的同班同学，因为吴晗的家在义乌苦竹村，和畈田蒋村很近，吴晗的外婆家又在畈田蒋村，所以他们成了童年时代起就玩熟了的好伙伴。这对少年朋友在省七中时就彼此鼓励，热切地关注着时代风云的变幻，一起贪婪地吸取着新思潮、新观念。然而，中学毕业了，为了各自的理想追求，他们各奔东西，虽然往来书信不断，可时空的距离又怎能逾越！为此，艾青的心无所依靠，像一片浮萍沉浮在茫茫人海间。

而青春期对于生命莫名的怅惘与无边的忧郁又悄悄地袭来了。他一方面渴望着被人理解、被人重视、被人肯定，一方面又设屏障把自己封闭起来，拒绝

---

[1] 艾青：《忆杭州》，载《艾青全集》第5卷，花山文艺出版社1991年版，第3页。

任何关怀与帮助。这种矛盾心理困扰着他，使他始终觉得西湖虽然给了他心灵的激荡、美的全新领悟，却也给了他情窦初开者对爱情懵懂的幻想。他渴望得到异性的爱，渴望有一阵奇异的春风来化解内心的郁结，因此偷偷凝视过一个少女的倩影，幻想着能和她一起走过冬野的萧索。他也想追寻亲情的温暖，让心不再有漂泊无依的伤痛，无数次徘徊在断桥上，望着对岸住宅楼窗口透出的橘黄色灯光，想象着窗内温馨和乐的家庭生活——这对他来说同样是那么遥不可及。正是这些，使他陷入了一种生命感伤的复杂情怀而难以自拔，他说："西湖，是我的艺术的摇篮，但它对于我是暧昧的、痛苦的。它所给我的，是最初我能意识的人生的寂寞与悲凉——我如今依然很清楚地记忆到，在一个细雨的冬天的早晨，寒风从那些残败了的荷叶丛中溜过，我在一个墙角，曾落下了冰冷的眼泪。"①将近十年后，他在《忆杭州》一文中回忆到此时曾自问："除了绘画，少年时代的我，从人间得到的温热是什么呢？"②的确，绘画对他来说竟有了排解忧愁、发泄情绪的功能。

向世界寻求意境

在绘画之余，艾青还找到了另一条解忧之路，那就是躲在图书馆里，阅读古今中外的文学作品，沉浸在作品所描述的众生的喜怒哀乐中。他忘掉了小我的忧伤，心胸变得开阔起来，觉得自我是多么渺小，那些无病呻吟般的"哀号"毫无意义。在不断的阅读过程中，他找到了一个倾慕的作家，那就是活跃于19世纪中叶俄国文坛的屠格涅夫。这位作家的有些描述依稀是艾青所熟悉、所向往的，所以对他来说特别有亲切感。比如屠格涅夫笔下俄国农村衰败而闭塞的生存环境，广大农民贫困落后的生活状态，与畈田蒋村是那么吻合；散发着浓郁泥土气息、优美又诗意的田园风光：那白桦林，那背负着收获物晚归的农夫，那教堂的尖顶、十字架，那响着叮当的铃声驶过的马车……是艾青心灵所神往

---

① 艾青：《忆杭州》，载《艾青全集》第5卷，花山文艺出版社1991年版，第4页。
② 艾青：《忆杭州》，载《艾青全集》第5卷，花山文艺出版社1991年版，第3页。

的家园。还有，屠格涅夫在表现空幻、缥缈的爱情时，作品中的主人公总是有着纯洁、高尚的灵魂，一段令人动容的感情也总以悲剧的形式结束，让人扼腕兴叹之余，体现出爱情的永恒魅力，这种人格力量常常使人变得更高尚、更圣洁，这和艾青青春萌动期的苦闷以及把异性之爱看得很崇高、很完美的心理特征是一致的。屠格涅夫的作品能使人产生一种圣洁而又向上的人生态度，正好对艾青这种莫名的忧伤和孤独感起到了很合适的疗效。而对屠格涅夫作品的这种偏爱，也使艾青接近了文学，特别是诗。

其实艾青这段时间的孤独感伤情怀、青春忧郁只起了引发作用，更重要的是当他以"农人的后裔"的诚挚之心去观察和感应社会，以《唯物史观浅说》中的阶级分析观念去分析和把握社会时，他就不能不对阶级对立、贫富悬殊的生存环境发出愤慨。而阅读屠格涅夫作品的结果，也使他形成了另一种审美趋向：从这位反对农奴制的民主主义者的一些作品——如《猎人日记》中，青年艾青真切地感受到农奴制摧残下的俄国农民虽聪明能干、心地善良，却得不到人应有的生存权利与尊严，这何尝不是中国农民命运的回声！因此，对切身感受过中国农民悲剧命运的艾青来说，这无疑是一场对童年生活痛苦的回忆，强化了他对阶级压迫下农民屈辱的生活从感性向理性进化的认识，加深了他对不公道世界的对立情绪。

艾青始终保持着"农人的后裔"那颗对苦难易感的心和那双探究世界忧郁的眼睛，这使他在过着穷苦的画学生生活期间，灵魂里带有"农村青年式的爱和理想"。在《忆杭州》一文中，艾青也认为自己在国立艺术院时的精神个性，就是从这种"农村青年式的爱和理想出发的"。他说，"对于自然，有农人的固执的爱心；对于社会，取着羞涩的嫌避的态度；而对于贫苦的人群，则是人道主义的，怀着深切的同情——那些小贩，那些划子，那些车夫，以及那些乡间的茅屋与它们的贫穷的主人和污秽的儿女们，成了我作画的最惯用的对象"①。艾青当年如此固执地描绘大自然中阴暗的"茅屋""它们的贫穷的主人和污秽的儿女们"，正是体现着这种农村青年式的固执的爱。他虽然在西子湖边

---

① 艾青：《忆杭州》，载《艾青全集》第5卷，花山文艺出版社1991年版，第3页。

读书，但在固执的爱的作用下，他在向西湖寻求意境、体现人世苦难的绘画艺术追求过程中所选择的对象，呈现了这样一个递进式的主题系列：从自然世界的荒芜到人在荒芜环境中的迷路，再到寻求通向彼岸的途径。为此，他按这主题系列关系完成了一组画：《迷路》《桥》《难行》。这是一组"色彩写的诗"，在国立艺术院的一次画展中展出，竟得到了老师钟敬文等和同学们一致的称赞，连校长林风眠也发现了这个具有非同一般绘画才能的农村学生。

一个学期就要结束，同学们都拿到了成绩单，只有艾青——在色彩和线条的学习中已取得了优异成绩的他却拿不到成绩单。这意味着什么呢？正在心焦万分之际有人传话校长叫他去一趟。他忐忑不安地来到校长室，猜测着种种可能发生的情况。没料到校长说出了一句令他无法想象的话："你在这里学不到什么的，到法国去吧！"

的确，"这样的校长实在很难得"！

艾青灵魂的骚动不安，终于有了爆发的突破口。

在这之前，艾青凭着幻想和热情，以及出于对贫困、闭塞、愚昧的宗法制农村生活的厌憎，就常常想离开像"一株榕树似的平凡""一头水牛似的愚笨"的家乡，"走得很远——梦里也没有见过的地方"，去"见识得多些"，去寻找"闪着强烈的光芒的海港"——"人们过着神仙似的生活"①的异域他乡。现在经校长林风眠一鼓动，他的心更如脱缰之马，向世界的另一些地方奔去了。

艾青怀着无比兴奋的心情返回畈田蒋村。一路上，他想到了封建习俗浓重的家庭环境，想到了因循守旧的父亲，他又忧心忡忡起来：父亲会赞同我去法国吗？初中毕业时父亲本希望他能够学习经济或法律，以便将来做官发财、光耀门庭，不然，作为蒋家长子，至少也要学会掌管祖上留传下来的家业并发扬光大。可是，艾青却违背了父亲的初衷，选择了绘画。如今，他还要远走高飞，去大洋彼岸实现他的理想。这不仅要花费很多钱，而且不是一年半载就可以回来的，父亲能答应吗？他反复考虑如何将这一消息最合理地告诉父亲，说动他

---

① 艾青：《少年行》，载《艾青全集》第1卷，花山文艺出版社1991年版，第522—523页。

的心，使他理解与支持。

正如他想象中那样，当艾青跟父亲说想去法国求学时，父亲一开始就没有答应。任凭儿子一次又一次地恳求，他还是无动于衷。艾青又求助于祖母、母亲，并保证："我出去，将来会赚大钱回来的！"在他的反复请求下，父亲最后让步了。一天晚上，他把艾青叫到西厢房，让他掀开地板，刨开泥土，竟然从地下挖出了一只大罐子。父亲揭开罐盖，从里面掏出一块块"鹰洋"，一五一十地数起来，直数到一千。在煤油灯昏暗、摇曳的光线里，艾青望着桌上一大堆闪闪发亮的钱，有一种不真切感。他怔怔地看着父亲细心地用红纸将大洋包好，然后将它们推到艾青面前，严肃地说："过几年就回来，千万不可乐而忘返！"这时，艾青的脸上浮起了笑意。

心，飞向了遥远的、陌生的、闪光的异国海港……

春节过后，艾青着手出国准备。虽然期待着能早一点告别这山、这水、这破败陈腐的家园，但真的要离开自己的生身之地，却又萌生难以割舍的眷恋。艾青去看望了乳母大叶荷，望着她因过度劳累而日渐苍老的面容，望着她那更加破陋的房屋和门前凄凉的石椅，那些甜美的往事依稀在眼前掠过，却不能为乳母分忧解难，艾青的心头酸酸的。他的足迹踏过扬乔山、老樟树、古定禅寺和夏日村头游泳戏水的池塘，他要让故乡的一草一木永远留存在记忆的屏幕上。但他哪里想得到，等他再次回来，乳母已埋在黄土下了……

母亲意识到了艾青这次成行的将是一个遥远的国家，面对这个从小不在自己身边长大的儿子，一种负疚感油然而生，她拉着艾青的手泣不成声。父亲虽然没有特别亲热的举止，但从他凝重的神情可以看出他的不舍、他的厚望，他沉默着一直将艾青送到村头，后面还跟着他家的老母狗，似乎也来依依惜别。艾青回看柳丝依依的畈田蒋村，心被离愁别绪淹没了，这个"热情而忧郁的少年"，在告别生他养他的土地时，心情正如他若干年后在《少年行》一诗里所写的："早晨的阳光照在石板铺的路上，/我的心在怜悯我的村庄/它像一个衰败的老人，/站在双尖山的下面……//再见呵，我的贫穷的村庄，/我的老母狗，也快回去吧！/双尖山保佑你们平安无恙，/等我也老了，我再回来和你们一起。"①

　　1929 年春天，艾青结束了在国立艺术院仅半年的学习生涯，和青年教师雷圭元、孙福熙、孙福熙的哥哥孙伏园、俞福祚、龚珏等一起，漂洋过海到法国巴黎去了。

---

① 艾青：《少年行》，载《艾青全集》第 1 卷，花山文艺出版社 1991 年版，第 523 页。

第二章 浪迹法兰西

和煦的春风阵阵吹过，黄浦江面波光闪闪，一个多好的出海天气！艾青随着川流不息的人群，提着行囊，登上了一艘法国邮轮。

在大海上漂行的一个多月里，艾青总是一大早就久久伫立甲板，第一个去迎接朝阳；又常常默对西天，送别晚霞。这个"向世界寻求意境"的年轻人，在浩瀚无际的大海面前心潮澎湃、思绪万千：即将翻开人生的新一页，我将在这上面写些什么呢？

邮轮在香港停留了几个小时后，又向茫茫的海天驶去。

蒙巴那斯的彩色记忆

海上生涯是寂寞的，尤其是离开香港后，艾青心头真正感到了"祖国"二字的分量，惜别之情油然而生。在一个夕阳西下、暮色将临时分，他来到甲板上，看到与他同去法国的国立艺术院青年教师孙福熙也在那里。孙福熙有修剪得漂漂亮亮的大胡子，长发披肩，颇有艺术家风范。他四年前就去过巴黎，此次他陪同哥哥孙伏园一起又远涉重洋，无形中也就成了十几个同去巴黎的同胞的领队了。见到艾青，他主动过来打招呼说："小兄弟，我见你离开香港后，神情一直是忧郁的！"

"是啊，真的离开祖国了，我有点舍不得！"

孙福熙点点头，和艾青一起伏在船头的铁栏杆上，眺望起远海来。忽然，艾青听到大胡子像在自言自语着："海是称为大的，但我看到它的边，如一滴雨水；天是称为高的，但我碰到它的顶，如历史遗传给我的荆冠。生命拿在我的手头，寻之久矣而无处可以投掷。这或者是我的小气，但当我掷到水中时，总想发一点声响，掷到火中时，总想放一点光亮。我手头并没有天平，估量我生命的市价。"①

艾青激动了，一改在老师面前羞涩的态度，急促地说："到巴黎去学习几年回来，我们向苦难的祖国投掷生命会有机会的，并且声响一定会更大些，光亮一定会更强些！"

"说得好！蒋公，你真有志气！"背后传来一个洪亮的声音，原来是孙福熙的哥哥孙伏园走来了，拍着他的肩膀称赞着。这位年龄比他大得多的作家，老喜欢称18岁的艾青为"蒋公"。

艾青羞涩地低下了头。

船进入湄公河，前面就是西贡了，但河道弯弯曲曲，船驶行老半天，方靠上这座安南大城市的港岸。

而安南，是法国的一块殖民地！

岸边高大的椰子树下，等待着不少白衣的法国人。十多个同来的伙伴都站到甲板上，七嘴八舌，指指点点起来。有人说："看，这些人头上拿破仑式的白帽，可以想见法国式的和蔼活泼哩！""瞧那边，白衣人堆中，还有些撑红绿阳伞、服装艳丽的法国女郎，这里已是法国味儿了！"

孙福熙用手制止了这片大惊小怪的喧闹，神情严肃地说了一句："到安南土地上来找法国情调，是不忍的！"

随即有人接过了他的话："该到这里来找殖民地人民的耻辱与仇恨！"

众人一下子静了下来。说这话的是他们这个小团体中最年轻的一个——18岁的艾青。

船到新加坡了。码头上拥挤而忙乱，卖衣摊、杂物店，满街都是。十几个同伴到头等客舱让警察在护照上签了字，方上得岸，孙家兄弟到当地华侨办的

---

① 孙福熙：《海天阁》，载《小说月报》1929年第11期。

新国民日报社看朋友去了，艾青和俞福祚等就到新加坡著名的南天楼五楼上吃小蒸笼点心，喝茶，聊天，度过了一个富有中国情调却又不免因怀乡而伤感的下午。①

船穿过马六甲海峡到了科伦坡，这里有一座举世闻名的卧佛寺，孙福熙带领大家去参观，对他来说这是旧地重游。但四年时间，佛光宝殿四周已被洋楼、汽车堆满。光着膀子赤着脚的土人东一群、西一批在争抢洋人吃剩而丢弃的食物瓜果，看见艾青他们走来，纷纷跟着走，个个脸上流露出渴求的、贪婪的目光……唉，古庙虽依旧精神却全变了，孙福熙在哀叹古文明的消失，艾青和俞福祚却在谈论着殖民主义的触角所及处畸形的繁荣，艾青说："这里要想引人感化是很难的，只能说这里是科伦坡一颗脓疮，看了使人痛苦。"②

俞福祚说："蒋海澄，你真会用比喻！"从此他们成了知己。

法兰西邮轮继续在茫茫大海上漂泊。

离开科伦坡，穿越亚丁湾、红海，抵达苏伊士运河，到埃及的塞得港、吉布提港，均略作停留后，方进入意大利，在遥望文明古国的兴叹中船继续前行，数日后终于把这个"向世界寻求意境"的年轻人，送到了《马赛曲》和《国际歌》的故乡。

刚到巴黎，艾青等人住在离城十余里外一个叫玫瑰村的郊区，房东格里姆是一家小型自行车装配工厂的老板，他性格粗鲁、脾气暴躁、嗜酒如命，常常见他喝得醉醺醺地发酒疯打骂家人，对黄皮肤的中国人也不友善。这样的环境对血气方刚的年轻人来说是受不了的，故不久之后，他们便搬离玫瑰村来到巴黎市区。为了节省开支，艾青和俞福祚在巴黎第六区伏斯拉尔大街里斯本旅馆合租了一个小房间。旅馆主人是一位葡萄牙老太太，她慈眉善目、心地善良，为人又热情大方，令这两个来自东方的小伙子很满意。遗憾的是小房间里有根下水管道，不过房租价格倒也低廉不少。老太太知道这两个中国青年经济拮据，所以当他们偶尔交不出房租时，也从不催讨，这对漂泊异乡的游子，多少是点

---

① 孙福熙：《新加坡的茶点》，载《小说月报》1929年第11期。
② 孙福熙：《古文明的消失》，载《小说月报》1929年第11期。

安慰。

艾青的父亲在给他寄了一次钱后，就不再过问他的生活费用。由于种种原因，特别是无经济支持，艾青进不了巴黎的正规大学。和许多中国留学生前辈一样，他只能选择半工半读，自谋出路，在一家工艺美术的小厂里找了一份活儿干。于是，他每天上午工作，下午去学习绘画。打工不算辛苦，是用中国漆模仿买主的签名描在打火机或是香烟盒上，一个上午足可以描上二十几个打火机或香烟盒，得到20法郎左右的收入。这样的半工半读，对艾青来说可以承受，当然收入还是有限。那时候他的月房租费是50法郎，吃饭是一笔较高的花费，上饭店吃一顿普通饭菜就要5法郎，即使在"学生饭店"就餐，也要花去3法郎。另外，他要读书、要生活，还得买书和日常用品。所以他节衣缩食，日子过得紧巴巴的。不过，自食其力的生活使他有一种从未有过的轻松、满足感。

每天下午，艾青大多是去作人体素描。巴黎的画廊、画室、展览馆很多，可以随便买票进去学画。艾青主要是在蒙巴那斯大街一个"自由画室"画模特儿，但"也不过是通过简练的线条去捕捉一些动态，很少有机会画油画"①。艾青虽不能进正规大学，但这样自由自在、不受管束的留学生活反倒促使他广泛涉猎各种知识。他后来在《画者的行吟》一诗中这样说："从蒙马特到蒙巴那斯，/我终日无目的地走着……"②这个"终日无目的"其实是指这段日子无外在压力，是一种精神生活很自由的说法。蒙马特是当时巴黎最繁华的地区，蒙巴那斯是艺术家们集中的地方。蒙巴那斯有三家大咖啡店常供艺术家们聚会，一个东方人加入这种聚会，就显得特别醒目。艾青对艺术女神的虔诚与为人的朴实赢得了法国艺术家们的信任与欢迎。他画过一张失业工人的油画，趁咖啡店里艺术家们聚会时拿出来交流，引起了大家的重视与肯定，他因此以"OKA"的笔名参加了"独立沙龙"画展。一有空闲，他还到巴黎最大的博物馆——卢浮宫去参观，那里收藏着许多艺术瑰宝，那些闪耀着智慧和艺术之光的珍品，

---

① 艾青：《母鸡为什么下鸭蛋》，载《艾青选集》第3卷，四川文艺出版社1986年版，第678页。
② 艾青：《画者的行吟》，载《艾青全集》第1卷，花山文艺出版社1991年版，第72页。

令他眼界大开。为了捕捉艺术的瞬间感受，他常常在巴黎的街头小巷游荡，沿着迷人的塞纳河漫步，既陌生又新奇的异域风光给了他复杂的内心感受。这期间他特别喜欢"后期印象派"画家，如莫奈、马奈、雷诺阿、德加、丢飞、毕加索等人，从他们的作品中他捕捉到一种自由、活跃又反传统的元素，这同他崇尚自然、排斥学院派的本能意识是一致的。

在这个"一切流浪者们的王国"①里，艾青还结识了日后成为终生好友的李又然。

这是一件十分偶然的事。有一次，艾青到一个天津人和他的法国妻子开的餐馆去吃饭，发现有一个留长发的中国青年吃完饭却一直不起身离开，还不时看手表，焦急得像在等人。顾客们已经走得差不多了，餐馆也快要关门了，他还坐在那里。艾青想他定是付不出饭钱，于是走过去拍拍那人的肩膀说："我请客吧！"那人也不多答谢，一起出了店门，艾青又给了他一些饭票和50法郎，并邀请他到里斯本旅馆去。这个人就是李又然。路上李又然告诉艾青，他原来在比利时留学，后来来到巴黎，一直过着虽穷却自由自在的留学生生活，他穷得身无分文，但一说起意大利、佛罗伦萨、威尼斯水城，一提及凯旋门、歌剧院、巴黎公社墙，就什么都不愁了。他还说，有一回实在没法生活下去了，他竟写信向大作家罗曼·罗兰求助，因为在他看来这位约翰·克利斯朵夫的塑造者是有世界精神的。果然，罗曼·罗兰寄去了一笔钱。②而此时此刻他又一筹莫展了，恰巧有艾青为他解燃眉之急，这使他感到艾青心中也有着世界精神。于是，他紧紧挽住艾青的手臂，听艾青吹着寂寞的口哨，一起走向里斯本旅馆。漂泊异国的寂寞和他乡逢亲人的兴奋，使他们一见如故，谈得十分投机：从文艺复兴到人文主义思潮，从哲学到政治经济学，从艺术到文学，无所不谈。李又然虽然学的是西方文学，但他兴趣广泛，也触动了艾青进一步开放心灵："向世界寻求意境。"

就这样，艾青在追求绘画艺术之余，也读了不少其他方面的书。

---

① 艾青：《画者的行吟》，载《艾青全集》第1卷，花山文艺出版社1991年版，第73页。
② 周红兴：《艾青研究与访问记》，文化艺术出版社1991年版，第342页。

　　置身法国，对于一个想自由地阅读和追求全人类文明的年轻人来说，真是一种幸福。艾青就是这种幸福的享有者。他如饥似渴地阅读了马克思主义的、空想社会主义的、无政府主义的哲学、社会学、政治经济学著作，啃着康德、黑格尔大部头的书。他还读了大量文学作品，从巴尔扎克到托尔斯泰，从莎士比亚到杰克·伦敦，从拜伦的《唐璜》到莱蒙托夫的《恶魔》，他都有所涉猎。而屠格涅夫的《烟》、陀思妥耶斯基的《穷人》、果戈理的《外套》、安特列夫的《假面跳舞会》等，给了他心灵强烈的震撼。他还趁学习法文之便，精读了一些法文版的诗作，如马雅可夫斯基的《穿裤子的云》、叶赛宁的《无赖汉的忏悔》、勃洛克的《十二个》、惠特曼的《草叶集》和法兰西诗人波特莱尔、兰波、阿波里内尔的作品，以及比利时诗人凡尔哈伦的作品等，他的自由阅读最终使他有了自我选择。他选择了马克思主义、选择了"比较接近我们自己时代"的现实主义文艺作品，因此，他常到巴黎工人区的列宁厅去，那里能看到禁演的电影，如反帝的《北上列车》、歌颂红军的《恰巴耶夫》等。19世纪俄国的现实主义大师们揭开了他对现实社会认识的帷幕，他特别喜欢俄国文学和比利时大诗人凡尔哈伦的作品，并说"我一生在诗上最喜欢或受影响较深的是凡尔哈伦的诗"[①]。

　　的确，当艾青放下手中苦练多年的画笔，继而转向用诗的形式来抒发"农人的后裔"对社会秩序的讨伐时，他将凡尔哈伦作为自己的榜样。他说："我的诗里有些手法显然是对于凡尔哈伦的学习——这位诗人如此深刻又广阔地描写了近代的欧罗巴的全貌，以《神曲》似的巨构，刻画了城里与乡村的兴衰的诸面相，我始终致以最高的敬仰的。而他的那种对于未来世界的向慕与人类幸福彼岸之指望，更是应该被这艰苦的世纪的诗人们公认为先知者的声音的。"[②]

　　1855年，凡尔哈伦诞生于比利时柴耳德河畔的圣·阿芒镇，从青年时代起他就热衷于文学。1883年，他出版了第一部诗集《弗拉芒德女人》；1895年，

---

　　① 艾青：《艾青谈诗及写长篇小说的新计划》，载《艾青全集》第3卷，花山文艺出版社1991年版，第422页。
　　② 艾青：《为了胜利——三年来创作的一个报告》，载《艾青选集》第3卷，四川文艺出版社1986年版，第82页。

他出版诗集《像触手一般扩展的城市》，诗集是经过深入调查，并收集了大量创作素材后写成的，深刻地揭露了资本主义机器大生产给广大工人带来的悲惨命运，并坚信这个不合理的制度一定会被摧毁。这本诗集的出版，像一股巨大的冲击波，震撼人心，激起人们对黑暗现实的愤懑与反抗意志，因此凡尔哈伦被誉为"力的诗人""现代生活的歌者"。从凡尔哈伦的诗里，艾青找到了共鸣、找到了知音。我们从艾青一生的创作生涯中，确实可以感受到凡尔哈伦对他的影响之深。这种影响，首先表现为艾青和凡尔哈伦一样特别注重诗歌境界的高远与主题思路的深刻性。艾青曾说过："凡尔哈伦是我所热爱的。"[①]他的诗，辉耀着对于近代社会的丰富知识，一个近代人的明澈的理智与比一切时代更强烈更复杂的情感。其次，凡尔哈伦在诗中生动地描绘了19世纪末西欧国家都市生活的畸形发展，人性物化的丑恶本质也给艾青以影响，使他在一些写城市题材的诗中体现出20世纪30年代半殖民地半封建社会中普遍存在的"欺诈与阴谋""投机与冒险""温情与暴戾"等对立统一着的生活场景。最后，凡尔哈伦用悲凉的笔调描绘了当时农村的颓废和农民生活的疾苦，这影响了艾青，使他也忧郁地歌唱着"悲凉而旷达，辛苦而又贫困的旷野"和"像畜棚"一样的茅屋。总之，他们对黑暗的现实生活都有着与生俱来的仇视与憎恨，深深同情着勤劳、善良而质朴的劳苦大众。正是这些使艾青感叹："凡尔哈伦是个了不起的大诗人，可以说近代诗人中没有超过他的。他的诗更接近于现实主义。"[②]更有一点特别值得一提：艾青在新诗创作中提倡散文美和以口语来构筑诗的意象，体现意境美，反对刻板的格律化形式，也是受凡尔哈伦启示的。艾青在1939年说过自己喜欢惠特曼、凡尔哈伦的一个很大原因是"他们把诗带到更新的领域、更高的境地"——散文美，因为"散文是先天的比韵文美"[③]。

就这样，在蒙巴那斯半工半读的日子里，艾青感受到在巴黎虽"物质上贫困"但"精神上自由"，西方精神文明以崭新的面貌冲击着他心灵中的中国传统文化意识，从而使他对法兰西有了文化性格的认同，也使他从对绘画事业单纯

---

① 艾青：《我怎样写诗的》，载《艾青选集》第3卷，四川文艺出版社1986年版，第90页。

② 周红兴：《艾青的跋涉》，文化艺术出版社1988年版，第33页。

③ 艾青：《诗的散文美》，载《艾青选集》第3卷，四川文艺出版社1986年版，第44页。

的追求延伸到对文学的热爱，从对屠格涅夫的偏爱扩大到对惠特曼、波特莱尔、阿波里内尔、凡尔哈伦的关注，从而对诗歌艺术有了真切的感悟和把握。这是他从画家向诗人这一角色转型的萌芽期，为他日后的诗歌事业打下了坚实基础。

初涉爱河

初到法国，最难过的还是语言关，为了补习法文，同房间的俞福祚请了一位年轻的波兰女教师来辅导，于是每周3个晚上，每当7时左右，这位波兰姑娘就会来叩响他们的房门。

日子久了，端庄妩媚、活泼开朗的波兰姑娘在教课之余，与他们建立起了亲切友好的关系，艾青也为她活泼可爱的性格所感染，和她有说有笑起来。

一天，又是波兰姑娘该来教课的日子，俞福祚临时有事要出去，无法联系到她，就托艾青代为致歉。当她如约前来时，艾青正在看法文译本的马雅可夫斯基诗集。

艾青将波兰姑娘迎了进来，并转达俞福祚的歉意。她随和地坐在艾青面前，并好奇地拿起艾青放下的诗集，随即发现艾青桌子上竟有很多诗集放着，她有些惊奇，抬头看着他问："你那么喜欢诗?!"又扬了扬手中的诗集，目光黯淡了下来，说："可惜，他自杀了!"

"不，是叶赛宁自杀了!"艾青忙着纠正。

"叶赛宁也是自杀的，但那是在五年前，马雅可夫斯基是最近才自杀的，你可能还不知道。"她神情更凝重了。

艾青这才明白是自己孤陋寡闻，并为这两位他心目中的大诗人相继走上同一条不归路而伤感。他还记得叶赛宁自杀后，马雅可夫斯基曾写诗指责过他的消极态度，想不到自己也会步其后尘。当他把这些闪念向波兰姑娘诉说时，竟发现这位波兰姑娘更伤感，并且比他更了解这两位诗人，这说明她也喜欢诗歌，于是艾青有了跟她补习法文的念头。在他的恳求下，她欣然同意了。

这位异国女郎比艾青大3岁，她个子高挑、体态丰满，金色的卷曲长发下一双蓝眼睛顾盼生辉，说话时语气温柔动听，既有西方知识女性的大方灵动，又不失优雅谦和的气质。她告诉艾青，自己毕业于华沙大学，来巴黎攻读心理学。

波兰姑娘勤奋好学，涉猎也广。在她"黑色雕花的书架上"摆满了拉辛、莫里哀和雨果的全集，她对大诗人波特莱尔的作品也很熟悉，特别是对他那句"我恨那个破坏线条的运动"的话赞赏不已。她还很喜欢绘画，常常拿一些抽象派的作品要艾青说说画所表达的意思。有一次，她拿了一幅毕加索的画问艾青好在哪里，把艾青给问住了，看他窘在那里，她很得意。她又是个感情很丰富的人，后来艾青搬家，她帮忙整理时看到了陀思妥耶夫斯基的长篇小说《卡拉马佐夫兄弟》，就借去看了，还给艾青时说："看完这本书令我难过了好几天，我以后再也不要看这样的书了。"这个受西方文化熏陶的知识女性，外表坚强执着，但也有细腻、脆弱、易感的一面，艾青又一次为之心动。

在这样的频繁交往中，初时的师生之情逐渐升华为朋友之谊，所以，当艾青因经济拮据而缴不起学费时，她便请艾青为自己画一张肖像作为补偿，艾青没有拒绝。但当她穿上最漂亮的衣服，摆好姿势请艾青画像时，艾青突然拘束起来，竟不敢正视她小巧清秀的脸蛋、承接她炯炯有神的目光，最终还是没有将画画成。面对艾青的怯场，一向奔放不羁的她竟也含羞地垂下了眼帘，在无言以对的静默中，一种朦朦胧胧的爱慕之情在彼此的心头滋生。

但是，"同在异乡为异客"的心态使他们不敢越雷池一步，这位蓝眼睛的姑娘又是一个有满腹抱负的女性，她正如饥似渴地在知识的海洋里汲取养分。这种无止境的追求精神，使她淡远了世俗情爱的困扰，更专注于知识对心灵的陶冶。她大部分时间都是在图书馆度过的，在图书馆里，她常常是最后一个出来的人。艾青渐渐熟知了她的生活规律，钦佩她好学不倦的精神，有一个晚上，他特别想见她，就徘徊在图书馆外面的树荫里等她出来，眼看着灯火通明的阅览室相继融入黑夜深处，他的心竟莫名地狂跳起来，双眼一眨不眨地紧盯着图书馆大门口。三三两两的人群如潮般散去，终于他看到了那个熟悉而孤独的倩影。黑夜掩去了他脸上的红晕，使他有足够的勇气大踏步迎上前去。波兰姑娘看到出现在面前的艾青，也掩饰不住内心的激动，有别于东方女性的含蓄与矜持，她上前紧紧挽住艾青的手说："你陪我走走吧。"①

　　沐浴在淡淡的月光下，夜的小巷人影寥落，清风拂面中有几许温情荡漾心头，艾青下意识地抬头仰望高远的天幕，稀疏的星星似在频频颔首致意，一弯蛾眉月悬挂在半空，这夜空跟故乡纳凉的情景何等相似！艾青的眼前突然浮现出乳母大叶荷慈祥的面容，想起了儿时晚上依偎在她怀中听她讲牛郎与织女故事时的温馨氛围，当听到牛郎与织女因无力抵抗恶霸地主的阴谋被迫分开时，他小小的心头充满了对人间不平、人心险恶的仇恨，一种正义感油然而生。此刻，他盯着银河相隔的牛郎星与织女星，遐想着即将到来的七夕，那争渡的鹊桥能圆他们细诉衷肠的梦，从而使这个凄美的爱情故事在让人伤感之余有了慰藉的余韵。他不由得将这个传说叙述给波兰姑娘听，波兰姑娘听后泪珠纷落，她为牛郎织女的惨淡结局唏嘘，更为他们坚贞不渝的爱情感怀。晚风带着微凉吹过，他们沉浸在各自的伤感中默然无声。不知不觉间姑娘远郊的寓所就在眼前，艾青正想道别，她已很自然地将他迎了进去。洞开的房内一览无遗，白炽灯中这所路易朝代的旧宅，散发着古朴、庄严、肃穆的气息，这次登门艾青印象颇深，使他日后孕育了长诗《古宅的造访》。

　　此后，艾青常常到姑娘的住处去，那里环境幽静、空气清新，与巴黎市区的热闹嘈杂、熙攘无序形成了鲜明的对比，这样的环境正是好静的艾青所喜欢的。她住的房间很宽大，但朝北，终年照不进一丝阳光，就显得有些阴凉。何况在暗角里还摆设着"路易士朝式的家具"和"波斯纹彩的瓷器"，更为这古宅增添了沉闷、冷涩的气息。艾青话不多，但很幽默，不禁戏称她为"幽谷百合"，尽管她对这个称呼一知半解，但看到艾青兴高采烈的样子，也就欣然接受了。

　　"来到你的居家里时/真像那久久倦游的旅客/走进了一座异地的教堂/——在终日聒叫的城市当中/也得到片刻可贵的安息。"②从这样的诗句里，我们可以看出这座古宅已成为艾青心灵的归属地。这两个来自不同国度的年轻人亲密地走

---

① 周红兴：《艾青研究与访问记》，文化艺术出版社1991年版，第234页。
② 艾青：《古宅的造访》，载《艾青全集》第1卷，花山文艺出版社1991年版，第74—75页。

在了一起，他们用东方男性的温文儒雅与西方女性的落落大方坚守着一份异性间的纯真友谊，只待时间去升华他们的缘分了。

可是，"充满妩媚的日子"总是短暂的，姑娘的母亲疼惜远在他乡的女儿，屡屡写信催她返国，她却以学业为由一拖再拖。不得已思女心切的母亲竟从华沙赶到巴黎，执意要接女儿回去，还扬言说："你要是不返回，我就永远在这儿等你！"软硬兼施下，姑娘只得顺从了母亲的决定。

艾青在她回国前，到古宅去告别。

那是一个欲雨的黄昏，昏黄的灯光映着窗外阴郁的天幕，一行倦鸟在半空中盘旋，凄清的叫声中有迷途的哀愁。艾青和她沉默着端坐窗前，都不敢正视彼此的眼睛。最后，还是她先打破僵局，柔情无限地问："你家中还有什么人？"艾青据实禀告。她又问："你与妹妹感情好吗？"艾青只说："好。"当她得知坐轮船一个月零四天才能到达中国时，眼光黯淡了下去，意兴阑珊地自语："啊呀，那么远啊……"她的眼光始终停留在窗外的暮色中，看斜风细雨摧打着阶前花卉，蓝色的大眼睛里蓄满泪水。面对她的落寞忧伤，艾青心深处虽有千言万语要倾吐，但种种无法逾越的距离使他无言以对。思虑良久，他拿出随身携带的一本书递给姑娘，她默默地接过去打开扉页，看到上面写着的话语："当你拿起这本书时，就会想起东方的一位少年。"泪水终于潸然而下，艾青将手帕递了过去，她轻轻拭去滚落的泪珠，说："能不能将你家乡的地址留给我？"艾青拿出笔来，把中国的通信地址写给了她。

她走的那天依然下着雨，艾青没有去送行，只是黯然伫立在宿舍的窗前，听雨声潇潇，惘然若失。

1932年4月，艾青回到畈田蒋村后，父母把一封外国来信交给他，这信正是波兰姑娘从罗兹寄来的，里面还夹着一张照片，是波兰姑娘的生活照，照片中她独坐床头，微低着头，双手托着面颊，似乎在思索着、回忆着什么，更有什么使她的眼神忧郁。面对照片，艾青百感交集，逝去的美好岁月又浮现在眼前，他似乎看到了她亲切妩媚的脸蛋在对他微笑，听到了她柔美温和的声音在身边回荡，他的手不由自主地向空中伸去，似乎想抓住些什么，然而畈田蒋村的炊烟在风中升起，倦归的老牛拖着长长的鼻音从他身边走过，尾巴无所顾忌地拍打在他身上，他受惊般地醒悟过来，一刹那心好像被掏空了似的。艾青捧着照片、拖着疲惫的身躯在暮色四合中一步步向家走去，他知道与波兰姑娘的这一段美好情缘，会永远珍藏在心灵深处，成为至美的回忆。

加入反帝大同盟东方部

波兰姑娘的匆匆离去，在艾青的心头萦绕着丝丝忧伤。当他还没有完全走出个人情感的困扰之时，1931年九一八事变在东北沈阳发生了。这场由日本军国主义者蓄意挑起的惨绝人寰的事变，迅速扩大，日本军队用大炮轰开沈阳城后，随即向东北三省展开全面进攻。在蒋介石"不抵抗"的指令下，东北军只能节节退守，使日军得以长驱直入，东北三省转眼间沦陷。国土沦丧、国力衰弱、政府软弱，这种种使中国在国际上的形象显得异常可怜、无能而让人不屑。为此，英、法、美、德等国的殖民统治者更加歧视中国，在他们国内纷纷掀起反华思潮，致使流落在这些国家的中华儿女蒙受着奇耻大辱。艾青曾幻想过法兰西"这片暗绿的大地/将是一切流浪者们的王国"，这时在严酷的现实面前也被撞得粉碎。

一桩桩不堪忍受的事件发生了……

平日在用早餐时，艾青会去光顾住处附近一家法国点心铺，那天，他又去了。铺子里依旧乱哄哄的，只听到有人在叫"中国人"，起先艾青以为在叫自己，后来才明白他们所指的"中国人"是店老板刚推出的一种小点心，艾青也点了一客品尝，咬一口只觉得软绵绵的，入口就化。可听着不时有人对店老板叫喊："给我几个'中国人'！"艾青的心里很不是滋味，这是可耻的比喻，简直不把中国人当人看待，太侮辱人了。艾青的精神受到了莫大的刺激，从此以后便不再踏进这家店。

有一天，艾青背着画夹出去写生，当他正坐在立交桥上，画巴黎热闹非凡的街头景色时，一个喝得东倒西歪的法国人踉踉跄跄地朝他走来，并大声喊道："喂！中国人，你们的国家都快灭亡了，你还在这儿画画！"艾青听了十分生气，抬头愤怒地仰视这个被酒精麻醉了的人，真恨不得给他一拳，让他清醒清醒，但这毕竟不是在自己的国土上！他低头强忍着内心的怒气专注于画面，可握笔的手却不听使唤，他再也没有心情画下去了，就收起画具离去。

又有一次，同在法国留学的金华老乡严济慈邀请艾青一起去看歌剧，当他们用中文愉快地交谈着走下地道时，旁边一个手拿酒瓶、喝得醉醺醺的法国人冲他们喊道："中国人，这里是法国，是巴黎，应该讲法国话！"言下不无轻蔑之意，把艾青和严济慈本来的好心情一扫而光。

短短一段时间里所碰到的种种不愉快，使艾青对巴黎这座繁华的大都市产生了一种新的情感，"巴黎，/我恨你像爱你似的坚强"①！艾青对巴黎从一味挚爱到既爱又恨的情感转变，促使他不时去参加巴黎的一些"左"倾集会。共产党人巴比塞是《世界周刊》的主编，他曾召集过一次反对帝国主义殖民侵略的演讲会，对殖民统治者怀有血海深仇的东方留学生参加了，艾青也不例外。1932年初，一个风雪交加的晚上，艾青去了巴黎圣约克街61号，在那里，他和来自中国、日本、安南的留学生们一起，参加反帝大同盟东方部的集会，他们义愤填膺、声嘶力竭地叫喊着，纷纷抗议帝国主义对东方的殖民统治。这些身后拖着"深暗的悲哀的黑影"的弱小民族爱国者，借团结的力量使他们抗议的语言闪射出爆炸的火焰，而"每个人的心都为同一的火焰燃烧着"了。因此，"在这死的城市——巴黎""在这死的夜里"②，为圣约克街61号那一幕团结斗争的场景所鼓舞，诗神悄悄地来叩打艾青的心扉了。

那天散会后，艾青徘徊在塞纳河畔，朔风凛冽地吹过，他竟感觉不到刺骨的寒意。他热血沸腾，心潮难平，回到宿舍后就提笔写了一首诗："团团的，团团的，我们坐在烟圈里面，/高音，低音，噪音，转在桌边，/温和的，激烈的，爆炸的……/火灼的脸，摇动在灯光下面，/法文，日文，安南话，中文，/在房子的四角沸腾着……/长发的，戴眼镜的，点卷烟的，/读信的，看报纸的……/思索的，苦恼着的，兴奋的……/沉默着的……/……绯红的嘴唇片片的飞着，/言语像星火似的从那里散出。/……"③这首诗取名《会合》。从字里行间我们可

---

① 艾青：《巴黎》，载《艾青全集》第1卷，花山文艺出版社1991年版，第40页。
② 艾青：《会合》，载《艾青全集》第1卷，花山文艺出版社1991年版，第11页。
③ 艾青：《会合》，载《艾青全集》第1卷，花山文艺出版社1991年版，第9页。

以感受到那种喧闹的场面、骚动的情绪和不屈的民族气节。如果说1928年在省七中校刊《学矗》上发表的《游痕》(二首),只是少年艾青对西湖风光纤柔艳丽得动人心弦的即兴试笔,那么《会合》应该说是这位未来的"中国诗坛的泰斗"真正的处女作。尽管后来艾青一再说这首诗是"幼稚的,速写式的",但作为他跨向诗坛的第一步,却已旗帜鲜明地显示出他创作的主导思想:为东方被践踏的弱小民族唱出悲苦和愤懑,发出反抗的呼喊,在他们身上寄托一片自由解放的真诚期待。《会合》展现了艾青创作的起点高度:他要面向世界、为人类的命运付出诗情。

促成《会合》创作的,当然主要还是斗争的现实生活激发了艾青灵感的喷涌。不过,如果没有对诗神情有独钟的那一片痴迷,以及不可或缺的诗歌修养,是不可能一挥而就的。

艾青承认,就在他阅读着叶赛宁的《一个无赖汉的忏悔》、勃洛克的《十二个》、马雅可夫斯基的《穿裤子的云》时,就在他沉湎于波特莱尔、兰波、阿波里内尔的心灵絮语时,他那颗痴恋艺术的心"被更丰富的世界惊醒了":"我对生活,对人世都很倔强地思考着,紧随着我的思考,我在我的画本和速写簿上记下了我的生活的警句——这些警句,产生于一个纯真的灵魂之对于世界提出责难的时候,应该是最纯真的诗的语言。"确实,艾青早就有警句形式的诗句积累,至于这些警句的性质,"它们包括了对于资本主义世界所显露的一切矛盾:恋爱、政治、经济、文化、艺术……的矛盾以及对于革命的呼喊"①。同时,他还有另一种语言意象化的诗句积累。我们知道,艾青审美追求的起点是绘画。画家那种善于捕捉形体、色彩、光线的能力,尤其是在对印象派艺术追求中训练出来的异常敏锐的触角,使艾青时时渴望把闪过心头的意象画面捕捉住,并用特定的语言将它作浮雕样的凝定。因此,他常常在速写本上记下一些瞬间闪过脑子的诗句,诚如他自己所说,"我开始试验在速写本里记下一些瞬即消逝的感觉印象","学习用语言捕捉美的光,美的色彩,美的形体,美的运动……"②

---

① 艾青:《我怎样写诗的》,载《艾青选集》第3卷,四川文艺出版社1986年版,第88页。
② 艾青:《母鸡为什么下鸭蛋》,载《艾青选集》第3卷,四川文艺出版社1986年版,第678页。

这使他那时几乎"每天都写诗，有时候，在没有灯光的夜晚写，两句交叠在一起了，第二天把它们分开"。不过，这些都只是"偶尔从脑际闪过的句子"①，半成品罢了。艾青曾把这半成品给好几位绘画的朋友看过，并问过其中一位是诗写得好些还是画画得好些，得到的回答是："你的诗写得好些。"艾青日后说，这话对于自己的艺术生涯起了"可怕的作用"②。

这一场"可怕的作用"，从写成《会合》后，便加快速度发生了。虽然这时的艾青主要精力仍在绘画上，还没有完全意识到自己今后的人生追求会发生变化，而将诗情融入画中，将画意付诸诗中，已成为他下意识驱使的结果。相对于绘画工具的繁复与临摹的因循保守，写诗却方便得多，且拥有更广阔、自由的想象空间，可以不受时空的局限，这使他在搁下画笔之余，也就拿起了诗笔。

接受祖国母亲的召唤

就在这期间，艾青决定回国了。

国难当头，身在异国的炎黄子孙面对着法国殖民主义者日趋强烈的反华情绪，打工求学之路异常艰难，同时切身感受着民族受辱的遭遇，艾青敏感的心也实在难以承受精神上的压抑。总之，经济上的窘迫、心灵上的伤害，这双重原因迫使艾青决定离开巴黎回国。

三年了，艾青一直都在抑制内心深处对故国、对家园的思念，而今决定回去，克制已久的思乡情怀终于如决堤之水滚滚而来。做出决定后的那些日子，艾青走在塞纳河边，心已向东方飞去！他神往地幻想开了：多美啊，漫步在杭州西子湖边垂柳依依的白堤上；多美啊，站在日暮时分金华通济桥上，听江边妇女的捣衣声！双尖山下的航慈溪，还淙淙流淌着透明的水波吗？纺车声中的畈田蒋村，祠堂前还有马戏班演出吗？真不知道古定禅寺中那两棵罗汉松是否

---

① 艾青：《与青年诗人谈诗》，载《诗刊》1980年第10期。
② 艾青：《我怎样写诗的》，载《艾青选集》第3卷，四川文艺出版社1986年版，第89页。

还青葱依旧，西周高背的那株老樟树是否别来无恙，乳娘坟头的茅草，由黄又转青了吧！双亲额上的皱纹，又添了几根呢？……

1932年1月25日清晨，艾青悄悄儿告别了巴黎去马赛，准备在那里乘邮轮回国。

从巴黎开往马赛的火车在旷野上风驰电掣地飞奔着，艾青静静地坐在车窗前。透过车窗，只见远处起伏的山峦在薄雾中迷离，教堂的塔尖在晨曦中闪光，一幢幢绿树掩映、草坪环绕的别墅和一组组红瓦白墙、炊烟袅袅的小院，迎着初升的太阳散发着一派生机。这么美好、恬静的田园风光让艾青陶醉了，他似乎第一次看见如此迷人的景色。惜别之情强烈地跃上心头，他情不自禁拿起笔来写下《当黎明穿上了白衣》这首诗：

> 紫蓝的林子与林子之间
>
> 由青灰的山坡到青灰的山坡，
>
> 绿的草原，
>
> 绿的草原，草原上流着
>
> ——新鲜的乳液似的烟……
>
> 啊，当黎明穿上了白衣的时候，
>
> 田野是多么新鲜！
>
> 看，
>
> 微黄的灯光，
>
> 正在电杆上战栗它的最后的时间。
>
> 看！①

这首短诗以其明丽、多彩的笔调，描绘了法兰西黎明的郊野那片和谐、宁静的场景，华美的语言、梦幻的情感、朦胧的流态，多像一幅水彩画展现在我们眼

---

① 艾青：《当黎明穿上了白衣》，载《艾青全集》第1卷，花山文艺出版社1991年版，第12页。

前。在如实的印象表现中，艾青又用"微黄的灯光，/正在电杆上战栗它的最后的时间"，来暗示此时此刻自己深心里那一片黎明终于来到的欣喜之情。

如果说《会合》还属于当年颇为流行的中国诗歌会派的写法，在一种粗线条的勾勒中增加一些空泛的叫喊，那么这第二首诗却大不同了。一种画家慧眼特具的色彩感、光线感和形体感，被艾青组合成了一幅黎明郊野图：迷离的意境，柔和的色彩，明快的调子，以及采用口语的自然节奏、词语的适度重复、诗行长短的有机搭配的自由式新诗体来写，是那么富有旋律美。艾青默默打基础的结果，终于使他一出手写诗，就显出了技巧的颇为圆熟。

艾青又一次踏上马赛港。

三年前抵达这里，可谓踌躇满志；三年过去了，倒也并不颓唐！虽然这期间他没有能如愿进入正规大学深造，但以"物质上的贫困"来换这一片"精神上的自由"，还是值得铭记终生的。正是精神上自由的这三年，使艾青扩大了认识生活、理解人生的视野，把自己这"小我"的命运投放到全人类这"大我"的命运中去，让自己从切身遭遇中获得的人生感受深化到为全人类之命运而痛苦、欢乐、抗争、追求，这是弥足珍贵的，可说为他日后能站在面向世界的认识高度把握生活打下了基础。也由于这三年精神上的自由，艾青扩大了知识面，在对哲学、社会学、文学、艺术作广泛的涉猎中确立了自己的知识接受观念：立足于中国传统，吸收各种异域文明成果，充实自己和完成自己的知识结构；同时在各门类知识互通互补的关系中，确立自己的艺术追求格局——立足于人类的真善美和谐统一，寻求多种"艺术维生素"来滋养自己，开阔自己的艺术胸襟。这也是弥足珍贵的，为他日后能让诗美创造事业从中国走向世界设计出了一座宏伟的桥梁。正是这种种，使艾青当日的踌躇满志并未消解，而是化成了如今沉着冷峻地直面生活的态度，站在新一个高度去审视这片异域，从而得出了更深刻的认识。如同他在《马赛》一诗中所坦陈的：

马赛！
当我临走时
我高呼着你的名字！

而且我

以深深了解你的罪恶和秘密的眼，

依恋地

不忍舍去地看着你，

看着这海角的沙滩上

叫嚣的

叫嚣的

繁殖着那暴力的

无理性的

你的脸颜和你的

向海洋伸张着的巨臂，

因为你啊

你是财富和贫穷的锁孔，

你是掠夺和剥削的赃库。

马赛啊

你这盗匪的故乡，

可怕的城市！①

这就是说，艾青已从对法兰西社会人生关系的透视中看出西方世界"神仙似的生活"后面隐藏着的残酷迫害与血腥掠夺，并发出了自己仇恨的诅咒，这种认同、赞赏与仇恨、诅咒并存的复杂心态，使艾青形成了一种立足于中华人文传统，而有条件地吸收西方现代文明的精神文化品位。

　　1932年1月28日，艾青从马赛港乘邮轮回国，而这一天正是日军在上海发动一·二八事变的日子。这冥冥中的巧合似乎暗示着血泊中的祖国母亲，正在急切召唤着年轻的儿女快快回到自己身边，一起来承受这深重的灾难。

　　然而，邮轮在烟波浩渺的大海上航行，通讯滞后，直到2月3日邮轮驶入苏

---

① 艾青：《马赛》，载《艾青全集》第1卷，花山文艺出版社1991年版，第47—48页。

伊士运河，艾青才详细了解到上海战争的消息。得知这一切后，他悄然来到甲板上，向祖国的方向遥望，穿越茫茫海面，他似乎看到挣扎在战争阴霾中的骨肉同胞，阵阵海风似乎正传来他们那一声声凄惨的呼唤，心禁不住一阵绞痛，他意识到阳光不属于自己，阳光在沙漠的远处游荡，属于自己的不过是"暗云遮着的河"和"暗的风""暗的沙土"，还有这颗"暗的旅客的心"①！艾青的心郁悒着，情不自禁挥笔写成了《阳光在远处》这首诗。

但怀着这一颗"暗的旅客的心"的艾青对祖国未来的命运并没有绝望，因为有一个坚定的信念已扎根在他心灵深处。

这个坚定的信念是在邮轮上一场中国乘客与法国船长间的斗争事件中显示出来的。事件的经过是这样的：法兰西邮轮供应中国乘客的伙食很不合标准，船过湄公河，几个留法青年忍无可忍，向船长提出了抗议。哪料得船长不仅不肯接受意见，还反唇相讥说："别在这里耍威风，你们会有国家作后台来支持吗？没人的！"

"谁说我们没人？我们有冯玉祥！"一个留学生气得大声说。

"哼！"船长寸步不让，"冯玉祥他算得什么！他只会求耶稣，要不日本人敢一次次打你们吗？"

年轻的爱国者们语塞了！心里纵然怒火万丈，却又不得不痛苦地低下了头，而空气也几近凝固！突然，船舱传来一声怒喝："你胡说，我们有红军！"

多么坚定而又威严的声音像一声炸雷，把凝固的空气炸得粉碎！也几乎镇住了印度洋上的波浪。这一群年轻的爱国者回头一看，留着长发、身材高大的艾青圆瞪眼睛，紧握拳头，冲出船舱，一步步向法兰西船长逼近。众人一阵骚动，也紧跟而上，围住了船长。

深中殖民主义流毒的法国船长怯场了，让步了！

是的，要拯救中国，只有依靠由广大的工农群众武装起来的革命力量——红军。艾青就怀着这一神圣的信仰和坚定的信念，奔回祖国。

不久，邮轮抵达香港，在停留了四天后，向上海开去。3月上旬，邮轮终

---

① 艾青：《阳光在远处》，载《艾青全集》第1卷，花山文艺出版社1991年版，第13页。

于停泊在黄浦江边。艾青走出邮轮，看到仍然有日本侵略军的"膏药旗"在耀武扬威，面对废墟中的大上海，他克制不住内心的伤痛，忍不住想起三年前在安南西贡码头说过的一句话："该到这里来找殖民地人民的耻辱与仇恨！"

第三章　戴着脚镣跨上诗坛

艾青怀着沉重的心情回到了离别三年多的畈田蒋村。父母亲自是因他的归来而感到莫大的安慰，尽管他没有像当初承诺的那样，给他们带来值得全村人羡慕的荣耀。弟妹们正憧憬着外面多彩的世界，见到留洋归来的哥哥分外开心，他们缠着艾青，要他说说国外的奇闻逸事。

于是，在厅堂前"望益"的匾额下，艾青向一家人描述法国的自然景色、民风习俗和现代文明奇观：凯旋门、拿破仑铜像、卢浮宫、埃菲尔铁塔、塞纳河上如虹的长桥、巴黎公社墙上斑斑的弹痕……楼上的小书房里，给弟妹们讲雨果的《巴黎圣母院》、梅里梅的《卡门》，还有《茵梦湖》里凄美的故事，一家人沉浸在对法兰西的遐想之中。但艾青想起已"含泪地去了"的乳娘和她的家，趁弟妹们的纠缠略略有所放松，就一个人溜出家门。

他落寞地穿行在村巷中，依旧高矮不齐的瓦舍茅庐，只是更陈旧、破败了；儿时的玩伴，大多数已有了家庭的负累，身上烙印着生活的煎熬；乳娘的家更狭窄、简陋了，在那里他碰见了"兄弟们"，虽然相见时"是比六七年前更要亲密"，可他们仍和六七年前一样穷困。

归国后参加左翼美联活动

他漫无目的地来到村后的田野上。正是午后时分，春天的阳光暖暖地朗照着大地，在空旷之中，有成片成片金灿灿的油菜花含笑风中，吸引着成群的蜜蜂逗留花蕊。艾青被眼前的亮丽色彩感染了，春天竟已在不知不觉间飘然而至。面对大自然，他沉甸甸的心舒展开来，陷入了沉思。

三年多过去了，岁月似乎凝固了一般：双尖山没有变，西周高背的两棵老樟树没有变，祠堂前的广场上，依旧是咳嗽的农夫，佝偻的石匠，担水的童养媳，敲着小锣默默而行的算命瞎子……为什么现代文明的劲风总吹不到这片闭塞的大地？为什么纯朴的村民依旧挣扎在贫困线上？这不公平，他也不甘心中国农村永远是这样贫穷、闭塞，更不甘心自己在这个环境里沉沦下去。他要去寻求改变畈田蒋村和自己命运的路。

于是在家中住了不到一个月，他就离开了。

他又来到杭州，在西子湖畔的母校，他遇到了同学力扬。两人相见，无话不谈。当艾青谈起要去寻求变革中国社会和自己命运的念头时，力扬告诉他，上海有一个美术团体，叫"中国左翼美术家联盟"（简称"左翼美联"），是革命性的。他劝艾青和他一起去加入这个组织。艾青没二话，就同意了。于是，他们一起来到上海，租住在南市法租界西门路西门里一间弄堂房子里。经杭州艺术专科学校的校友推荐，他们很快就加入了左翼美联，编在第四小组第二特组参加活动。左翼美联是左翼文艺运动的一股重要力量，是在中国共产党领导下团结广大民主爱国艺术家进行文化战线上反围剿的一个群众性革命组织。一·二八事变的战火毁掉了他们的活动地址，为了恢复其正常活动，田汉代表"中国左翼文化总同盟"在霞飞路上的一家咖啡店召集一些左翼美联盟员开会，推选左翼美联领导人，讨论如何开展活动等问题。艾青参加了此次会议。

正式进入革命宣传的斗争行列后，艾青内心的激动与兴奋之情可想而知。他表现积极、工作努力、才干出众，很快就受到左翼美联的重视，让他列席第六、第七次执行委员会会议，讨论组织和宣传等问题。也就在这两次会议上，艾青和江丰、力扬、于海、黄山定、吴似鸿、李焕之等人结成了一个战斗集体，因为他们多数是杭州艺术专科学校的校友，当年"一八艺社"的社员，所以决定在"一八艺社"基础上创办新的"画会"。经过一段时间的积极筹备，终于在1932年5月16日的上海《文艺新闻》上发出了消息："因感于目前一般美术学校之腐败，及美术界艺术活动之没落，乃集资联合建成——'春地美术研究所’。”

5月22日，"春地美术研究所"在上海法租界西门路丰裕里4号挂出了白底黑字的牌子，并向外宣传说：该所设有人体、石膏、舍外写生三个主要科目，还设有艺术概论、美术史、艺术社会学、美学等四门理论科目；另外还附设"漫画研究会""木刻研究会""文艺研究会""社会科学研究会"以及英、日、法、德、世界语等语言研究会。而这个美术研究所的"春地"二字，还是"由艾青命名的"[1]。

由于是"集资联合建立"的，春地美术研究所的经费非常困难。左联领导人冯雪峰曾为此多方奔走，动员各方捐献，鲁迅也资助了20元，方才筹办起来。《文艺新闻》再一次以"阳春大地 待尔勤耘"作大标题详细报道了它的成立经过，还特别周详地披露了它的成立宗旨：

> 艺术也如其他的文化一样，是跟着时代的巨潮而生长着演进着的，所以艺术必须成为教养大众、鼓动大众与组织大众的武器。然而目前一般艺术界，都是空虚的、颓败的、享乐的、欺骗大众麻醉大众的作品，各御用的皇堂艺术学校更是苛捐杂税地巧名加重学费，使一般艺术爱好者流落街头，无由研究。因此，为着完成文化的建设，为着培植时代的艺术，以及把艺术深入群众中，春地研究所就这样产生了，它必然的在广大艺术爱好者的合作下而走向健全的道路上去。我们热烈地期待着。[2]

当时，有20多名青年美术家从事艺术活动，艾青除了担任业余美术爱好者的辅导工作和从事艺术评论外，还在汪亚尘办的新华艺术大学代课，但收入极其有限。他曾这样回忆当年的情景："生活完全没有保障。革命的艺术青年，在当时大都是有钱大家花、有饭大家吃。"[3]研究所的条件也不能与官办、商办的

---

[1] 江丰：《鲁迅先生与"一八艺社"》，载《鲁迅研究集刊》（一），上海文艺出版社1979年版，第338页。

[2] 《阳春大地 待尔勤耘》，载《文艺新闻》1932年第57期。

[3] 艾青：《母鸡为什么下鸭蛋》，载《艾青选集》第3卷，四川文艺出版社1986年版，第679页。

机构相提并论。有人曾这样回忆："'春地艺术社'资金是大家凑的。除去交房租和供应唯一的模特儿兼公务员——一个山东籍的老陈头每月十元的生活费以外，教员无分文收入。画室陈设亦极为简陋，只有三四具木制画架，一只小小的写字台、一条凳子，以及借来的一块小黑板，学生们上课则席地而坐。"①在这样的条件下，艾青还是投入了巨大的热情去工作，并以自己能进入左翼文艺大军而感到骄傲。

为了配合中共发起的"红五月"宣传活动，研究所决定从上海、杭州两地征集木刻和绘画作品，以"春地"的名义举办一次画展。这事得到了鲁迅的支持，他还把自己和德国人汉登嘉夫人合办、曾在赢环图书公司展览过的五六十幅德国版画献出来供展览，其中就有柯勒惠支的《职工暴动》和《农民战争》等著名作品。

革命的热情鼓动着艾青，他决心要把画展搞好，因此四处奔走征集作品，还组织文章介绍画展内容，宣传展品价值。就在画展揭幕那天，《文艺新闻》的美术理论专版上发表了两篇文章，介绍参展中的两位大画家。一篇是向阳写的《〈农民战争〉与〈职工暴动〉》，介绍柯勒惠支。文章指出："与其说因为她创作了最前进的无产阶级的尖端作品，毋宁说因为她为无产阶级的艺术创作制作了最真挚的奠石。"评论者主要从社会学的角度考察这位"革命艺术家之母"。另一篇是署名"裁伽"写的《乌脱里育》，介绍从野兽派脱胎出来的法国画家乌脱里育。这篇文章出自艾青之手。那时，艾青对自己的美术作品喜欢具上"oka"的笔名，而"裁伽"则是"oka"的衍化。文章指出："无论是色彩、笔触、构思，作者都有他自己独特的处理的天才的。"同时又着重介绍了乌脱里育作品所反映的生活内容，认为这位画家对小手工业者、泥水匠、"破落了的墙角""被灰尘的重压所枯萎的街树""一切的凋落了的小市民的东西"，"感受得最真诚""表现这些也较迫切些"。通过艺术分析，他为乌脱里育的作品得出一个悲剧艺术的结论，还透过上述艺术现象，进一步揭示：产生这一悲剧艺术的原因是乌脱里育没有意识到这是由于"炎炎地燃烧着的这工业所产生的力"已

---

① 贺锡翔：《艾青美术年表》，载《艾青全集》第5卷，花山文艺出版社1991年版，第696页。

出现，才使得"它们是都被毁害了，它们是快要灭亡了，它们在发着最后的喘息了"。立足于这样的分析，艾青进一步揭示了这位画家情感个性与创作风格内在的辩证关系，他指出：乌脱里育是"代表法国的城市小市民的感情的"，而"这些小市民闪动在不祥的预兆里""因为任何方面都袭来了打击，他们的气量是变成极狭小了"，以致使他的"拘泥的形态、色彩和笔触常都是神经昏乱地颤抖着"。显然，艾青是在对画家的文本作艺术分析中去把握其作品的社会内容、概括其创作的个性特征的。这样的文章出自22岁的无名青年艾青之手，是难能可贵的，可以看出：在左翼文艺运动正受着极左思潮侵蚀的日子里，艾青没有被艺术创作上流行的庸俗社会学观念所左右，而是以相当科学严谨的态度在思考着创作内在规律、艺术风格与认识生活之间的辩证关系。这样的思考在当时已是不同凡响了。

与鲁迅的一面之缘

1932年6月26日，"春地"画展在上海八仙桥基督教青年会楼上正式展出。

在这次展览会上，除鲁迅送去的五六十幅德国版画外，还展出了研究所青年美术家创作的油画、粉画、漫画、木刻100多幅。这些画的内容一扫画坛过去颓废、矫揉造作的陋习，比较真实地表现了在苦难中挣扎的劳动者不愿受命运摆布的抗衡之心。为此还被这样称赞："近来中国艺术运动上最青春的一页，其中之木刻作品，实可与外国木刻相抗衡，而为中国木刻运动上之一新阶段。"①艾青送去参展的是一幅从拍纸簿上撕下来的、纯属抽象派的画，署了个"oka"的笔名。

就在这个画展上，艾青与鲁迅有了一面之缘。

那是展出的头一天，各界人士去的很多。艾青那天恰好值班，接待来宾、请签名、收捐款，忙得兴兴头头。下午，一位个子不高、留有两撇小胡子、双目灼灼有神的老人和他高个子的太太带着个两三岁的小男孩出现在展厅入场处，

---

① 《最青春的一页》，载《文艺新闻》1932年第60期。

艾青没有留意来者的模样，只是按工作惯例请他在签到簿上签名。只见那老人在众多签名人的边上签了一个很小的名字："鲁迅"！这一下，艾青怔住了，他真不知道该如何表达内心的激动之情！平日在大伙当中活泼机灵、能说会道的他，变得拘谨了起来，多少有点不自然地陪着鲁迅夫妇参观展品，并作一些扼要的介绍，却不敢多说一句题外话。

鲁迅边走边看，在经过一张署着"oka"名字的抽象派画面前站住了。他观赏了好一会儿，指着画问艾青："这是原作还是复制品？"

"是原作。"艾青脱口而出地作了回答。

听了回答，鲁迅站在这幅画前沉默了一会儿，有些遗憾地说："是原作那就算了！"

日后艾青回忆这件往事时说："看来，假如是复制品他就想把它要去。但是我当时的反应很迟钝。多少年来我一直后悔没有把那张画送给他……"①

鲁迅参观一番后，购买了十来幅木刻作品，并向展览会捐赠了五元钱。艾青按惯例写了"收条"交给鲁迅，鲁迅接了过去，但细心的艾青发现他将"收条"捏在手里揉了揉，不动声色地扔掉了。工作人员得知鲁迅来了，都不约而同地聚拢来，面对这些血气方刚的有为青年，鲁迅讲了些表示满意的话，最后一句是："总算打出去了！"言中不无欣慰之意。

艾青默送鲁迅一家走出展厅，心里一直盘算着该说些什么由衷的话，可就是不知道如何表露内心的感受，直到他们融入熙攘拥挤的人流，艾青还是连自己是谁都没能告诉他。

正如鲁迅所言，此次画展开得很成功，知名度打出去了。只可惜从那以后，艾青"再也没有机会碰见他——我们时代的最善于战斗的勇士"②。

此外，由于打得十分漂亮，特务们有机可乘，他们盯上了这批美术青年！

就在画展结束后，一桩阴谋在夜上海的法租界发生了。

---

① 艾青：《母鸡为什么下鸭蛋》，载《艾青选集》第3卷，四川文艺出版社1986年版，第679页。

② 艾青：《母鸡为什么下鸭蛋》，载《艾青选集》第3卷，四川文艺出版社1986年版，第680页。

做了上海法租界巡捕房囚徒

7月12日晚上，春地美术研究所请教员肖仲云讲授世界语，学生们席地而坐，正在专心听讲时，突然受到法租界巡捕房的包围。学生中有两个是由包打听（密探）假扮的，他们和法租界的密探们对室内所有的人野蛮搜身达半个多小时，然后将室内柜子搜寻一番，当场搜出一箱子左翼美联的文件和宣传品，里面有政治色彩十分明显的画，其中有手举红旗的工人冲出工厂、上街游行示威的彩色宣传画，还有蒋介石趴在地上舔帝国主义脚背的漫画。

艾青本来不在场，恰巧在搜查时闯了进来，看到这情景，厉声说："你们干什么？"并用手去抢回画幅。

几条警棍呼一下挡住了他。

艾青怒不可遏，对他们喊道："野蛮，你们蛮不讲理！"

巡捕头头二话不说，立即命令两个包打听把艾青扣起来，艾青不堪受辱，情急之中竟用法语向巡捕提出抗议。其中一个包打听把艾青带到二楼一个拐弯处，趁人不注意悄悄对艾青说："你这人真拗，你会讲法文，你就说是来寻朋友走错了门，他们会放走你的。"但艾青没有这样做，反而用法语更大声地怒斥巡捕："外国人在中国耍野蛮！蛮不讲理！"

于是，艾青和于海、李岫石、周熙（江丰）、黄山定等人一起被押上了囚车。

和艾青住在一起的季春道（力扬）当时并不在场，他是在另一处被抓住的，巡捕们押着他回住处搜查时，艾青所藏的《列宁全集》《人道报》以及从法国带回来的一批法文版诗集全被抄走。

12位左翼美术青年，就这样被关押进位于建德路和思南路口的上海法租界管辖的第二看守所，艾青和江丰被铐在一起，江丰的"罪犯"编号是

"P.65498"，艾青的则是"P.65504"①。

看守所的生活条件十分恶劣，在一个不大的房间里竟关了24个"囚犯"，一半睡在铺上，另一半挤在地下。室内只有一扇很小的窗户，为了严加防范，整天房门紧闭。正是"赤日炎炎似火烧"的日子，监房密不透风，不仅炎热如在蒸笼里，而且臭气熏天、蚊虫猖獗。囚徒们一致要求把牢门打开，安装电风扇，看守拒不接受。艾青等人进一步质问看守所，为什么不开庭审讯就随便关押他们，为什么对他们合理的要求拒不采纳。看守所依然毫不理会。

他们明白质问是解决不了问题的，要争取胜利，就得斗争！于是，闹监开始了！为了改善伙食，为了囚室卫生，为了能看书报，他们绝食，他们高唱《马赛曲》，他们齐呼抗议的口号。几天斗争下来，巡捕房妥协了，但留着长发的高个子青年却病倒了，隐藏多年的肺病终于以急性的形态出现，生命在奄奄一息中。

这人就是艾青。

在"肺结核的暖花房"里，艾青还在幻想：

> 从紫丁香般的肺叶
> 我吐出了艳凄的红花

是的，"死神震翼的逡巡着"，牧姆也前来做弥撒了，只等"黑猫无声地溜过时"，让人们"收敛死者的卧榻"。艾青有遗憾吗？没有！他懂得自己庄严的身份："我们都是拥抱着/我们的痛苦的基督。"②只要一息尚存，就得为自己的信仰斗争到底。

斗争成全了甘愿为庄严的信仰而献身的人。

法租界巡捕房面对这批政治犯无可奈何，只得引渡给国民党政府审判。8

---

① 以上有关情况参考杨匡汉、杨匡满：《艾青传论》，上海文艺出版社1984年版；周红兴：《艾青的跋涉》，文化艺术出版社1988年版。

② 以上所引诗句均选自艾青：《病监》，载《艾青全集》第1卷，花山文艺出版社1991年版，第58—59页。

月16日，江苏省高等法院第三分院开庭审判艾青等人，这些嗜血的老爷打的如意算盘是重判几个或杀一儆百。但算盘打错了，年轻的政治犯是无惧于吃皮鞭、上手铐、戴脚镣、站铁笼的。法庭一个个审，他们一个个闹。艾青是由人扶着出庭的，在法庭上他闹得最凶。江丰母亲当时在法庭旁听，是这场审判的目击者，事后对别人感慨地说："那个有病的青年硬极了！"①

最后，法庭宣读了艾青等人所谓的罪状与对他们的判决："……从所内搜出之美联四月份工作、美联章程、名单登记表及历次会议记录，并按期发行美术画报等大宗宣传品，认定'春地美术研究所'即为左翼美术联盟之机关，且系以危害民国为目的而组织之团体，并有宣传与三民主义不相容之主义之行为，而蒋葆伽、季春道、李岫石均加入联盟，既有美术登记表及联盟员履历足资证明。蒋葆伽、季春道并曾列席于联盟会议，复有记录，可稽是该上诉人等之以危害民国为目的加入组织而宣传与三民主义不相容之主义已极明确。原审依危害民国紧急治罪法第六条、第十条，刑法第七条、第四十二条，处蒋葆伽、季春道各有期徒刑六年……"②从这份判决可以看出，法租界和国民党政府之所以要逮捕、审讯与囚禁这些手无寸铁的美术青年，是因为把他们看成了"共党"或受其指使的"暴乱煽动者"。

审判结束，艾青、力扬等人又被押回法租界第二看守所。他们不服法院的判决，继续在看守所内进行斗争。

于是，当局以"不服管教"和"闹事"为由，提前执行判决，把艾青、力扬等十一人由看守所转押到上海第二特区法院监狱中服刑。

押进监狱，他们依然为争取应有的权利斗争。"我们一去那儿就罢饭——绝食。监狱是六个人一个房间。十一个人另外配上一个大烟鬼住两间。大烟鬼见我们不吃饭，他要吃，我们强迫他也绝食。后来从关政治犯的地方传来一个小纸条：'坚持斗争，要求同政治犯关在一起。'我们于是就提出要和政治犯关在一起，又罢了三天饭，监狱才答应了……我们睡的是地板地，每天送饭是用大

---

① 李又然：《诗人艾青》，载《长春》1979年第7期。
② 周红兴：《艾青传》，作家出版社1993年版，第62页。

槽子。送饭的是一个判了重刑，戴着脚镣的犯人，他争取送饭，这样可以走动。我们当时没有上刑具，这是法国人的监狱，国民党怕我们闹事，闹一次就改善一次。"①

从此，他们有了读书报、看《圣经》、学外语的权利，可以有写作、讨论一些问题的"自由"了，也使他们有条件利用狱中漫长的时间，继续从事"精神界的斗士"的事业。艾青自己的书籍已全被抄走，就想方设法借书来读。为了获得更多的精神食粮，艾青还和江丰等人联名给鲁迅写信，汇报狱中生活。江丰回忆说："我与艾青等由艾青执笔，写信告诉鲁迅先生，难友们把监狱当作一个学校，每天按时看书、作画、写诗、开讨论会，大家的精神状态和对敌斗争的意志都很好，以告慰他老人家。"②鲁迅在1932年12月31日的日记中也曾记有这么一条："下午得介福、伽等信。"——"介福"即江丰，"伽"就是当年爱用"莪伽"这个笔名的艾青。

诗神叩开了他的心扉

诗神偏偏就在这样的时候，穿过铁窗，合着镣铐的叮当声，推开病魔蛮横的纠缠，前来叩打艾青灵感的门扉了。

"决定我从绘画转变到诗，使母鸡下起鸭蛋的关键是监狱生活。"几十年后艾青回忆自己的人生经历时曾这样风趣地说过。

艾青被捕8天后，也就是7月20日，由丁玲主编的左联机关刊物《北斗》第2卷第3、第4期合刊出版了，上面发表了署名"莪伽"的一首诗《会合》。当杂志传进监狱，艾青看到自己的诗首次被发表在刊物上，真是又惊又喜！但转而又疑惑不解起来，因为自己从没有向《北斗》投过稿。经查问原来是被捕前和艾青同住一室的朋友刘芳松在桌子上看到过这首诗，觉得不错，就寄给了《北斗》。这极不寻常的鼓舞，倒的确诱发起艾青写诗的强烈欲望。艾青日后也

① 周红兴：《艾青的跋涉》，文化艺术出版社1988年版，第55页。
② 江丰：《鲁迅先生与"一八艺社"》，载《鲁迅研究集刊》（一），上海文艺出版社1979年版，第340页。

说："这件小事，却使我开始从美术向文学移动，最后献身于文学。"①

当然，促使艾青从绘画转向诗的决定因素还是监狱这个特殊环境。因为进监狱后，从事绘画的必要条件艾青就全已失去，画纸、画布、各类颜料、多种画笔、画架以及外出写生，这一切在狱中是办不到的。而写诗却要简单得多，囚室里铅笔和一般用纸还是有的，而作为灵感世界的跋涉者，艾青总还是想把心灵中闪过的火花留下来的——何况是在这样的炼狱生涯里，他回忆得更多，沉思得更悠远。于是，他"自然而然的接近了诗"②，同时，"诗，比起绘画，是它的容量更大。绘画只能描画一个固定的东西；诗却可以写一些流动的、变化着的事物"③。对于身处监狱、内心涌动着更多复杂情绪的艾青来说，用诗表现的确要比绘画更自由、更充分。

他说："我借诗思考、回忆、控诉、抗议……诗成了我的信念，我的鼓舞力量，我的世界观的直率的回声……"④

如果说《会合》一诗奠定了艾青一生将诗歌事业面向全人类，那么这首在他进入狱中后才发表出来的诗中所表现的，被侮辱与被损害者在人生线上痛苦地挣扎、愤而奋起反抗、坚信通过反抗斗争人类一定会走向光明，则是他从此定下的三条抒情支线，也正是他炼狱抒情的起点。

从这样的意义上看，艾青最早的两首狱中诗《透明的夜》和《聆听》，值得珍视。

《透明的夜》是艾青入狱后写的第一首诗，写于9月10日。在这首诗里，艾青以油画般的笔触，浓墨重彩地展示了一批漂泊在黑夜荒野上的"醉汉、浪客、过路的盗、偷牛的贼"的粗野而无所归依的生活。这批人是被"三座大山"压得家破人亡、被驱逐出正常人生轨道的流氓无产者，自感前途茫然，因此过着狂饮滥嚼的生活以麻醉身心的痛苦，这又是一批对社会怀着势不两立复仇心理的叛逆者，他们身上有着异常健旺的、反叛旧世界的原始生命力，这是一股郁结着"痛苦、愤怒和仇恨"的野性生命力，但这里面显然也渗透着拜伦

---

① 艾青：《在汽笛的长鸣声中》，载《艾青全集》第3卷，花山文艺出版社1991年版，第391页。

②③④ 艾青：《母鸡为什么下鸭蛋》，载《艾青选集》第3卷，四川文艺出版社1986年版，第680页。

式的阴郁，不过阴郁得顽强。胡风对这样的表现十分敏锐地指出：让人感受到"充溢着乐观空气的野生的人生"，并且"预告了作者的另一视角和心神的健旺"①。

这种"预告"很快成为现实——且看艾青接着写的第二首狱中诗《聆听》。这首诗写艾青在狱中深宵时分听到附近法南水电厂马达的轰鸣所引起的一种感触。他觉得夜仿佛是一艘大航轮，监房像一片茫茫大海，而水电厂的马达声好像是富有启示意味的时代的呼唤声，呼唤着夜的大航轮冲开茫茫大海般的监房生涯，加快速力前进。这个"夜"其实象征着艾青自己不幸的命运，所以这首诗寄托着艾青欲冲出囚牢、改变命运的热切期盼，也暗示着时代一定会使个人遭难很快得到改变的坚定信念。全诗意象叠加、复杂有机，暗示力极强，就创作艺术看水准也是相当高的。

因此，《透明的夜》和《聆听》这两首诗提示着艾青，今后诗中的抒情主人公就是被不公道的社会逐出正常人生轨道的被侮辱被损害者，而对这样一个基本抒情形象作三个方面的抒情，即抒写他悲苦的命运、表现他顽强的抗争、讴歌他光明的信念，则成了艾青继续写狱中诗的方向。

1933年1月13日，一场江南的初雪已悄悄儿逼近了黄浦江。傍晚，照例站在监房铁窗下的艾青，望着灰蒙蒙的天上纷纷扬扬的雪花出神了好长时间。一阵莫名的感伤掠过心头，他突然全身冷得发抖。身上的冷激起了他渴求温暖的心情，但谁曾经给过他温暖呢？亲娘吗？没有！只有乳娘给过。真的，"奶妈对我来说，比我的亲娘更亲，所以当我感觉到冷时，就想起了她给我的温暖"。可亲爱的乳娘已长埋地下。他不能不想起乳娘那座被雪压着的草盖的坟墓，想起乳娘家屋檐枯死的瓦菲和被典押了的一丈平方的院子，想起久已逝去的童年生活。他想得那么远，那么神往，那么温暖又那么悲哀。

一队雪鸦嗷叫着，飞过肃穆的城市上空。雪花飘得更密了……

难友们都已进入梦乡，可他还站在铁窗下，心，似乎也随着嗷叫的雪鸦，飞在苍茫的夜天，向钱塘江方向飞去。对乳娘的感恩和对她命运的愤慨不平之

---

① 胡风：《吹芦笛的诗人》，载《文学》第8卷第2期。

情，汇合在一起，竟如此猛烈地顶开了艾青灵感的闸门。于是，他拿出拍纸簿，就着囚室外幽暗的路灯，飞快地写着，写着……

1月14日清晨，艾青完成了《大堰河——我的保姆》。这里的"大堰河"就是艾青的乳娘大叶荷，只不过在诗里用上海话谐音"大堰河"来代替了。

同一囚室有个被判死刑的强盗一早起来了，看到艾青捧着那个拍纸簿神情庄严地念念有词，他感到奇怪，一把抢了过去，直着嗓子吟诵起来！吟着吟着，声音低下来了，更低了，沙哑了。当吟到：

> 大堰河，今天，你的乳儿是在狱里，
>
> 写着一首呈给你的赞美诗，
>
> 呈给你黄土下紫色的灵魂，
>
> 呈给你拥抱过我的直伸着的手，
>
> 呈给你吻过我的唇，
>
> 呈给你泥黑的温柔的脸颜，
>
> 呈给你养育了我的乳房，
>
> 呈给你的儿子们，我的兄弟们，
>
> 呈给大地上一切的
>
> 我的大堰河般的保姆和她们的儿子，
>
> 呈给爱我如爱她自己的儿子般的大堰河。

他颤抖的手再也捧不住那本拍纸簿，人，跌坐到地上了。

这首长诗的第一个读者——一个被旧社会逼得无路可走，以致铤而走险，以致被追捕、被拷打、被判了死刑的强盗，竟感动得失声痛哭了。

诗写的是贫妇大堰河一生的悲苦命运和她一家的穷困遭遇，反映了旧中国农村凋残破败濒临绝境的现实面貌。全诗以大堰河一生为经线，以抒情主人公"我"与大堰河一家的关系为纬线布织而成。艾青选取了一些富有人情味的情境和细节，来塑造这位受尽生活折磨却始终保持着淳厚天性的旧中国劳动妇女典型。大堰河是地主儿子的保姆，靠乳汁养育乳儿以换得一些钱支撑一家生计。

她和乳儿原是建筑在金钱关系上的，之间不存在母子亲情，但大堰河爱乳儿爱得那么深，她并不想乳儿将来对她有大报答，只幻想有那么一天，乳儿成婚时"她吃着她的乳儿的婚酒，/坐在辉煌的结彩的堂上，/而她的娇美的媳妇亲切地叫她'婆婆'……"从这些地方可以看出这位贫妇的灵魂是多么透明，天性是多么善良，感情是多么淳朴。当大堰河流尽乳液之后，乳儿被领回地主家去了，为了生活，她又用抱过乳儿的两臂，给地主家去劳动，无情的命运并没有把她折磨倒，相反，好像要和命运挑战似的，她总是含着笑"洗着我们的衣服""提着菜篮到村边的结冰的池塘去""切着冰屑悉索的萝卜""用手掏着猪吃的麦糟"……从这些地方又显示出了这个贫妇的精神是多么健旺，性情是多么开朗，度日又是多么艰辛。可是这样一位怀有美丽灵魂的劳动妇女，社会回报给她的却只是："大堰河，含泪的去了！/同着四十几年的人世生活的凌辱，/同着数不尽的奴隶的凄苦，/同着四块钱的棺材和几束稻草，/同着几尺长方的埋棺材的土地，/同着一手把的纸钱的灰，/大堰河，她含泪的去了。"可以看出，艾青是怀着善无善报的愤慨，在"写着给予这不公道的世界的咒语"。

《大堰河——我的保姆》说得上是中国新诗史上向穷苦卑微的劳动者抒发赞美之情中最真挚的一首诗。全诗的字里行间渗透着艾青对大堰河及其一家人骨肉至亲的情感。也唯其如此，当这个地主家庭出身的抒情主人公宣布要和出身的家庭彻底决裂，投进以大堰河为代表的劳动者怀抱时，我们同样感到的是自然而真诚。至于从"我"对"大堰河"的爱与悲中转化出来的那一股"给予不公道的世界的咒语"，也就具有发自肺腑的真诚与自然。因此，诗篇中的"我"是真正具有爱憎分明的阶级觉悟的时代叛逆者。从这些地方可以看出，中国新诗因《大堰河——我的保姆》的出现，才完成了抒情主人公精神世界的质变。这首诗中的抒情主人公在这场精神世界大变异后获得的新质尤令人珍视："我"把自己的内心真正纳入劳动者广阔的情感世界后，终于从个人感恩的氛围中超越出来，让自己的智慧、力量和歌声无条件地"呈给大地上一切的我的大堰河般的保姆和她们的儿子"；从情绪的微观推向了宏观，从狭窄的自我走向了世界，从渺小的个人通向了全人类，从而使这位抒情主人公呈现出以天下为己任的胸襟。因此，可以说《大堰河——我的保姆》中的抒情主人公向我们表明了：

艾青已潜在地找到一股力泉。

《大堰河——我的保姆》的成功，除了上述所论以外，还有两点值得注意。第一，这首诗采用了大量洋溢着泥土气息、富有浙东风情文化色彩的农村生活形象、细节来充实题材、体现主题。如写到"你用你厚大的手掌把我抱在怀里，抚摸我"时，就用了"在你搭好了灶火之后""在你拍去了围裙上的炭灰之后""在你尝到饭已煮熟了之后""在你把乌黑的酱碗已放到乌黑的桌子上之后""在你补好了儿子们的为山腰的荆棘扯破的衣服之后""在你把小儿被柴刀砍伤了的手包好之后""在你把夫儿的衬衣上的虱子一颗颗的掐死之后""在你拿起了今天的第一颗鸡蛋之后"——这些农家生活细节形象地转化成意象，兴发感动出一片浓郁的情调氛围，给人以有血有肉的农家生活感受。显然，这些生活是艾青切身体验过的，它们化为诗思就像血从血管里自然而然流淌出来一样，因而真挚动人。第二，正由于这首诗具体得真挚、贴切、感人，因此诗中大堰河的形象和她一家人的悲苦生涯会转化为意象而发生精神性的升华。如同第一章里我们已提及的，由于艾青在大叶荷家度过童年，因此影响到他总有一份农民的忧郁烙印在灵魂深处。但这份忧郁的具体内容又是什么呢？是他对人间生存命运的莫测不安。大堰河和她一家人代代沿袭的苦难生涯，在艾青看来是"永远在挣扎的人间"的体现，因此对他们也怀有一份难逃"永劫的灾难"的预感，而抒情主人公"我"说要把自己的爱呈献给大堰河及其一家人，而把咒语全掷向不公道的世界，也正反映了艾青要为所有被侮辱被损害者的悲苦命运发出控诉——这使《大堰河——我的保姆》有了意象的精神性升华，"诗的语言"也因此"充满了大同感"。

《大堰河——我的保姆》后来证实的确具有各阶层广泛的共鸣感——究其根本，就缘于上述两点。

这首具名"艾青"的诗后来就在《春光》杂志上发表了，而这也是我们的诗坛泰斗用"艾青"这个笔名第一次发表作品。诗发表后，茅盾在一篇文章里作了大力推崇。他说："新近我读了青年诗人艾青的《大堰河——我的保姆》。这是一首长诗，用沉郁的笔调写了乳娘兼女佣'大堰河'的生活痛苦……我不能不喜欢《大堰河》。"①诗很快走出国境，"传到日本，轰动一时，有人读了落泪，有人译成日文"②。1935年春天，东京的中国留学生开诗歌朗诵会，有一个东北青年同时朗诵蒲风的《茫茫夜》和艾青的《大堰河——我的保姆》，朗诵《茫茫夜》"可是失败了"，使在场的作者蒲风提出抗议；朗诵《大堰河——我的保姆》却使全场"大受感动"，当时在场者中有个叫魏晋的，事后在1935年上海的《立报》上写了篇文章说："朗诵《大堰河》的朋友，有着苦于故乡沦亡的心怀，正合宜于《大堰河》的悲壮。"③看来艾青这首诗的确获得了精神的升华，有了大同感。

艾青对"永远在挣扎的人间"的命运抒写，从对大堰河及其一家的遭遇转向了自身，这是很自然的，因为这时他还在狱中，不仅"铁镣比我的歌声更响"，肺病也一直纠缠着他。这种自身强烈的受难感成了他狱中诗一个重要的抒情方面。

艾青被捕后，他那位生死不渝的朋友李又然急匆匆从巴黎赶回上海，写了封长达13页的信安慰他，当在探监时看到艾青的病况后，他甚至向狱方提出要代艾青坐牢。这使艾青大为感动，却也加浓了自身的受难感。前面已提及的那首《病监》就是在这样的心境中写出来的。后来，"李又然常给我送'洛地浓盖'。打这种药很有效，狱中一位医生也是留法的，他对我也很好，每天给我打针，这样我才好起来"④。身体的受难在减轻，精神的受难却在加强。带着这种强烈的感受他寻找着抒情的对应物，结果找到了《圣经》，并写了《一个拿撒勒人的死》。

这首诗写耶稣在逾越节前夜因犹大的出卖而被彼拉多逮捕，受尽苦刑和凌辱，终于同两个盗匪一起被钉死在十字架上的故事。它是抒情性很强的叙事诗，所抒发的核心情绪是拿撒勒人耶稣得不到他为之献身的犹太民众的理解，甚至在受到彼拉多严刑拷打后又受到民众的嘲笑。如同鲁迅笔下的夏瑜一样，诗中

① 茅盾：《论初期白话诗》，载《文学》第8卷第1期。
② 李又然：《诗人艾青》，载《长春》1979年第7期。
③ 周红兴：《艾青研究与访问记》，文化艺术出版社1991年版，第361页。
④ 周红兴：《艾青研究与访问记》，文化艺术出版社1991年版，第239—240页。

的耶稣有一种为真理与正义献身的寂寞的哀感———一种深沉的受难感。艾青此时的心中显然也是怀有着这样一份寂寞的哀感的，日后他回忆这首诗时说："当我写道：'要救人的/如今却不能救自己了……'我流下眼泪哭了！"①正是特殊的受难感催他下泪。不过，也正像鲁迅在《自题小像》中所抒唱的："寄意寒星荃不察，我以我血荐轩辕！"艾青也没有在这样的受难感里沉沦下去，他决心压下这一份寂寞的哀感，把这条献身于真理与正义事业的道路走到底。很多年以后艾青回忆起这首诗时说："这首诗虽然取材于《圣经》，还是渗透了我自己的感受的。"②可见，《一个拿撒勒人的死》虽然抒写了自身强烈的苦难感，但内中渗透了坚忍的抗争精神。

于是，艾青又写了《芦笛》。这首诗是他强烈的苦难感和坚忍的抗争精神又一次动人的交融，单纯而有机。诗篇抒唱了艾青对具有艺术自由的"彩色的欧罗巴"真挚的回忆。与此相呼应的是，另两首同样具有激愤之情的抒情长诗《巴黎》《马赛》，这两首诗里体现着艾青的民主个性主义色彩，不过这种民主个性主义色彩的抗争在淡化中。抒情主人公"我"从精神文明的角度揭露巴黎这个资本世界的糜烂，从物质文明的角度揭露马赛这个殖民社会的凶残，抒发了自己"等时间到了/就整饬着队伍/兴兵而来"的抒情，似乎已具有某种被侮辱被损害的民族奋起抗争的象征意味。不过艾青灵魂深处这场从民主个性主义向集体主义社会大斗争的过渡最彻底、表现得最旗帜鲜明的，莫过于《九百个》了。

《九百个》写于1934年狱中，后来用"克阿"的笔名发表在《热风》终刊号上。艾青采用中国历史上第一次农民大暴动——陈胜、吴广揭竿起义的故事写成这首叙事诗，虽写得仓促粗糙了一点，但诗行间流淌着的几股激情十分珍贵。一股是在农民和贵族两个阶级的对垒中，农民受尽经济剥削和人生蹂躏后，终于忍无可忍，铤而走险，从而显示出这一个被侮辱被损害者阶级刚毅顽强、决不屈服的叛逆精神。诗篇这样抒情："土地啊，和你一样/我们是被暴乱的风雨/吹打惯了的农夫；/江河啊，和你一样/我们的心里也有巨大的/

---

① ② 周红兴：《艾青研究与访问记》，文化艺术出版社1991年版，第240页。

争斗的叫喊潜伏着!"立足于这种阶级觉醒,艾青又抒发了另一股激情:他纵情歌唱陈胜、吴广刺杀押送军队的贵族长官,砸碎奴隶锁链,终于把900余人组织起来,奔上了造反的路。在壮阔的画面、昂扬的气势和激越的旋律中,艾青把这一批向旧世界挑战的集体叛逆形象扩大开来:"天幕下一切受辱的人们,/应和着他们的叫喊/从林间、从茅舍/从每个黑暗的角落奔出,/提供了自己的生命,/去扑灭那共同的仇敌。"在这场公开的阶级反叛基础上,艾青把诗思化为一股必胜的信念。如果历史叙事诗只是历史事件的诗化再现,那没什么特别了不起的。但艾青不同,他确具有"另一视角",以这场波澜壮阔的历史事件作意象,来暗示他从民主个性主义向集体主义的社会大斗争过渡的坚忍抗争心态。

就这样,艾青带着苦难的感受、愤慨的情绪、抗争的意志,迎受着漫长的炼狱岁月严酷的考验。当然,不能说艾青在铁窗下就没有一点受难者隔绝世界的苦闷。发表在《现代》杂志5卷2期上的《黎明(外五章)》,就反映着这种苦闷心绪。"梦,已随着天边的星坠了/瑟缩的心不再有鼓翼的勇气""走过了路灯的/将又是黑暗的路"。但即使是以这样一种情绪为基调的组诗,到最后一首《辽阔》也显然有了超越。诗写的是他在一个"辽阔的夜"里凝视"无边的辽阔之底/闪烁着一颗晶莹的星"而触动了心,向自己作了这样的设问:"你说,那就是/我们的计程碑吗?"不言而喻,在艾青当时的感受中,这"一颗晶莹的星"纵使只有很小的一点,却也显露出了一点光明,的确可以看成是通向更壮阔的光明世界的"计程碑"。如此心境,不言而喻已有了一定的昂奋成分。

艾青曾这样谈这份乐观信念确立的情况:"因为童年、少年时代家庭关系和生活环境的特殊,使我自小就十分同情穷苦的人,受欺压的人,有一种本能的人道主义的意识。我最初那种自发的反抗精神和革命要求,也是从这里生发开去的。多次和社会实践相结合的结果,使我深深感到,这种人道主义是抽象化的,模棱两可的,拿来对付实际生活远不够用。后来通过阅读油印本的《唯物史观浅说》,我懂得了社会存在着阶级和阶级关系,超阶级的人道主义是不存在的,只有以建立在阶级关系上的人道主义去分析社会实际问题,才能恰如其分。

这一点在我回国后参加社会的斗争——特别是在监狱的斗争生活中，我才有更深一层的觉悟。也许有人会问，在我以后写《诗论》《诗人论》时，把人道主义和人类自由平等联系在一起，而把'阶级'两字隐藏了起来，这是什么缘故？我想这样解释：我是把人类看成一个整体、一个历史概念的。每个历史阶段最先进的阶级的动向必然是代表历史发展大趋势的，所以我的'人类'其实是特定历史时期最先进阶级的另一种说法，我就这样把最初获得的人道主义和共产主义理想挂上钩，或者说贯通了起来，并且把先进阶级必然取得历史性胜利这一信念灌注在内。因此，我始终对人类前途充满着乐观的信念，即使自己消灭了又怎样呢？人类还是在发展的么！"①这席话是艾青与笔者谈初期创作——特别是写于监狱里的诗时说的，也足以印证他在狱中的心境必然显示为从灰暗向开朗超越，从苦闷向昂奋超越。

因此，大墙可以隔绝艾青和人间的生活联系，却永远隔绝不了生命和世界的精神联系。《叫喊》一诗就这样反映出了他这种渴求生命和世界永远联系在一起的精神。而《铁窗里》艺术水准相当高，意象用得特别多，并且组合得很复杂有机，说得上是一首丰盈而多姿多彩的意象抒情诗。和艾青同一案子又关在同一个囚室的力扬，在同一时期也写了一首同样性质的诗表现监狱生涯中渴望自由、阳光和投入新的斗争的激情，叫《我在守望着》②，写得也相当不错。这说明，艾青、力扬他们一起在狱中坚守"精神界之斗士"的精神，作为一个难友集体，他们相互鼓励，一起把未来一定光明的乐观信念化为情思，写成诗篇。

就这样，艾青戴着脚镣跨上了诗坛。

---

① 1980年8月9日下午艾青在北京史家胡同寓所与骆寒超的谈话记录。

② 这两首诗估计是一起送到《新诗歌》杂志发表的。《我在守望着》发表在《新诗歌》1934年7月的第2卷第2期，《铁窗里》发表在该刊同年12月的第2卷第9期。

第四章 "山雨欲来风满楼"的日子

在漫长的炼狱生涯里，艾青不仅在拍纸簿上作了些素描速写，创作了不少诗篇，还凭着一本破旧的法汉词典，翻译了一些凡尔哈伦的诗。

艾青入狱后，托亲友带了些不犯忌讳的书来读，其中还有几本法文版的诗集，他的妹夫张祖良也曾按艾青家里的托付，寄了一包书到监狱里，其中就有一本是巴黎水晶书店出版的《兰波诗选》，可以说是那段黑暗的漫长岁月中莫大的慰藉。兰波是艾青喜爱的法国诗人之一，留法三年中，兰波迷人的诗篇给了艾青精神的慰安，使他对生命有了新的感悟，对诗也有了新的思索。如今身陷囹圄，又能读到他的诗，真如同故友重逢般亲切。因此，艾青在此书的扉页上写了这么一行字："九月间，伽在狱中，良寄兰波的诗，聊以使黑暗之日，付诸忘怀意也。"在监狱里，读外文版的书，搞翻译很适宜，不过当时艾青没有翻译兰波的诗，倒是通过另一渠道得到一本凡尔哈伦的诗集，选译了一些出来。

重获自由

前面已提及，艾青喜欢的外国诗人中，最推崇的是凡尔哈伦。这位比利时诗人一生发表了好多诗作，并被西方文坛定评为后期象征主义的代表性诗人。凡尔哈伦在发表"阴暗三部曲"时，确实是比较标准的象征主义者。不过1891年以后，他接近工人运动，加入比利时工人党，诗作就开始反映当时的阶级斗争、城乡对立等社会现实，这期间出版的诗集，如《妄想的农村》《触手般扩展的城市》《幻想的村庄》等就直接或曲折地反映了现实生活的一面。这一类诗所反映的资本主义世界城市的兴起、农村的衰败等情况，甚至"是合乎马克思所分析的"[1]。正因为这样，凡尔哈伦便成了列宁特别喜爱的诗人。艾青曾谈到过一件往事："1950年我到苏联，在列宁逝世的房子里，看到桌子上只摆了一本凡尔哈伦的诗集。"接着又说："前两年，一个做图书馆工作的朋友写信告诉我，才知道列宁夫人回忆列宁时说，列宁最喜欢凡尔哈伦的诗。"[2]正是这一类诗，大大吸引了艾青，所以他在炼狱岁月里决定翻译凡尔哈伦。艾青主要选了凡尔哈伦19世纪90年代后发表、收在诗集《触手般扩展的城市》中的一些名篇来译，共选择了《原野》《城市》《群众》《穷人们》《来客》《惊醒的时间》《寒冷》《风》《小处女》这9首诗。何其芳曾这样与人讲过："翻译莎士比亚需要卞之琳，翻译凡尔哈伦则需要艾青。"[3]可以见出艾青的译述水平。

等译完这9首诗后，艾青就没有再译下去了，因为按监狱规定，艾青、力扬等坐满刑期的三分之一后，便要送苏州反省院去反省，译事不得不搁了下来。

1934年底，艾青把这一束译稿抄成一册，题名为《原野与城市》，托获释的难友转给大妹妹蒋希华收藏，之后就离开上海的监狱，被转押到苏州反省院去了。这部译稿一直到多年以后的1948年，叶以群从蒋希华那里拿走，才在上海的新群出版社出版。

艾青被押向苏州反省院时，李又然赶来送行。看着生死之交的朋友走路都有点摇摇晃晃，随时会倒下去的样子，他伤心万分。当艾青偷偷把一叠诗稿交给他保管时，他忍不住别转头哭了。他觉得这似乎是一次永别，而这卷手稿也会是艾青的遗作。艾青、艾青，你实在被折磨得太惨了。

但艾青还是活下来了！

反省院是变相的监狱，每天要强逼政治犯读《三民主义》，并且按时写"反省论文"。艾青以自己文化水平低为借口，拒写"反省论文"，为此又触犯了"院方"。本来按惯例犯人在这里反省满一期即六个月后，就可以获释，但艾青

---

① 周红兴：《艾青研究与访问记》，文化艺术出版社1991年版，第132页。

② 冬晓：《艾青谈诗及写长篇小说的新计划》，载《开卷》1979年第2期。

③ 周红兴：《艾青研究与访问记》，文化艺术出版社1991年版，第131页。

因改造的表现不好，延续反省了两期，到1935年10月才放他出去。好多年以后，艾青回忆这段往事时曾说："我临走时，他们对我说：'这是你进反省院的第一次，也是最后一次，再也不要来了。'意思是警告我再'犯法'进来，就别想出去了，就要判重刑。可是我一九三五年十月出来后，马上又写起反对他们的诗。"①

多少人等着艾青出狱的一天！这一天终于近了。

还是在刚进监狱时，艾青的父亲就因为对儿子的"绝望"而"一夜哭到天亮"，后来在艾青漫长的炼狱岁月里，他又不断寄去"温和的信"，要艾青做弟妹们的"模范"，依从"家庭的愿望"，并且，"又用衰老的话语，缠绵的感情/和安排好了的幸福"，前去"俘虏"艾青的心——一直到艾青出狱前，又寄去了回家的路费。②

在蹲上海监狱时，家乡一位豆蔻年华的女孩子不时地给艾青写信，用江南少女真挚的情感，前去抚慰囚徒创伤的心。而艾青也给她回信，把在狱中写的诗、画的画夹在信中寄给她，在比卡片纸还小的纸上，那些黑白素描是如此细致和吸引人，寄托着艾青回报的真诚——一直延续到临近艾青出狱前，她干脆住到艾青家里去等候。

李又然等得更急！1935年10月一来临，他就马上赶到苏州，等了几天，才把艾青接出来。两人涕泪交流地拥抱个够，又哈哈大笑一阵，就一起从苏州坐火车到上海，很快就把艾青父亲寄来的钱花光了，又从上海流落到杭州，艾青找到杭州艺术专科学校的老师雷圭元，向他借了30元钱，和李又然一人一半平分了，这才独自返回畈田蒋村。

这时候，日本军国主义羽翼下的民族败类殷汝耕，在察哈尔建立了傀儡政权。

华北危在旦夕！

一二·九运动爆发了。

---

① 周红兴：《艾青研究与访问记》，文化艺术出版社1991年版，第132页。
② 艾青：《我的父亲》，载《艾青全集》第5卷，花山文艺出版社1991年版，第518—519页。

中国人民抗日救亡运动的新高潮到来了。

不安的灵魂

火车载着艾青向家乡走去，一路上他忧心忡忡，且不提顽固的父亲，就是那个书信往来却未曾谋面的少女，他都不知该如何面对。

她是谁呢？她就是母亲信中谈到的那位住在义乌上溪村的远房表妹，16岁的张竹如。

踏上畈田蒋村，正是仲秋时分，远远地就看见村外的稻田上一片金黄，风吹起阵阵金色的涟漪，似乎这片土地在用一份沉甸甸的激情迎接饱尝三年半铁窗生活的青年诗人回家。艾青的双眼潮湿了，泪光朦胧中巍然屹立的双尖山似乎也在向他频频颔首；西周高背的两株老樟树浓荫蔽天，粗壮的树枝像一只只坚实的臂膀，好像期待着游子投入自己的怀抱；祠堂前的池塘里秋水盈盈，脉脉莲叶欲说还休，让人不由得要感慨：自由真好！生命真好！

终于踏进了家门，一家人团聚在挂着"天伦叙乐"匾额的大厅里。母亲从里屋拿出为他赶制的新衣衫叫他换上，又用手细心梳理着他卷曲的长发；小弟弟海涛手捧一盒围棋，怯生生走来拉拉他的衣角；老母狗伏在他脚边，舔着他的鞋子；而父亲，则在八仙桌上摊开账册、租谷簿，向他絮叨着："中国没有资产阶级……没有残酷的剥削和榨取……我对伙计们，从来也没有压迫……"突然，从厨房里走出来一个健壮、秀气的少女，端着一个漆盘，低着头、红着脸把一碗点心放在他面前，朝他深情地瞥了一眼，又低着头、红着脸回厨房去了……

他刚被亲情柔化了的心猛地一惊：这就是我的家？这就是父母安排好了的幸福，要来俘虏我的心？

他多么需要这一切——在铁窗下他曾千百次思念过的这一切。可是，他又怎么能要这一切？让这一切把自己永远埋葬在畈田蒋村，像父亲那样迂腐地过一辈子？何况一二·九运动的消息也通过报纸飞进了东南沿海的这个小小村庄！

不！不能死守在这片土地上，应该回到已经发现的广阔世界去。"为了从废墟中救起自己，为了追求一个至善的理想"，艾青下定了决心："即使我的脚踵淋着鲜血，我也不会停止前进！"

坚定了心以后，艾青变得从容了。于是，温暖秋阳下，他拉着海涛漫步在村中幽静的果园里，正是橘子飘香的季节，满眼是成熟的惊喜，让人心旷神怡。他们走倦了，就席地而坐、而卧，嗅着阵阵醉人的橘香，看白云在碧空中悠游，听秋虫在树林间呢喃，大自然和谐而又恬淡的姿态让艾青肃然起敬。他抑制不住内心的激动教小弟弟唱："起来，饥寒交迫的奴隶；起来，全世界受苦的人……"

在艾青这样闲散舒适的日子里，家中正在筹备一桩大事：上溪村送来了一件件嫁妆，把上东房装饰得富丽堂皇，艾青被人牵引着与新娘拜了天地。当宾客散尽、热闹非凡的大厅冷清下来后，艾青有一种恍若梦中的迷糊。当新房里只剩下这一对新人时，在喜气的烛光中，艾青终于对新婚的妻子一吐为快："这个家只是我的客栈，祖上的遗产是秽物，我不要，我是就要出去的！"

"那我怎么办？"16岁的张竹如满腹委屈地反问。

"等我在外面站稳了，再来接你！"艾青果断地说。

"那我……在家等……"新娘张竹如掉下了幸福又酸苦的泪水。

将近半个世纪以后，张竹如对一个来访者这样谈艾青和她的这一段婚姻："我们两家是亲戚，我管他妈叫表姑，我的父亲早去世了，他母亲有一段时间因到上溪村看病住在我家。我母亲向她提起结亲的事，他母亲同意了。当时艾青正在蹲监狱。我们在结婚前通了很久的信，他出狱时，我正在他家照顾他的父母亲。他回来了，我马上回家准备结婚。尽管我家不太富裕，也还是准备了不少嫁妆——都是按当时习俗办的。也和当时习俗完全一样，举行了比较庄重的结婚仪式。结婚不久，他就要出外去工作。当时还没有什么名气。我把首饰等贵重物都卖了给他拿作路费和零用钱。"[1]

---

[1] 周红兴：《艾青研究与访问记》，文化艺术出版社1991年版，第368—369页。周著此处是用对话体访问记形式写的，转引时把张竹如原话缩在一起，减削了一两句话，但仍全属原话。

就这样，艾青在家乡过了个年，1936年农历正月初四，他就告别父母和新婚妻子，到江苏常州的武进女子师范学校教书去了——那是他的妹夫张祖良介绍的，张祖良当时就在这所学校教书。

艾青教的是初中三年级两个班的国文。在教学中，他把新的教育思想、新的文学观念带进了课堂。

他没有按教科书规定的内容循规蹈矩授课，在他看来，国文课教学除提高学生使用祖国语言文字的正确率以外，更要紧的是扩大学生的知识视野，培养她们的审美能力，提高她们的精神境界，引导她们独立思考。因此，他另选了一些西方名著作为补充教材。他首先想起要选讲的是高尔基的散文诗《海燕》。他多想在此时自己也成为一只海燕，引领暴风雨的到来呵！于是，他向学生讲授《海燕》时，把海燕这个暴风雨引导者的形象和时代的暴风雨中以顶风战斗为乐的革命者联系起来分析，这种对诗意的意象进行象征性分析的教学，感动、鼓舞了学生们，甚至后来有几个学生因此而参加了革命。他要学生作文，当学生问是不是按规定写500字时，艾青回答说："你们写一句也可以，写一本也可以，只要不是抄，抄来的作废！"①这使得另外班级的学生也偷偷地来听他的课，甚至要求他也做她们的国文老师。

作为一个已经有相当社会影响的革命诗人，艾青也被喜爱新文学的青年学生所爱戴。由他任主编，女师办了一个油印的学生刊物《洗心》，他还写了发刊词："每个学生都有自己的心声，就如同潜流隐藏在地下一样，总有一天要冲出地面滔滔流向大海……"②于是有一个学生的心声冲出"地面"来了，她画了一张画给艾青，画面上一株高耸挺拔、枝繁叶茂的大树，还有一株小树，依在大树旁边。大树旁写着艾青的名字，小树旁写着这个学生的名字。③看着画，艾青的心头升起一丝涩意。

是的，艾青爱护这些学生，学生也爱戴他这位老师，师生之间的关系是融洽的。有一次艾青去上课，发现有几个学生新烫了发，满头蓬蓬松松的，就用

---

① 杨匡汉、杨匡满：《艾青传论》，上海文艺出版社1984年版，第75页。
② 张祖良回忆语。周红兴：《艾青研究与访问记》，文化艺术出版社1991年版，第373页。
③ 根据艾青的挚友黎央先生生前向骆寒超的讲述。

"狮子头"揶揄她们。过不了几天,他去常州街上理发,理着理着竟睡过去了,等理发师把他叫醒,他一看手表,上课时间快到了,就匆匆赶到学校。进了教室,学生们看着他哄堂大笑,他很纳闷,几个"狮子头"学生调皮地在下面叫:"老师,我们的狮子头队伍扩大了!"原来,那位殷勤的理发师觉得他长得英俊,忍不住想给他"现代化"一番,就趁艾青睡着了,给他也吹了个"狮子头"。①

20世纪30年代中期,常州还是一个十分闭塞、落后的地方,对于艾青这颗不安的心来说是难以忍受的。为此他曾写过一首诗《常州》,对它作了一番充满反讽色彩的描写:街道的狭窄、古老,店面的陈旧、破败,生活节奏的缓慢、沉滞,戴瓜皮帽的白相人可以在茶馆里坐一天,谈尽世界新闻;京货铺子里的店伙年年月月坐在柜台里面充作菩萨,精神的麻木和见识的无知,使得市民们爱对他们知识范围外的事物大惊小怪,以此寻求一点刺激;如果街上偶然有个上海来的小姐经过,"她必要像游街示众地/穿过街去——/羞涩是她摩登的孤单!"最讽刺得妙的是:

> 有时,一辆轿从街上抬过
> 所少的是前后吆喝的
> 小喽啰们,不然
> 我就以为是在清朝了!

在这样一个环境里生活着的人,精神特征只能是萎缩的,心理状态也就只能是卑微的,这对具有全新精神境界、全球视界的艾青来说,迟早会发生冲突。果然,有一次江苏省教育厅派了个思想十分保守而又神气得像个钦差大臣的督学去常州视察,引起教育界进步师生的反对,艾青和他的妹夫张祖良"率领学生队伍到车站游行、喊口号,反对他"。这使县教育局怀疑"女师里有共(产)党嫌疑分子"。为了维护学校的名誉,一个学期结束后,女校长就把"不安分"的艾青解聘了。

---

① 李又然:《诗人艾青》,载《长春》1979年第7期。

艾青不得不回到畈田蒋村，父亲了解了解聘的前因后果后，又斥责他是个不肯安分守己的人，气愤地要他到傅村镇的永福祥杂货店去管账，艾青拒不接受，父子为此闹翻了。心高气傲的艾青在家住不了几天，就收拾行装，带上张竹如，茫茫然却又无所畏惧地奔向上海。

为了支持艾青，张竹如卖掉了新嫁娘的首饰。

他们在法租界的拉都路上租了一个房间住下——是在二楼上，楼下是一家裁缝店。为了生计，艾青决心卖文度日，张竹如在家料理一切。同样流浪在上海的一批老朋友，特别是一起度过炼狱生涯的江丰、力扬等，又见面了。由于艾青家中有操持家务的主妇，所以这一批同样怀有不安之心的朋友们常去他家聚会，以解中国命运未卜的烦闷。江丰当时租住在他家附近的一个亭子间里，于是，一个写诗、一个作画，频繁来往以解寂寞。但卖文得来的稿费毕竟有限且不稳定，要养家糊口又谈何容易，因此，艾青又去新华艺大挂了个兼职，教一些美术课，还在陈唯稷主编的《天下日报》任文艺副刊的编辑。

一个革命青年，一个蹲过大牢的革命青年，一个蹲过大牢、在蹲牢期间已发表过不少诗篇的青年革命诗人——艾青，来到上海滩，消息传出后，一些有民主意识的学生和青年作家也就前来造访，其中就有田间。

田间比艾青要小，此时刚好20岁，还在上海光华大学读书，但他从1932年开始就在上海的《新诗歌》《夜莺》等报刊上发表诗歌，是中国诗歌会中一个结实、健康的小伙伴。1935年，他出版了第一本诗集《未明集》，王淑明写的序，有了一定的社会影响；1936年，他又出版了一部叙事长诗《中国农村的故事》，抒写扬子江边的农民为反抗阶级压迫而团结起来进行大暴动的故事；同时还推出另一部表现中国人民反抗日本帝国主义侵吞我们国土的国防诗歌集《中国牧歌》，由胡风作序，给他的创作作了相当高的评价。从这些诗集中可以看出，田间是一位站在时代浪尖上、以播鼓式的短诗行来为中国人民的阶级解放和民族解放而歌唱的战斗诗人。当听说艾青到了上海，他就带着自己的三本诗集去造访，诗集的扉页上题着"海澄哥教我"的话，送给了艾青，艾青大受感动。

这两位诗人从此认识了，坚定地走在一起，并成了终生好友！田间认为艾青在狱中写了那么一批好诗，应该公开出版！艾青在他的提议下心动了，很快选了包括《大堰河——我的保姆》在内的九首诗汇成一集，题名《大堰河》。那时和他在巴黎同住一室的朋友俞福祚在文化生活出版社工作，就想把这本诗集拿到该社出版，但送总编审阅竟没有通过，稿件被退回。艾青不服气，田间等更不服气，于是在大家的怂恿下，艾青决定自费出版。在朋友们的支援下，艾青凑足了买纸张的钱，自己设计封面，由俞福祚出面，交印刷厂排版付印，印刷费由俞福祚在工资里偿付，终于在1936年10月，艾青生命中的第一本诗集《大堰河》出版了。

《大堰河》——密云期中国诗坛的明星

《大堰河》的出版向世人宣告：20世纪一颗灿烂的诗星已在亚洲的东方——中国升起，使密云期中国的诗坛，闪起一道光辉。

1937年元旦，大型文学杂志《文学》8卷1期的新诗专号出版，刊登了《大堰河》。随即上海的文坛骚动了，诗人们、评论家们私下议论着或公开发表了文章，对它作出这样那样的反响。大家一致肯定艾青是很有才华的，诗艺水平很高。当时诗歌界有两股势力：一股是强调为时代而讴歌，提倡诗歌的战斗精神；另一股是强调为自我而抒情，追求诗歌的艺术技巧。艾青和他的《大堰河》显然在两股势力中都有可以接受的方面，但对艾青应走什么样的路子更好，却产生了分歧。

具有现代主义倾向的诗歌杂志《新诗》上，很快发表了一篇杜衡的书评：《读〈大堰河〉》①。杜衡是当年现代主义的鼓吹者，很欣赏艾青的诗才，但早就反对艾青写《九百个》这样革命暴动的诗。这篇书评是从《大堰河——我的保姆》一诗切入的，在杜衡看来，《大堰河——我的保姆》作为这本诗集的第一首，无论"在形式的完整上，在情绪和思想的和谐上，在表现的充分上"，都足以作代表，但也只有这首诗才具有"这一种单纯的和谐"，其他的诗"就取了几种不同的姿态在里面出现"，特别是艾青到了"男盗女娼"的欧罗巴，"灵魂分

---

① 杜衡：《读〈大堰河〉》，载《新诗》第1卷第6期。

开了两边"，在多数诗篇中显出了："他诅咒，诚然，但他也赞美；他厌弃，诚然，但是他也耽美。一方面是渴望着毁灭的暴徒，一方面是虔诚的艺术的巡礼者；一方面带回来怨毒，同时又悄悄地带回来了一支虽南面王不易的脆弱的芦笛。"因此，杜衡认为诗集《大堰河》中有着两个艾青。言下之意，艾青所把握的诗歌世界显得不统一不和谐，艺术风格也混乱，而只有像《大堰河——我的保姆》那样，才是艾青把握与表现诗歌真实世界的方向。应该说杜衡揭示了一个很重要的现象，是有价值的。可惜在评价时，杜衡只看到《芦笛》《巴黎》《马赛》等诗中抒情主人公灵魂分裂，以致外显为对立关系的一面，而没有从西方现代文明本身是个对立的统一体出发，更没有理解艾青作为一名东方流浪少年在欧罗巴的现实处境也是在"物质上的贫困和精神上的自由"的关系中。而这正是艾青忠实于历史、忠实于生活、忠实于自我感受的反映。所以杜衡欲说又止、吞吞吐吐的责难并不恰如其分，当然，这篇文章倒也看不出杜衡反对艾青写革命的诗，它只不过是一种从纯艺术的（所谓要求"单纯的、和谐的"）角度所作的评价。作为对这本诗集的第一篇全面的评价，聊备一格，也自有其存在的意义。几十年后艾青自己这样说过："我写的大都是现实主义的东西，在现代派看来，我应该为艺术而艺术。20世纪30年代，有一个人发表了一篇文章，说我身上有两种力量：一种是为艺术，一种是为革命。他的用意是要我为艺术而艺术，而不要为革命而艺术。""象征派就反对我写《九百个》，也不同意我写像《大堰河》这样的作品，说应该写《芦笛》那样的。"①那也许是杜衡在吞吞吐吐地评《大堰河》时的幕后言论，从这篇评论文章看，倒见不到"不同意我写像《大堰河》这样的诗"的话，恰恰是推崇艾青走《大堰河——我的保姆》这样的路子；也见不到"应该写《芦笛》那样的诗"的话，恰恰揭示《芦笛》突出了艾青的矛盾性。

《新诗》杂志的主要负责人、20世纪30年代诗坛上最具有现代主义创作影响的戴望舒也像杜衡一样，对艾青的诗才极为赞赏，而对他的创作路子的复杂性也提出了和杜衡相似的意见。早在《大堰河》出版前，艾青和戴望舒都在戴

---

① 冬晓：《艾青谈诗及写长篇小说的新计划》，载《开卷》1979年第2期。

望舒的好友施蛰存编的《现代》杂志上发表过不少诗，两人就熟悉了；后来戴望舒主持《新诗》，更直接编发过艾青的《我的季候》《马槽》《窗》等诗，不仅熟悉，且是神交已久了，但从未谋面。《大堰河》出版，使戴望舒了解到艾青已出狱住在上海，还通过这部诗集对艾青更刮目相看起来。所以戴望舒就带着刚出版的、上面刊有艾青近作《窗》的《新诗》去艾青寓所拜访。艾青不在，他就留下一张名片回去了。艾青回家见到名片后，便去回访。这两位在中国新诗史上都有很深远影响的诗人就这样见面了。在谈人生评文坛之余，话题自然而然转到了艾青刚出版的《大堰河》。戴望舒从象征派观点出发，认为《大堰河》这个诗集的名称应当叫《芦笛》。而艾青呢？则同意从现实主义观点出发的人的意见，认为还是叫《大堰河》好。艾青日后也回忆到这件事："出《大堰河》的时候，戴望舒就认为《芦笛》最好，书名应该叫《芦笛》。别人就觉得《大堰河》好。完全是两种分歧的看法。"①他们初次见面，就各抒己见、毫无芥蒂，这种坦诚的交往倒使这两位诗人从此结下了深厚友谊。

比较以上两人的意见，可以说：对《芦笛》这样的路子作大力肯定而对《大堰河——我的保姆》这样的路子不以为然的，倒不是杜衡而是戴望舒，也许艾青误记成是杜衡的意见吧！但杜衡和戴望舒当年是一派，并且是关系非同一般的朋友，他们对《大堰河》的总体看法一致的可能性很大，只不过杜衡形成文字吞吞吐吐不明说，但有一点公开显示了他们对《大堰河》看法的一致性，即都侧重于"耽美"的眼光来对《大堰河》作这样那样的肯定和挑剔。

另一些评论家却不同了。

据田间回忆，《大堰河》出版后，"我向胡风同志推荐，请他写篇文章介绍一下，胡风很快写了《吹芦笛的诗人》……"②艾青日后也回忆说："他的文章发表前，田间告诉我：有个人写了篇评论你的文章，他想见见你。我说：发表以后再说吧！后来，我们见了面。他说：你的诗得到了最高的评价。当时，我猜测，大概是受到了当时上海党负责文艺工作的代表冯雪峰的好评吧！"③

---

① 冬晓：《艾青谈诗及写长篇小说的新计划》，载《开卷》1979年第2期。
② 田间：《田间自述》，载《新文学史料》1984年第3期。
③ 冬晓：《艾青谈诗及写长篇小说的新计划》，载《开卷》1979年第2期。

胡风的文章写在1936年12月20日，即《大堰河》出版的第40天。他说："艾青的诗使我们觉得亲切，当是因为他纵情地而且是至情地歌唱了对于人的爱以及对于这爱的确信。""他提出了对于'这不公道的世界'的诅咒，告白了他和被侮辱的兄弟们比以前'更要亲密'。""他礼赞了牺牲的伟大，在礼赞里他确信了理想的胜利。"胡风还特别称赞《透明的夜》："这是一幅色画，一曲高歌，使用着明朗的调子唱出了新鲜的力量，充溢着乐观空气的野性的人生。"他也看到"艾青是漂泊着的""就是在监狱里面也似乎还没有定下他的漂泊的心"，因此，像《画者的行吟》中，"这震颤的行吟也是只有从他漂泊的情愫才能够被无间地理解"，但这种漂泊感没有销蚀他"健旺的心"，反倒是二者一结合更显出"健旺的心"的自我生命力！因此在《芦笛》里我们看到，"健旺的心总使他的姿态是'我的姿态'，他的歌总是'我的歌'"——这是"健旺的心"坚定了他走自我之路的意志，因此在胡风看来，即使艾青受了波特莱尔等人的影响，"偶尔现出了格调的飘忽""也将被溶在他的心神的健旺里"。在作了多方面的透视以后，这位目光犀利的评论家又对初露头角的艾青有了一个全貌的认识：

> 不仅因为他唱出了他自己所交往的，但依然是我们所能感受的一角人生，也因为他的歌唱总是通过他自己的脉脉流动的情愫，他的言语不过于枯瘦也不过于喧哗，更没有纸花纸叶式的繁饰，平易地然而是气息鲜活地唱出了被现实生活所波动的他的情愫，唱出了被他的情愫所温暖的现实生活的几幅面影。如果说诗人只应该魔火似的热烈，怒马似的奔放，那么，艾青是要失色的，如果是诗人非用论理的雄辩向读者解明什么问题或事象不可，那艾青也是要失色的，至于用不着接触内容就明显地望得到排列的苦心的精巧的形式，他更没有……①

最后，胡风从《大堰河》中看出了艾青创作中非常珍贵的一点："他的歌总是'我的歌'！"

---

① 胡风：《吹芦笛的诗人》，载《文学》第8卷第2期。

像胡风这样的评论，艾青是感动的，他日后也说："对我初期的创作起了很好的作用。"

"我乃有对于人类再生之确信"

诗集《大堰河》出版后在文坛引起的强烈反响和高度评价，没有使艾青陶醉而驻足不前。他已感觉到《大堰河》中的多数诗篇是自己在囚室中满腔悲愤心声的自然流露，是出于感性冲动的一项自发的艺术创造，而如今严峻的现实已出现在眼前，"山雨欲来风满楼"中民族战争不可避免的预感也强烈地掀动着他的心扉，个人的怨仇悲愤只有融入事关民族生死存亡的时代大怨仇、大悲愤中去，才是具有良知的诗人应有的心路历程，这使艾青为时代而讴歌的审美观念有了自觉倾向；在这个密云期的中国，诗人为谁而写诗、写什么、又怎么写，对他来说也出现了较成熟的理性思考。所有这些都反映在他那时写的一篇书评文章《梦·幻想与现实》中。文章批评了和他差不多同时走上文坛的何其芳所写、还获得了《大公报》文艺奖的散文集《画梦录》，认为在"耳边不停地传来人世的喧嚣和生活的不美的叫喊，有时且不可克制地想起当天报纸所刊载的为饥饿与战争而死亡的可惊的数字"的日子里，作"梦的记录，幻想的记录"是不合时宜的，并进而提出了自己的审美观念："一个艺术家，在这烦杂的、同时也是凄惨的现实之前，如能勇于正视的话，他将会感到自己的幻想的枯窘因而羞惭；之后，他将会以现实丰富他作品的内容，提高他创作的意义，这不正是忠实于艺术，也正是忠实于生活。从这得到的代价，虽不一定是那些捉摸心灵的批评家之害人的喝彩，却是人群的感激和未来的震耳的解放的呼声——他将感受到自己的灰白的'自我'消失在那为之消泯不幸与卑怯而向着新生前进的叫喊中的沉醉，个人将随着时代得到新的莫大欣慰。"这样一篇书评宣告了艾青为时代而抒情的审美观念已形成一个自觉的系统。

有了为时代而抒情的审美自觉，艾青在三条抒情思路上展开创作。在短短的一年多时间里，他忍受着流浪生活的穷困与不安定，写出了一大批诗，它们可分为三类。一类是沿袭《大堰河——我的保姆》的作风，表现黑暗的现实环境中劳动者的悲苦命运和叛乱情绪的抒情诗，《卖艺者》和《死地》写得最出色。为"川灾而作"的《死地》俯瞰式地写出了四川农村大干旱中的惨景，结尾处写到那些从死亡边缘挣扎过来的"地之子"们，竟"像黑色的旋风"一般聚集了起来时，突然以这样的诗句结束："从死亡的大地/到死亡的大地/你知道/那旋转着的、旋转着的/旋风它渴望着什么呢？//我说：/如有人点燃了那饥饿之火啊！"很多年以后艾青回忆到这首诗时曾说："这一结尾，我是冒险而写的。我渴望有人点燃起愤怒的大火，烧亮当时的中国。"① 另一类是内省自我生命价值的抒情诗，突出的是《生命》和《笑》。《生命》中艾青说自己的生命"里面旋流着土地耕植者的血液"，是隶属于被侮辱与被损害的劳动者行列的，因此其命运只能是"喘吸在世纪的辛酸的犁轭下""直到颓然地倒下"。而在艾青看来，这本来就是大地赋予的使命，以及土地耕植者应尽的责任。于是"我"有了一份崇高的自觉："这是应该的/依照我的愿望/在期待着的日子/也将要用自己悲惨的灰白/去映衬出/新生的跃动的鲜红"。也就是说，他将为人类美好的未来而交付出自己的全部生命——这也正是"我"心目中自我生命的存在价值。再一类则以高亢的激情和神秘的象征来表现人民力量必将穿越苦难、战胜黑暗，从中显示"对于人类再生之确信"的抒情诗，《春》《太阳》《煤的对话》写得最出色。《春》是悼念被国民党上海筹备司令部杀害在龙华的"左联五烈士"，以"春来了，龙华的桃花开了"作为逻辑起点展开：龙华的桃花是在"东方的深黑的夜里"爆发的，正是那些夜间年轻的志士在这里被枪杀，而这些"顽强的人之子的血液"滋润了桃树、爆开了蓓蕾，孕育出了一片江南的春天，所以若"人问：春从何处来？/我说：来自郊外的墓窟"。我们不难感受到诗中的潜台词：中国的春天一定会到来，因为有无数为真理事业而斗争着的革命志士，正用鲜血和生命催它发芽、滋长。《春》的结尾是《太阳》的起点，像"春天"来自郊外墓窟的隐示一样，"太阳"所象征的时代的光明也只能通过无数人在斗争中付出生命的代价，从"远古的墓茔""黑暗的年代""人类死亡之流的那边"来到。而只要人民在斗争中甘愿付出生命的壮举存在，那么，"太阳"——这时

---

① 杨匡汉、杨匡满：《艾青传论》，上海文艺出版社1984年版，第81页。

代的光明也一定会"震惊沉睡的山脉/若火轮飞旋于沙场之上"那样气势磅礴、不可阻挡地向我们滚来。正是这样的抒情逻辑，使艾青"乃有对于人类再生之确信"。

在全民族抗战的前夜，艾青敏感地察觉到战争的暴风雨即将来临，生死存亡这一严峻的现实强烈地撼动着他的心扉，他决心吹响诗的号角，迎接大时代对他的召唤。因此，在他写下的这些诗篇中，他以时代战士的超起姿态、革命乐观主义的坚定信念和对人民力量的深厚认识，慷慨抒怀，并把满腔爱国主义情感渗透在象征性的意象组合体中，以激越亢奋的抒情方式体现出来，为国防诗歌赢得了应有的声誉，可以当之无愧地称之为时代的强音。

随着新作不断发表，社会影响不断扩大，艾青也屡屡被邀参加文坛的各项活动。1937年4月25日，上海重庆大酒楼隆重举行"中国诗歌协会"成立大会，经投票选举，艾青和王统照、穆木天、许幸之、柳倩、任钧、关露七人被选为理事，王统照任协会主席。在民族危亡日益逼近的上海成立这样一个诗歌组织，对于推动国防诗歌运动，无疑起到了相当重要的作用。

但是，《天下日报》解雇了艾青。副刊编辑原可有一笔固定收入，此时已失去。生活失去了保障，何况又带着临产的妻子，艾青已无法再在上海过下去。又是妹夫张祖良推荐，杭州一所教会学校——蕙兰中学向艾青发出了聘书。他不得不带着张竹如，告别江丰、力扬、田间等朋友，告别赐予他战斗青春的上海。

动荡不安的灵魂，又登上了漂泊的航程。

第五章 投入大时代洪流

1937年7月6日，一列快车从上海北站出发，风驰电掣般奔驰在沪杭线上。

艾青带着临产的张竹如去往杭州。张竹如悄悄地问他："下午就可以见到西湖了吧！"

西湖，曾是艾青艺术的摇篮，如今仿佛又在亲切地呼唤这个艺术的游子归去。过去，艾青每想起这个旧游之地，心里总感到温暖。可此时此刻，国家风雨飘摇，民族存亡未卜，纵使西湖又迎来"接天莲叶无穷碧"的季节，可明天，这人间天堂又会是怎么样呢？茫然的情绪蒙上心头，使他没有劲头回应张竹如兴致勃勃的问话，而只是沉默地把头转向窗外。

战斗的召唤

伏在窗口，久久凝视铁路沿岸的景色，艾青的心里有一种真实的幻感出现了。他看到在这片江南田野上，"腐朽的日子/早已沉到河底"，"春天的脚步所经过的地方，/到处是繁花与茂草"，"忠心于季节的百鸟"在呼唤着播种者播种，于是他深深地相信："为了我们肯辛勤地劳作/大地将孕育/金色的颗粒。"既然如此，那么这个"悲哀的诗人"也应该拂去往日的忧郁，让希望苏醒在自己"久久负伤着的心里"吧！"战争的预感"中出现的这一份心情，是多么明朗、多么令人振奋！——这是什么缘故呢？艾青回答了：

因为，我们的曾经死了的大地，

在明朗的天空下

已复活了！

——苦难也已成为记忆，

在它温热的胸膛里

重新漩流着的

将是战斗者的血液。①

这是预言！一个中国诗人惊人的预言！它"在第二天就被证实了。卢沟桥的反抗的枪声，叫出了全中国人民的复仇的欢快"②。

是的，全民族抗战的序幕终于在艾青来到杭州、进入蕙兰中学宁静的校园的第二天拉开了。但这位胸膛里漩流着战斗者血液的年轻歌者，此时此刻还没能立即走向炮火硝烟的前线，而只能出没在这所教会学校芭蕉荫翳的课堂。

穿越九年的时间隧道，而今"又在杭州住下了"的艾青，这些日子一直心情复杂。他的心里时刻涌现着一个需要大声呐喊的句子："我们要战争呵，直到我们自由了！"可现实情况呢？国难当头，杭州依旧像九年前他做画学生时代一样，战争并不曾惊动这里的生活格局，"西湖也没有什么变化——迷蒙，飘忽，柔软"，人们"依然保持着中世纪的情感在过着日子。一种近似伪饰的安闲浮泛在各处"。这对于艾青来说，不能不"感到沉闷、窒息、难于呼吸"，因此他常常"用逃避的脚步，在街上走着，在湖边走着"。③

一个虔诚地期待着投身时代洪流的诗人，一个满怀"时代的诗情"的诗人，路究竟如何走呢？艾青焦灼着。

一个在"复活的土地"上已拂去了往日忧郁的诗人，一个预感到可以接受

---

① 艾青：《复活的土地》，载《艾青全集》第1卷，花山文艺出版社1991年版，第154页。

② 艾青：《为了胜利——三年来创作的一个报告》，载《艾青选集》第3卷，四川文艺出版社1986年版，第77—78页。

③ 此段引语均出自艾青：《忆杭州》，载《艾青全集》第5卷，花山文艺出版社1991年版，第5页。

"最大的创作雄心的时代"①已来临的诗人，歌究竟如何唱呢？艾青焦灼着。

不过，不管怎么样，只要有伟大的七月就好！路的起点总是"七月"，他爱这个月份，甚至把张竹如刚刚在杭州生下的女孩也取名为"七月"，甚至对胡风刚刚办起的文艺杂志《七月》也分外有感情。10月6日他给胡风写信说："武汉是我极欲到的地方，现在又有你在那里。"②是的，他想到武汉去，但产后不久的张竹如怎么带呢？何况聘来蕙兰中学，总得教完一个学期吧！他只得沉默着，依旧出没在芭蕉荫翳的课堂，教着都德的《最后的一课》，触景生情，声泪俱下。

但这样的沉默不可能老维持下去。"在三四个月长期的沉默之后，我才写了一首《我们要战争呵——直到我们自由了》。这是一个誓言。这是我为自己给这战争立下的一块最终极的界碑。"③也就是说，艾青终于把自己刚踏进蕙兰中学校园时闪过脑子的这个句子，化成了一首诗，在这些日子里他总是说："我现在的悲哀就是无能表现这胸中强烈的欢喜。"④现在，这种"战斗的欢喜"终于在这首诗中宣泄了出来："不要悲哀——/让战争带去古老的中国/让炮火轰毁朽腐的中国""高举我们血染的旗帜/在我们所到的地方/用战争的火焰/炸毁那/束缚我们的枷锁/囚禁我们的牢监/抽打我们的皮鞭/和戮杀我们的敌人/我们要战争呵/——直到我们自由了。"⑤

而敌人也就从金山登陆了。

杭州吃紧。浙江省政府与省党部早已迁至金华，那家在临走前两天还劝人们"高枕而卧"的《东南日报》也改在金华出版了。市民们这才惊慌起来，扶老携幼，四处逃亡！蕙兰中学也再没有学生去上课，艾青是"借了盘费，离开杭州"，回到畈田蒋村的。

---

① 艾青：《诗与时代》，载《诗论》，人民文学出版社1980年版，第157页。

② 此信刊在《七月》第1集第2期，1937年11月出版。

③ 艾青：《为了胜利——三年来创作的一个报告》，载《艾青选集》第3卷，四川文艺出版社1986年版，第78页。

④ 此信刊在《七月》第1集第2期，1937年11月出版。

⑤ 艾青：《我们要战争呵——直到我们自由了》，载《艾青全集》第1卷，花山文艺出版社1991年版，第165—167页。

"杭州，从来弥漫着和平的烟雾的西湖，将要弥漫着战争的烟火了。"

妹夫张祖良、妹妹蒋希华也回到了家乡。

艾青有国土沦亡的大悲痛，更有迎接战斗的大欢喜，他在心里默默地说着："让没有能力的、腐败的一切在炮火中消灭吧；让坚强的、无畏的、新的，在炮火中生长而且存在下去。"①如是，他更坚定了到抗战中心武汉去的决心。张祖良、蒋希华和抱着满月不久的女儿七月的张竹如齐声说："要走一起走！"

父亲捧出了壮行酒，母亲抹着眼泪整理着他们的行装。

此一走，是生离还是死别呢？谁的心头都藏着这句话，可谁也没有说出来。而金华站西行的列车冲破沉沉夜幕开动了……

车厢里没有一点灯光，有一种悲壮的寂静。艾青坐在窗边，望着窗外无边的黑夜。这时，通向神圣梦幻的心扉却开启了："我这黑夜里的乘车者，很安然地让自己内心的波动随着这铁轮的转轧的有节律的声音展开我的思绪，我是如此的坚定；这披示给我的漫长的行程和广大的中国的土地，都使我有做一个中国人的强烈的欢喜与骄傲。""黑夜甚至带给我一种宗教的情感，纯朴地愿望着祖国能早日从少数人的自私与顽固的枷锁里解脱，明日的自由的天国，不就在我们的前面了么。"②

那么，"夜行的列车，愿你加速驰行吧……"

晨光熹微时，车厢的一角传来几个孩子的歌声："打回老家去……"这歌声"传出了中国的悲哀与对于解放的遥远的呼叫"，艾青的心里竟因此"描出了一幅在冰天雪地中的东北义勇军行军的美丽的图画"。是呵！灾难深重的中国人民对于解放的呼叫毕竟是遥远的。可不是吗？就在这同一个时刻，另一个青年诗人——艾青的挚友田间，正在武汉一家小客栈里，就着熹微的晨光，写着抒情长诗《给战斗者》，他像和艾青有着生物感应似的，写下了这样的诗句："经过冰雪，经过烟雾，/遥远地/遥远地/我们/呼唤着/爱与幸福，/自由和解放……"

这种对于解放的呼叫的遥远感，是应该引起重视的，那是由于现实中国的

---

① 艾青：《忆杭州》，载《艾青全集》第5卷，花山文艺出版社1991年版，第6页。
② 艾青：《西行》，载《艾青全集》第5卷，花山文艺出版社1991年版，第9页。

阴暗太浓重，一时难以拨云雾见青天所引起的感伤的体现。艾青就怀着这样的感伤情绪，进入了武汉。

写作《雪落在中国的土地上》

在这战时的文化中心，艾青和胡风、萧军、萧红、聂绀弩、端木蕻良、田间、江丰、李又然、李桦等新朋老友见面了，他和张竹如带着七月，就借住在武昌艺术专科学校的传达室里。

生活是艰难的，友情却那么温暖。当艾青读完田间在12月24日写的那首像擂鼓似的"召唤着战斗"的长诗《给战斗者》后，激动地要这个还住在小客栈里的小兄弟也搬到传达室来同住。从此张竹如料理三个人的生活，他们一起参加各种活动，分析战争形势，写诗。

日子是闪光的，心境却如此悲慨。艾青从报纸上得悉敌人已逼近杭州，"明天或后天，我们的英勇士兵，将以温热的血与肉，作着保卫杭州的防御战"，而"城里已三四里路看不见一个人影了"，他"极度的悲痛着"，却"不再流泪"。[①]

战争是壮烈的，现实却一派迷离。当艾青"看见了汪精卫的动作与表情"，以及"那颗被包裹在肋骨里的早已腐烂了的心"，看见了达官贵人依旧声色犬马、纸醉金迷，富豪巨贾愈加投机倒把、囤积居奇，他心冷了："在战争中看见了阴影，看见了危机。"[②]于是，他"以悲哀浸融在那些冰冷的碎片一起，写下了《雪落在中国的土地上》"[③]。

这是1937年12月28日——一个雪夜。

欲雪的预感使他心里涌起了灵感的暗潮，而当空中纷纷扬扬飘起了雪花，艾青像当年写《大堰河——我的保姆》时一样，在雪光中又一次出现了惊人的浮想联翩，刚刚结束的那段西行生活中获得的印象、感受全部调动了起来，一片被烽火所啃啮着的雪原布满了他的心幕，眼前仿佛出现了茫茫林海，从林间

---

① 艾青：《忆杭州》，载《艾青全集》第5卷，花山文艺出版社1991年版，第5—6页。

②③ 艾青：《为了胜利——三年来创作的一个报告》，载《艾青选集》第3卷，四川文艺出版社1986年版，第79页。

出现的、戴着皮帽的中国农夫，冒着大雪赶着马车在逃亡；出现了雪夜的河流上、乌篷船里、小油灯下，失去男人保护的蓬头垢面的少妇，受尽敌人刺刀戏弄后流落他乡；出现了"无数的我们的年老的母亲，/都蜷伏在不是自己的家里，/就像异邦人/不知明天的车轮/要滚上怎样的旅程……"出现了一批又一批"土地的垦植者""失去了他们所饲养的家畜"和"肥沃的田地""拥挤在生活的绝望的污巷里"，而这风，又像个"太悲哀了的老妇"，伸出冰冷的手，拉扯着行人的衣襟，一刻不停地絮聒着如同土地一样古老的痛苦；而这被烽火啃啮遍的雪原又成了一片饥馑的大地，"朝向阴暗的天/伸出乞援的/颤抖着的两臂"……应和着这些镜头的相继浮现，像画外音似的一个声音反复在回荡："雪落在中国的土地上/寒冷在封锁着中国呀……"①

　　这是艾青为战乱中被侮辱被损害的劳动者所唱的悲歌，为战乱中的农民所唱的悲歌。由于艾青的血管里始终旋流着土地耕植者的血液，所以他从来是把自己最大的爱和关怀首先付予农民和像农民一样艰辛的其他劳动者的，更由于艾青在历史性目光的透视下看出了这些下层人民在战乱中的遭遇，他们将以自己的命运回答"战争的路给谁走是最艰苦的"。因此，这一支悲歌是真挚的，也是忧患深沉的。不过，发人深思的还有另一方面：艾青在这些苦难的下层人民的身上——特别是在农民身上，看出了："只有他们，才会真的走到战争的尽头，才会真的从自己的手里建造起和平——真的和平，而不是妥协，不是屈服，不是投降，不是挂白旗的和平。"②这也就是说：只有他们，才会肩负如此深重的苦难，走出一条真正自由、和平的路——这深重的苦难既有日本法西斯分子残忍的掠夺与蹂躏，也有国内统治政权无穷的剥削与压迫，他们只能承受也必须承受着，走向战争，走向流血献身，穿越历史的长夜，迎接自由的黎明。正是这种历史的感悟，使这一位"农人的后裔"、爱国者、感情真挚的诗人，在"雪落在中国的土地上，/寒冷在封锁着中国"的直觉感受里，让诗情有了一份

---

① 此段引语均出自艾青：《雪落在中国的土地上》，载《艾青全集》第1卷，花山文艺出版社1991年版，第157—161页。

② 艾青：《为了胜利——三年来创作的一个报告》，载《艾青选集》第3卷，四川文艺出版社1986年版，第79页。

更显深邃的哲理升华——他"不幸地发现了"："中国的路/是如此的崎岖/是如此的泥泞呀。"①

于是，战乱中中国的劳动者、中国的农民的遭遇，成了中华民族的历史性灾难与坚韧地承受这一灾难的象征。艾青为他们唱出的这一支悲歌，也成了战乱中中华民族的悲歌。

是的，这是一支悲歌，它里面蕴藏着浓重的、忧国忧民的激情，却也是艾青抒情个性中忧郁气质的体现。从艾青初期的诗里，我们就可以看出他情感深处若隐若现的那一脉对于人类命运的忧郁，如同《大堰河——我的保姆》《透明的夜》《画者的行吟》《卖艺者》等诗中，那种悲天悯人与主体命运相交叠所激发出来的忧患那样，《雪落在中国的土地上》面对的是中国人民在战乱中发生的一场十分现实的灾难，这种灾难则是和艾青的个人遭遇更密切地连接着的，所以主体的自我情感投入也就分外鲜明。也许可以说，这是艾青对民族解放遥远的呼唤所引起的感伤情怀，在忠实于现实生活的基础上更真切的外化。所以这首诗里的忧郁更具有时代本身所赋予的色彩，且是以战斗、献身和深信遥远的明天一定会光明的多股情绪相交融而成的感受打底而浮现出来的忧郁。诚如艾青自己所说："叫一个生活在这年代的忠实的灵魂不忧郁，这有如叫一个辗转在泥色的梦里的农夫不忧郁，是一样的属于天真的一种奢望。"②"在这苦难被我们所熟悉，幸福被我们所陌生的时代，好像只有把苦难能喊叫出来是最幸福的事；因为我们知道，哑巴是比我们更苦的。"③正因为如此，艾青才在这首诗的结尾处这样写："中国，/我的在没有灯光的晚上/所写的无力的诗句/能给你些许的温暖吗？"这就是一个忠实的灵魂怀着把苦难喊出来使祖国得到些许慰藉的一个主观心愿，这也是一个忠实的灵魂面对血火交迸的苦难现实所迸发出来的一次爱的火花的闪光。

满腔赤子情怀，使《雪落在中国的土地上》无论在当年还是大半个世纪以

---

① 艾青：《雪落在中国的土地上》，《艾青全集》第1卷，花山文艺出版社1991年版，第157—160页。

② 艾青：《诗论·服役·二十二》，载《艾青全集》第3卷，花山文艺出版社1991年版，第43页。

③ 艾青：《诗论·服役·二十》，载《艾青全集》第3卷，花山文艺出版社1991年版，第42页。

后的今天，一样地在感动着千千万万海内外的炎黄子孙——它是民族的心声。

在这曲心声里，我们听到艾青的情感在发生深广的裂变。

在陇海前线

1938年在炸弹声中，在眼泪鲜血、口号标语、刺刀钢盔中，艾青来到了武汉。

艾青和力群、李桦、陈烟桥、新波、野夫等组办了以反映民族抗战为主题的"抗敌木刻画展览会"，并写了评论；他和冯乃超、胡风、适夷、东平、聂绀弩、萧红、端木蕻良、田间等参加了"七月社"举行的"抗战以来的文艺活动动态展望"座谈会，并作了长篇发言。

他是画家，他是诗人，他是富有革命意识的文艺评论家，他是活跃的社会活动家。青春之花在战争的岁月里开始盛放。

于是社会注意到这个高个子青年了。

山西民族革命大学在临汾成立，阎锡山兼任校长，实际负责的是李公朴。这所短期培训抗战干部的学校要在国内聘请一批教员，李公朴向正在武汉的萧军、艾青等发出了聘任书。1月27日，萧军、萧红、聂绀弩、端木蕻良、田间、塞克以及艾青、张竹如夫妇，奔赴临汾。火车越过长江，奔驰在北国的原野上。

陇海路沿线。伤兵。难民。烧焦的瓦舍。没有了炊烟的村庄。大雁逆着凛冽的寒风飞过天空，叫出了北国的惶乱、阴冷、空旷和荒凉……艾青坐在车窗口，徘徊在小车站上，无言地看着北国的荒原沉思着，在拍纸簿上画着、写着。他画着山坡上沉默的碉堡，城门口持枪的守兵，崎岖的古道上载着辎重的骡车，倾塌的木桥边茫然徘徊的流浪汉；他写着《乞丐》《手推车》《骆驼》，写着一篇篇《北方诗草》。

几十年后，张竹如向一位来访者这样回忆奔向临汾途中的艾青："他每当灵感来了，就赶快写，在火车上，在旅途中，所见所闻，都触动他。这些诗，都是他亲眼所看到的社会生活的真实表现……"①

在平汉路的一个小站上，他看到路边坐着个补衣妇，无声地在给人缝补，无声地想着她被炮火毁了的家，而太阳晒干了眼泪的孩子用饥饿的眼瞪着她身边空了的篮子，路扬起尘沙扑向她的头巾、衣服，路伸向无限牵走了她茫然的心……写下了《补衣妇》。在陇海道上，他看着徘徊在铁道两旁一批又一批来自灾区、来自战地的乞丐，向行人呐喊着痛苦，又用饥饿得固执的眼看着行人在吃任何食物和指甲剔牙齿的样子，又用永不缩回的乌黑的手向任何人，甚至掏不出一个铜子的士兵要求施舍……写下了《乞丐》。在黄河古道上，冰雪凝冻的日子里，他看着独轮的手推车出没在贫穷的小村与小村之间，发出使阴暗的天穹痉挛的尖音穿过寒冷与静寂，广阔与荒漠，响彻着北国人民的悲哀……写下了《手推车》。在风陵渡口，他看着漫天的沙尘，险恶的江浪，以及迷沙急浪间古旧的渡船迎着黄河野性的叫喊冲向彼岸，庄严地承受着在守卫祖国平安的潼关的慰抚……写下了《风陵渡》。有一次，火车飞驶在潼关外的原野上，艾青凝望着荒漠、衰草、颓垣和坟冢；凝望着黄河浑浊的浪涛，河边风沙中孤单的行人和驴子挣扎着走在寂寞的路上的情景；凝望着不见太阳的、灰暗的天幕下那一片已经僵死的林木，阴郁的、低矮的茅屋以及再也不能滋润生命的干涸的溪泉，使他正陷入令人窒息的沉思里时，忽然听到邻座那个来自科尔沁草原的诗人——端木蕻良在向他低沉地说："北方是悲哀的!"就凭着这句话，艾青顿时找到了灵感喷泻的突破口，写下了《北方》。

这首诗最能代表艾青的风格，它沉郁、雄浑，具有历史的悲慨情调。如果说纯诗强调最富有诗本体的规定性，那么《北方》以其开阔、丰盈而又单纯的意象抒情特色，就该进入纯诗之榜首。

艾青的心显然被北国大野那一派荒凉、阴郁和惶乱的景色打动了，对北国人民失去"生命的绿色"产生了强烈的哀感，于是他把内心的激情寄托于北国大野一景一色中兴发感动出来，而这一景一色在激情的渗透下，又重组出北国人民在战争年代无尽的灾难与不幸、贫穷与饥饿——这样一幅悲凉而又雄浑的

---

① 周红兴：《艾青研究与访问记》，文化艺术出版社1991年版，第369页。

画面。善于捕捉形体、色彩、动状的绘画才能，使艾青写下了如此扣人心弦、具有多层兴发功能的意象群："天上，/看不见太阳，/只有那结成大队的雁群/惶乱的雁群/击着黑色的翅膀/叫出它们的不安与悲苦，/从这荒凉的地域逃亡/逃亡到/绿荫蔽天的南方去了……"这实际上构成了一个本体象征形象，把北国在战乱中凋残与悲凉的场景、惶惑与骚乱的感觉真切地兴发感动了出来。但艾青的诗笔并不是一味想去抒发哀感，而是想通过这哀感去寻出一股"力"来。他找到了！诗的最后一节，他猛地把笔锋一转，说："而我……却爱这悲哀的北国啊！"这是为什么？是因为就连"一片无垠的荒漠也引起了我的崇敬"。崇敬什么呢？是他在这阴郁的土层里发掘到了一脉悲壮的民族精神！因为这里面埋有我们祖先的骸骨："这土地是他们所开垦/几千年了，/他们曾在这里/和带给他们以打击的自然相搏斗/他们为保卫土地/从不曾屈辱过一次。"艾青由此把我们的感受联想一层层引向更深层处：从这些祖先们遗留给我们的土地联想到这土地定能"带给我们以淳朴的言语"与"宽阔的姿态"，于是，"我相信这言语与姿态/坚强地生活在大地上/永远不会灭亡"；也因此，他深深地崇敬和热爱这古老而又苦难的国土。可见，艾青对"北方"作了"土色的忧郁"的抒情后把一个坚定的信念推出来了：中华民族是有反侵略战斗传统的，这传统传承至今，将保证我们民族仍能坚强而自由地活下去，决不会灭亡。①

这是艾青对中国人民力量的进一步发现，是他创作中现实主义精神和浪漫主义激情一次惊人的历史性交融。"心事浩茫连广宇，于无声处听惊雷"——艾青和中国新文学之父鲁迅有着多么深广的精神联系。

当然，任何艺术创作的深化，都会受到作家生活体验的深化的影响。艾青又何尝不是如此。当他沿着陇海路在北方作了一次漫长的奔波，于2月6日来到山西民族革命大学的所在地临汾后，他对战时北方的生活有了更深入、更真切的体验。

民族革命大学有政治、军事、民运、艺术等系，艺术系又设文学、戏剧、

---

① 此段引文均出自艾青：《北方》，载《艾青全集》第1卷，花山文艺出版社1991年版，第174—176页。

舞蹈、歌咏、美术等课，艾青和萧军等在艺术系任教。那里师生平等：同吃黑馒头，同饮泥开水，同住草屋，一起分析战争形势和文学现状，相互交换抗战观念和人生态度。生活是艰苦的，情绪是昂扬的，精神是愉快的，但好景不长，日本法西斯的铁蹄已踏上了山西省，炮火已蔓延到临汾，半个月的相聚，看来他们又要告别这座古老县城了。在一个月色溶溶之夜，艾青和学生们登上古城，望着广大无边的原野，北方的原野，中国的原野，耳边悲壮地彻响着"战争！"并且在默默的对视里，"慨然地接受/明天的离别"，和那一爿以"疏落的枣树的枝丫支撑着"的临汾高爽的天离别，和月影下的驴子、驴子边抽着旱烟的农民离别，真是一草一木都关情啊！而当"我们沉默地踏进荒废的园子/和空寂的庭阶……/忽然又听见/街上有长鞭驱策车轮隆隆地滚过……"①出发！踏上新的征途的时刻到来了。

从武汉同来的朋友们也分手了：田间随丁玲的西北战地服务团去了延安；萧军北上，走向前线；萧红和端木蕻良结合，南下；而艾青带着张竹如去向西安。在西安，他与画家张仃、作家高阳等组成"抗日艺术队"，由艾青任队长，把山西民族革命大学的一些流亡学生等组织起来，在华阳、临潼等地从事抗日宣传。艾青还为"抗日艺术队"写了《队歌》，歌词为："……莫问起我们的家，/整个中国已被糟蹋，/我们要工作，要战斗，要学习，/要把古老而悲苦的祖国，/变成自由独立的新中华！"情绪是如此的昂扬。虽然很多年以后回忆这一段生活时，艾青说："完全是逃难性的。"②但毕竟"很可纪念"。后来因为队里有个人被暗杀，他怀疑内部有特务，才离开"抗日艺术队"，准备返回武汉。

当艾青于4月初乘车途经武胜关时，适逢乌云郁结山谷，暗了溪涧，雷声坠下天空，震撼大地，闪电过去，"恐怖的寂寞主宰了一切"，这时他猛然眼前一亮，只见一匹白马驰过原野，矗立高岗。灵感促使他奋笔直书，写下《车过武胜关》一诗，结局处这样唱道：

---

① 此段引文均出自艾青：《怀临汾》，载《艾青全集》第1卷，花山文艺出版社1991年版，第304—305页。

② 周红兴：《艾青的跋涉》，文化艺术出版社1988年版，第120页。

这时候

只有一匹白马

站在中原的高岗上

呼啸暴风雨的到来……

这该是艾青北方之行留下的终极印象。

后来，在《为了胜利——三年来创作的一个报告》一文中总结这段生活时，艾青有如下一段话可作印证：

> 我到了北方。在风沙吹刮着的地域，我看见了中国的深厚的力量，当每天列车运着无数的士兵与辎重与马匹驰向前线。
>
> 我曾和一些朋友，在车站上和潮湿的泥地上睡眠——为了向民众宣传。我曾看见了有些人如何对抗战怠工，如何阻碍着发动民众的工作。但我更看见了民众的力量在无限止地生长，扩大到任何一个角落——当我每到一个地方的时候，都会遇到一些纯朴的青年，因爱好真理而爱好了文学，和因爱好了文学而爱好了真理是一样的。他们都是最勇敢而坚决的战斗员。我也接触到了一些民众，他们已学会了理解战争，他们的语言常常流露了自己单纯而最本质的愿望，他们是新中国的基本的构成员。①

看来艾青对北方人民的力量的发现，就是中原高岗上那匹呼啸着暴风雨到来的白马意象的扩大。正像希腊神话中的大力士安泰，只要永不离开土地，他就会有巨大的力量使自己立于不败之地。当艾青深入到北方人民苦难而不屈的实际生活中，他才愈加坚定了中国必定能挣脱日本法西斯血腥的网罗，获得民族大解放这一信念。

于是，艾青的深心孕育起了一个全新的诗歌意象：向太阳！

---

① 艾青：《为了胜利——三年来创作的一个报告》，载《艾青选集》第3卷，四川文艺出版社1986年版，第79—80页。

纵情歌唱《向太阳》

"回到武汉后，我在这种新的信心里，写了《向太阳》，以最高的热度赞美着光明，赞美着民主。"是的，中国新诗史上那首富有里程碑意义的抒情长诗《向太阳》，是在艾青4月上旬返回武汉后十多天就写成的。

促成艾青很快写出《向太阳》的，除了北方之行带回的"新的信心"以外，还有当时涌动在武汉全城大街小巷那一股抗战热潮。

还是在艾青返回武汉前的3月27日，汉口总商会大礼堂举行了"中华全国文艺界抗敌协会"（简称"文协"）成立大会，有500余人出席，周恩来、郭沫若、冯玉祥等致辞。文协是一个广泛团结爱国文艺家的组织，这个组织以"拿笔杆代枪杆，争得民族之独立；寓天略于武略，发扬人道的光辉"①为宗旨。《中华全国文艺界抗敌协会发起旨趣》提出："文艺工作者是人类心灵的教师，文艺正是激励人民、发动大众最有力的武器。"因此，在"全国上下已集中目的于抗战救亡"的情况下，"我们应该把分散的各个战友的力量团结起来，像前线将士用他们的枪一样，用我们的笔来发动民众，捍卫祖国，粉碎敌寇，争取胜利"。在文协筹备期间，艾青不在武汉，《中华全国文艺界抗敌协会发起旨趣》上，艾青和茅盾、冯乃超等都具了名，也是别人根据艾青平日的意见把他列入的。当他返回武汉，得悉文艺界前辈和同辈的知名朋友对他的重视，特别是看到《中华全国文艺界抗敌协会宣言》中旗帜鲜明地提出"在民族复兴、公理战胜的信念里，有我们的创作"时，更有一种应对得起众望所托的责任感，要把"信念"化为创作，从而决心写《向太阳》。

而就在这些日子里，日军步步进逼，时时派飞机前来轰炸，一场保卫大武汉的宣传活动正把每一个爱国者的血液都点沸起来。4月下旬，也就在《向太阳》开始写的时候，日军出动多架飞机又侵入武汉上空，我空军战士驾机迎敌，在三镇上空展开一场血战。全城出动，仰天观战，我空军战士智勇双全，击落

---

① 此系文协成立大会时挂在主席台两侧的对联。

敌机数架，大长民族之志气，大灭法西斯侵略者的威风，血战激烈之际，观战军民一时焦急，一时顿足，一时欢呼："这是我们的！"此情此景大大触动艾青的心，当场写下急就章《这是我们的——给空军战士们》一诗，更促使他一气呵成《向太阳》的高潮和最后部分。

《向太阳》虽以1938年4月保卫大武汉作背景而写成，实质上它是当年处于抗日热潮的整个中国的缩影。作为一首热情奔放的抒情长诗，它写的是诗人艾青怀着"昨天"苦难的烙印，来到今日保卫大武汉的爱国人民的行列中间，激发起了一股民族命运和时代前景的乐观主义信念，并进而使他终于摆脱了苦难的阴影，和人民大众一起奔上了为民族解放而战的光明之路。全诗结构由两条抒情线索交相辉映。

头一条抒情线索写的是：一个为祖国的命运而担忧的时代浪子——抒情主人公自己，拖着一个"风雨的昨夜的长途奔走的疲劳"的身子，怀着一缕"不论白日和黑夜永远地唱着一曲人类命运的悲歌"的灵魂，来到这个"几千万人用他们的手劳动着"并歌唱着的战斗城市后，内心激起了一片新生的情绪。诗篇一开头就说：他是"用囚犯第一次看见光明的眼"来看这个黎明之城美景的，因而把一个久不见阳光者初见太阳时那种特感光明、特感温暖、特感生活美好的情绪作了大面积的抒唱，这是对时代的光明感的象征性抒唱，洋溢着憧憬美好时代的浪漫主义情调。作为自然界存在的一个实体——太阳的光明，既象征着战斗理想的美好，又具有对现实社会崇高的人物、庄严的事件兴发感动的功能，因此"太阳"使抒情主人公想起"法兰西、美利坚的革命"，想起"博爱、平等、自由"和"德谟克拉西"，想起《马赛曲》《国际歌》，以及华盛顿、列宁、孙逸仙等"把人类从苦难里拯救出来的人物的名字"。如此抒写，实际上是企图通过潜意识中产生的联想来暗示一个巨大的社会内容，作出惊人的浪漫主义概括——伟大的民族解放战争时代在抒情主人公心目中激起的乃是一片光明，是"把人类从苦难里拯救出来"的新生活，是彻底摆脱半殖民地半封建的枷锁而走向民主、自由的中华人民共和国。

另一条抒情线索写的是抒情主人公从保卫大武汉的具体社会风貌中触发起来的一股洋溢着战斗希望的激情。在这条线上，代替了对"太阳"比较抽象的赞美，抒情主人公赞美了"比拿破仑的钢像更漂亮"的伤兵，赞美了"在石桥上，在太阳下，唱着清新的歌"为抗战募捐的少女，赞美了"为国家生产，为抗战流汗"的工人，赞美了"要用闪光的刺刀挽回我们的田地"的操演的士兵。艾青把各阶层人民为神圣抗战而奔走、劳动、战斗着的社会动态，拿来充实以太阳象征光明的内容。抒情主人公讴歌的正是这种社会动态所蕴含的真实的光明，而且也正是这个真实，鼓舞着抒情主人公和像他一样的爱国者，使他们一致地说：我们爱这日子，并不是因为看不见遍地的苦难、饥饿与死亡，而恰恰：

> 是因为这日子给我们
> 带来了灿烂的明天的
> 最可信的音讯。①

从这里可以看出《向太阳》有一种独特的抒情逻辑：通过今天苦难的、饥饿的、流血流汗的战斗生活，追踪到明天独立的、民主的、和平幸福的光明社会。所以在这条抒情线索上，我们看到了"光明"这个巨大社会内容的现实主义概括。

从第一条抒情线索过渡到第二条，标志着抒情主人公从美好的憧憬情绪发展到对光明具有坚定的信念，标志着抒情主人公摆脱不切实际的狂热而进入脚踏实地的社会现实斗争，并接受战斗的现实教育。所以全诗到第八章，当抒情主人公抒唱到大时代对他作战斗的召唤，第九章抒唱他要乘着"热情的轮子"向战斗着的大时代奔去时，情感就显得强烈而扎实，使这首长诗的浪漫主义和现实主义达到了有机的交融。

《向太阳》是艾青对长篇抒情诗写法上一种全新的探索。他把这一宏大而壮阔的社会抒情压缩在一个太阳初升的早晨和熙来攘往的街头，既有朝阳下生气勃勃的实景的抒叙，又尽情地抒发了抒情主人公汹涌澎湃的内心激情，这种俯瞰全景式的写法，既没有黏滞于具体事件的描绘，也没有使形象变成观念的图

---

① 艾青：《向太阳》，载《艾青全集》第1卷，花山文艺出版社1991年，第211页。

解，恰恰是把象征意象以及实体"镜头"，以"我"的热烈情绪为核心，有机交织在一起，凝结成一幅广阔而又绚丽的图景，并进而显示出抒情主人公在现实形势教育下对时代感受的深化过程。我们不能不赞赏艾青对异常深广的现实生活作概括的魄力，以及把直观的实写和象征的虚写有机交织以体现主题的构思技巧。正是这些特色，使这首诗显示了想象的丰富，寓意的深远，情感容量的巨大。

《向太阳》于同年5月在《七月》上发表，顿时轰动文坛。它的意义是对今后如何为抗战抒情作了新的探索，这首长诗把艾青对未来美丽的憧憬和对现实难以排解的忧郁作了有机的交融，此中显示的激昂的浪漫主义和严峻的现实主义的结合，的确给抗战诗歌的创作以至为珍贵的启示。但艾青"乘着热情的轮子"奔向战争的路，毕竟是艰难的，虽然"太阳"的"热力的鼓舞"使他无所畏惧，但前进的每一步，脚踵都是印在鲜血上哪！于是，他怀着悲愤的心，写出了一首首控诉的诗，抗议的诗，仇恨的诗。

他看到一张照片，里面摄着的是挂在小枣庄树枝上的一张人皮——一个中国妇女的皮！日本法西斯屠杀无辜百姓的罪行，使他噙着泪写下了《人皮》一诗。这首诗作为一份历史见证，记录着侵略者"曾在这土地上/给中国人民以亘古未有的/劫掠、奸淫与杀戮！"几十年后一位日本作家沉痛地对艾青说："《人皮》这首诗使我认识了生活，使我走上了文学道路，您就是我的父亲。"①

但一个爱国者作这样的控诉、抗议和愤慨的表达，在武汉也已不可能了。日军攻下徐州后，即调集重兵图谋攻占武汉。武汉危在旦夕，艾青受作家谢冰莹推荐，偕同张竹如母女，于7月下旬离开武汉到达湖南省衡山县，准备去设在该县的乡村师范学校教书，但该校校长推诿，结果只得暂时闲居衡山。生活无着，心急如焚，艾青给胡明树写信："你能否为我在贵校设法一下？或者别的学校？望你能帮助我，所得能维持生活就好了。"求生无奈之情溢于言表。不过，在衡山倒也有一场故人的邂逅，日后艾青曾这样回忆说："我到衡山，正赶上孙伏园在那儿当县长，他治理的县还是国民党的'模范县'。他请我吃了一顿

---

① 周红兴：《艾青的跋涉》，文化艺术出版社1988年版，第133页。

饭。我去法国时，就是他们兄弟带领的。他弟弟孙福熙，是杭州国立艺术院教水彩画的。在去法国的船上，孙伏园一直叫我'蒋公''蒋公'，其实那时我才十八九岁。"①正在穷途中的艾青却没有向这位曾以"蒋公"尊称他的模范县长伸出求助的手。

在衡山他度过了三个月穷愁的生活。除了新结识一位叫亦门的青年朋友，在这小县城中，他只和卢鸿基、叶以群等几个熟人交往。寂寞使他有一种反省自己的可能："那时我已写了六七年诗了，有必要总结一下我的创作，解释一下我对诗的看法、观念。"②于是他开始写作《诗论》。

但只写了一点点，在桂林的朋友番草就来信要他去那里工作。

生活有了转机，他带上张竹如母女于11月中旬又登上了旅途。

① 周红兴：《艾青研究与访问记》，文化艺术出版社1991年版，第232页。
② 周红兴：《艾青研究与访问记》，文化艺术出版社1991年版，第262页。

第六章　从桂林到重庆

漓江边的这座山城从1938年起，就云集了大批爱国的文化人，从事各种抗日救亡的文艺活动。大街小巷书店林立、刊物丛生，成为闻名全国的文化城。据不完全统计，作家、诗人就有巴金、夏衍、胡风、冯乃超、艾芜、黄药眠、常任侠、力扬、李又然、黎央、番草、高兰、覃子豪、舒群、林林、丁尼、邹荻帆、阳太阳等近30人，办的文艺刊物有《野草》《戏剧春秋》《自由中国》《十日文萃》《战时艺术》《诗》《诗创作》《半月文艺》以及《救亡日报》《大公报》《广西日报》等文艺副刊。而艾青的工作，就是去《广西日报》编副刊。

主编《广西日报》副刊《南方》

艾青将副刊取名《南方》。

《南方》是他到桂林一个来月后的12月20日创刊的，到1939年8月29日艾青离开桂林止，共出100期。创刊号上，发表了艾青写的《发刊词》，既展望了"祖国正迈向胜利的路上"的光明前景，又指出了"祖国正在血腥的斗争中"的严峻现实，然后向广大读者提出，"在自由的歌声里"人人都得奋发，"贡献这鲜花的生命给民族革命的神圣的战争"。而对于《南方》来说，就是通过如下具体的工作来体现这种生命奉献："暴露侵略的魔鬼在我们国土的罪行，高扬我们战斗的热情、坚毅、勇猛，争取祖国的胜利和光荣！"而这以后，艾青的选稿、编辑工作就是循此方针进行的。

他身体力行，在《南方》第3期上，发表了自己的诗《江上浮尸》，暴露了侵略的魔鬼掠夺大批中国儿童"作为负伤伤兵之输血工具，俟血液吸尽，则沉尸江流"的罪行。又在《南方》第11期发表了散文《迎接一九三九年》："一九三九年是我们的年代，我们将生活得更好，斗争得更英勇！我们将歌唱得更高亢！"文中高扬着他的战斗热情。他还在这个副刊上发表了一批评论文章，如《文学上的取消主义》《谈批评》等，直接参与了抗战文坛的思想斗争。榜样的力量是无穷的，艾青自己既做出了榜样，也就势必会带动一大批作家、诗人、评论家，发表出不同凡响的、为抗战而歌的诗文。

就在艾青全力以赴编辑《南方》不久——1939年1月底，他的第二本诗集《北方》出版了。《北方》比《大堰河》还要薄，只收了《复活的土地》《雪落在中国的土地上》《北方》《手推车》等8首诗，64开本，只23页。它原定作为"七月诗丛"之一出版，但刚编定交给胡风，就因武汉陷落而难以付印。艾青到桂林后，自己掏钱由广西日报印刷厂印刷出版。

又一次诗坛的"龙卷风"！

读者对《北方》的巨大反响是艾青所始料未及的。作为领导国统区文艺工作的党内负责人之一的邵荃麟在《艾青的〈北方〉》一文中就说：《北方》"在量上可以说是非常少，可是在质上却是令人惊叹的丰富"。适夷在评《北方》时也说：在这些散发着"土地的泥土的气息"的作品里，处处显示着艾青"自己和祖国大地混合而为一"的特色，"诗人永远把自己的命运和苦难的祖国的命运系在一起，因此苦难决不能使他磨折，而更加使他相信坚强地生活在大地上，永远不会灭亡"。的确，作为艾青在赴桂林之前所写诗歌的代表作，诗集《北方》显示着他一种独特的抒情倾向。艾青在为《北方》再版时写的序中这样说："在今日，如果能由它而激起一点种族的哀感、不平、愤懑和对于土地的眷恋之情，该是我的快乐吧。"这种为艾青所特有的、通过"种族的哀感、不平、愤懑"而奋起战斗、激发信念的抒情，在抗战开始的时候是很合于时代需要的，但随着战斗的深入，战斗的考验愈加严酷，诗人如何把自己在战争中采取的实际态度通过真挚、贴切的感受传达出来，就会被提到议事日程上。所以《北方》的出版标志着艾青对自己赴桂林以前的创作做出了一个小结。接下去，他必须致力于探求新的抒情路子。

艾青是明智的，并果断这样做了。

我们不应该忽略一件事：艾青是1938年11月中旬赴桂林的，而他有一首诗《我爱这土地》写在11月17日，这就意味着：他是唱着《我爱这土地》这支歌进入桂林的。

《我爱这土地》是艾青抒发爱国主义情感的名篇。几十年来，评论艾青都会谈到这首诗，谈到这首诗都会引全诗的最后两句来展示艾青的爱国主义情感："为什么我的眼里常含泪水？因为我对这土地爱得深沉……"这固然不错。但这两行诗所显示的只是艾青"《北方》时期"的抒情路子，更值得注意的倒是这一节以前的诗句："假如我是一只鸟，/我也应该用嘶哑的喉咙歌唱：/这被暴风雨所打击着的土地，/这永远汹涌着我们的悲愤的河流，/这无止息地吹刮着的激怒的风，/和那来自林间的无比温柔的黎明……"艾青在这里用"嘶哑的"喉咙歌唱的是四个意象，兴发出四种感觉："被暴风雨所打击着的土地"——这灾难意象兴发出了苦难感；"汹涌着我们的悲愤的河流"——这悲愤意象兴发出了奋起感；"无止息地吹刮着的激怒的风"——这反抗意象兴发出了战斗感；"那来自林间的无比温柔的黎明"——这希望意象兴发出了光明感。这四类意象的组合次序说明，艾青面对民族生死存亡的现实，想要以实际行动——以他的诗歌号召、鼓舞广大爱国者在灾难、痛苦中奋起抗争，争取光明的前程。而为了完成这一项保卫祖国的神圣事业，他准备付出这样的代价：

　　——然后我死了，
　　连羽毛也腐烂在土地里面。

如果说用诗为祖国神圣的战争而讴歌也是一种战斗，那么艾青在这里所作的正是这种激情的抒怀：他要为保卫祖国而献身。

就这样，艾青的一条新的抒情路子在《我爱这土地》中已露端倪：对民族的爱必须具现为对自我献身的讴歌。这成了"桂林时期"的艾青主要的诗歌主题。

因此他"写了《吹号者》，以最真挚的歌献给了战斗，献给牺牲"①。

《吹号者》是一首叙事诗，写于1939年3月末。

"吹号者"作为一个象征意象，在中国新诗中是特显光彩、不可多得的。艾青的诗心是如何捕捉到这个意象的呢？这和番草分不开。艾青到《广西日报》主编副刊《南方》时，他们之间往来十分密切，工作之余常常撇开家庭，彻夜谈诗，情同手足。1991年8月在北京召开"艾青作品国际研讨会"时，现名钟鼎文的番草隔海赶来参加，在会上他回忆和艾青在桂林的往事时说："当年，我有一次和艾青先生睡在一起，天要亮的时候，我们听见吹号的声音。我说这是黎明的号角，吹号者是用他的血变成气，用他的气变成声音；我们写诗也是这样，用我们的生命变成声音，用我们的声音表达我们的时代、我们民族的感情。他催我写，我说：'你是专业诗人，你写比我写更有成就。'"（根据录音整理）就在番草这席话提示下，艾青有了"吹号者"意象的孕育，并很快就把这首长诗写出来了。

在抗战时期的诗坛，叙事诗作为一种比较重要的诗体，其创作是相当活跃的，田间的《她也要杀人》、李雷的《荒凉的山谷》、方冰的《柴堡》、魏巍的《黎明风景》、玉杲的《大渡河支流》、力扬的《射虎者及其家族》都是上千行一首，而臧克家的《古树的花朵》、唐湜的《英雄的草原》、张泽厚的《花与果实》等几乎都在六千行上下。当中也有相当出色的，但其中颇有一些是报告文学式的如实叙写，创作过于泥实，或者所叙之事只是个壳子，诗人们往往借此中情节或人物命运来喷泻主观情思，以致显得过于浮泛、抽象。艾青的《吹号者》不仅篇幅远远短于以上所列作品，并且既不泥实于外在生活事件，又不把所叙之事作为主观抒情的传声筒。所以在叙事诗的诗体建设上，《吹号者》自有其不可磨灭的价值，而它更值得珍视的是所把握的真实世界不仅在抗战诗歌中，还在整个20世纪诗歌中，具有超常限的存在意义。因此，它使人想起了新诗的经典性。

这首诗歌颂了一个"吹号者"。他是个忠实于战争职守的普通号兵，和其他

---

① 艾青：《为了胜利——三年来创作的一个报告》，载《艾青选集》第3卷，四川文艺出版社1986年版，第80页。

战士一样为了保卫祖国和敌人搏斗，生活是很艰辛的，连睡觉的地方也是铺撒着稻草的泥地，但每天他总是第一个醒来，因为有一种神圣的感召使他睡梦中都在等待黎明，因此惊醒他的是他对于黎明的过于殷切的期望——其实黎明还在远方，他迎着五更的黑暗，走上山坡，去迎接这辉煌的一刻。然后，他沐浴着第一缕晨光吹响起身号，召唤众生苏醒；吹响集合号、出发号、行军号，召唤并组织战士的步伐走向前线。当投入战斗后，他又"以生命所给予他的鼓舞"，奔跑在队伍前面，吹响了冲锋号，激励战士杀向敌阵。但就在这庄严的一刻，他"任情地吐出胜利的祝祷的时候"，一颗旋转过他的心胸的子弹"使他寂然地倒在了直到最后一刻都深深爱着的土地上"，而由人群、马匹和隆隆的车辆组成的一股铁的巨流还在汹涌着奔向前去。

读罢这首诗，我们首先感到它是通过一个普通号兵的悲剧生涯，歌颂了一种为捍卫神圣祖国而献身的壮烈精神。艾青有一种善于抓既典型又新鲜的抒叙场面，并在此中集中人物的诗化行动作大面积铺写的才能，这对叙事诗创作十分有利。

但艾青更致力于配合特定的场面与行动把人物转入内心世界作精神性的诗化表现。这些都体现了艾青寄托在吹号者身上的那一腔准备为保卫祖国而献身的意志与激情，也就是他在为抗战而抒情中新把握的诗歌主题的具现。

但以上只是《吹号者》表层的抒叙所产生的审美效应。艾青在这首诗中取得的更大成就在于对表层抒叙的超越，使"吹号者"成为意象化的象征形象。

读《吹号者》，使人强烈地感受到全作笼罩着一层神秘氛围。这层神秘感来自艾青对号兵超常地向往黎明到来的幻觉，也来自对黎明来临时奇迹般的天象美渲染，更来自号兵直觉感受到的"一种不能闪避的启示"指引他去殉道于这场战争的宿命化隐意。

天象本来就很能使人产生奇幻莫测的宇宙遐思，更何况一场拟喻化幻觉使黎明的天象被看成具有意识行动的各个生命体在天地之间欢迎至美之神来临的庆典活动，确能于黎明降临大地这一绚丽华美的奇迹中引发出神秘的庄严美。

正是这种神秘的氛围渲染，使"吹号者"和围绕"吹号者"活动的环境显出了本体的投影，这投影又使接受者不能不用象征的眼光去看待本体，以致使"吹号者"从一个普通号兵中超越出来，进入空间上人类普遍的命运遭际和时间上生存无限的历史进程中去，而他殉道的悲壮行为和生命的永恒价值，成了天地间一种至真、至善、至美者的精神化身。

艾青写作这首诗时，就没有把"吹号者"只看成一个爱国的普通号兵来写，他是有所寄托的，尤其是这首诗前面的"小序"：

好像曾经听到人家说过，吹号者的命运是悲苦的，当他用自己的呼吸摩擦了号角的钢皮使号角发出声响的时候，常常有细到看不见的血丝，随着号声飞出来……

吹号者的脸常常是苍黄的……

这也有点神秘，似乎在提示：这首诗要赞美一个拿生命来吹响号角召唤众生、鼓舞众生奔向战争的人，以及他悲苦的命运和永生的价值。全诗正是沿着这个思路抒叙的，而他在这个普通号兵身上的寄托也终于被我们把握到：艾青更在赞美一个以血来歌唱的时代诗人。可不是吗？他后来在《为了胜利——三年来创作的一个报告》中也承认："这好像只是对于'诗人'的一个暗喻，一个对于'诗人'的太理想化了的注解。"

但又何止是暗喻一个为时代而歌唱的诗人呢？

最高类象征的幅员总是无限的，直达生命本体价值。如果说《吹号者》在形象的第一层次上是对抗日爱国的号兵的赞美，在第二层次上是对为时代而呕心沥血作歌唱的诗人的赞美，那么可以说凡人类社会中为追求至真至善至美而献身的志士仁人都可以在"吹号者"身上找到他们的影子，所以"吹号者"这个形象还存在着第三、第四……层次。

诗歌的最高艺术境界是象征。但西方象征派的象征，大多是在多种意象的主观奇特组合中把生命体验表现出来，这叫主观变形象征。中国传统诗歌中的象征，则大多是在整体意象的客观如实投影中，把生命体验浮现出来，这叫客观本体象征。前者支离破碎，以生命终极体验的意念化智性表现为本；后者浑然整体，以生命终极体验的意悟化情性体现为本。艾青这首《吹号者》，显示为中西结合的象征艺术境界，他是以客观本体象征来对生命终极体验作意念化的智性表现。中国新诗在这以前，很难从对社会人生作关注的现实主义或浪漫主义格局中超越出来，走上对生命终极体验作象征表现之路，艾青的《吹号者》能在借鉴西方、继承传统中走出一条自己的象征艺术之路，应该说是中国新诗走向成熟的标志。我们不妨这样说——

《吹号者》为中国新诗创作艺术主流的形成，竖立了一块里程碑。

吹号者的召唤，是艾青对自己整个抗战时期的创作的召唤。

艾青在写完《吹号者》后，接着又写了被人称之为《吹号者》姐妹篇的叙事长诗《他死在第二次》，既象征地表现了自我献身的精神，又提出来了一个严肃的命题，即这场战争给农民走才最是艰难，而也只有他们才会十分自然地走上为祖国献身之路且责无旁贷。诗中渗透着一脉生之茫然与哀感为标志的感伤情调，这里反映着艾青作为一个"农人的后裔"，对农民在这场战祸中不得不失去土地、失去家园的殷忧，所以从根本上看还是民族大劫难导致的时代的殷忧、感伤，不过值得指出：艾青所特有的浪客的哀感作为一种感受惯性在内中也起了诱导作用。与写《他死在第二次》的同时，艾青写的另一些诗，如《我们的田地》，诗中"无赖的暴徒"抢夺了"我们的田地"与"我们"对土地和家园的怀恋交织在一起，激化出了"我们怎能生活呢"的生之茫然，正是艾青对战乱中国所怀的忧患感的体现。诚如邵荃麟所指出的："作者并不是消沉的忧郁，在他的字里行间是含着一颗极热烈的战斗的心。"

当然，必须承认：艾青精神生活中浪客的哀感所导致的生之感伤也是不容忽视的独立存在，且必然会投影于外在社会生活中，以致使只凭感情用事的艾青在处理个人生活上也增添了烦恼。

可不是吗？感伤的网魔术般张开来，网住了他一段纷乱的人生。

离乱人生中的婚变

自从到桂林编《广西日报》的《南方》副刊后，艾青的流浪生活出现转机，有了相对的安定，所以在 1939 年 8 月以前，他把精力全集中到诗歌事业上去。

《南方》的编辑工作使艾青在文坛大大地活跃起来，不仅在桂林的作家、诗人与他有了经常的交往，大后方、陕北根据地、晋察冀根据地以及敌占区、上海"孤岛"的诗人也和他有了广泛联系。他还以自己的诗歌以及编《南方》中诗歌所显示的实力与水平，赢得了广大读者的信任，所以他的影响不仅在诗歌界也在整个文学艺术界不断扩大。1939 年 4 月，他和林林、丽尼、孙师毅等出席了广西音乐会举办的"抗战诗歌问题"座谈会，并在《南方》上发表了一篇综合报道。在会上，他旗帜鲜明地提出："黎锦晖歌曲为什么没落？《马赛曲》今天为什么被全世界所尊敬？——这是有着精神作用的。"并进而结合现实情势说："今天的歌曲，应当是以民族精神为最高表现的。"[①]6 月，他参观画家李桦的"个人战地素描展"，并写了《记〈李桦个人战地素描展〉》[②]一文，也在《南方》发表，认为："一件艺术品，必须把从作者的内心所发出的情感与愿望，通过作品，输进观众的心里。""无论作为艺术给人去欣赏也好，作为宣传去激动人心也好，没有作者的那种主观的东西混合在作品里面，都是没有生命的。"而李桦——在他看来正是遵循了这样的创作规律，所以这位画家的"许多素描，几乎没有一幅不是洋溢着那种永远冲击在作者心里的热情"，并且，由于李桦"能得到如此适合的表现自己热情的那种审美的形式与技巧，竟使他的作品不仅在今日可以作为宣传品，而且在明日可以作为艺术品存留"。在提出这些看法后，他又得出这样一个结论："因为宣传与艺术原是一个东西：必须是艺术才能达到最高的宣传效果，同时也必须为了宣传才能使艺术从空虚与市侩的迷雾里拯救出来。"从这些言论中可以看出，艾青富有革命的文艺思想意识，而当他以这种意识去理解、分析文艺现象时，更是坚定而又辩证：文艺作品必须表现时代精神，起到社会斗争中的宣传作用，但这必须通过艺术家主观对生活真切的体验，并要审美地表现，具有艺术性。反之，无时代精神、起不了宣传作用，

---

① 艾青：《抗战诗歌问题——记广西》，载《南方》1939 年 4 月 13 日。

② 艾青：《记〈李桦个人战地素描展〉》，载《南方》1939 年 6 月 15 日。

使人闻不到"自己国土上的浓烈的生活的气息，战争的气息"，感觉不到"一个被凌辱的民族所发出的痛苦的呼吸"，徒有艺术性也只能给人以"空虚与市侩的迷雾"。艾青编辑《南方》强调文艺问题的评论，自己又身先士卒发表了这些言论，无疑使这个副刊办得更有特色，境界更高，更显生机。

艾青还同时和林林等在《救亡日报》上开辟了一个《诗文学》专刊。发刊词《我们的信念》由艾青执笔，他提出："诗，既然作为民族的最高的语言，在民族革命的战争迫近胜利的行程中，它是必然要更加发达的。因此，我们感到诗的工作的有组织性的必要。《诗文学》是在这意义上产生的。"就在这个专刊上，艾青推出了一批新人，扩大了爱国青年诗人的队伍，编发了覃子豪、紫秋、林林、雷奔、李斐、亦门、陈残云、邹绿芷、冰兄等人的诗作，报道了戴望舒、黎央、钟敬文、李雷、力扬、覃子豪、黄药眠、田间、蒲风、穆木天、王亚平、洪遒等的活动。艾青自己则发表了《诗人论》杂录十条，其中未收入后来出版的《诗论》中的一条说："在极度的悲悯世界之后，以热情去催促人类向美善的未来跃进，不论他是用溅血的声音呼吁，还是以闪光的剑去劈出那横在道上的荆棘，诗人和战士是以同一的姿态出现在世界上。"而在此基础上，他呼吁："让诗人和战士当作我们的最高理性之存在。"从这些言论中也可窥出艾青写《吹号者》，把一个为抗日而战斗的号兵和一个为时代而讴歌的诗人叠合在"吹号者"这个形象上这一抒情思路的来龙去脉，也反映了在这场伟大的民族解放斗争中，艾青的最高审美理想乃是：诗人应把自己看成战士，而这种付诸文字的主张，在诗坛是有划时代意义的。

在《诗文学》第3期的《诗坛短讯》中有一则：艾青、戴望舒合编诗刊《顶点》第1期在印刷中，第2期亦已付排。这就是说，艾青还在这期间与远在香港的戴望舒合编一本纯专业性的诗歌刊物。

《顶点》的创刊号发表了艾青、李菲（黎央）、周熙良、袁水柏、徐迟、陈时、番草等创作的诗，戴望舒译的《西班牙抗战谣曲抄》，以及有关诗学见解的文章：艾青的《诗的散文美》和徐迟的《抒情的放逐》。比起同时期同类专业诗刊来，从创刊号也的确可以看出它的实力水平以及比较现代的艺术格局。艾青自己的三首诗《纵火》《死难者的画像》《吊楼》是对时代社会作现实主义抒情的，前两首表现在日本侵略者发动桂林大轰炸下中国人民的苦难实况，诗写得较实，在艾青这期间的创作中还算不得上乘。

但是，《南方》出满100期，《诗文学》出到第4期，《顶点》甚至只出了创刊号，就都先后停刊了。这当然有种种复杂的原因，包括经济的、战争的原因，更包括当地政府思想控制的原因。如《南方》，越办到后来，越被"上司"看成有赤化倾向，国共合作时期不好明显干预，就把一些莫名其妙的稿子往这个副刊上塞，弄得艾青生气地说："我的《南方》变成个公共厕所了！"在这种情况下实在难以继续编下去，他只得在8月下旬愤而辞职。

除了工作上的不称心，还有个人生活上的事来烦心——感伤的网魔术般张开来，网住了他一段纷乱的人生，更使他不想在桂林久住下去。

这还得从到桂林后不久说起。那时张竹如又怀孕了，异乡飘零，人地生疏，身边没个长辈，做丈夫的又忙于在诗歌事业上打开局面，要想照顾她也照顾不到，如何做是好？正犹豫着是否回金华去，凑巧番草的太太向荃也要回浙江，既然有了伴，张竹如就丢下艾青，带着女儿七月回老家了。战乱年代，妻离子散，多情的艾青自是十分感伤，这份感伤强化了孤独感，孤独中更渴求有一份脉脉温情拂去寂寞。这种潜意识中莫名的渴求所导致的潜在情感危机，年轻的诗人自己是料不到的，更年轻的张竹如则更是估计不足。

一个5月的夜晚，艾青和诗友黎央一起踏着月色去参加诗歌朗诵会。熏风醉人，繁花酥心，当榴花以火焰般的热烈爆开了它生命的全部美时，吹芦笛的诗人也不能不想起像榴火一样热烈地依恋着他、和他在战乱中东奔西走、相依为命的年少妻子，临别的感伤场面历历在目，可人已天各一方。寂寞游子，故家何在？正当艾青想到这里时，他和黎央已来到朗诵会的会场。显然，他们是迟到了，礼堂里面已黑压压坐满了人，怪的是竟鸦雀无声，大有凝神屏息的气氛，而就在这时，他们听到一个甜润而不无哀怨的女性朗诵声："躺在时间的河流上/苦难的浪涛/曾经几次把我吞没而又卷起——/流浪与监禁/已失去了我的青春的/最可贵的日子，/我的生命/也像你们的生命/一样的憔悴呀！"

有几个女孩子，用手绢在擦眼泪，而朗诵在继续：

雪落在中国的土地上，

寒冷在封锁着中国呀……

这次轮到愣在会场门口的艾青掉泪了。

静默。静默。全场猛爆出一阵掌声！

艾青听到了自己的心声，他要从朗诵会上捡回来！他向台前挤去。朦胧的电灯光下，他看到台上一张白皙的、娇美的面庞，焕发着青春气息的高挑身影，向后台走去，又回转头来，向痴立着的诗人投来闪电般一瞥，不见了……

高灏！《救亡日报》的女记者高灏！父亲亡故，和妹妹高汾一起带着年老的母亲逃亡到桂林来的高灏！

同是天涯沦落人，相逢何必曾相识！在生之茫然的离乱岁月中满怀着感伤的艾青，和同样在生之茫然的离乱岁月中满怀感伤的高灏，走在一起了。这一对年轻人，一起参加音乐晚会，一起看电影，风和日丽的日子，一起去桂林郊外，爬到高山上，坐在小溪边，他们连手都没握过，只晓得谈海、谈星，听他读诗篇，听她回忆辽远的黄浦江畔的家，绿藤悬进百叶窗，金色的小花落在她的长发上……

飞短流长，开始在桂林这个小城中传开了！他们不知道，也不想知道，只要两颗感伤的心、寂寞的心，像涸泽之鱼能相濡以沫……

但莫测的命运是惯会戏弄人的，而人又是那么难以违抗命运的戏弄！

正当高灏犹豫着如何处理他们的关系时，又一个女性闯进来了。那是艾青在常州武进女子师范时的一个学生——画一棵大树写上艾青的名字，又在大树下画一棵小树，写上自己名字的学生韦荧。在战乱开始的流浪路上——武汉的轮船码头，艾青曾和她有过一次邂逅，又匆匆分别了。艾青想不到她会从广州千里迢迢流浪到桂林来找他。"她极力表白艾青，在日记上用笔写满了'艾青''艾青'……"[①]两个因战乱而弃家流浪的年轻人，在异乡见面了。生之茫然使

---

① 周红兴：《1984年5月9日和艾青第一个妻子谈话录》，载《艾青研究与访问记》，文化艺术出版社1991年版，第369页。

艾青又以感伤之心投向了这个昔日的学生，并被深深地感动了。于是，"没有几天就住在一起了"[1]。

当一个多星期没去看艾青的高灏又一次走进广西日报社宿舍，在她所熟悉的那个房间里，竟发现有个和自己差不多年纪的女性坐在床上，而艾青在向她投来尴尬的目光时，聪明的高灏一切都已明白！她离开了这已经倒塌的梦中伊甸。当艾青赶出来似乎想解释什么时，她伸出手，第一次——也是最后一次，握住了艾青，一秒钟，两秒钟……随即扬长而去。

也就在不太久以后，远在金华老家待产的张竹如，盼到了丈夫的来信，竟是提出离婚。很多年以后张竹如回忆说："我感到十分突然，便马上赶回桂林，见到他们木已成舟，只好借住在另外地方。""爱情是不能勉强的，但当时我快要生产了。"[2]

诗人啊，面对社会现实，他是倔强的；面对情感现实，却是软弱的……

于是，1939年8月底辞去《广西日报》工作的艾青，带着韦荧到了桂林乡间，暂时租住在一个农家的低矮小屋里。9月的一天早晨，他怀着纷乱的思绪写了一首诗《秋晨》，其中有："秋天了/我来南方已一年了/此地没有热带的呼吸/看不见参天的椰子林/心里早已有难言的结郁。"第二天，他带着韦荧到湖南新宁去了——那里有一所乡村师范学校聘他去教书。而张竹如呢？她日后的回忆中这样说："我比他们晚一天，与阳太阳以及他的夫人一起去新宁。走在半路上，我就生产了，多亏阳太阳夫人照料。生下男孩的第二天又起身到新宁。在那儿待了一个多月，我借了路费，把孩子留下就走了……"[3]

艾青和张竹如的第一个女儿七月在战乱不断的家乡已病死，这个刚生下不久的男孩，不久也夭折了。他们的缘分已尽，张竹如说："我是有志气的。我没有回到艾青家，尽管他的父母对我很好，也希望我回去，我还是走了自己

---

①周红兴：《1984年5月9日和艾青第一个妻子谈话录》，载《艾青研究与访问记》，文化艺术出版社1991年版，第369页。

②③周红兴：《1984年5月9日和艾青第一个妻子谈话录》，载《艾青研究与访问记》，文化艺术出版社1991年版，第370页。

的路。"①

挣扎在纷乱的情感之网中，谁能理解艾青心里那一团"难言的结郁"……

在新宁——宁静以致远的新创造

在湘桂交界处有一条夫夷江，水清见底，缓缓流淌，并不广阔的江面上，船樯林立，号子连天。江北有个落帆的大码头，是湘南一座美丽的小城，叫新宁。这里三面环山，一面临水。山麓，卵石的街道，古朴的钟楼；江边，竹搭的水榭，草盖的酒肆，岚雾散后，中天才露迷离的日影；星月亮时，满城骤见闪闪的松明。清幽而明丽，空寥而荒远，这境界别有一片新鲜的宁静——新宁，大概也由此而得名吧！从1939年9月到1940年4月，艾青就让生命的飘船停泊在这里；浪客的心，也总算获得了新的宁静……

他在这里的乡村师范教国文。和他在一起的，还有一些当年活跃于文坛的朋友：谢冰莹、黎锦明、阳太阳等。他和韦荧就租住在背靠苍山、面对大江的一个房子里。他庆幸自己这个旷野的儿子又回到了旷野：房子左右的山坡上，山羊在蹦跳，后面的旷野里，牛群在啃草；老马拉着车、响着铃铛，消失在江边薄雾迷蒙的远方。这真像居身在"窗含西岭千秋雪，门泊东吴万里船"的哲理境界里。他有了肃穆的历史凝定和永恒的生命奔波相交融的诗性感悟，疲惫的心，又有了精神创造的萌动。于是，在这"远离烽火，闻不到'战斗的气息'"的环境中，他"久久沉于莽原的粗犷与无羁，不自禁而有所歌唱"了，并致力于对"每一草一木亦寄以真诚"②。

这就产生了诗集《旷野》的第二辑——《旷野集》中的一些抒情篇章。这些诗全是围绕"土地"展开抒情的，《土地》和《旷野》二诗可说是这批诗的总纲。这些土地抒情诗，始终是把土地的忧郁和农民不幸的命运紧紧结合在一起抒发的。如《水车》《山毛榉》《水牛》等诗里，构成旷野风景的"水车""山毛

---

① 周红兴：《1984年5月9日和艾青第一个妻子谈话录》，载《艾青研究与访问记》，文化艺术出版社1991年版，第370页。

② 艾青：《〈旷野〉前记》，载《艾青全集》第3卷，花山文艺出版社1991年版，第104页。

榉""水牛"作为抒情对象，既是艾青对土地的寄托，也是对悲苦农民的隐示。而《冬天的池沼》《船夫和船》则是互相借喻的抒情。

在《为了胜利——三年来创作的一个报告》一文中，艾青总结了这段时间创作主题的新探索，且这样说过："不久我就回到了农村，写了许多田园诗。这些多数写的是中国农村的亘古的阴郁与农民的没有终止的劳顿，连我自己也不愿意竟会如此深深地浸染上了土地的忧郁。但是，假如我们能以真实的眼凝视着广大的土地，那上面和着雾雨风雪在一起，占据了广大土地的是被帝国主义和封建地主搜括空了的贫穷，这是比什么都更严重，又比什么都更迫切的，就是合理地解决土地问题。这是抗战建国的基本问题之一。"这段话作为他的一段创作意图，和他的创作实践是很一致的。

这一批田园诗，就艺术质量来说是很高的，像《旷野》《旷野（又一章）》《土地》《冬天的池沼》《青色的池沼》等，可以说是20世纪中国诗歌中的精品，其审美感染力今天看来，不仅没有减弱，且有强化之势。怪不得当年就有人因为艾青写了这些诗而称他为"中国的叶赛宁"。其实这是不正确的。叶赛宁"以旧俄罗斯农民的眼光"去看那个"生长着赤杨林的田野，那个急驰着雪橇的——那个他沉溺地爱着的俄罗斯"，发现"铁的生客"的到来而将要去了，以致痛苦得"为自己和他所生活的时代唱着挽歌"，并导致他的诗充满了哀怨。艾青和叶赛宁比较可截然不同，他无法接受用旧中国农民的目光去看待旧中国农村，也决不会留恋宗法制农村的生活情调，他诗中的"哀怨""忧郁"，恰恰是出之于超稳定的封建经济结构还如此顽强地保护着宗法制农村社会，而"铁的生客"也还没有可能来把它赶走。因此，他这样宣告：

> 让顽固的叶遂宁
>
> 看着那"铁的生客"而痉挛吧；
>
> 我们要策着世纪的骏马
>
> 在这旷野上驰骋！①

---

① 艾青：《没有弥撒》，载《艾青全集》第1卷，花山文艺出版社1991年版，第336页。

这就是艾青这期间的田园诗中表现土地的忧郁时最基本的抒情态度。

艾青那一颗有着"难言的结郁"的心，终于舒展了，他重又感到生存的温暖。而"接受了这温暖的抚慰"，他那封冻了多时的创造激情也"都苏醒了"，"在这久别的阳光下/融化着，解裂着"。这些解冻了的创造激情，终于"经过那枯竭的树林，/带着可怕的洪响/汹涌到那/闪烁着阳光的远方去了……"①

在写了《旷野集》中的一批诗之余，艾青继续思索着诗与诗人的问题，因此又想对自己的诗学探求作个理论提纯性的小结了。于是在新宁的宁静里，他就集中心力，把一年前在衡山开始写的《诗论》一鼓作气地续写完成。

这是中国第一部从美学的角度来考察诗歌的理论著作，由《诗论》《诗的散文美》《诗与宣传》《诗与时代》《诗人论》这五篇组合而成，在《诗论·后记》中艾青说："我随时思考着，随时试验着解释，随时记录下来。"一连用了三个"随时"，可见这部诗学理论著作是艾青在创作实践中不断感悟、思考和总结经验的结果。五篇文章虽无严格的内在逻辑关系，倒也能看出它们之间存在着一个诗歌观念的逻辑结构，即通过"真""善""美"有机统一的诗美问题的论证、诗歌形象思维特殊性的考察、诗歌内容与形式的辩证关系的思考以及诗人素质的探索，组合成一个属于艾青的诗学体系：既立足于西方的人性人道主义精神，又能和"歌诗合为时而作"的中国诗教传统汇通；既坚持走现实主义之路，又能吸纳浪漫主义与象征主义艺术思路之所长；既认定诗美形象要意象化，又要求意象具有兴发感动的意境化感染功能；既提出诗人的首要条件必须同时是战士，又认为诗人的根本素质是对生活有特殊的敏感才能。《诗论》作为一个诗学研究文本，艾青还别出心裁，用格言、警句甚至抒情独白来写，文采斐然，有理趣，也有情味，可以看成一部哲理抒情散文。《诗论》出版后，在读者中产生了很大影响。而这样一个体系和内中许多真知灼见，对中国现代诗学建设的贡献也很大。

然而，写诗是需要灵感的！在新宁度过了大半年之后，这里的生活情调对

---

① 此段引文均出自艾青：《解冻》，载《艾青全集》第1卷，花山文艺出版社1991年版，第318—320页。

艾青来说已宁静得不再新鲜而有窒闷之感了。这对于触发新的灵感是不利的，艾青早就意识到了。在给常任侠的信中他就流露了"因生活单调，笔已枯涩"的心情。因此，"住了几个月，我又想走动了，很想到重庆住一阵"①。在写于1940年1月的诗《愿春天早点来》中，也抒发了他"对于远方的旅行"那种迫切的心愿："等路旁吐出一点绿芽时/我将穿上芒鞋/去寻觅温暖。"

春天终于绚烂地降临了。友人叶以群从重庆来信催他："你们不能老在乡下待，太闭塞，太憋气。"陶行知代表重庆的育才学校也给艾青寄来了聘书，请他到该校去教书。因此，艾青于4月下旬离开新宁，经过几天的奔波到达长沙。在长沙等去宜昌的轮船，却足足等了半个月，后转道沙市到宜昌，宜昌正处在战备状态，要和来犯的日军进行决战，经过努力，艾青方和韦荧挤上开往重庆的江轮。等到达"陪都"，已是5月下旬。

而在从新宁到重庆的漂泊途中，艾青突发灵感，以四天时间，写成了长篇叙事诗《火把》。

"火把"映红了山城

当艾青写出《旷野集》中的一批田园诗和完成《诗论》后，他考虑到作为时代的诗人，毕竟还是要以抒唱处于时代焦点的生活内容为主的。那么这条路该如何走呢？或者说，如何再作新的抒情主题思路的探索呢？要想新的主题思路探索获得成功，条件不外是两个：一个是生活必须提供诗人以新的时代内容；另一个是固有的思路要向新的主题承续性地过渡。对艾青来说是具备这两个条件的。就时代内容而言，到1938年10月，日军攻下武汉、广州后，已无力再发动大规模的战略进攻，全民族抗战也就进入战略相持阶段。当日本侵略者对国民政府实行政治诱降为主、军事打击为辅的政策时，国民党统治集团内的投降、分裂、倒退活动日益严重，团结抗战的局面出现严重危机。1939年冬至1940年春，国民党顽固派发动了第一次反共高潮。这一时代内容不得不使艾青将抗战

---

① 周红兴：《艾青的跋涉》，文化艺术出版社1988年版，第202—203页。

建国的主题思路从"合理地解决土地问题"深化到抗日与民主的结合上来。而一想到抗日与民主的结合，他就在脑海里浮现出"七七事变"两周年的晚上，桂林为纪念这个日子而举行的火把大游行。这场万余人大游行的中心口号是"精诚团结，粉碎敌寇阴谋"！这意思就是：要抗日就要团结，要爱国就要民主。艾青参加了这场大游行，精神受到极大的震动与鼓舞，他在《关于〈火把〉》中就说道："是那样的一种场面，绵延不断的群众为火把感奋着，一阵口号，一阵歌声……致使我感动得在眼眶里蕴含着泪水，很快地我的全身被'一种东西……一种完全新的东西……'所袭击，像背负了被射中的箭的野兽，背负了这东西回到住所里。"这"东西"是什么呢？经过了好多个月的潜在思索，特别是战略相持阶段顽固派发动的第一次反共高潮给予他的刺激，他醒悟到这"东西"是一种由特定时代所激发出来的力量和精神，即"群众的行动所发挥出来的集体的力量，群众本身所赋有的民主的精神，群众的不可抵御的革命精神"[①]。就是说，他已感受到这场火把大游行不仅显示出精诚团结为抗日的爱国斗志，更凸现着为抗日精诚团结的民主精神。于是一条新的主题思路开始形成：要抗日就要团结，要爱国就要民主，在这个时代必须用诗召唤人民，去密切关注并致力争取爱国民主。

爱国民主的力量从何而来，火把大游行的场面一直在诱发着艾青，他懂得这来自广大的人民。因此在这场主题思路的探索过程中，他首先写出了一首作为创作巨型诗篇之先导的《树》。这是一首对特定的意念作隐喻的诗，"树"是喻体："一棵树，一棵树/彼此孤离地兀立着/风与空气/告诉着它们的距离。"写到这里，笔锋突然一转：

> 但是在泥土的覆盖下
> 它们的根伸长着
> 在看不见的深处
> 它们把根须纠缠在一起

---

① 艾青：《关于〈火把〉》（上），载《艾青全集》第3卷，花山文艺出版社1991年版，第107页。

这隐示着：在那些寻常看好像个个分离、互不相关的人民群众，在纷乱的、钩心斗角的政治"泥土"覆盖下，在操纵社会的权势者看不到的地方，心与心正深深地连在一起，手与手正紧紧地挽在一起，斗争的意志也正盘根错节地扭结在一起。这才是谁也扑灭不了的爱国力量、民主精神的体现。

于是在"新宁时期"，艾青就有了写作长篇叙事诗《火把》的孕育。但他并没有马上写，直到1940年5月1日至4日，当他奔波于新宁到重庆的旅途上，在客栈等待的日子里，才一气呵成了它。对此，艾青曾在《关于〈火把〉》中这样说："《火把》的写作，发意于1939年7月间，正是抗战二周年纪念的时候，动笔写却在十个月之后——那是说它在我的心里已孕育了十个月。但写作的时间只有4天……"

艾青是带着刚写成的《火把》到达重庆的。这事被《中苏文化》编辑葛一虹知道了，就把这部稿子抢了去，发表在该年6月18日在重庆出版的《中苏文化》半月刊上。靠卖文度日的艾青，这一次卖文的意义非同一般，《火把》的发表，换来了两百块大洋的稿费[1]，使得长途奔波后已身无分文的他暂解燃眉之急，在重庆可以安顿下来了。

这首叙事长诗写内地某城市一场声势浩大的火把大游行，展示了中国人民同仇敌忾、救亡抗日的决心、意志和激情，是一部适宜于朗诵表演的叙事诗剧。它围绕李茵、唐尼和克明三个年轻人在这场全城火把大游行中的活动表现和精神交流结构而成。全诗自始至终展示着一支火把游行队伍像一条火的洪流浩浩荡荡冲向黑夜的壮丽全景，这使艾青能从中纵情表现火把的光焰，并以此象征他对精诚团结、发扬民主、抗战到底这一时代光明前景的信念。同时又着力表现一个有爱国心却作风虚荣、情感脆弱的女知识青年唐尼，通过这场火把大游行，精神上受到的极大震动："当我看见那火把的洪流摆荡的时候，/的确曾想起了一种东西/看见了一种东西，一种完全新的东西，/我所陌生的东西……"这就是说：民主的洪流、团结的力量、抗敌的斗志以及火把队伍所寓示的时代光明前景，使这个情感脆弱的少女猛地感受到个人小天地外面还有如此一片值得

---

① 杨匡汉、杨匡满：《艾青传论》，上海文艺出版社1984年版，第135页。

她全身心投入的广阔世界，因此开始忏悔自己生活的空虚、情感的脆弱："这时代，像一阵暴风雨/我在窗口看着它就发抖/这时代伟大得像一座高山/而我以为我的脚和我的胆量是不能越过它的。"她因此而想起那位为革命而牺牲的哥哥。与哥哥相比，的确"太脆弱了"！于是她说："假如我还有眼泪，让我为了忏悔和羞耻心而流光它吧！"最后一章写这一场火把游行结束，唐尼也回到家里。唐尼是拿着火把回家的，她站在哥哥遗像前，"呆呆地望着火把/慢慢地　她看定了/那死了五年的哥哥的照片"，作了这样的内心独白："哥哥　今夜/你会喜欢吧/你的妹妹已带回了火把/这火把不是用油点燃起来的/这火把　是她/用眼泪点燃起来的……"这就意味着她通过火把大游行已接受了民主的洗礼与战斗的鼓舞，内心的阴暗面已在消退。而等待她归家的母亲所说的话——"孩子，别哭了，来睡吧！天快要亮了"，也意味深长，暗示着抗日民主的光明感召已进入这座小城的家家户户。

艾青在创作这首诗时是牢牢地把握住如下一点的，那就是"群众的行动所发挥出来的集体的力量，群众本身所赋有的民主的精神，群众的不可抵御的革命精神"。而《火把》，"这个千行长诗，歌颂的就是这种正在无限止地扩张着的'力量'和'精神'"。因此，这首诗艾青自己认为写的"是全民族争取光明的热情和意志""是光明如何把黑暗驱赶到遥远的荒郊的故事""是照着我们前进的'火把'"，正是通过这些，《火把》充分地显示出"歌颂的是光明"这一主题。而他之所以设计了唐尼、李茵以及其他人物，以一个粗略的情节贯穿，是"为了要具象这'力量'与'精神'浸入人心的强度与深度，为了要具象个人如何被组织了的全体所激荡，所推进"之需。①

在《为了胜利——三年来创作的一个报告》一文中，艾青也说："《火把》是对于'人群''动''光'的形象。当然，这形象必须有思想的内容，有生命。它的思想内容就是'民主主义'。"

《火把》的发表，又轰动了文坛，山城重庆以及根据地的集会上争相朗诵。

---

① 此段引文均出自艾青：《关于〈火把〉》（上），载《艾青全集》第3卷，花山文艺出版社1991年版，第107页。

《新华日报》在它发表后即发文称它的发表"展开了史诗叙事诗的幕景"，郭沫若也在一次座谈会上把它和老舍的《剑北篇》作了高度评价。朱自清在《抗战与诗》一文中这样评价说："《火把》跟《向太阳》的写法不同。如一位朋友所说，艾青先生有时还用象征的表现，《向太阳》就是的。《火把》却近乎铺叙了。这篇诗描写火把游行，正是大众的力量的表现，而以恋爱的故事结尾，在结构上也许且匀称些，可是指示私生活的公众化一个倾向，而又不至于公式化，却是值得特别注意的。"①

伴随着对《火把》作高度评价，山城重庆同时对艾青的总体创作也作了颇高的评价。常任侠在《中国新诗的发展》中认为：新诗正随着抗战的大时代"而前进了"，尤其是"深沉于法国诗艺的修养"，并以《大堰河》传诵于一时的艾青，"更表现了很多的成绩""成为抗战诗坛上的一个异彩"。欧阳凡海甚至说："一千个没有节操言必动人的政治家"，也"比不上诗人的一根毫毛"。而吕荧在长篇论文《人的花朵》中称艾青为"人的花朵"。

但这一朵"人的花朵"移植到重庆却生存得多么艰难！

在刚到重庆、还未正式聘到育才学校时，艾青先安顿在重庆市内的文协宿舍里。6月12日，日机对重庆作了又一场大轰炸，艾青和韦荧虽躲进防空洞而安然无恙，但空袭过后回到住地，却只见一地断梁碎砖、灰土弹坑，"弹片从墙上进来，洞穿了天花板出去，窗子上的玻璃完全被打碎"，他只得从瓦砾堆里挖出被褥、毛毯、衣服、书籍和控诉的诗稿。艾青只得和文协一起搬到北碚。

战斗的生活的轮子却并没有停止运转——

他和潘梓年、胡绳、力扬、沙汀、罗荪、戈宝权、光未然等参加了文协组织的"民族形式讨论会"，和老舍、田汉、蓬子、贺绿汀、马宗融、勒以、以群、陈子展、梁宗岱等出席文协工作座谈会……直到正式接受陶行知的聘请，到设在草街子的育才学校去，生活才暂时安定下来。

陶行知主持的育才学校收留了大批从沦陷区流亡来的青少年，除了给他们传授基础文化知识，还要根据学生的专长分科培养，以发挥他们的智慧和才能。

---

① 朱自清：《抗战与诗》，载《朱自清选集》第2卷，河北教育出版社1989年版，第285页。

凭陶行知的声望，聘来了不少著名的爱国民主人士，甚至文化教育界的共产党员。在这里，老舍任古文科主任，贺绿汀任音乐科主任，陈烟桥任美术科主任，章泯任戏剧科主任，艾青则任新文学科主任，兼授"文学讲话"这一课程。这里是北碚附近一个被山包着的美丽世界："褐色的、紫色的、暗黛色的、浅蓝色的山！温和的、险峻的、宽大的山""互相牵连着又各自耸立着"，而"岩石、茂林、峡谷、峰峦、山与山之间的窄小的平野，沿着山向上延展的梯田、村舍，零散在各处的村舍……构成了这旷野的粗壮而富丽的画幅"。①这里也是一个被爱的氛围围绕着的美丽世界：一群十六七岁的少年，没有了父母的少年，流浪而来的少年，一群穿越死亡之线，挣脱饥饿的威胁，心灵伤痕累累仍渴求知识、洋溢朝气、满怀斗志的少年，陪伴着他，漫步在"普希金林"，歌唱在"奥涅金路"②，和他一起朗诵："我们爱这日子/不是因为我们/看不见自己的苦难/不是因为我们/看不见饥饿与死亡/我们爱这日子/是因为这日子给我们/带来了灿烂的明天的/最可信的音讯。"

---

①② 艾青：《夏日书简》，载《艾青全集》第5卷，花山文艺出版社1991年版，第40页。

第七章 千里跋涉向延安

1940年9月，中共中央军委副主席周恩来偕夫人邓颖超到北碚。

靠热心的胡风引荐，艾青"在北碚和周恩来见面"了："这是我第一次见到周恩来同志。"①"在事先约定的时刻，他从浓荫覆盖的高高的石阶上健步下来，穿一身浅灰色的洋布干部服，显得非常整洁。"②很多年以后，艾青写了一首怀念周恩来的长诗《清明时节雨纷纷》，这样抒唱那次见面："我迎上去/迎向光明/他伸出毫不迟疑的手/我感到他的手/和他的性格一样/坚决而又开朗……"后来，周恩来和邓颖超又到草街子育才学校参观，并向欢迎他们的师生讲了话。在讲话中，周恩来特地说："艾青先生，到我们那里去，你可以安心写作，不愁生活的问题。"③

前往延安

但周恩来这一趟北碚之行和在育才的讲话，引起了国民党方面的注意。陶行知和艾青分别收到了恐吓信。为了安全起见，艾青又不得不离开育才，搬回重庆城内，住在张家花园65号——文协新的机关宿舍里，从此就在文协工作，并任新从香港迁到重庆的大型文学杂志《文艺阵地》的编委，编选一部分

① 艾青：《思念胡风和田间》，载《艾青全集》第5卷，花山文艺出版社1991年版，第330页。
② 艾青：《在汽笛的长鸣声中》，载《艾青全集》第3卷，花山文艺出版社1991年版，第393页。
③ 根据艾青1981年11月15日与骆寒超的谈话记录。

稿件。

当雾季开始的时候，艾青以诗歌界主要代表者身份，活跃在大后方文化中心山城重庆。

文协搞得很活跃，定期召开"诗歌座谈会"，后经调整，改为"诗歌晚会"继续开展活动。在1940年的最后三个月中，这样大规模的晚会一个月搞一次，艾青始终是这几次晚会的中心人物。

第一次"诗歌晚会"由胡风主持，文协会员60余人参加。艾青在会上作中心报告，题目是《抗战以来的中国新诗》，这原是他应苏联《国际文学》杂志邀请撰写的一篇论文。报告中，他首先为新诗作了这样的定性——"那贯穿了中国新诗历史直至二十年之久的最耀眼的红线，是它的对于中国民族解放，和全国人民相一致的民主政体的实现这两种要求的光荣的战斗精神"[1]，并以此为立论依据，扼要地回顾了新诗的战斗历程，对有些敏感的问题作了富有统战意味的、得体的估价。比如，他对郭沫若、蒋光慈、殷夫等和徐志摩、闻一多等作比较，指出：他们"虽有态度上的积极和消极的不同，虽有表现手法上的差异，但他们间，有的对于'民主'写出了渴望，有的对于腐败政治写出了嫌恶，有的发出了'反帝'的激情的叫喊"，因此他们"在效忠于中国革命这意义上是一致的"。在作了这样的定性与回顾基础上，再来审视抗战以来的新诗，艾青则认为：既然中国抗战"是中国民族解放与民主政体的实现的最初的胜利"，那么作为传统承袭者的抗战诗人，也必然"被这为他甘愿用生命来争取的战争所鼓舞"；而他们的诗，也必然"与中国的现实紧密地联系起来"、悲壮地"为祖国而歌"。接着，他对卞之琳、曹葆华、何其芳这三位出于"新月"系统而终于"谢绝了个人的感伤和自我的固执的审视"的诗人作了高度评价，认为"是受抗战影响最显著和最勇敢的改变自己的生活与创作的态度的诗人"。他又对沦陷区的毕奂午，根据地的李雷、田间，"七月"系统的邹荻帆、孙钿，"新诗"系统的戴望舒、徐迟、玲君、吕亮耕等，都作了具体的分析，特别认为邹荻帆的《江》《雪与村庄》"比一般诗作具有较深沉的情感"。继之，他对抗战三年来的

---

[1] 艾青：《抗战以来的中国新诗》，载《艾青全集》第3卷，花山文艺出版社1991年版，第137页。

诗集、诗刊和诗歌活动作了一番鸟瞰，并把从中发现的新人作了分析与估价，包括鲁藜、天蓝、庄涌、彭燕郊、吕剑、穆旦，特别指出："穆旦的诗，在温和与平静里，蕴含深沉的思想。"最后，他也指出三年来抗战诗歌存在的通病，认为"普遍的诗人""没有能力在情绪的激动下，去对抗战作政治的或是哲学的思考"，即使触及政治，"对政治只能作消极的反映，却不能由一定的历史条件的需要去批判与帮助政治的发展"。这是一个概括相当全面且有分析深度、评价科学的报告，当时就有人说，"艾青先生做这工作是非常的客观而且非常细心的"，"从这里不难看出艾青先生起草诗歌报告的审慎和搜辑的周密"。①

1940 年 11 月 24 日晚上，在中苏文化协会二楼会议室举行第二次"诗歌晚会"，艾青是晚会的主持人，到会 70 余人，讨论"诗与语言"问题，徐迟、长虹、老舍等发言，光未然、常任侠和艾青等朗诵诗，艾青朗诵了《火把》片段。

12 月的"诗歌晚会"由黄芝冈主持，讨论"我怎样写诗"，艾青又作了中心发言②。他谈到他对以情绪的集中为标志的灵感十分看重，谈到诗的语言问题，认为自己"常常在决定题材的采取同时决定语言的采取"，他的语言策略"常常因题材所决定的表现手法而变更"，并强调要从"语言的气氛，语言的格调，语言的构造和语言的简约与精炼的程度差别上"去认识"诗与散文在体裁上的分歧"。然后，他又从"形象的产生"谈及自己对感觉、联想与想象的态度，认为"每天洗涤自己的感觉，从感觉里摄取制造形象的素材"是他最关心的事，并且他总是把来自新鲜的感觉的那些制造形象的素材丰富地储藏在脑中，日积月累，就容易"唤醒自己的联想与想象"，并能"常常从这一物体联想到和它类似的所有物体""从这一感觉唤醒它类似的所有的感觉"，以致在"已有的经验里去组织一些想象"。他又强调指出：这种联想和想象"是从感觉到形象的必经的过程"，只有它们丰富了，也才有丰富的形象产生。这个发言是艾青诗学体系中有关创作论方面的初步建构，也是《诗论》的重要补充。

除了实际操办一月一次盛大的"诗歌晚会"，艾青还出席《抗战文艺》召开

---

① 庄瘣：《重庆的作家》，载《现代文艺》1940—1941 年第 3 卷合订本。

② 这篇发言稿后来以《我怎样写诗的》为题，发表在《学习生活》第 2 卷第 3—4 期合刊，1941 年 3 月 10 日重庆出版。

的座谈会，围绕"一九四一年文学趋向的展望"这个议题，作了长篇发言。他又参与把诗歌、音乐、戏剧界人士组织起来成立"诗歌朗诵队"；还和周恩来、郭沫若、田汉等出席文协的茶会，欢迎从全国各地到重庆的作家茅盾、巴金、冰心……

然后，在1940年的岁暮，他写成一篇回顾与总结抗战以来诗歌创作的长文：《为了胜利——三年来创作的一个报告》。文章中这样写道他对抒情生涯的强烈渴求：

> 我永远渴求着创作，每天我像一个农夫似的在黎明之前醒来，一醒来，我就思考我的诗里的人物和我所应该采用的语言，如何使自己的作品能有一份进步——虽然事实上进步得很慢。
>
> 即使我休息了，我的脑子还是继续在为我的诗而转运着，甚至在我吃饭的时候，甚至在我走路的时候。

可是，这样忙乱的社会活动，使他静不下心来创作。从离开育才返回重庆的4个月里，他只写了7首短诗，一个组诗《新的伊甸集》，全是应政治表态之需而写的，鲜有出于性灵、经得起时间考验之作。所以他有感喟："这是一种苦役！"

也在《为了胜利——三年来创作的一个报告》一文中，他谈到"新的岁月又向我走来"时，以青春的单纯情热这样说："我将以更大的创作的雄心来为它谱成新的歌。"三天后——12月27日，他又写了《迎一九四一年》，甚至为自己在未来一年订了一个庞大的创作计划，并说这样做是出于自己"决不愿活一天算一天，白痴似的过日子"，而计划本身"是用来鞭打我自己的""是对于我的生活的鞭打"[①]。这是多么的真诚！

出乎意料的是，《迎一九四一年》在新一年的元旦发表后，只过了5天，震惊中外的皖南事变发生了。

---

① 艾青：《迎一九四一年》，载《新蜀报·蜀道·元旦增刊》1941年1月1日。

周恩来在曾家岩八路军办事处接见了艾青，送给他1000元路费，让罗烽、张仃和他结伴而行。[1]

艾青让韦荧坐董必武的车先走。2月初，他也告别重庆，轻装出发了。

对每一个真理人生的追求者来说，条条道路通延安。他们即使脚踵淋着鲜血，也不会停止前进。在众多大小不一的脚印中，就有着丁玲、柯仲平、萧军、欧阳山、沙汀、何其芳、田间……如今，在黄土高原湛蓝湛蓝的天幕下，在战士般挺立的一排排白杨树边，又印上了几个人的脚印。属于这些脚印的人，脸被料峭的野风刮裂了，衣襟上、睫毛上都蒙满了灰尘，但塞北寒夜的星光却给他们以莫大的温暖、强烈的信念，其中有一个甚至把握到一串诗的意象："沿着寒夜的河流/我听见河水哗哗地流着/好像一群喧闹的夜行者/一边行走，一边歌唱。/他们在这冷寂的夜晚/从冰层的下面/不止地奔向远方……"他遐想到此，忍不住在心里纵情歌唱起来：

> 一切都已入睡了
> 但河水依然兴奋地流着
> 经过广大的黑暗的地域
> 一直奔向黎明。

是的，他们就像"从冰层的下面，不止地奔向远方"的"河流"，是"经过广大的黑暗的地域，一直奔向黎明"的夜行者。他们正是艾青、严辰、罗烽、逯斐、张仃。

这一场千里跋涉去延安，原定只有艾青、舒群、张仃三个人。他们准备出发时，凑巧艾青和曾在山西民族革命大学共事过的沈求我碰上了，此人已是国民党政府一名官员，要派一辆中央政府盐务局的车子去宝鸡，艾青看中了沈求我的身份和他派的车子，就同他开诚相见，希望得到帮助。这位同事算肯念旧情，不仅让他们上了去宝鸡的车，还给了艾青一张"榆林绥蒙自治指导长官公

---

[1] 周红兴：《艾青的跋涉》，文化艺术出版社1988年版，第283页。

署高级参谋"的证件。艾青他们第一步算获得了成功，顺利地到达了宝鸡。但以后的路可要他们自己走了。按证件规定，他们是去榆林。榆林在延安北面，由国民党杂牌军管辖。这支军队常来往于榆林和西安之间，中途要经过延安，与延安的关系不像胡宗南部队那样紧张，这可是好事。于是，他们就暂住在画家陈执中的画室阁楼上，并且准备搭车去咸阳。就在这期间，诗人严辰、逯斐夫妇也到了宝鸡，准备去延安。艾青和严辰是1936年在上海时就已熟悉的，故友重逢，分外高兴，因此决定一起走。但前途毕竟关卡重重，在杂牌军面前还是有露馅的危险。5个人，一支不小的行旅队，如何走得使关卡检查人员不生疑团呢？只有一个办法：按证件上的"高参"身份，乔装成一支高参携眷外出、随从护送的行旅队。

从宝鸡出发时，这支行旅队乔装成了。艾青高大英俊，又着水獭领皮大衣，举止言谈颇有气派，就扮有身份的高级参谋，逯斐则成了"高参"的内眷；严辰戴眼镜沉稳斯文，扮随行文书；张仃原在延安"鲁艺"、榆林待过，对这一带情况熟悉，便于应付盘问，因此着长筒马靴，手持证件，算是随员；罗烽沉着机敏，办事老练，就充当勤务兵，看守行李皮箱，皮箱里还放上新的羊皮夹克、太太的旗袍和高跟鞋等。他们就这样从宝鸡到咸阳，又往北，向耀县走去。在这个西北小县城，不仅进城门受到严格盘问，旅馆里还来军警检查，扣留了他们的证件，说是要让上级核对，不予交还。亏得"勤务兵"罗烽夜闯警察局，口气很硬，压服了查旅店的军警，索回证件，怕还可能有不测之事，就于天色微明时分乘驴拉轿车出城，迎着塞北晨风，取道铜川、宜君，直奔洛川。由于这一带已近边区，国民党布的关卡不仅越加稠密，并且盘问查检也更严。他们一路行来，碰上盘查特严的关卡，就只好戏演得更逼真点："高参"和"内眷"坐轿子在前走，"随从"后面跟着，"勤务兵"跑前走后张罗，前呼后拥进城，大摇大摆出关。

在走向洛川的路上，"戏"的喜剧性加强了。在宜君，他们途遇一名国民党武官和他的马弁，"勤务兵"罗烽就去和马弁攀谈起来，还谈得蛮热络；于是那武官也和"高参"艾青交上了朋友，还堂而皇之一起进了宜君，过卡时，艾青他们方知那武官姓牛，是此行前站洛川的警备司令，机敏的艾青就邀牛司令在宜君下榻处共进晚餐，牛司令欣然赴宴，觥筹交错中相互间打得火热，不仅宜君城内的军警不再对他们生疑团，他们还被牛司令以礼宾相待，煞是威风、气派地过了洛川。此去前方，蓝天白云下，黄秃秃的山梁，波涛般起伏向遥远的地方；高亢而旷远的"信天游"歌声也已隐隐约约飘来。

红色的大地——陕甘宁边区，就在眼前了……

艾青下了轿，大伙步行前进。他们多想俯首帖耳在地上，听一听他们心目中那个神圣的"乌托邦"发出的信息！张仃忍不住唱起了《国际歌》……

手拿红缨枪的妇女儿童走来了，把他们引到边区检查站接受盘问。没有带介绍信的艾青感到为难了，但当盘问者一听说他们是来自重庆的诗人艾青等人，就激动地说："原来都是自己人呀！到家了，一切放心！周副主席早就拍来电报，作过关照，要我们用武装护送你们去延安！"

艾青和他的伙伴历经一个来月的颠簸，通过国民党军队47道关卡的检查，终于进入了黎明之地：延河，宝塔山，雄伟庄严的古城——延安，已在眼前了……

这会儿艾青多想告诉他的亲人、他的朋友："我这个流浪儿终于回到了娘的怀抱！"

这是1941年3月8日。

窑洞里灯火彻夜不灭

延安是中共中央所在地。艾青他们到延安两天后，中共中央总书记张闻天、宣传部部长凯丰就设宴欢迎，宣布工作的安排：艾青到中华全国文艺界抗敌协会延安分会工作，组织上把他和韦荧的家安置在蓝家坪两个窑洞内。

生命的漂船又驶入了一个新的港湾。这次等待他们的可不再是态度暧昧的目光，而是同志与战友间的如火热情——

正当艾青在窑洞里挖洞钉板，装一台简陋的书桌时，彭真来串门子了。看着那一双写惯诗的手笨手笨脚干木工活儿，这位中共高级干部亲切地笑了："你自己挖干什么？我名下有一连人，帮你！"诗人感动了，却也执意不让别人代劳，他要自力更生。①

周恩来从重庆回延安作形势报告，在食堂里吃中饭时，打听到艾青也在，就把他找来同桌共餐，嘘寒问暖。突然同桌一位很帅气的将军向他伸过手来，拉住不放，吐出一口浓重的四川话："你就是写《吹号者》的艾青吗？"艾青惊愕得连连点头，周恩来连忙向他介绍："你不认识？这就是陈毅军长。还是文学研究会的作家呢！"陈毅哈哈大笑说："哪里，哪里！比不上艾青同志喽！"艾青激动得几乎热泪盈眶。②

而更令人激动的时刻也来到了："初夏的一个夜晚，得到通知，我们在杨家岭的窑洞里，第一次见到了自己所生活的时代的杰出的人物——中国人民的伟大领袖毛泽东同志。在我的脑子里留下了永远不会消失的一个既魁梧又和蔼的身影与笑容。"③——将近38年后艾青回忆起这一往事，激动之情犹溢于言表。

正是这些关怀、爱护与鼓励，使"身上深刻地留着/风雨的昨夜的/长途奔走的疲劳"的艾青，生活在这个全新的环境里，心上潜流着一脉亲情。

于是，他诚挚地投入到斗争生活中去——

他参加了陕甘宁边区文化协会创办的"星期文艺学园"的工作座谈会，并和肖三、丁玲、柯仲平、胡乔木、周扬、艾思奇、欧阳山、曹葆华、萧军、何其芳、李又然等一起兼任该"学园"的讲师，讲授《诗的形象》《诗的语言》等课，又被推举为审阅青年作者稿件的"看稿委员会"成员。

他参加中华全国文艺界抗敌协会延安分会的第五届会员大会，任主席团成员，并和丁玲、肖三、柯仲平、周扬、萧军、艾思奇、欧阳山、草明、庄启东等27人当选为新一届理事，为"坚持对日抗战""推进新民主主义文艺运动"而努力工作。

他还参加纪念爱国诗人屈原的座谈会，参加鲁迅研究的工作座谈会，参加何其芳的长诗《革命，向旧世界进军》、周立波的小说《牛》的讨论会，参加周

---

① 杨匡汉、杨匡满：《艾青传论》，上海文艺出版社1984年版，第149页。

② 根据1980年8月9日艾青在史家胡同寓所与骆寒超的谈话记录。

③ 艾青：《在汽笛的长鸣声中》，载《艾青全集》第3卷，花山文艺出版社1991年版，第393—394页。

扬《文学与生活漫谈》的论争会……

9月6日，艾青、肖三、柯仲平等在文化俱乐部召开座谈会，约请延安诗歌作者多人，畅谈对诗歌创作的意见，并筹划出版《诗刊》。11月初，艾青、严辰、王禹夫等发起并创办了《诗刊》，艾青任主编，一共出版了6期。

经过近半年对延安革命生活的观察、感受和深刻体验，他决心尝试为战斗的新人而歌唱了。他写了一首抒情短诗《秋天的早晨》，对新世界付出了灵感的真诚。9月27日，又完成了叙事长诗《雪里钻》。它是根据当时的战地记者，后来成为作家的罗丹讲的一个故事写成，讴歌了八路军骑兵英勇战斗、无畏牺牲的爱国主义精神，不过，这意图是通过一匹战马在战斗中突破敌人重重包围、冲向自由天地的矫健无畏行为，象征地显示出来的。

《雪里钻》是艾青刚到延安时的代表性诗篇，它似乎宣告着：艾青已在向表现新世界的人间性和明朗性作转变——而这也正是艾青想反映新人新世界必须跨出的一步。应该说，他跨得相当稳健。但也不可否认，这首诗像《秋天的早晨》一样，在表现新人新世界上还不能得心应手，缺乏属于艾青自己的更新颖的东西。

艾青是焦躁不安的——为了创作新路该如何走。

我们不应该忘记：1941年是中国共产党领导的抗日根据地最艰难困苦的时期，年初国民党政权发动的皖南事变余波未尽，日军、伪军就趁此机会加强对根据地的进攻，妄图消灭这些红色地盘，因此，"清乡""扫荡""治安强化运动"接二连三地发生。中国共产党为克服抗日根据地面临的严重困难而提出了十大政策，陕甘宁边区发起精兵简政，开展大生产运动，以期生产自救。所有这一切并没有挫伤根据地军民的斗志，在他们虽艰苦却是自由的新生活中，闪烁着一片由昂扬的爱国激情和高亢的战斗渴望交融成的理想光彩，如果说诗为心声的话，则生活的这一层理想光彩也必然会反映在这些地区的一代诗风中。不论是延安诗群、晋察冀诗群，还是苏浙皖诗群，诗人们都把诗写成以战斗为核心、理想为基调、既刚健质朴又瑰丽浑厚的爱国主义篇章。和艾青一起抵达延安并已汇入延安诗群的创作精神中的严辰，面对根据地所共有的这种精神世界"真实的光明"，也在《唱给延河》一诗里这样抒唱："饮马在河边/一声长长的叫啸！/我追着黄尘奔去，/这时/跳动在我心头的/只有燃烧得通红的献身的火……"这感受是真实可信的。唱过《向太阳》《吹号者》《火把》的诗人艾青，何尝不是在这样感受着。当然，居身在这充满新鲜情调的革命环境里，他也接受了精神世界里"真实的光明"，但真要表现出来，他却有些茫然。他虽献给新世界以《雪里钻》《秋天的早晨》等颂歌，但为什么总让人感到抒唱得并不那么深沉畅达呢？艾青潜在地意识到了：根本的问题还是如何使心灵整个儿投入新环境，把自己对人生、对事业、对群众、对时代的感情和态度真正与革命结合。因此他想道："我们所处的时代，是最富于思想矛盾和斗争的时代，我们的作品通过生活和斗争应该成为我们这个时代的思想变革的很好的记录。"①这条思路促使他把"真实的光明"作抒情的问题暂时搁下，来表现自己在"思想变革"中复杂而隐秘的情感历程。凑巧何其芳也仍在不断写他表达这类情感历程的组诗《夜歌》，曹葆华、天蓝、艾漠等也在作这方面的努力，就是说：延安诗群中不少人都为自己精神的变革而作着抒情，这也大大触动了艾青。于是他也写了《强盗与诗人》《我的父亲》《时代》等诗。不过，艾青的这一类诗和何其芳等人的写法有些差异，他并不拘泥于对过往的生活作柔情的回味，和对目前的新生活作沉醉般的咀嚼，他把自省式的感受，提到一个真理探求者和诗美创造者的个人生命和时代生活应该吻合的哲理高度上来抒发。《我的父亲》就是如此。

这是一首带有自传色彩的长诗。艾青在诗里通过他和父亲之间的种种纠葛，深刻地显示了他和出身的阶级之间的对立关系。结尾处他说："因为我，自从知道了/在这世界上有更好的理想，/我要效忠的不是我自己的家/而是那属于万人的/一个神圣的信仰。"所以，这首诗其实是艾青对出身的阶级发出的叛逆宣言，他是站在阶级对立的高度，来对自己选择的人生之路作出哲理思考的。因此，这场精神变革的抒情有较高层次。

如果说"我要效忠的……是那属于万人的/一个神圣的信仰"是《我的父亲》中情感的归结处，那么这一层意思又是《时代》一诗的起点。

这首诗是艾青对自己与时代之间关系所作的哲理性思考。

---

① 艾青：《创作上的几个问题》，载《新文艺论集》，骏益出版社1950年版，第44页。

作为《时代》写作的精神背景，艾青自己的回忆是经得起推敲的。当年，中国共产党所领导的这一场民族解放与人民革命的事业，成功与否，还没有决定性的倾向显露，但有一点可以肯定下来：一切具有爱国民主意识的人——包括艾青，只能迎接并投身于这样一个时代——它既充满残酷无情的内外部斗争，又闪耀着强烈的希望之光。基于这一点，艾青反倒对它有一种神往的狂热。无可否认，艾青因为投身于时代的斗争行列尝过多年的铁窗生涯，见过大批志士仁人为着时代的真理，奉献出了自己的生命；在他奔向延安的路上，也经历了多次有可能暴露身份而丧生的危险。他也从切身体验中隐隐发现革命大家庭内部复杂而严酷的关系，从而懂得奔向这个伟大时代，绝不是"节日的狂欢"，也不像"杂耍场上的哄笑"那么轻松，"却是比一千个屠场更残酷的景象"。可贵的是艾青并未被吓倒，而"依然奔向它，/带着一个生命所能发挥的热情"，因为他对这个时代的情感就是："我爱它胜过我曾经爱过的一切。"所以结尾处艾青这样抒唱：

> 为了它的到来，我愿意交付出我的生命
> 交付给它，从我的肉体直到我的灵魂
> 我在它的面前显得如此卑微
> 甚至想仰卧在地面上
> 让它的脚像马蹄一样踩过我的胸膛

诗人的渴求在这里已达到白热化的程度，情感在最后三行中已变成一段痴情，一种浪漫主义的高扬。诚如别林斯基在论莱蒙托夫时说过的："他对生活的渴求是这样强烈，为了一瞬间热情的陶醉，为了一刹那感情的充实，情愿牺牲他的全部将来，全部希望，全部剩余的一生。"①艾青这最后三行诗就是"一瞬间热情的陶醉""一刹那感情的充实"中甘愿牺牲自己一切的体现。

这首诗是艾青的精神世界最真实的展示。他不仅如此虔诚地追求伟大的时

---

① 《莱蒙托夫诗集》，载《别林斯基选集》第2卷，上海译文出版社1979年版，第465页。

代的到来，还更强烈地渴求自己能拥有现实世界的一切，而不甘心让平庸的岁月湮没生命。他说："我不满足那世界曾经给过我的""我要求更多些，更多些呵，/给我生活的世界""我要迎接更高的赞扬，更大的毁谤/更不可解的怨雠，和更致命的打击"。这一切渴望的真正目的是什么呢？"都为了我想从时间的深沟里升腾起来"。面对这些诗句，如想索隐一番，借以印证这是艾青在"发牢骚"，都是对《时代》的曲解。这样的诗句所能让人感性地接受的，只能是抒情主体不甘于平庸，有着精神向世界开放的强烈欲望，而这也正是生命力健旺的表现。值得进一步指出：这种向世界开放的欲望和健旺的生命力，就具体的人而言，又显示为神游于时代中的艾青对诗歌创造事业的狂热追求，但面对新人新环境，如何改变旧腔换新腔，倒是令他惶惑的，因此在诗中他这样写自己的心境："我沉默着，为了没有足够响亮的语言/像初夏的雷霆滚过阴云密布的天空/抒发我的激情于我的狂暴的呼喊/奉献给那使我如此兴奋，如此惊喜的东西。"

艾青自己日后也曾谈到《时代》的创作意图："这首诗作于1941年12月16日的清早。我的真实思想，是希望把自己全心全意地献给这个伟大的时代。在我的想象中，时代好像远方的火车，朝我们轰隆隆地驰来了。我歌唱的是我们为之战斗、为之献身的时代，但我又深感自己在它面前显得如此卑微，不能发出自己同时代合拍的更响亮的声音，不能歌唱得更好。这首诗的主题是深远的，它的内容，经过几十年的实践，也完全得到了证实。说我攻击延安是'一千个屠场'，说我是'自我扩张的嘶喊'，这是无理取闹，是对全诗的歪曲和侮辱。"[1]

《时代》在当年写成的珍贵性还在于它明显地告诉人们：艾青确处在精神转型、创作转向期的焦躁不安中。

可不是吗？在延安蓝家坪，有一个窑洞，灯火彻夜不灭……

---

[1] 杨匡汉、杨匡满：《艾青传论》，上海文艺出版社1984年版，第159—160页。

参加延安文艺座谈会

艾青真正的焦躁不安在于：新世界所代表的时代如何同个人取得协调。

理性的主观意志和感性的个人意欲往往是很难统一的。要改变一个人长期养成的思维习惯、心理定式并不那么容易，并且值不值得改变，改变哪一部分，对于个性特别强、一直坚持走自己之路的艾青来说，更是由不得理性支配。所以在延安生活了八九个月的艾青，一方面自觉地为这个新人新世界唱他的颂歌，并且还因为没有找到足够响亮的语言抒发激情而感到苦恼；另一方面他也不放弃自己固有的审美，用"旧的感情"对旧中国农村面貌作抒情，写下了《村庄》《古松》《献给乡村的诗》《少年行》等，还坚持这样的看法："这个无限广阔的国家的无限丰富的农村生活——无论旧的还是新的——都要求着在新诗上有它的重要篇幅。"①在自己的创作上是如此，看待延安地区的创作也是如此。1941年底，一个作家拿根据地某一个部队干部的不正之风做题材写成了小说，作为根据地存在的一个问题予以暴露了，却受到超越文艺范围的指责与干涉，引起一部分投奔延安的作家不满，在延安《解放日报》的文艺副刊上发表了一些文章，对只能奉命歌颂而不许暴露阴暗面的现象说了一些措辞激烈的话。艾青也写了杂文《了解作家，尊重作家》。应该说，他和一部分怀着罗曼蒂克幻想去延安，发现延安并不如想象中那样完美而产生幻灭感的作家不一样，后者对暴露延安的阴暗面比较看重，艾青所注意的则是不要干涉作家的创作自由，因此他在文章中强调，"作家不是百灵鸟"，"他的竭尽心血的作品，是通过他的心的悸动而完成的"，"在他创作的时候，他只求忠实于他的情感"，并提出，"作家除了自由写作之外，不要求其他的特权，他们用生命去拥护民主政府理由之一，就因为民主政府能保障他们的艺术创作的独立的精神"。所以，艾青实际上是提出了一项具体主张——要尊重作家"艺术创作的独立的精神"，而这其实也正是他一贯坚持走自己之路这一个性精神的反映。

---

① 艾青：《献给乡村的诗》，北门出版社1945年版，序。

毛泽东注意到了这些情况，他对一部分投奔延安的作家的不满能谅解，还谆谆教导他们在暴露的问题上要有延安和西安的区别，以纠正他们的政治方向。至于对艾青，则是个局限在文艺领导作风上的具体问题，所以他单独约艾青来研究"文艺方针诸问题"。40年后，艾青写《在汽笛的长鸣声中》一文，特地作了这样的回忆：

> 一九四二年春天，毛主席多次接见我。最初他来约我"有事商量"，我去了。
>
> 他和我谈了"有些文章大家看了有意见，你看怎么办？"老实说，我当时并没有看出有什么严重性。我很天真地说："开个会，你出来讲讲话。"他说："我说话有人听吗？"我说："至少我是听的。"
>
> 接着他来信说："前日所谈文艺方针的问题，请你代我收集反面的意见……"在"反面的"三个字下面加了三个圈。
>
> 我没有收集什么反面的意见，只是把自己的意见正面提出了。
>
> 他看了我的意见之后来信说："深愿一谈。"在谈话中，他提出包括文艺与政治、暴露与歌颂等等问题。我根据他的指示进行了修改，以《我对于目前文艺上几个问题的意见》为题发表了。[①]

艾青这篇精心修改过的论文是十分重要的，显示着他在文艺思想观念上的一个跃进。该文先是在1942年5月15日的延安《解放日报》上全文发表，后来以《对于目前文艺上几个问题的意见》为题，发表在《文艺阵地》第2卷第1期上，并收录于他的第一本文艺评论集《新文艺论集》中。特别是它发表在延安文艺整风高潮时期的《解放日报》上，影响相当大。

艾青就怀着这样一些对革命文艺工作的新认识，参加了延安文艺座谈会。艾青在《在汽笛的长鸣声中》回忆说：

---

① 艾青：《在汽笛的长鸣声中》，载《艾青全集》第3卷，花山文艺出版社1991年版，第394页。

　　五月，以毛主席的名义召开"延安文艺座谈会"。会议进行了好几天，讨论也很热烈。

　　在会上，我记得的是朱总司令对我在文章①中引用的李白的两句诗，"生不用封万户侯，但愿一识韩荆州"，作了最精辟的解释："我们的韩荆州是工农兵。"实际上指出了文艺工作者的方向。

　　在会议结束的那一天黄昏，毛主席发表了著名的、经典性的《在延安文艺座谈会上的讲话》，把马克思主义的文艺理论发展了，也明白无误地重申了列宁对文学艺术的党性原则。②

　　艾青在回忆中提到朱德的话，正反映了毛泽东在这个座谈会上对文艺工作者所作的指示的中心内容：作家要改造自己的世界观，站到工农兵的立场上来；文学作品要反映工农兵的生活，为工农兵服务；而为了达到这些目的，就要深入到工农兵群众中去，观察、体验他们的生活。艾青曾概括出这样几个主要内容："提出了为什么人的问题，提出了文艺与政治、动机与效果、歌颂与暴露、普及与提高等等的辩证关系。"他还说听了毛泽东的《在延安文艺座谈会上的讲话》，"大家对这些问题才有了比较明确的认识"③。

　　应该说，当年艾青是很真诚地接受《在延安文艺座谈会上的讲话》的。出于诗人单纯之心，他对其中提倡的精神甚至有虔诚信奉的意味。因此接着出现的诸如批判王实味、论战萧军等，都积极投入，并且急于要到工农兵中间去体验生活。文艺座谈会结束后不久，他给毛泽东写信"要求到前方去"。毛泽东回信说："赞成你到晋西北，但不宜太远，因同蒲路不好过。目前这个阶段希望你呆在延安，学习一下马列，主要是历史唯物论，然后切实研究农村阶级关系，

---

　　①指《了解作家，尊重作家》一文。艾青在《延安文艺座谈会》一文中曾这样说："在文艺座谈会以前，有个同志写了一篇《间隔》，受到了批评。有个老干部说：'我们打天下，找个老婆你们也有意见！'当时丁玲同志编《解放日报》，要我写文章，我就写了《了解作家，尊重作家》，为受批评的说几句话，我在文章最后引了李白的两句话：'生不用封万户侯，但愿一识韩荆州。'"

　　②艾青：《在汽笛的长鸣声中》，载《艾青全集》第3卷，花山文艺出版社1991年版，第394—395页。

　　③艾青：《延安文艺座谈会前后》，载《艾青全集》第5卷，花山文艺出版社1991年版，第606页。

这个问题不搞清楚，对中国的战况总是不很明晰的。"在信纸的边上还加了一句："待天晴，我再约你面谈。"后来，"天也没有晴，我也没有收到他叫我面谈的信。"①艾青也就留在延安，进入中央党校三部，参加整风，学习马列经典著作，以历史唯物主义目光去审视民族解放的进程，分析现实斗争的形势。

艾青以诗人的梦想去观照艰难的实际生活，这实际生活反而使他诗人的梦想追求有了美丽的扩大。艾青的信念强固了，感情定型了。于是他又一次向圣地延安作了更实际、更真诚也更贴切、更美丽的抒情。

1942年秋天，他写了抒情长诗《向世界宣布吧》。在今天看来，这是一首并不显眼的诗，但在艾青延安时期的诗歌中，它面向实际、倍显真诚，从中可以见出艾青通过整风运动把自我整个融入新世界的挚情。全诗向全世界宣布由中国共产党领导着的"这些山沟里有些什么秘密"，如实地展现了生活在这里的人生活安定、丰衣足食，没有失业者，没有乞丐，没有贪污枉法、敲诈勒索，有的是人人团结友爱，大家亲如家人，个个都是"同志"。诗句全来自生活实际，看得出是真切观察体验的产物，因此质朴而自然，深沉又迷人。

艾青这种"真实而明确"的新世界光明感，浮荡在心里，形成了一种意象期待的心理"磁场"，一旦外界某一物象唤起的感觉印象进入这一"磁场"，就会促使他浮想联翩。果然，当某个晚上，艾青看到远山上一堆野火时，他为《向世界宣布吧》完成了浪漫主义的续篇——《野火》。

这也是1942年的秋天。

漆黑的夜里，荒山上一堆熊熊燃烧的野火使艾青获得了一个新鲜的感觉。这可不是暗示着大夜弥天的中国，唯一的光明就是从延安发射出来的吗？艾青反复强调"野火"正"在这些黑夜燃烧起来"，这就使"野火"的意象已不是单层次的理性譬比，而成了一个象征意象，能兴发感动起接受者更其丰富的精神联想；艾青还让"野火"发挥更大的拟喻功能，把它放在和周围世界作广泛交流的关系中来凸现，使它成了兴发感动的多功能体，给接受者更其深沉的情绪感受：正是这一团野火，被艾青看成是一个最欢乐的形体，它飞扬出去的火星，

---

① 艾青：《延安文艺座谈会前后》，载《艾青全集》第5卷，花山文艺出版社1991年版，第607页。

一直飘荡在"那些莫测的黑暗而又冰冷的深谷""去照见那些沉睡的灵魂"；正是这一团野火，使"我们这困倦的世界"，因了它那火光的鼓舞而"苏醒起来！喧腾起来！"诗篇里，不仅"野火"人格化了，火光所及的山野、幽谷、星云、瀑布、百花、千草也全都人格化了，共同组合成一个龙腾虎跃的世界，一个洋溢着欢乐的、跃动的、喧腾的光明世界。接着，诗篇又把意象所暗示的哲理意境推进了一层：

> 让这黑夜里的一切的眼
> 都在看望着你
> 让这黑夜里的一切的心
> 都因了你的召唤而震荡
> 欢笑的火焰呵
> 颤动的火焰呵
>
> 听呀，从什么深邃的角落
> 传来了那赞颂你的瀑布似的歌声……

这些意象间的内在逻辑所暗示的，正是把延安作为美丽庄严的象征，一切黑暗中的心都向往着它，并且赞颂着它。诗篇从如实抒写——如同写《向世界宣布吧》那样中挣脱出来，空灵了，旷远了，给人以丰富多彩的新世界的遐想。

这遐想也把我们引入一切"为了明天的黎明的起程"这一感受中。

艾青因此又写出了《黎明的通知》①。

这一首以浅显的拟喻化意象象征手法对光明时代即将来到作抒情之作，通

---

① 这首诗究竟写于何时何地，笔者曾多次当面问过艾青，他一再说已记不起来。在1982年出版的《艾青论》中，笔者曾把它看成是艾青1941年春将赴延安时的心境写照，认为写于赴延安前夕。现在看来不妥。理由是：第一，诗中人物意象以及活动环境像是延安这样城市与农村交接紧密的地方，生活气氛有一定的自由、安逸，具有人民能当家作主的色彩；第二，用两行一节的形式，艾青在新中国成立前的诗中很少，除了这首诗和《毛泽东》，后者写于1941年11月。形式的相似使我们有理由说它们写于同一个地点：延安；同一个时间：1941年11月边区参议会中间或会后不久。

过"黎明"与"诗人"的三次对话，把"黎明的通知"作了三个层次的动人表现。第一层内容是"黎明"之神"已踏着露水""借着最后一颗星的照引"而来，并且是"从东方"的"汹涌着波涛的海上"气势磅礴地来的；第二层内容是"黎明"之神的来临首先要通知创造着世界的城市、农村的劳动者，鼓舞他们，坚定他们的生存信念，让他们"鸣响汽笛""吹起号角""以宽阔的步伐走在街上"来欢迎；第三层内容是"黎明"之神来临后，要给一切忠实于生活的人们——"年轻的情人""贪睡的少女""打着鼾声的男子""产妇""婴孩"以及工人、技师、画家、歌唱家、舞蹈家以"最慈惠的光辉"，特别给那些"同正义而战争的负伤者"和"因家沦亡而流离的难民"以"慰安"。所以在这首诗里"黎明"光辉所及，是从阶级解放到世界大同。这是一场并不建基于社会实际内容的浪漫抒情，其实也就是艾青当年朦朦胧胧的共产主义理想的抒情。唯其如此，才使这首诗如叶橹教授所说的，具有"一种轻快的欢悦感"①。

艾青这种对延安社会天真而诚挚的颂歌创作，对革命环境积极投入的热情态度，赢得了延安根据地广泛的好评，因此被志丹县人民推选为参议员，并参加了陕甘宁边区参议会。这是边区人民给他的第一次政治荣誉。

"边区群英大会"上的甲等劳模

1943年2月6日，也就是农历正月初三那天，延安文化界200余人集会，欢迎三位边区劳动英雄——模范工人赵占魁、模范农民吴满有和模范机关工作者黄立德，并听他们报告自己翻身的历史和生产战线上的业绩。在报告中，三位劳动英雄向文化界提出"到农村去、到工厂去"的意见。

艾青当场赋诗一首：《欢迎三位劳动英雄》，并请人当场朗诵。在诗中他为自己没能和工农结合，在边区大生产中无能为力而感到羞愧，并表示一定放下架子、端正态度，"向三位英雄请教""工作勤勉刻苦耐劳"。大白话的诗，通过朗诵的加工，成了一次抑扬顿挫的表态发言，效果很好，既策励了

---

① 叶橹：《艾青作品欣赏》，广西人民出版社1986年版，第136页。

和他一样的文化人，也感动了工农同志。而就在这次会上，他和农业劳动模范吴满有结成了友谊。这会一过，他就跟吴满有到吴家枣园去，深入农村，和农民一起劳动，去切身感受中国农民在红色大地上精神面貌的变化。他感慨地说："这里，正在萌长着新的农民典型，这些有幸接触民主的阳光和革命的雨水的农民，集体精神已在不断地增长着。"同时，他也深深体会到农民的审美欣赏习惯："一般地说，农民欢喜具体，欢喜与他直接相关的事，欢喜明快简短的句子，欢喜实实在在的内容。"①就在这种感受基础上，他采访了吴满有，听他谈了自己的经历，立即在最短时间内写成了叙事长诗《吴满有》，并在3月9日的《解放日报》上发表了出来，该报特地为此发表了社论，新华社也通过专电把它发向各抗日根据地，诚如艾青日后回忆时所说的："把一首那么长的诗专电发出去，这是我们新闻事业中破天荒的事，也说明中央领导人对它的重视。"②

这首诗出现在边区人民遭受敌伪围攻最最残酷、处境最最艰难的时候，中共中央为克服抗日根据地困难，发出组织起来大生产的号召，以南泥湾开荒为中心，推动整个边区生产自救运动。而吴满有那时就成了农民中生产发家、多缴公粮、保卫边区的宣传典型，艾青的这首长诗正好起了这种广泛的政治宣传作用。如他自己所认为的："在革命的意义上说，文学以它所影响的程度决定它的价值。"由此看来，《吴满有》在艾青的创作道路上的确不容忽视。

作为体现《在延安文艺座谈会上的讲话》精神的作品，艾青这首长诗是当时延安诗人大写工农兵中最早一批成果之一。

3月中旬——也就是《吴满有》发表后不久，艾青和肖三等率领陕甘宁边区文化界慰问团到359旅驻地南泥湾、金盆湾慰问军垦战士，艾青写了《拥护自己的军队——献给三五九旅》一诗，并在欢迎会上亲自登台朗诵。人民子弟兵以热烈的掌声回报他的政治热情。也就在这次慰问活动中，艾青结识了359旅的旅长王震，从此两人结下了终生友谊——在艾青未来的大灾大难中，这位

---

① 艾青：《吴满有·附记》，载《艾青全集》第1卷，花山文艺出版社1991年版，第659页。
② 根据1980年8月8日艾青在史家胡同寓所与骆寒超的谈话记录。

将军以挚诚之心保护了他。

从艾青以上活动中可以看出：他到农村、部队中去，深入生活，向工农兵学习是有决心的、真诚的，如他自己所说的，他的思想情感确实得到"一定的改造了"，这使他比较深刻地理解了中国社会，理解了工农兵，在诗歌内容上也要比以往更丰富地反映了广大人民的生活和斗争。不过，也如同《时代》一诗中已表达过的，他有他的苦闷——"为了没有足够响亮的语言"去"抒发我的激情"以"奉献给那使我如此兴奋，如此惊喜的东西"。要表现工农兵，应该如何表现呢？这一问题已十分现实地提到艾青"改造"创作个性与艺术风格的日程上来了。

在20世纪50年代写的《致大众化和旧形式》一文中，艾青曾提及一件往事：

> 一九四三年，我在延安看见了鲁迅文艺学院在广场中演出《兄妹开荒》和《花鼓》，成千成万的观众狂热地欢迎他们，我是深深地感动了。我改变了过去对民间文艺所抱的那种错的态度，我开始接触民间文艺，看了一些民间文艺的作品，搜集了一些民歌和剪纸。在创作的时候，努力使自己的作品接近民间的风格。[1]

这种"深深地感动"艾青的内驱力，和创作中碰到的实际难题一结合，把艾青引向了对民间文艺的重视，他探索着民间文艺，向民间文艺学习，并企图借此改造自己的个性、风格。

首先是探索、学习。

就在1943年春天，艾青响应"文化下乡"运动的号角，和木刻家古元、合作社英雄刘建章一起"随一个盐运队到'三边'——定边、安边、靖边——去了"，艾青和古元是去考察民间艺术的。由于"沿途看见许多老百姓家的窗户上贴着窗花"，所以他们这一趟以"窗花剪纸"为对象，作了一次采风。他深深感

---

[1] 艾青：《谈大众文化和旧形式》，载《艾青全集》第3卷，花山文艺出版社1991年版，第236页。

到这些出自于西北劳动妇女之手的窗花剪纸，比起中国其他的民族艺术来，"要算是最健康、最纯朴的艺术了"，并认为："这些作品画出了中国农民对于物体的直觉的印象，在单纯化了的形体里保留了各种物体的特点——这正是纯真的艺术品的必要条件。"他还发现："在剪纸里，很少发现那种出于士大夫阶级的颓废格调。它流露了中国农民的善良的健康与愉快的情感。"而"我们的新艺术必须发扬这种情感"。看来，艾青在这一场采风里悟到了两点：一是要学习民间艺术表现为中国农民所特有的"善良的健康与愉快的情感"；二是要学习民间艺术家从"对于物体的直觉的印象"中去把握真实世界，从"在单纯化了的形体里保留了各种物体的特点"出发去表现真实世界的创作艺术。

其次是借民间艺术的启示来改造自己的个性、风格。

在这次采风中，艾青看到了一个艺术家出身的生活环境对他的审美的确立具有决定性的意义。在《窗花剪纸》一文中他就这样谈道："例如大牧户张芝家的《大山羊》《大肥猪》《纺纱》《大白菜》这几幅窗花特别剪得好，正是他家爱劳动、生活富裕的表现。而靖边姚家，住在城市里（听说原来和西北各大城市有商业来往）缺乏农家风味，生活比较闲空，所剪的就难免是《鹿叼灵芝》《华封三祝》《猴子吃仙桃》以及凤凰狮子，甚至西式装束的小女孩踩小雪车之类，和实际生活没有什么关系的题材。"由此他感悟到要改造自己的创作就得像木刻家古元一样"住在农民家里，和农民生活在一起"，达到"对农民发生了深厚的感情"[①]的地步。这样才能够从"捉摸老百姓对待物体的纯朴的态度"中"了解老百姓的趣味"，并"根据这些"美学标准来"加以改造"自己的艺术的理想与趣味，"用来描写新的生活"；从"人民的物质生活逐渐富裕起来之后"出现"精神状态的变化"中深切体会"新的生活渴望着新的艺术去表现它"，既"扬弃自己旧的艺风"，也确立"一代新的艺风"。

艾青的确是一位具有多方面才能的人，在艺术的各个领域，他的美学思考是打通了的，他学绘画出身，又专门写诗，在评美术、雕塑、诗歌方面，很有学术创见，所以当他转向以音乐、舞蹈、剧本综合而成的民间歌舞研究时，便

---

① 艾青：《古元木刻选·序》，载《艾青全集》第5卷，花山文艺出版社1991年版，第436页。

能轻车熟路、分析到位。那篇《论秧歌剧的形式》就写得很成功。毛泽东读了艾青的这篇论文后，很为赞赏。在一次晚会上，他遇到艾青就说："你的文章我看了，写得很好，你应该写三十篇。"①1944年5月27日，毛泽东还为此给胡乔木写信说："此文写得很切实、生动，反映了与具体解决了（几）年来秧歌剧的情况和问题，除报上发表外，可印成小册，可起教本的作用。最好把文尾附注移至文前，并稍为扩充几句，请与作者商酌。"②《论秧歌剧的形式》一文于1944年6月28日在《解放日报》上发表，日后还印成小册子分发到基层。

这是艾青在延安时期第二篇受中共中央领导层重视、作为贯彻《在延安文艺座谈会上的讲话》精神的重要成果而广为流传、影响深远的作品。

这一时期，他不仅加入了中国共产党组织，还在1944年10月17日召开的陕甘宁边区文教大会上获得了中央党校"为人民服务的模范"奖和中央直属机关的"模范工作者"奖。而1945年1月，在延安召开的、更大规模的"边区群英大会"上，他又获得了"甲等模范文化工作者"奖。中共中央党校为推举艾青获奖，写了这么一个详细的评语，认为他有三大模范事迹：第一，"整风以来，执行毛主席的文艺方向"，"写了《吴满有》的诗篇"，显示出艾青已"由写小资产阶级转变为写劳动群众"，诗在《新华日报》上发表后，"影响许多大后方的青年向往延安，宣传了我党在边区的经济建设"；第二，"自动地积极参加秧歌运动"，领导了"中央党校秧歌队""演出《牛永贵挂彩》《妇纺》《归队》《张兰英》等秧歌剧，都给观众以很大的教育"；第三，写《论秧歌剧的形式》一文，"总结了党校的秧歌活动，给秧歌以恰当的估计，提出若干正确的意见"，文章印成小册子广为传播后，"正在教育好多大众的文艺工作者"③。

很有艺术天分的艾青，就这样一心一意投入为提高中国共产党的威望和巩固边区政权的宣传工作中去了。

---

① 艾青：《延安文艺座谈会前后》，载《艾青全集》第5卷，花山文艺出版社1991年版，第607页。

② 中央文献研究室编：《致胡乔木》，载《毛泽东书信选集》，中央文献出版社2003年版，第210页。

③ 周红兴：《艾青的跋涉》，文化艺术出版社1988年版，第345页。

第八章 风雪胜利路

中共七大于1945年4月23日至6月11日在延安召开。这是一次处在民族解放战争即将胜利结束、人民解放战争即将开始的关键时刻召开的会议，毛泽东在会上作了《论联合政府》的政治报告，提出中国共产党和全国人民的任务是反对黑暗的命运和前途，用全力去争取光明的命运和前途，为此就要以"放手发动群众，壮大人民的力量，在我们党的领导之下，打败侵略者，建设新中国"作为全党的政治路线。

6月17日，七大代表和延安各界在党校大礼堂举行中国革命死难烈士追悼大会，艾青在为七大而写的歌曲《挽歌》歌词中，写着"敌人一天不消灭/斗争一天不停息"的句子，在庄严肃穆之中，唱出了悲壮而奋发的声音，体现了七大政治路线的总精神，也显示着艾青在这期间的精神风貌。

华北文工团的诗人团长

8月15日，日本宣布无条件投降。

艾青和韦荧听到广播中传来的这个消息，冲出窑洞，碰上了他们的邻居高长虹同时也从窑洞里冲出来。这位孤苦的流浪诗人抱住艾青，激动得大哭起来……

中华民族血泪斑斑的一页历史，终于翻过去了！

人们从各个角落拥向市中心，火把一个个亮起来了，火把连成一条燃烧的龙，人们跟随着这条火龙，合着锣鼓声，跳呀，唱呀，欢呼着，如醉如狂。

忧国忧民的艾青，被深深感动了，他返回窑洞，彻夜写成一首长诗：《狂欢的夜晚》。他再也顾不得这是知识分子型诗情，还是工农兵群众的诗情，他是中国人，一个中国的爱国者，他要发出中国人终于打垮日本法西斯的胜利的欢呼声，他称这是一场"人民和自由解放的婚礼"："男的个个是新郎/女的个个是新娘！""告诉我：什么夜晚/能比今天更动人？更美丽？/告诉我：什么欢乐/能像今天夜晚/这样激荡万人的心呢？"但他更懂得："这是中国人民/用眼泪换来的欢乐/用血汗栽培的花果。"

而任重道远的明天又在向他召唤：投入新的斗争！

是的，民族解放战争的胜利催动着人民解放战争的步伐。

于是，八路军、新四军迅速改编成中国人民解放军，战士们唱着由艾青写词的《解放军歌》："中国要解放，/人民要翻身，/胜利属于我们！"踏上了新的战斗岗位。而中共中央也随即调整各抗日根据地的机构，动员各机关工作人员，轻装兼程前去接管被日本侵略者占领的城市、乡村，中华全国文艺界抗敌协会延安分会和"鲁艺"也决定合并，把这些文化人组成两个团，走向东北、华北前线，一个是东北文艺工作团，由舒群率领；另一个是华北文艺工作团，由艾青任团长。《解放日报》发表专门文章，指出组织文艺工作者到前方去"是几年来延安文艺界的一个空前未有的壮举"，并恳切地说："我们所希望于我们的文艺工作者的，便是和自己的这个走进新的现实的过程一起，能够给我们带来反映我们这个激变的时代的作品。"①

9月20日中秋佳节这天，华北文艺工作团一百多人，包括江丰、严辰、周巍峙、吴晓邦、凌子风、彦涵、莫朴、王朝闻、陈企霞、贺敬之、李冰、逯斐、王昆等，由艾青带队，身背乐器、干粮、水壶、挎包，轻装出发，从延安走向张家口。

他们唱着歌徒步进军……

---

① 艾思奇：《文艺工作者到前方去》，载《艾青传论》，上海文艺出版社1984年版，第175页。

长途行军张家口

延水像护送他们一样，一起从四十里铺到甘谷驿，进入了连绵起伏的大山。这时延水折向东南，消失在岚雾中了。艾青望着远去的水波，怅然若失，他在向它依依惜别："从1941年3月起，我就在延水边生活着，延水哺育我四年半的时间，我衷心感激。如今当我看见延水流向东南，而我却走向东北，不知什么时候能再见它……"

过雁门关、禹居、郭家塔兵站，冒雨进入秀延河边的清涧。古老的松柏林掩映着这座一尘不染的小城；大街、小巷、台阶、天井，处处是石板砌成。这里毕竟是老解放区，商店林立、物产丰富，人民安居乐业。晚上，文艺工作团的同志和当地民间艺人举行联欢会，唱道情。

"米脂的婆姨绥德的汉，清涧的石板瓦窑堡的炭。"过了清涧，就是绥德了。美丽的风情在人民当家作主的时代，更美丽了。他们又和当地文工团举行联欢会，看两个"米脂的婆姨"写的剧本《喂鸡》的演出。美丽得典型的中国姑娘和小伙子在台上把新生活表演得格外动人。

城外是永定河。艾青徘徊河边。是的，这里美丽的人民和他们美丽的生活是会"永定"了。可在大山那边，黄河的对岸，中国更广大的地区，要到什么时候"永定"呢？一种历史的责任感压在心头，艾青和同志们就要渡过黄河去。这时，他回望来路，心里发出悲壮的呼喊声："再会，陕甘宁边区！""再会，革命的圣地！""再会，自由幸福的人们！""再会，高原上的高亢的歌声！"

黄河渡口。

这里是一幅"充满野性的美的图画"，是力的浮雕，是中华民族的象征。艾青的心里出现了一股本能的、中国一定会"永定"的神圣信念，和大伙渡过了黄河，到达山西省的碛口。

这是一座刚从敌伪手中夺回来的大集镇，艾青他们是"最初走上被敌人统治过的地方"的一批人。在1938年沦陷前，碛口十分繁华，可而今"商业已陷于停滞状态"。黑龙庙、古戏台还完整，但庙的后二进已被炸毁；市民萎靡不振地在街上走过；战争的创伤，在他们的生活中、心灵上，都还没有消除。

继续前行，过三交、临县、城庄、峁儿口。这些地方也全是新解放区，处处可以见到被敌人烧毁的房子，又在兴建起来；砸坍的牌楼，又在竖立起来；农民家里又堆满了新近收来的高粱穗子、谷穗子、小豆、菜豆、洋芋、老麻子……一个农家老太太，穿着新衣，看见文工团的女同志，脸上露出纯真的笑说："和男人打鬼子去……"

在兴县，艾青遇见两位文艺工作者。他们是九一八事变后流亡到关内来参加抗战的，如今胜利了，他们携眷回东北去，路过这里。艾青和他们在月光照映的山坡下告别，感到亲切，依依不舍。

看来，重建家园的时期到来了。

终于快到达离敌伪封锁线不远的岢岚城了。这一路上看见的全是五里之隔一个个古老的烽火台。古老的战场上，还有着新旧壕沟。农民正在把它们填平，准备来年耕作。

岢岚城的街道很宽，店铺却很少，街上也很冷清。街头或住宅处还可见到一些鼓吹奴化思想的标语、春联，什么"打倒西欧自由主义，发展东亚王道精神""知足者常乐，能忍者自安"呀！艾青想："这是敌人的指挥刀尖上的苍蝇的梦想！"

在一个月光很亮的晚上，艾青率领华北文工团全体同志，在武装部队护送下，分四路纵队跑步穿过同蒲路："我们匆忙地跨过铁路。月光下，看见路轨发亮，两旁是树桩电线杆，风景充满现代感。敌人宣布投降了，武装却没有解除，而且控制了交通干线，真气人。走不多远，即看见路东的掩护部队，整齐地站着在迎接我们。后来听见远处有火车的声音……"

他们来到了晋中平原。多么美丽的大地，但是一直被敌人占领着。"这就是一个明显的对照：在陕甘宁边区一路上什么都有的卖，各种水果，各种干粮饼子，老百姓生活得很好，衣服都是新的，脸上红光满面，总是含着笑，到处都听见歌声，但是，在新解放的地区，到处都显得贫穷，什么也没有。每当我们经过村庄时，街上就站着一些蓬首垢面的女人，和光着身子的孩子……八年了，长期恐怖的生活，使他们的脸失去了表情，没有欢笑，没有歌声，只有叹息和呻吟，或是呆望和沉默。"

前途依旧是艰辛的。

过新旧广武城，翻大山，经碾子沟、分水岭、柴底洞、东梁，一天又一天，不停地前进。高山地区，雨多天冷，说下雪就飘起鹅毛大雪。艾青跑前顾后，组织大伙冒雪翻山，自己冷得靠一块队员借给他的毛毡子裹着身子行走："好大的雪啊，不当心就会把人刮到山沟里去，山路看不清，一片苍茫，前后看不见别人，好像已和世界完全隔绝了……"

终于走出了大山。

滹沱河。大平原。在平原大路边的墙上写着很大的新标语："中华民族解放万岁！"艾青激动了：

> 走了一个多月的路，真是越过了千山万岭，如今，要和山告别了。山是那么单调，枯涩，山里的居民是那么贫穷，但山是伟大的，山里的居民是伟大的，山和它的居民在抗日战争中，起了伟大的作用。就是那千万险峻的山峰，波浪汹涌似的岗峦，成了我们军事力量的摇篮，不驯服的山，培养了不驯服的人民。我由衷地感谢山！我们和你相依为命，你保护了我们，支持了我们，使我们成长壮大，最后战胜敌人。

就这样，他们越过沙河，从下汇到大营，翻拾风岑，进入浑源城。在这刚解放不久的西北中等城市里，看着奴化了的人民的生活和精神情状，艾青的心里又留下了一个痛苦的印象，但当再次越过封锁线，渡桑干河，在杨家店"远远看见了天镇"时，他的心又开朗了。大伙儿聚在一起，跳舞、唱歌。他也跟着唱起来："快乐的心随着歌声飘荡，/快乐的人们神采飞扬，/我们的歌声唤醒了城镇，/也唤醒了遍地大小村庄……"

天镇有火车经过，他们将在此坐上快五年不见的火车，直达此行的终点张家口了。去火车站前，艾青一个人走向小镇街头，这里的清晨是美丽的。他听到城郊驻军的号角声辽远地传来，唤起了无比新鲜的感觉，于是他在心里大声说：

"又一个新的时代开始了!"

1945年11月8日傍晚，列车驰进了一个灯火辉煌的大城市。

艾青率领华北文艺工作团，步行50多天，行程2000余里，终于胜利抵达目的地张家口："当我们想到这是我们的城市，这是人民的城市，这是人民经过了多么长久的艰苦斗争而解放的城市，人们将在这里生活着，不受帝国主义强盗们虐待，不受军阀官僚们欺侮，可以自由地呼吸，自由地生活，自由地歌唱，该是多么幸福啊!"

在这一趟长途跋涉中，艾青除了自己身先士卒坚持行军，还要为一百多号人的生活起居、思想情绪和健康状况不时操心，更坚持每天腾出时间来写日记，记录下行军途中的所见所闻、所思所感。后来，他以《走向胜利——从延安到张家口》为总题整理成一部书稿出版。这是一部以诗意的文笔写出来的、洋溢着时代豪情的散文长卷，它不仅显示了艾青除诗以外用另一种文体创作的才能，也以其题材的时代价值、表现的现实主义典型真实而成了记录中国人民历史大转折的一页诗史。

张家口欢迎华北文艺工作团的到来。

在艾青他们进入这座城市的第三天，晋察冀中央局宣传部、晋察冀日报社、新华社晋察冀分社、边区文联、军区抗敌剧社联合召开欢迎大会，邓拓致欢迎词，艾青代表华北文艺工作团致答谢词。他对晋察冀文艺工作者这个群体是熟悉的，站在这个庄严的讲坛上，他想着老朋友田间、邵子南，想着虽未曾谋面却读过他们富有理想光彩的战斗诗篇的曼晴、丹辉、魏巍、鲁藜、徐明、商展思、孙犁、玛金，他更沉痛地想着用生命写下了最壮丽的诗篇的史轮、陈辉等，这里是一块诗人与战士集于一身的神奇、悲壮的土地，于是他对晋察冀的文艺群体作了这样真诚的评价，表达了自己虚心学习的态度："晋察冀边区的文艺工作者，根据过去在延安从前方得到的消息，我们认为是各解放区成绩最好的。在文艺与实际斗争结合这一点上，是起了光荣的先进作用的，听到很多文艺工作同志亲身参加群众斗争、军事斗争，亲身参加武工队，深入到敌后之敌后，长期奋斗不懈，以至战死，这在中国文艺运动史上，也是起了光荣的先锋作用……以后我们要决心跟本地文艺工作者在一起，在中共晋察冀中央局指导下，使文艺与工农兵革命斗争相结合，为保卫自己的根据地、城市、政权、工厂、学校斗争到底。"①

就在这以后不久，华北文艺工作团与华北联合大学合并，成立了一个完整的华北联大，由成仿吾任校长，下设三个学院，其中一个是文艺学院，下设文学、戏剧、美术、音乐、新闻、外语等系，沙可夫任院长，艾青任副院长。

由于张家口当年是解放区的第一座大城市，所以分外重视文化工作。1946年2月上旬，张家口文化界发起并成立"北方文化社"，推成仿吾为社长，并出版半月刊《北方文化》，也由成仿吾任主编，艾青和肖三、周扬、邓拓、沙可夫、萧军、丁玲、吕骥、何干之、刘皑风等任编委，成为解放区最重要的一个综合性文化刊物。4月20日，中华全国文艺协会张家口分会成立，艾青和丁玲、成仿吾、肖三、周巍峙等23人任理事，并编辑"长城文艺丛书"，出版《解放区短篇创作选》《李有才板话》等书。

繁重的行政领导工作，繁忙的文艺界社会活动，本已压得艾青喘不过气来，但他还要以文化界代表人物的身份，从事国际文化交流，接待一批又一批前来访问解放区的外国朋友。1946年6月，美国驻华大使馆新闻处处长费正清和文化专员费慰梅夫人到张家口访问，后又有西南联大外籍教授罗伯特·佩恩特去张家口访问，均与艾青等座谈。在和费正清座谈中，艾青以特有的机智与深刻说："希望美国给我们送来惠特曼，不要送来马歇尔！"使费正清留下深刻印象。在与罗伯特·佩恩特交谈中，艾青详细地介绍了自己的创作经历，使这位教授后来写出了《艾青与卞之琳诗歌研究》。

冀中平原的艰苦战斗

1946年，艾青共写四首诗，有两首值得注意，《人民的城》和《欢呼》。《人民的城》抒唱张家口。对中国共产党领导的革命力量占领的第一座大城市，艾青是怀着异样自豪的情感的，他还在张家口文化界欢迎工作团的大会上致答

---

① 《边区文艺界大集会，欢迎华北文艺工作团》，载《晋察冀日报》1945年11月13日。

谢词时说过这么一席话："我们的许多同志，在过去原都是到过比张家口要大得多的城市的，有的就是在上海、武汉生长起来的。为什么这次进城是这样感到特别兴奋呢？因为过去所在的城市，都是处在国内外反动派镇压之下，过着透不过气来的生活，无论那里怎样繁华，怎样壮观，也是不能令人愉快的；今天不同了，张家口已是我们人民、我们劳苦大众自己掌握了，所有的烟囱、铁道、马路、楼房、工厂都是由我们子弟兵、我们的老百姓经过殊死的战斗解放出来的，由无产阶级领导广大人民管理城市，已开始在中国史上出现了，这是值得大书特书的事，我们的兴奋确不是徒然的啊！"[1]从这些话里可以看出艾青所怀有的一份心情是"我们"终于有了自己的大城市。这个"我们"是以无产阶级为首的广大劳动人民，因此这里也显示出艾青在情感的最深处已把自己看成是无产阶级和劳动人民的一员了。这种真诚的欢欣和兴奋具有灵魂蜕变的珍贵性。以此写成的这首《人民的城》，可珍视之处也正是如下这些诗句："今天我们在这里，/不像在别的城市，/感到陌生和不安，/感到疑虑和恐怖；/今天我们在这里，/好像在自己的家里，/可以自由自在地走着。/可以昂首阔步地走着……"我们无须责怪这首长诗还停留在直白式抒情上，现象罗列过多，凭着上面引述的诗句，那种朴实无华，自豪得真挚贴切，就值得称道了。

《欢呼》是政治抒情诗，是为庆祝中国共产党成立25周年而写的颂歌，全诗很长，显出了"欢呼"的真诚，如："凡是跟随你的/都不会走错道路，/不会跌倒，/凡是朝向你的/都披满阳光，/都不再蒙受耻辱。"就是他打心底里发出来的由衷之词。

1946年夏秋之交，国共两党和谈局面破裂，停战协定也被摧毁，国民党政府向解放区发动全面进攻。中共中央军委命令张家口的驻军作战略撤退。于是驻张家口的军政机关也于同年10月撤离了这座城市。艾青和华北联大师生告别张家口，又徒步行军800里，辗转冀中平原，来到河北省的束鹿县落脚，三大学院分别被安排在相隔数里的几个村子里，文艺学院是在该县的小李庄。

艾青在冀中平原整整两年艰苦奋斗的生活开始了。

---

① 周红兴：《艾青在张家口》，载《艾青研究与访问记》，文化艺术出版社1991年版，第88页。

　　如果我们承认"战士和诗人原是一个神的两个化身"，那么这个"神"——大写的人，在不同时期有时可能偏重诗人形态的存在，有时可能偏重战士形态的存在。艾青在进入冀中平原以前，一直是偏重诗人形态活动在社会上的，但这以后的两年他则正式以偏重战士形态出现了。他是战斗在冀中平原上的普通一兵，头戴军帽，身穿灰布军装，腰间还束着皮带。他并没有背着枪上前线去打仗，而是作为华北联大文艺学院的一名主要领导者，管理着这所流动的战斗学校，组织全院师生为革命而教学、学习，领导他们在这一场人民解放的大战役中提高觉悟、坚定意志，满怀信心地学好本领，走向前线、投入战斗、慰问将士，或深入农村，投入土地改革运动。

　　小李庄是老解放区的一个农村，离铁路线较远，敌人不易前来骚扰，所以开始时生活还安定。文艺学院这时已有一批在研究和创作上有较深造诣的教师，如蔡其矫、严辰、朱子奇、肖殷、崔嵬等。艾青不仅要管理日常的全院教学工作，更要具体抓艺术教育、文学创作以及文工团的排练、演出等。生活条件是极其艰苦的，从某种意义上说，这个环境无时不在对人作革命意志的考验。

　　是的，革命意志的考验无时不在发生。

　　一个北国冬天的清晨，艾青像往常一样被"对于黎明的过于殷切的期望"所唤醒，起来了。他披上棉军大衣，踏着凝霜的路，在学生宿舍外面走着。远处传来隐隐的炮声，国民党部队包围着解放区，我们的战士正在和这批美式装备的来犯者展开激战！

　　炮声近多了，响多了，一声！又一声！已经有学生打开宿舍的门，惶恐地向他们早起的院长走来。这时，小李庄外落下一颗炮弹，炸开来，把大地炸得颤动了！"有些人的心也会发抖了吗？信念也会动摇吗？"这个念头刚闪过脑海，忽听得远处传来惊叫："不好了，有人跳井了！"艾青和身边几个学生一愣，迎着熹微的晨光，向惊叫声响起的地方赶去……

　　一口井，洞口小小的一口北方的井，井边掉落了一只鞋子，几个学生围着井，顿足嘶喊。

　　等到把跳井者捞上来，已没救了。这个几天来食不思茶不饮唉声叹气嗫嚅着要回老家去的城市青年，经不起革命斗争严酷的考验，自杀了……

艾青一直沉默不语，许多学生、教师和村民都来到井边，围在艾青的四周，大家神情严肃地看着尸体被抬到庄外去。

炮声响了一阵，又淡隐了下去。

一直不吭声的艾青，突然走出人群，站到井边，用沉着的、严肃的却又不无几分嘶哑的声音说："同志们，你们看到了，一个人就这样亲手结束了自己的生命！我们为生他的母亲而感到惋惜，但一个经受不起革命斗争考验的人永远离开了我们的战斗集体，我们并不惋惜。我们不是青蛙，一个个向井里跳，我们是革命者，是冲破暴风雨和巨浪的海燕，度过困难就是胜利，要经受得住考验！我们能吗？"

"能！"震天动地的齐声回应中，天终于大亮了。[①]

就这样在这穷乡僻壤，没有剧院，没有舞台，没有电灯，甚至有时汽灯也没有，师生们坚持生活和学习下去，还常常——特别是周末，在地主家的院子里组织演出，演歌剧《白毛女》，唱冼星海的《黄河大合唱》，奏贺绿汀的名曲，朗诵艾青等人的诗……为了鼓舞士气、宣传战争，艾青还组织师生合写了一部《解放战争大合唱》。

在这里，师生是打成一片的，因为他们都是人民解放战争中的战士。

一年过去了，艾青没有写　首诗。他沉默着，"为了没有足够响亮的语言"抒发他的激情而沉默着。

1947年冬至1948年春，艾青带领一批学生，随土地改革工作队去获鹿参加土地改革。

土地改革，这是中国农村一场翻天覆地的大事，是中国农村反对封建剥削制度，彻底求得解放的一件大事。在离这时约100年以前，太平天国的"国师"洪仁玕就在他的《天朝田亩制度》中提出了类似土地改革的主张和具体方案，但由于不断发生的战争和内讧，只有"天京"很小一个范围试了一下，而没有真正实行；辛亥革命后，孙中山提出"耕者有其田"，只是一句口号，缺乏具体

[①] 以上事件可参考《朱子奇同志〈献给艾青同志的贺辞〉》，载《艾青作品国际研讨会论文集》，花山文艺出版社1992年版，第30页。

方案。只有在中国共产党领导下，在中国人民解放军的武装保卫下，才能真正打垮农村千百年来视若天经地义的地主土地占有制和对广大农民的封建剥削，把"田亩制"实落在"耕者有其田"上。艾青作为血管里流着土地耕殖者的血液的大堰河的儿子，投入这一场历史大变革中，是更加兴奋的。他曾经这样说过："诗人应当毫无间断地关心老百姓，倾听老百姓的话，注意老百姓的事情，留心发生在老百姓之间的每个新的事件。只有这样，才能使诗的内容与形式日益丰富与扩大，才能使诗富有生命。"①就这样，历史的暴风骤雨给予他的新鲜感觉，以及他对劳动人民从外在生活到内在精神的真切关怀之情，使他终于写出了《播谷鸟集》。

《播谷鸟集》的特殊意义在于：艾青面对中国农村伟大的历史变革敏锐地发现了，并且细腻地再现了第一代翻身农民心理变革的特征。在艾青的感受中，他们和《大堰河——我的保姆》中的"大堰河和她的夫儿们"、《死地》中的"地之子"、《雪落在中国的土地上》中的"土地的垦植者们"，以及《旷野》中那些"徘徊在旷野上的人们"是迥然有异的；和臧克家笔下的"老哥哥"、力扬笔下的射虎者及其家族，也是完全不同的；至于田间笔下的石不烂、戎冠秀，李季笔下的王贵、李香香，阮章竞笔下的荷儿、芩芩、紫金英，张志民笔下的死不着、王九们，虽也是一代翻身的农民，但他们都是从翻天覆地的斗争中过来的，即是从苦难通过斗争转向解放的大转折时期的中国农民，诗的焦点重在写转折，因此，那些诗未免带有一种创伤的印记。而艾青不同。他在《播谷鸟集》里显示的新颖农民的感受是全新的，代替了阴郁愁苦，他们不仅在脸上含着微笑，心灵深处更散发着一种自己是土地和命运的主宰者的精神光彩。正是这种乐观的、向上的、对解放区的生活热爱得执着的新农民气质的产生，暗示着这个阶级将会走上一条崭新的生活道路，成为阶级斗争中无产阶级的坚强后盾。

如上所述，艾青从参加了延安文艺座谈会以后，决心立足于民族审美传

---

① 艾青：《开展街头诗运动——为〈街头诗〉创刊而写》，载《艾青全集》第3卷，花山文艺出版社1991年版，第198—199页。

统——具体、单纯、简洁、明快，为人民大众喜闻乐见的诗艺新风格来改造自己的旧风格。那时的"改造"是一种悄悄儿进行的"渐变"，实践上看来也并不显得很成功，而到这时写《播谷鸟集》，可以说他的风格已从渐变到突变。《播谷鸟集》组诗的具体、单纯、简洁、明快作为一种艺术风格，已显得很圆熟，它们和艾青明朗、真切、乐观、幽默的新生活感受水乳交融在一起，朴实而有意蕴，自然而不矫饰，这是建立在艾青固有的个性、风格——感觉的新鲜、感受的真切和以实带虚的意象铸造、以口语的流畅显示散文美的自由体形式等基础上的，而这也是他与民间文艺打了多年交道获得的艺术经验神会于心地交融的必然结果。

进军北平

时局发展得很快，1947年底石家庄宣告解放，中共中央决定把晋察冀和晋冀鲁豫两大根据地合并成华北解放区，华北联大从束鹿县迁到正定县，和刚刚也搬到这里的北方大学合并，成立华北大学；两校的文艺学院也合并成为华北大学第三部，改系为科，另设文艺研究室和三个文艺工作团、美术工作队等，由沙可夫、张光年和艾青主持。艾青还专门抓文工团的演出和文艺研究室的创作研究。

文艺创作上的问题总是复杂的，尤其是在历史转型的大动荡中如何紧跟剧变的时代，表现它的革命文艺创作，问题更是复杂。艾青看出了从概念出发看待文艺创作现象的通病，更看出了抱住经验主义对创作迅速反映剧变时代的不利因素，在理论概念中驱逐教条化的成分而去与实践的经验接轨，在剧变的生活面前把实践经验随时以真知性的理论概念来检验、校正，是一个文艺工作的领导者必须具有的素养。他不断通过文艺教育岗位上自己繁重琐碎而又实际的行政工作，去思索如何辩证地处理好理论、经验与实践之间关系的问题。有一个问题给他留下很深的印象：他组织文工团做一个描写当时在北平高涨着的民主青年运动的剧本——《民主青年进行曲》，起初打算用秧歌剧的形式来写，但秧歌剧的容量、格调和气氛同民主青年在斗争中外在的生活冲突和内在的精神风貌所导致的特殊气氛、格调与容量不相称，觉得不好、不自然，后来改为话剧，就显得很不错。就从这一个实际例子中，艾青深深懂得了内容决定形式，形式也可反作用于内容，教条主义不行，经验主义也不行，一切都要面对生活实际，一切要以充分表现剧变时代的真实面貌为准则，辩证地来对待。

于是，他写了一篇长论文《创作上的几个问题》，并于1948年夏天，在华北大学三部的文艺研究室作了讲演。

这是一篇充满辩证法的文章。总的来说，艾青不是搬弄教条来对创作瞎指挥一通，而是有意识地对教条主义地和经验主义地指导创作的倾向作了有分寸的批判，实事求是地按文艺创作的内在规律提出了一套自己的见解。在如何深入生活的问题上，艾青强调深入生活、反映生活的真实是必要的，但如果"所看到的常常是显露在外部的一些现象，而在背后的、社会内容的更复杂的、更秘密的东西却知道得很少"，那算不得历史的真实。他又认为"真实并不就是艺术"，历史的真实要转化为艺术的真实，也就是："艺术家在社会万象中采取之素材，用批判的眼光加以选择与分解之后，重新融化和塑造出来的真实"，而"这真实里面是有思想感情的"，并因了"一般的合理的推断"而"有想象"的。在加强思想性的问题上，艾青认为文艺作品中的思想不是"一些概念化的语言"，也绝不可以是"与生活脱离的"，文艺作品中的思想要从生活过程的描写中显示出来，即要"描写从旧到新、从坏到好、从落后到前进"且渗透着作家艺术家"新的强烈的感情"过程中显示出来。他还谈到形式问题，艾青在提出流行的观念"应该从内容来考虑形式"以后，强调"应该重视形式"，他认为"有时形式运用不好，甚至会限制、束缚或破坏了内容"。他还说形式"包括一切表现的方法、技巧、作品的体裁、样式等"，而"离开了形式，还谈什么艺术呢？离开了线条、轮廓、色彩、明暗，就谈不上绘画。离开了音符、节拍、旋律，就谈不上音乐"。这可见艾青对内容的制约性十分重视。当然他也指出，要反对形式主义，而从服务的对象着眼，形式要能使广大群众喜闻乐见，并要在这一基点上对形式的"多样"与"统一"进行思考与探索。但是，群众的爱好、他们的喜闻乐见"也是复杂的"，是"受阶级、地区、文化程度、年龄等支配的"，也是受社会审美趣味支配的，有志气的文艺家切不可"老调重弹"。要根据群众爱好的复杂性、流动性而作新的创造。他说："有人称我们的歌词为'太阳派'，称我们的曲调为'嗨嗨派'。太阳代表光明，太阳是好的，但老是太阳也是会令人疲倦的，而且显得多么单调!"因此，在形式上，谨防"犯经验主义"的错误。

艾青在这篇论文的末了提出："我们应从旧美学的束缚中解放出来，大胆创造，创造大气魄的东西。"这是艾青自己的追求目标，也是时代对中国革命的文学家、艺术家——包括艾青在内的一种召唤。

是的，伟大的、历史转折的时代终于到来了，人民大解放的隆隆炮声，已经回响在大江南北，而一座作为中华民族神圣象征的古老都城，也在这炮声中终于洞开了城门——

1949年1月31日，北平和平解放了……

人民大解放的时代"若火轮飞旋于沙丘之上"一样，已向古老的中国滚辗而来，也滚辗进诗人艾青的心灵深处了。他和华北大学的师生轻装启程，紧随解放大军进军北平。

第九章　为缔造共和国奔忙

1949年1月31日，古都北平宣告和平解放。

翻天覆地的历史大转折年代开始了。

经历风雨昼夜长途跋涉的革命战士，怎能压制得住满腔战斗豪情呢？他们唱着激昂的进行曲："向前！向前！向前！/我们的队伍向太阳！"随军南下，奔向解放全国的战场；他们唱着豪迈的战歌："我们的队伍来了，/浩浩荡荡，饮马长江！"直捣金陵，让红旗升起在"总统府"的门楼上。

未来首都的文化接管委员

艾青也随同华北大学第三部文艺学院的师生轻装出发，带队兼程，从河北正定行军向北平。他与张光年、王朝闻结伴，走在一起。这一年艾青38岁，王朝闻比他大1岁，张光年比他小3岁，都是正当年华、精力旺盛之际，何况革命胜利来得如此快，更使他们精神振奋、意气风发。一路上并不寂寞：艾青脱口幽默，王朝闻健谈，张光年则唱开了他写歌词的《黄河大合唱》，引得队前队后的学生此起彼伏相互应和，真是好不热闹。就这样，他们以每天80里的速度，一无疲劳之感，胜利完成了这一趟长途行军。

巍巍城楼，北平在望！他们跨入了共和国的凯旋门！

但艾青没有能随军南下，他被留在了北平，分配到中国人民解放军北平军事管制委员会所属的文化接管委员会工作，任中央美术学院——当年的国立北平艺术专科学校的军代表。

自从1932年被捕入狱后，艾青就放弃了心爱的美术工作。打那时起一直到解放战争结束，"整整有十六七年的漫长岁月，我的精神活动的主要形式是写诗"[①]。当然，这并不是说他已和美术完全断绝了关系，他"也偶尔设计封面，画了几张风景，甚至在旅行时带上那种记账的折子，画一些黄河流域的荒凉的景色""也写了一些有关绘画和木刻的评价文章""甚至拿童年时代所喜欢的红胶土，尝试做雕塑"。但所有这些，在那些年月里只不过是艾青"对美术的一种含情脉脉的回顾，一种遥远的怀念"。谁料得接管国立北平艺术专科学校后，他"又一次燃烧起对重新搞美术工作的希望"[②]。并且正如他自己所说："这个希望是很强烈的。"[③]

多少个清晨，艾青漫步在天安门广场；多少次黄昏，艾青徘徊在王府井大街。他捕捉着一个个全新的生活形象：幸福的笑脸，朝气蓬勃的人流；灿烂的城市，鲜花盛开的原野；茅屋边盖起了高楼大厦；古老的牌坊被通衢大道冲塌，失却赡养的老人有了依靠，在清晨的公园里漫步谈笑，流浪汉当上了劳动模范……这些是那么生动具体，那么真实可见，却也不是能用语言所能再现的具象！于是，艾青"常常和美院同学一起画速写，也曾试图学雕塑"。

这真是一串金子一样珍贵的日子！我们即将有一个属于人民自己的国家，以他雄伟的姿影出现在亚洲平原之上，而时代的"新嫁娘"，也已乘上有金色轮子的车辆，隆隆滚辗而来：举行庄严的婚礼的时刻来到了！

艾青，和亿万人民一起，为中华人民共和国的开国大事奔忙着。

3月20日，艾青与郭沫若、柳亚子、马寅初、茅盾、马叙伦、曹禺、沙可夫等64人参加在北京饭店召开的全国文化团体会议，大会决定发表宣言，响应保卫世界和平运动，拥护世界和平大会。3月22日，艾青出席在北京饭店举行的中华全国文艺协会在京总会理事与华北文艺协会理事联席会议，会议决定召开中华全国文学艺术工作者代表大会，并推选郭沫若、周扬、田汉、茅盾、叶

---

① 艾青：《母鸡为什么下鸭蛋》，载《艾青全集》第5卷，花山文艺出版社1991年版，第253页。
②③ 艾青：《母鸡为什么下鸭蛋》，载《艾青全集》第5卷，花山文艺出版社1991年版，第254页。

圣陶、曹禺、郑振铎、欧阳予倩、丁玲、曹靖华、肖三、艾青等42人为筹委会委员，郭沫若为主任。

此后不久，部分作家出席了《北平解放报》副刊召开的"工人写作问题座谈会"。在会上，茅盾、李亚群、赵树理、艾青、臧克家、李广田、叶圣陶、葛一虹、欧阳予倩、何家槐等均作了发言。5月24日，《东北日报》第四版以《工人文艺问题》为题，刊登了艾青的发言，其中提出："文艺工作者要写出好东西，必须和工人生活在一起，带着知识分子的所谓'洁癖'，是不可能了解工人阶级的伟大的。"

但艾青的本职工作是中央美术学院相当于党委书记的军代表，因此他要为中国共产党落实知识分子政策而奔忙。

中央美院有不少蜚声海内外的画家、教授，在国民党统治年代——特别是新中国成立前夕，物价飞涨，金圆券、关金券不断贬值，他们的智慧换不来填饱肚子的生活。现在，改朝换代了，他们又不知道自己会是怎么个命运。一定要使他们认识到人民的政府是爱护他们的，保证他们生活过得好，还能让他们充分发挥才智。于是，他拜会徐悲鸿院长，以及一些著名教授，嘘寒问暖，又向全院师生阐明党的知识分子政策。当学生们对每月只到校一次，画一张画给学生作示范就算完成授课任务的老画家齐白石很有意见、要求停发他的工资时，艾青谆谆教导他们要掌握党对知识分子的政策："这样的老画家，每月来一次画一张画，就是很大的贡献。日本人来，他没有饿死；国民党来，也没有饿死；共产党来，怎么能把他饿死呢！"①

不仅学生被说服了，齐白石更是叹服——

有一天，齐白石的学生，也是中央美院的教授李可染，引着三个穿军装的人叩开了齐家的大门，管门的是当年清廷的一个太监，进去向老人细声细气地通报，老人感到惶惑了，也有几分奇怪，迎出门来。经李可染介绍，方知三位臂上戴臂章的"解放军"就是艾青、江丰和沙可夫。当老人把他们接进客厅，眯着眼睛疑虑地瞧着他们时，艾青抢前说："我在十八岁的时候，看了老先生的

_____

① 艾青：《忆白石老人》，载《艾青全集》第5卷，花山文艺出版社1991年版，第299页。

四张插页，印象很深，多年都没有机会见到你，今天特意来拜访。"

老人马上问："你在哪儿看到我的画？"

艾青说："一九二八年，已经二十一年了，在杭州西湖艺术院。"

老人依旧不信任，又眯着眼睛问："谁是你们的院长？"

"林风眠！"

这时白石老人的眼睛睁大了，并且闪出光来："那对了，他喜欢我的画！"

既然晓得来访者是懂艺术的解放军，齐白石也就一改开始时的生硬，"亲近多了，马上叫护士研墨，戴上袖子拿出几张纸给我们画画"。他一连画了三张，送给"每人一张水墨画，两尺琴条"。给艾青的那一幅画的是四只虾，半透明的，上面有两条小鱼，题款是："艾青先生雅正，八十九岁白石"，印章"白石翁"，另一方"吾所能者乐事"。

从此，艾青与齐白石结下了深厚友谊。

有一次，艾青在上海朵云轩买了一张齐白石画的小松林的水墨画，有人看后认为是假的，为了辨别真假，艾青就和此人一起去齐白石家，把画挂起来请老人鉴别。齐白石看了之后说："这画人家画不出的。"艾青还买到一张八尺的大画，请齐白石再度自辨真伪。画面上是没有树叶只有松子的松树，上面题着一首诗，下有"白石翁"印章。老人看过之后说："这是张假画。"并愿用自己两张画来换这张"假画"。艾青识破了老人的心思，故意说："你就是拿二十张画给我，我也不换。"齐白石见艾青对自己如此赞赏，十分高兴。

有一次，艾青对齐白石说："你给我画一张册页，从来没有画过的画。"齐白石欣然同意，挥笔画了一只青蛙正往水中跳时后腿却被草缠住了，青蛙前面有三只小蝌蚪在自由游动。他画完后对艾青说："这个我从来没有画过。你看，题什么款？"艾青说："你就题吧，我是你的学生。"于是，老人写道："青也吾弟　小兄璜　时同在京华　深究画法　九十三岁时记　齐白石。"①

艾青还多次陪同外宾拜访过这位艺术大师。

---

① 以上有关艾青与齐白石的交往，均参考艾青：《忆白石老人》，载《艾青全集》第5卷，花山文艺出版社1991年版，第298—305页。

在春暖花开的日子里，艾青分别在辅仁大学文学系、北平艺术专科学校美术系作《文艺与政治》的专题演讲，强调了文艺必须为政治服务这一命题。

在参观了中山公园举行的"新国画展览会"之后，5月15日，艾青写了《谈中国画的改造》一文。他认为，社会已经改变，中国画必须顺应新的时代生活内容，为此，服务于封建地主和军阀官僚的旧中国画必须加以改造。而改造，首先是内容问题，也就是画取材的角度、作者的思想等；其次是形式问题，也就是画的表现方法、布局、着色等。艾青还批评了那种把旧画加上《奋斗到底》《万里长城》《黑暗光明》等新标题的"投机取巧"的所谓"改造"。文章最后指出：中国画是有前途的，因为中国画和其他艺术一样是能改造的，只要画家们深入生活，了解这个伟大的时代，扎根到广大劳动人民中间，虚心向现实生活学习，就一定能创作出深刻感人的好作品。

这样的文章，在那时是有权威性的。

因为，艾青是中央美院的军代表，因此《读中国画的改造》这样的文章，不能不被视为是代表党在美术界的声音。

快乐的奔忙

当中国人民革命力量终于临到"百万雄师过大江"的这一天，以摧枯拉朽之势剩勇追穷寇，也以势如破竹的气概相继解放了南京、上海等重镇，北京也进入开国大典前夕的奔忙中了。

艾青也不例外：虽已是三个孩子的父亲，也难顾及。

首先使他为之奔忙的，是文艺界的大聚会和新组织机构的成立。

6月30日，中华全国文学艺术工作者代表大会举行预备会，决定全体代表名单，并通过丁玲、艾青等99人为主席团，郭沫若为总主席，茅盾、周扬为副总主席。7月2日，大会开幕，艾青被编在平津代表第一团。奋战在炼钢炉旁、稻麦垄中、炮火纷飞的战场上的工农兵文艺战士会合了；漂泊在大河上下、长城内外、异国他乡的爱国文艺战士会合了。这是解放区和国统区两支文艺大军胜利的会师，"为新中国而歌，为新时代而歌"的庄严情思，回荡在每个代表的心里。7月6日，全体代表听周恩来的报告和毛泽东简短的讲话。7月8日，大会主席团按不同业务将代表分成七个组，胡风与艾青为诗歌组召集人。7月9日至11日，大会进行专题发言与自由发言，艾青作了《解放区的艺术教育》的报告，比较全面地介绍了延安鲁迅文艺学院、华北联大文艺学院等解放区艺术院校在发展艺术教育、培养文艺人才方面的贡献和经验。会议期间，他还和胡风主持了一次诗歌工作者座谈会。7月19日上午大会闭幕，中华全国文学艺术界联合会宣告成立，艾青与其他87人当选为全国文联委员。

7月21日，中华全国美术工作者协会在中山公园来今雨轩正式成立，艾青与徐悲鸿、江丰、齐白石、叶浅予、力群等41人当选为全国美协委员会委员。7月23日，中华全国文学工作者协会举行成立大会，艾青被选为主席团成员；同日下午，艾青出席在北京饭店召开的中华全国文学艺术界联合会第一次会议。8月2日，诗歌工作者联谊会成立，该会以联络诗歌工作者、彼此交换经验、研究诗歌诸问题为宗旨。在会上，艾青和萧三、王统照、冯至、戴望舒、臧克家、力扬、田间、何其芳、卞之琳、鲁藜、天蓝、高兰、王亚平等25人当选为理事，艾青和田间、臧克家、力扬、李季、卞之琳、鲁藜等当选为常务理事。

接着，艾青奉组织之命参加中国人民政治协商会议第一届委员会全体会议的筹备工作，担任国旗、国歌、国徽图案评选组组长。

艾青这个"组长"的责任是重大的，因为经他评选而得以定下来的国旗、国歌、国徽，将成为中华人民共和国在世界民族之林中的一个标志，直接关系到祖国尊严的形象；这个"组长"的工作意义是深远的，因为经他评选而得以定下来的国旗、国歌、国徽，将成为中华民族朝代更替中一个真正人民当家作主朝代的标志，直接关系到千百年后我们民族历史的光辉记忆。这一任务中最难的是国旗设计方案的评审选定。在众多方案中，艾青领导的这个小组选出了其中几个设计方案，尤其突出了一张四颗金星朝向一颗大星的五星红旗方案，报送中央。中央一锤定音，确定了五星红旗方案。

9月21日至30日，由中国共产党、各民主党派、各人民团体、各地区、人民解放军、各少数民族、华侨及其他爱国分子的代表所组成的中国人民政治协商会议第一届全体会议在北平隆重举行，艾青既以筹备工作人员的身份，又以政协候补委员资格参加了这一个共商立国大计的盛会。

这次会议标志着"中国的历史，从此开辟了一个新的时代"。在9月21日的大会上，毛泽东庄严地宣告："我们的工作将写在人类的历史上，它将表明：占人类总数四分之一的中国人从此站立起来了！""我们团结起来，以人民解放战争和人民大革命打倒了内外压迫者，宣布中华人民共和国的成立了。"

于是，隆隆的礼炮声，暴风雨般的掌声，五星红旗冉冉升起……

参加开国大典

毛泽东宣布中华人民共和国的成立和第一面五星红旗庄严升起，曾拨动了多少中国人的心弦。

梦想重新做美术家的艾青，灵魂深处突然又有了诗的火花闪现，他情不自禁地写下了献给中华人民共和国的第一首诗——也是共和国史上赞美五星红旗的第一首诗：《国旗》。诗篇赞美这面国旗是"美丽的旗/庄严的旗/革命的旗/团结的旗"，它以"四颗金星/朝向一颗大星"来象征"万众一心/朝向人民革命"。因此，"我们爱五星红旗/像爱自己的心"，因为"没有了心/就没有了生命"，在作了这样的抒情后，诗篇推出了主题：

我们守卫它

它是我们的尊严

我们跟随它

它引我们前进

革命的旗

团结的旗

旗到哪里

哪里就胜利

多么朴实而真挚的情感！多么单纯而坚定的信念！这是一个饱经忧患的爱国者，在受尽民族离乱之苦后获得新生而激发出来对祖国的爱，是毕生追求"诗人的乌托邦"的艾青终于见到灵魂深处的"乌托邦"已化为现实时迸发出来的美丽心声。

诗神，终于回来了。

9月27日，他承接《国旗》的感受，又写了《保卫和平》，这是一首长诗，表现了刚从战争中解放出来的首都一派幸福美好的和平景象，描述了中国的劳动者为医治战争创伤而忘我地工作和战斗的情景，强烈谴责战争贩子进行的新的冒险，再呼吁全世界人民团结起来制止战争，捍卫和平。

这可有点儿一发不可收了。他又热情洋溢地写了首长诗：《献词》。他在诗中唱着："人民胜利了！/祖国解放了！/耻辱的日子/永远过去了！"他还唱："连农村妇女们/也敢上台讲话啦！/连落了牙的老人，/也张开嘴笑啦！"

艾青就这样唱着、唱着，唱到1949年10月1日。那天，他穿上了节日的礼服，同沙可夫等战友一起，登上了天安门城楼，参加中华人民共和国的开国大典！

在隆隆的礼炮声中，在万千礼花的盛开中，在五星红旗徐徐升起的刹那，在百万人齐声欢呼的刹那，观礼台上的艾青，突然又有幻感袭来：一轮大球，发出轰响的光彩，从天边滚来；一切冻结的都苏醒了，每一滴水都得到光明的召唤，欣欣地潜入低洼处，汇入一条大江。大江，解冻了……

艾青的深心里，回荡着一个声音：这是真的吗？祖国的春天已经来临！

春天里的歌声

是的，祖国的春天已经来临！

大江解冻了，泛滥的春水喧嚷着、拥挤着，满怀兴奋与喜悦，沿着山脚，向平野奔流。在无边的平野上，有个美丽的小姑娘手提花篮走来，她唱着歌，一边走一边把花全撒在脚下，撒呀、撒呀，无边的平野上，鲜花盛开了……

——艾青获得了多么美丽的一个意象！

参加开国大典后，他的心里久久浮现着这一段幻感、这一个意象。终于，他以这些感受为基础，写成了一首诗：《春姑娘》。他以这一曲春天里的歌声，来表达自己在共和国最初岁月里的光明感受和欢悦之情。

这首诗抒唱共和国成立后的第一个春天，有一种万物欣欣向荣的春天情调。全诗把春天拟喻为一个既美丽活泼，又热爱生活的小姑娘："她赤着两只脚，裤管挽在膝盖上"，在刚刚告别严寒的大地上行走，手臂上挽着个大柳筐，里面装满了"红的花，绿的草，还有金色的种子"，她一边走一边"把花挂在树上，又把草铺在地上，把种子撒在田里，让它们长出了绿秧"——这象征着我们的时代正在为解放了的祖国播种幸福的种子，以开遍自由的鲜花。诗中又说："看见她的样子/谁也会高兴；/听见她的歌声，/谁也会快乐。"因此，果园为她打开门，蜜蜂、粉蝶和百鸟为她唱起欢迎的歌——这就象征着获得再生的共和国公民们由衷热爱这个光明时代的到来。

《春姑娘》是一首有童话色彩和喜剧情调的优美抒情诗。诚如普列汉诺夫说过的："真正优美的艺术品，永远是表现'伟大的心灵的热情'的。"艾青这首诗正是他"伟大的心灵的热情"的产物。说伟大，在于这热情代表了站起来的中国人民最真实、最具体，也最深沉的幸福感、光明感。艾青早就认为一个时代有一个时代的文学，现在他所苦苦追求的时代终于以单纯、明媚、充满喜剧情调的现实面貌呈现了出来，那么他的诗的情调、格式和语言节奏是否也得跟着有所变化呢？也要变！1948年写《播谷鸟集》时他似乎已经感觉到这一点，所以那组诗已一扫往昔句子冗长、多种意象交叠、读来令人有沉重感的语言节奏形式，而采用朴素的、单纯的、白描式的语言意象和短的诗行、明快的节奏，还尝试着用喜剧化表现，那时的自发性追求到写《春姑娘》时已变成自觉——这为他在中华人民共和国的诗歌创作生涯中探求抒情诗新形式、新格调打下了基础。

1949年10月，大型文艺刊物《人民文学》创刊，由茅盾任主编，艾青任副主编。艾青一上任，就收到一篇诗稿《歌唱祖国》："五星红旗迎风飘扬，/胜利的歌声多么嘹亮。/歌唱我们亲爱的祖国，/从今走向繁荣富强。"作者王莘还自己谱了曲子。多好的诗，多好的歌，雍容华贵、雄浑庄严，他对诗略作修改，就迅速在《人民文学》上发表了。

《歌唱祖国》就这样走向全中国亿万人的心中，走进了我们共和国的历史。

在中央美院艾青只工作了不到一年时间，又回到了文学界。虽然日后他被高度评价为"建国初期中央美术学院的创建者和领导人之一，对中国美术事业产生着积极影响"[1]，但对于艾青本人不能不说是一场美丽的遗憾。在《母鸡为什么下鸭蛋》中他不无感伤地说："我的第二次和美术工作的姻缘被切断了。这一次好像是和美术成了永远的告别。"

---

[1] 《中央美术学院的贺信》，载《艾青作品国际研讨会论文集》，花山文艺出版社1992年版，第24页。

第十章　为祖国深情歌唱

作为中国文化界的代表人物，艾青在1950年的上半年，就参加了由全国总工会、妇联、团中央、文联等联合组织的"宣传保卫世界和平旅行演讲团"，从北京出发，到上海、杭州、广州、武汉、西安等地去作演讲。为此他写了《亚细亚人，起来》《千千万万人朝着一个方向》等宣传保卫世界和平的诗，它们自有一种胜利者的堂皇气度、豪迈情态。

频繁的社会活动

这年7月，艾青又随中共中央宣传工作代表团出访苏联，在那儿逗留了4个月。

艾青怀着"留恋幸福的国土"的心情，写下不少篇歌颂苏联、歌颂中苏人民友谊的诗，后来收在诗集《宝石的红星》里。

这几个月的异国生活，是艾青这些年中最安逸的时候：在国内，他每天都要应付许多社会事务，而作为一家之主，他几乎无暇顾及韦荧及他们的孩子。韦荧也不是一个安于做家庭妇女的人，在中华人民共和国百废俱兴的日子里，她也要像男人一样投入革命工作来证实自己的价值。为此，二人之间不免产生摩擦，甚至已出现分居迹象。作为一个多情的诗人，艾青是烦闷的。现在，他摆脱了北京的社交活动和家庭关系带来的烦闷，可以自由地、集中心力地来思考一些诗歌创作上的问题。还值得指出：由于一位俄文女翻译的出现，他似乎又有了青春骚动的复归迹象。在参观莫斯科、漫步红场的日子里；在瞻仰普希金铜像，遐想智慧的光彩时分；在游览格鲁吉亚、阿塞拜疆，对人类传奇式的生活作神往中，他听着亲昵而迷人的翻译的声音，心在悸动，灵感在飞翔。于是《奥特堡》《车过贝加尔湖》《西伯利亚》《呼喊》《克里姆林》《普希金广场》《牛角杯》《巴库的玫瑰》……一首首诗写成了。

这是一批柔曼的心曲：在外在的政治色彩掩盖下流淌着艾青对人类共通的美与爱所怀有的脉脉情愫，我们能感觉到对艾青来说似乎已久违了的青春情热在特定对象中的闪射。如《车过贝加尔湖》："早上看见贝加尔湖，/晨雾正在湖上升起，/湖水平静有如明镜，/湖边山峦这样秀丽！"对明丽、安谧的境界有水墨画般透明的描绘，但随即跳出了一个特写镜头：

> 火车冒着一阵阵白烟，
>
> 国际列车从湖边经过，
>
> 少女在路旁遥遥招手，
>
> 欢送东方的来客到莫斯科……

这样一个"少女"招手的意象显然来白青春情热怀有者的审美感应。如果不是理解得太实，而是从审美心灵出发去考察的话，我们将会发现这个意象具有更深的意蕴，是一种青春梦幻对心灵的遥远召唤。是的，青春情热似乎在对艾青作多情的回眸。

而这也促成艾青的诗歌创作有了复苏的征候。

这些访苏诗抄中有两大类值得注意。一类是以《西伯利亚》《呼喊》《新的城市》为代表，它们是以口语的散文美作大面积铺写的自由体诗；另一类是以《车过贝加尔湖》《普希金广场》《巴库的玫瑰》为代表，它们是以口语的声韵美作氛围化渲染的格律体诗。《西伯利亚》是对"荒凉的、寂寞的、令人哀叹的西伯利亚"在苏维埃的阳光下一片全新面貌的讴歌，特征是大面积铺写，但不以隐喻意象组合所致的神秘象征感应取胜，而以拟喻意象组合所致的直观联想感应取胜，由于是自由铺写，一个个意象组合体被表现得很充分，具有喜剧化特色。如写旷野上工业基地烟囱的林立："斜坡的边上，/树林的后面，/一个一个烟囱，/像热带的长颈鹿/伸长着脖子，听火车带着隆隆的响声/从天边经过……"这是幽默的，有一种喜剧情调，喜悦的美。但它又不像喜剧审美的当下性、短暂性，而是在喜剧情调中蕴含着悠远的韵味，写西伯利亚受了苏维埃阳光的照耀，"工业和文化/在这里繁殖、开花……"显出了"青春的大地"景色后，接着他这样写：

> 从山坡到山坡
>
> 电线架和电线
>
> 一直向天边伸引……
>
> 电线震动的声音
>
> 像盛夏的果树园里
>
> 繁忙的蜜蜂的嗡鸣……

这种电气化空间的辽阔导致的现代化情思就具有悠远且回味无穷的韵味，艺术表现上也颇具有"孤帆远影碧空尽，唯见长江天际流"那样的空间意境创造特色。从这里可以看出艾青已从接受西方象征派诗艺的影响向民族传统诗艺的精髓——意境创造转型，也可以看到散文美的自由体在这首诗里得到了改造：简洁、明快的诗行节奏，以及宽式的押韵出现了，所达到的已不是口语化的自然，而是吟咏式的流转。《普希金广场》抒发了一种抚今思昔的情思，是站在这片广场上对这位俄罗斯诗歌之父的历史追思，是和对苏维埃社会现实的感奋叠合在一起的，"深秋的夜晚我到这里，/访问你诗人沉思的面影，/街上车如流水，人如海潮，/一切都被绚丽的电光照耀"，这是历史的现实感，而随即是：

> 喷泉把水柱放射得多么高，
>
> 一刻不停地哗哗欢笑……
>
> 青年男女成群地走过，
>
> 心里充满新的一代的骄傲。

这就有了现实的历史感——普希金创作思想中的人民性和民主性似乎预言了今天的这一片"苏维埃阳光"一定会出现。这种历史与现实交相感应的艺术构思，排除了繁复的意象组合所起的兴发感动作用，而用宽式格律体的韵和音雅情调艺术来体现，使艾青的这类诗具有中国传统诗艺的典型特色——可以说，中国当代诗歌前17年流行的抒情特色和形式特征通过艾青这一类诗，已有了某种定型。

值得提一提访苏期间艾青还写有一首长诗《我想念我的祖国》，它写于共和国诞生一周年——1950年10月1日，这是对祖国的一支相思曲。不能否认，这里有发自肺腑之声。不过，"想念"祖国有一种流水账似的抒叙倾向，致使全诗只是平面的、直接的表现。值得指出：艾青这种平面的、直接的、流水账似的抒情，也成了新中国成立前17年一种抒情模式的"始作俑者"之一。

1950年对艾青来说是人生道路上充满荣誉的一年，但社会活动频繁，使他颇感烦乱；然而也是他创作青春开始恢复并得到丰收的一年。不过他总感到难以得心应手地写作，赶任务地写诗使他有点迷茫。在苏联的4个月中，艾青虽然有时间集中心力考虑自己和整个诗坛的创作问题，并且还作了实际探索——写了一些风格上向传统回归的诗，获得了一定的心得体会，却不能说已考虑得周到了。实事求是讲，新诗如何表现年轻的共和国他还没有考虑明白。但有一点他明确了：无须再怕人说诗中的情感是什么知识分子的、小资产阶级的！他是共产党人，是共和国公民，他的情感是直通人民大众——包括工农兵的。所以，他敢于放胆写。不过，难题也很大，立足于中国传统诗艺风格，并在此基础上借鉴西方，作有分寸的调整，形成一条新的路子实在很难，这可是要求有严肃的理论思考作准备的。

1951年以后，他努力创造条件，强迫自己去这样做！

本来，从1949年12月起，艾青就担任了国内最具权威性的文学杂志《人民文学》的副主编，协助主编茅盾，处理日常繁重的编务工作。但他的社会活动实在太多，1950年有一半时间在国内外跑，留居北京的时候也大多忙于送往迎来。1951年情况也没有改变多少！这一年3月起，他随全国政协土改工作团赴广西邕宁县参加土改几个月，返京后，国际文化交流工作又特别忙，9月中旬，智利诗人聂鲁达和苏联作家爱伦堡来北京，代表"加强国际和平斯大林国际奖金委员会"向宋庆龄授奖，艾青不仅被派去接待，并且自始至终陪同参观。国际文化交流是一项严肃的任务，他当然全力以赴地投入，并因此和聂鲁达、爱伦堡结成了深厚的友谊。但《人民文学》的工作就顾不上了，家庭也仍然照顾不到，怎么办呢？他的心灵在生活的网里挣扎着，无所适从。但他的创作欲望很强烈，深深感到再在行政岗位上干下去，灵感是会被窒息掉的，所以他决心摆脱一切，专业创作。1952年3月趁《人民文学》改组时，他就辞掉了副主编职务，虽留任编委，但主要身份已是中国作家协会驻会的专业作家了。这就使他有在京平静地生活的1952年。

这一年，他写了一首短诗《给乌兰诺娃》，以多彩的意象组合来抒发出一片纯美的意境，赞美乌兰诺娃的舞蹈艺术创造，全诗写得像笛声一样流利、明快、婉转，富有中西诗艺有机交融的韵味。这使他决心把自己定位在社会主义大合唱中一个吹笛子的人。

而既然要做一个吹笛子的人，他就有了一个打算：去国内国外漫游行吟。

乡归复苏了灵感

艾青从1937年兵荒马乱之中匆匆离开杭州，告别金华，就再也没有回家乡去过，算一算时间，足足有16年了。

于是1953年春暖花开的时候，他乘车南下。

旅程的第一站是上海。上海文艺界的朋友热情地接待了他。

3月27日是艾青43岁生日。这一天，朋友们纷纷来为他祝贺生日，美术界人士还请他作一次有关中国画的讲座。艾青对艺术各个门类思考的路子总是相通的，何况这期间他正在考虑中国传统诗艺如何利用、改造、发展，来更好地为歌唱新生活服务的问题，这同中国画的利用、改造、发展相通。因此他欣然接受了邀请，作了一场"谈中国画"的演讲。

随即，艾青又到旅程的第二站——杭州，和桂林、重庆时的老朋友黎央相聚了。黎央陪伴着他在望湖楼上眺望烟雨迷蒙的西湖，在孤山脚下寻觅做画学生时的足迹，他不禁想起16年前匆匆离开这片美丽土地时说过的一句话："西湖，是我艺术的摇篮。"是的，这里是艺术探求的驿站，美好回忆的天国。他忍不住又让灵感冲开心扉，并很快写下了《西湖》一诗，它又是一首中西诗艺有机交融、富有笛声般流利婉转和明快含蓄的韵味的诗。

艾青怀着一份"桃花如人面/是彩色缤纷的记忆"的情怀，向阔别已久的家乡走去。为了自由自在地寻觅童年、少年时代的足迹，省里委派的两名警卫员他不带，自己一个人悄悄儿来到金华，在后街一家很简陋的客栈——立新旅馆住了下来。为了见亲友时衣冠整齐一点，他决定把制服上不小心掉了的纽扣先钉上再出门，所以旅馆一住下，他就拿出针线包钉起纽扣来了。正当这时，半开着的房门外探进一个年轻妇女的头，愣愣地瞧了他一会儿，怯生生地用傅村话问了一声："是海澄哥不是？"

"啊，你是谁？"他忙站起身来让客人进门，脑子里面迅速地追问记忆：她是谁？可记忆回给他一片茫然。

"我是海济的妻子，来找大哥的。你就是海澄哥吗？"

"噢，是雯娟！我看过你和海济的结婚照，记起来了！坐！坐——你们怎么知道我——"

艾青还未把话讲完，二弟媳雯娟激动地说："真是大哥呀！我看你的侧面很像海济，才来问一问，可真的被我找到了！省里电话到专署，专署电话到市里，市里来问我们，说你来了住在哪里？可你什么也不告诉我们呀！海济和我就分头在一家家旅馆找，立新旅馆这么差，你这个中央干部大概不会住的，本来想不找的了，后来想你是延安来的，说不定会住，就不妨看一看，哈，真给我找到大哥了！可你……你缝什么？"

"纽扣掉了！想缝缝好再去看你们！"

"让我来，大哥，男人做不来这活！"

"不！不！我确是延安作风，带了针线包的，自己动手！"

这时，二弟蒋海济闻声赶来，一把抱住16年不见的哥哥，后面跟着蒋正银——大堰河的二儿子，艾青腾出一只手，也抱住瘦瘦矮矮的奶兄弟，三兄弟激动得都一时说不出话来。而门外，顿时熙熙攘攘，又来了市里的有关领导，还有三弟海涛……

就这样，艾青回到了金华，回到了畈田蒋村！回到了他的旧家——20世纪40年代初日本侵略者听汉奸说艾青是抗日的共产党员，就一把火把它烧毁，而今是草草重建起来了。

太阳西斜时分，他一个人来到大堰河墓旁，久久地徘徊着，向这一座独向黄昏的青冢，默默地叩头，心里在说："妈，你的乳儿回来了，你活到今天该多好！"

他和村里的农民——他的叔叔、伯伯们，他的光屁股时代的朋友们，在祠堂前的池塘边一起聊土改，聊互助合作，村头土广播中响起"五星红旗迎风飘扬……"的歌声，他再也听不到算命瞎子寂寞的小锣声了……

西周高背的两株老樟树还是绿叶纷披，他看着二弟的儿子——大侄子鹏放，从他搂抱的手中挣脱出去，一个箭步向一棵老樟树爬去，他竟然像望见了自己的面影，可又不见了，眼前是一片生命的绿色；绿荫外，春天的艳阳……

正在这时，海涛笑眯眯地向他走来。已在一所师范大学教书的三弟指着樟树外的埠阳塘，塘边的一排柳林，悄悄儿说："大哥，你在这里教我唱《国际歌》，还没教会我，就翻过双尖山走了……"

艾青眯起眼睛，远望双尖山，他决定这次一定要登这座山。

这一趟双尖山之行，不仅实现了艾青的夙愿，使他在翻天覆地的社会大变动面前，抚今追昔、感慨万端，而且在深山的一座古庙里，还听到山民谈抗日战争时期中共金萧支队属下的八大队，出没于双尖山根据地，展开游击战，狠狠打击侵略者的故事。山民中有一个原八大队的游击队员叫杨民经，还向艾青讲起一个住在傅村的杨大妈的故事：她曾埋藏了一批游击队的枪支，在敌人严刑拷打下大义凛然、守口如瓶。艾青听了后非常感动。后来几天他就穿乡走村，作了一次抗日游击战争历史的详细调查，决心写一组"江南抗日游击战争记事诗"，并且先拿杨大妈藏枪的故事来写成组诗的第一首：《藏枪记》。

艾青写完叙事长诗《藏枪记》后，也就离别了家乡，回到北京。《藏枪记》在同年11月号的《人民文学》上发表了出来。

生活成全了他。1953年回家乡时获得的印象和感受还没有充分写出来，但他是不会淡忘的。直到1954年春天，他才根据心灵的积累写出了长诗《双尖山》。

那是北京的清晨。艾青按照自己的生活习惯，早早坐在书桌前了。忽然，他听到窗外传来无名鸟"嘹亮而又圆润"的歌声，心一阵悸动，这使他想起在双尖山上也听到过这样迷人的歌声。于是，一年前双尖山之行的印象感受，一齐浮上了心头……

记得在抗日战争艰难的岁月里，艾青曾在《村庄》一诗里幻想过"将来"家乡的美景：小小的山庄"建造起小小的工厂"，听得到"机轮的齐匀的鸣响"，看得到山坡背后的"烟囱"和"白色的烟花"，家乡的人们"生活在那里不会觉得卑屈，穿得干净，吃得饱，脸上含着笑"。《双尖山》其实就是他当年对梦想的一次真实的再现。这首诗里写到家乡的山庄已建起了无数的新房；有了新筑的公路；载重卡车吼叫着驶过时，担柴的山村妇女欢笑着在后面追踪；最高的山村里，也办起了学校……它的确写得很美，很有意境。引人注意的是：这首长诗渗透着艾青大量的主观情感，他的回忆，他对家乡一往情深的眷恋，全织进对双尖山的山野美景和双尖山地区人民生活美景的描绘中了。诗篇回忆了童年、少年时期艾青对这座山神秘的感觉、美丽的幻想。他幻想着等自己长大了，能和砍柴的人一起去攀登这座大山，去看看"天那边的世界/究竟有多么大，/天那边的人们/又是什么模样"。这个永远让心处在骚动里，活在探究广大世界的幻想里的少年人，终于离开了家乡。这以后，他在世界各地漂泊时曾攀登过无数大山，看到过各式各样人的生活。可他总是"忘不了双尖山"："你是我的生身之地，/我喝你的山泉长大，/矿水里的什么液汁/在我的血管里回旋……"正是这种乡土情谊，使步入中年的艾青重返家乡，攀登双尖山时，对这座山的一景一色和环山地区人民生活美丽的变化，怀有不同寻常的欣慰之情——尤其当听说抗战时期这里的游击队曾以双尖山为根据地和侵略者浴血奋战的事迹后，他更感到家乡不仅可爱更是可敬了。

这首诗用艾青一贯使用的大面积铺写的自由体来写，使复杂的意象描绘得自由、方便、充分，并能注意到宽式押韵，所以全诗意象丰盈、诗情饱满，语言富有散文美的自然、流畅。严辰说："艾青回到他家乡去了一次，回来写了

《双尖山》，他最喜欢这首诗，认为很久以来没有写出这样的诗了。"①艾青的自我偏爱不是没有道理的。

南美大陆的贵宾

对艾青来说，1954年是个创作丰收年。

这一年7月，他有机会去南美洲作长途旅行，异域风光给予的新鲜感觉使他写了几个以《南美洲的旅行》为总题的组诗；南美洲旅行回来，他又去东海之滨的舟山群岛海军基地体验生活，并在和渔民打交道中了解到一些渔民传奇式的生活内容，他又因此写了长篇叙事诗《黑鳗》。

1954年7月初，艾青、萧三、赵毅敏受智利众议院院长的邀请，由翻译陈用仪带领，前往圣地亚哥参加智利大诗人巴勃罗·聂鲁达的五十寿辰。

这是一趟长途旅行：从太平洋边到大西洋边，从亚洲绕道欧洲非洲到南美洲，要经过多少个国家、多少座城市，何况当年不少国家和我们还没有直接的外交关系，过境很不容易。艾青他们乘飞机坐火车整整走了20天，在莫斯科、维也纳、布拉格、苏黎世、伯尼尔、日内瓦、里斯本、达喀尔、墨西腓、里约热内卢、布宜诺斯艾利斯等城市因这样那样的原因作过停留，于7月19日下午才到达智利首都圣地亚哥。却也正是在这样漫长的旅途中，艾青看到了更广大的世界，感受到更多富裕与贫穷、剥削与被剥削、享乐与受苦、仇恨与友谊等对立地统一着的现代人类形形色色的生活内容。

在莫斯科飞往布拉格的飞机上，艾青看到一个少妇抱着初生婴儿长途飞行，因而写下了《年轻的母亲》一诗。在布拉格短期停留中，他和前来负责翻译的年轻女汉学家丹娜·斯捷维契柯娃结下了深厚友谊，在她陪同下参观这座捷克首都的市容，一起徘徊在维尔塔发河边，有感于人民和平、安宁的生存境界而有《写给小睡车里的婴儿》一诗的孕育；在奥地利首都维也纳，为办签证而逗

---

① 《沸腾的生活和诗——中国作家协会创作委员会诗歌组对诗歌问题的讨论》，载《文艺报》1956年第3期。

留了几天，有感于莫扎特的故乡仍被苏、英、法、美四国分别占领着而写了《维也纳》一诗。接着他们来到了欧洲绿色的心脏——中立的瑞士，从苏黎世到伯尼尔是坐火车的，列车在碧绿的林海中驶行，让他们有机会饱览了硕果累累的果树园，农家女花枝招展地爬在梯子上采樱桃、杨梅、李子……银铃样的笑声、歌声飘入车厢。在一个无名小站停歇片刻时，有两个当地少年看到了这几个东方客人，就扒在车窗口朝艾青大声呼喊，以表达他们对中国人民的友谊。艾青感动了，对旁边的萧三说："无论到哪里，诚实的人民总是可爱的。"是的，在这个世界上，我们多么需要和平、友谊与谅解，而这些总是可以找到的。

在日内瓦，艾青他们见到了正在这里参加国际会议的周恩来，在异国相逢，倍感亲切，总理热情地招待了他们。

从日内瓦飞向里斯本，飞机从法国边境穿过进入西班牙，这一路"显得很荒凉"了。同中立的因而是绿色的瑞士相比，这一路"好像是经过火灾烧焦了的土地，是枯骨的颜色"。艾青不能不想起战争。可不是吗？在机翼下那片土地上曾经发生过巴黎的陷落，土伦的反抗，保卫马德里的国际纵队出没在亚拉玛山地……但这些毕竟已经成了历史。现实呢？——飞机很快地告别了欧洲大陆，来到"茫茫的大西洋"，"寂寞、荒凉、没有人影"的大西洋深处，有一个真实的"汹涌着野性的波涛/扩展着暴力的大西洋"，"海岸和海岸互相仇视/岛屿和岛屿互相对立/每一块礁石都充满仇恨"的大西洋，他有了进入人类悲剧境界的强烈感受，因而也有了《大西洋》一诗的孕育。接着他们飞到法属西非洲的达喀尔小憩，在曙色熹微中艾青看到候机厅内有个蜷缩在角落里睡着的黑人，他真想对他和他的民族唤一声："你也该醒了/时候已经不早/天快亮了/太阳要升起了。"于是他写下了《他睡了》，又孕育了一首长诗《我的阿非利加》。当飞机在朝露中离开达喀尔，向西南方向飞行时，艾青为非洲命运而悲鸣的郁闷心绪在这个晴朗的早晨消散了。他想起了祖国。非洲的今天曾经是祖国的昨天，自己也曾为她唱过悲歌，但如今她已容光焕发地站立在亚细亚的曙色中了，想到这里，艾青的心也成了"阳光满照的海洋"，在飞机上迅速地写下了《这是一个晴朗的早晨》一诗。

于是，当飞机抵达巴西当时的首都里约热内卢——这个南美洲的"冒险家的乐园"，抵达阿根廷首都布宜诺斯艾利斯，他以祖国的今天必定会是这些国家的明天的心境去感受世界另一头的生活，写下了《一个黑人姑娘在歌唱》《怜悯的歌》《黑人居住的地方》《自由》等诗，在赋予被殖民主义者踩躏着的民族以怜悯中，对殖民统治者发出了愤怒的抗议，更对黑人兄弟反叛的潜能充满了信心。

而白雪皑皑的安第斯山就在眼前了，这是聂鲁达诗中多次歌颂过的心灵的圣山。"飞机飞得很慢，好像一只飞禽看见前面峥嵘的山岭而有所畏惧似的，而且几次发出警号……忽然飞机像一匹马一样奔腾起来，忽高忽低，好像它是在起伏不平的山岭上跳跃着前进似的，但不久又平静了，好像它又疲倦了。"①就这样飞机降落在圣地亚哥机场。

巴勃罗·聂鲁达和一批也来参加聂鲁达五十寿辰、提前到达的各国知名诗人以及十几位华侨、一些记者早等在停机坪上。聂鲁达大步流星走上前，拥抱了艾青，大声向周围的人说："艾青是我多年的朋友，他是屈原时代留下来的唯一的中国诗人。"

艾青谦虚地笑笑，把话引开了："这次来访，我们是从夏季走到冬季。"

"希望你们是燕子！"聂鲁达接着说。掌声四起。

就这样，在两位大诗人智慧的语言相互辉映下，中国客人被送到设在圣地亚哥最繁华的大街上一家最豪华的旅馆下榻。当晚，聂鲁达举行宴会，为贵宾们接风。他怀着感激的心情同艾青碰杯时说："真亏得你们的，走了20多天才到这里。我们是在世界的角落里。"

"不，每个国家都可以说自己是世界的中心，地球是圆的么！"艾青也十分机敏地接过了话头。

聂鲁达更感动了，竖起大拇指说："可中国是从梦想变成现实的一个范例。"

其他国家的诗人们马上举起杯说："为从最幸福的国家来的朋友干杯！"

在世界的这一边，"中国人"的确到处受到欢迎。一种民族的自豪感，一种国际交往中正直人之间真诚的友情，使艾青感动不已，当晚就写成了《在世界

---

① 周红兴：《艾青传》，作家出版社1993年版，第399页。艾青去南美洲有关的过程也均参考该书。

的这一边》一诗。

就这样，艾青他们在聂鲁达的陪伴下，在"山和海的元素结合"而成的地方漫游着，和那些有着"对待真理虔诚的眼睛"和"从心腔里流出来的笑"的印第安人交谈，出席智利保卫世界和平大会设的宴会，拜会智利作家协会的朋友，然后，大家一起到聂鲁达的海滨别墅去欢聚。

骤然进入这座筑在海岬上、用岩石砌成的房子，艾青大为惊讶，这里是铺满海螺的地面，麻绳串联起来的栏杆，还陈列着各种奇特的摆设：铁锚、罗盘、手杖、木雕、象牙、地球仪……他幻感到这是一个航海者的家，"房子在地球上，而地球在房子里"，而他和这些来自世界各地的诗友，就和这家主人、航海者聂鲁达汇合到一起了，商量着要带领人类"向另一个世纪的港口航行"——艾青因此而写成了《在智利的海岬上》一诗。

艾青他们还去几个华侨家做客，去"中智友谊社"参观，出席智利大学举办的"中国文学"报告会，听大学生们朗诵艾青的《乞丐》《街》《抬》等诗；也去参加聂鲁达诗歌朗诵会，艾青还即席赋诗《致巴勃罗·聂鲁达——为他的五十寿辰而作》，并亲自登台朗诵。

热情的智利青年们听完，纷纷向艾青拥去，聂鲁达拦住了大家，不无自豪地介绍说："这是一位中国诗人，他是中国诗坛的泰斗，是我的伟大的朋友，是我的终生朋友——迷人的艾青！"

8月10日晚上，在圣地亚哥萨伏依旅馆举行对聂鲁达的"斯大林世界和平奖金"的授奖仪式，艾青等被邀请为大会主席团成员，爱伦堡向聂鲁达授奖，聂鲁达也发表了讲话，而艾青则朗诵了他的新作《在智利的海岬上》。

聂鲁达爱海，艾青何尝不爱海。他们都是这个世界上"风浪与阳光的朋友"。

就在旅居智利的日子里，艾青总要找机会一个人溜到海边去，站在海岸上，向西遥望：那里是他的祖国，他的生身之地；漫步海滩上，寻找贝壳、海螺，凝视岸边的海带和海浪包围中的礁石，沉思诗，沉思自己的命运，沉思人类的前程……

他因此写了几首像珍珠样璀璨的小诗：《礁石》《珠贝》《海带》等。《礁石》

一诗则成了他的铭志诗，充分体现了艾青的精神操守。

但告别的时候终于到了。

在智利的海岬上，在奇特的海滨别墅里，艾青和聂鲁达恋恋不舍地散着步。艾青忍不住问道："什么时候再到中国？"

"不知道，艾青！多困难，走起来不容易，得再过两三年。"聂鲁达讲这些话的时候，眼里含着泪水。

这时，他们走上了望阳台，两人一齐向西方久久远望。聂鲁达轻声地说："那儿是你的祖国，今后，当我思念你的时候，我会站在这里，向大海呼唤你的名字！你会听到吗？"

"我的心会感应到！"这一回，轮到艾青眼里含满泪水了……

那夜，艾青写下了《告别》一诗。第二天——8月13日，艾青、萧三、赵毅敏就告别智利，告别聂鲁达夫妇，乘飞机飞过白雪皑皑的安第斯山，向来时的路飞回去了。

8月17日，飞机又降落在布拉格，丹娜前来机场迎接。艾青走出机舱，就看见这位秀美、文静，有浓重的双眉、闪烁的眼神的捷克姑娘，捧着一束鲜花走来……

他们又漫步在维尔塔发河边，丹娜柔声地朗诵着一个多月前她陪艾青在这里徘徊时艾青已孕育而成的那首诗——《写给小睡车里的婴儿》，艾青静静地听着、听着，忍不住插嘴说："我这一趟南美洲的旅行，还写了好几首诗，在你们的国土上，在你身边，我写温婉的、美丽的诗，在南美洲，在黑人兄弟身边，我写痛苦的、抗争的诗，好像灵感又回来了……"

"真的吗？我一定都会很喜欢的。肯让我用捷克文把它们移植到这块土地上来吗？"

"那会是我的幸运！"

他们紧紧地握住了手！

第二天，艾青他们受爱伦堡的邀请，告别了布拉格，告别了丹娜，飞往莫斯科作短期的逗留和参观。那期间，恰好苏联第十三届青年联欢节晚会在高尔基公园举行，爱伦堡夫妇就引他们去参观。公园里无数青年男女在载歌载舞，一条条彩色的纸条飘下来，把人们缠在一起，他们的头发上都沾满了纸屑。无忧无虑的青春生涯，热烈沸腾的爱情季节，深深地打动了艾青的心，因此有了《写在彩色纸条上的诗》的写作。这是一首"雅歌体"的诗，是"为别人写的诗，为年轻的情人们写的诗"，当他写到"你有你的依林娜/我有我的娜塔莎/你们要到河边去/而我们却更爱树林"时，茫然了。那么你的依林娜或娜塔莎在哪里呢？

是呵，爱情是属于个人生活的，可更是属于时代生活的。时代生活已进入"比传说更美丽"的境界，那你又何必为个人生活而茫然呢？

艾青就怀着更多人类前程和个人命运的信念，于9月初飞回北京。

回京后，稍事休息，11月初他又出发了。在创作激情的支配下，他又赴浙江老家的舟山群岛海军基地体验生活。在那里他熟悉了一些渔民生活，并从当地一个文艺工作者那里听到一个动人的民间故事，还碰到一个长得很健美、很像那个故事中女主人公的渔家姑娘。这些触发了他的灵感，使他在很短时间内完成了这首传奇叙事长诗。它以一对渔家青年的爱情遭遇为中心线索，表现了受尽苦难的劳动人民对人生自由幸福的向往和无所畏惧的追求精神，诗篇以实质上的悲剧告终，却又以浪漫主义的美满幻想作了结束。从深一层次看，《黑鳗》具有某种隐喻诗人内心世界的特性，是少年时代、青年时代艾青内心憧憬的一次回潮。所以在这首诗写成的29年后，艾青在《英译〈黑鳗〉后记》中说："它是属于一个年轻人的作品，从中可以感触到年轻人的心灵的跳动""是我的想象的一次大胆的飞跃"。

小说家峻青是艾青的好友，是《黑鳗》一诗创作的知情者，在艾青去世后所写的悼念长文《挽艾青》中曾提及这首诗："这首诗的影响非常之大，如按照现在的时髦语言，可以称得上是轰动效应。诗中黑鳗的形象，就是以诗人在普陀山的半山坡上一间茅草屋中看到的一位美丽的渔家姑娘为原型的。以致这首诗传诵开来以后，许多到普陀山来游览的人，都要慕名去那座茅草屋里看看这位姑娘，而她的名字也被人们叫作'黑鳗'，她的家，也就因此而成了一个参观的景点。"峻青还谈到1955年春天他和刘知侠在普陀山时，"也慕名去看了'黑鳗'，并和她照了相"。

是的，艾青是"人的花朵"，他总是会给平凡世界里的平凡者送去芬芳，使人们因此而发现她和他的世界的美。

又一次婚变

多事的1955年，艾青是在极度烦恼中度过的，刚刚恢复了的创作势头又被压了下去。

首先是这一年的春末时分，中国文艺界风云骤变。5月13日，《人民日报》公开发表《关于胡风反革命集团的一些材料》；6月，又接连发表第二、第三批胡风反革命集团的材料，胡风和一批"胡风反革命集团骨干分子"均被逮捕。随即是肃反。这一年秋天，中国作家协会揭出了"丁、陈反党集团"。艾青和胡风及"七月"之间当年有过密切交往，和丁玲、陈企霞在延安"文抗"一起共事，"丁、陈反党集团"这根线随时可能延伸到他身上。诗神，是不敢来造访了。

真是屋漏偏逢连夜雨，艾青的个人生活问题不早不迟也在这期间闹得满城风雨，给他招来许多麻烦。事情是这样：在这一年的5月12日，艾青与分居多年的韦荧离婚并遇到了高瑛。这位当年还只22岁，却已有两个孩子、生活在"死亡婚姻"中的女性，在艾青爱心的鼓励下，终于冲破世俗观念的樊篱，勇敢地和艾青走在了一起。虽然她的前夫在作协党组某个要人的撑腰下，以"重婚罪"告了艾青和高瑛一状，使艾青因此受到党内处分，却也阻挡不了他们在北京火车站附近的丰收胡同21号买下一个四合院，勇敢地把一个新家建立了起来，但文艺界历来恩怨、是非多，怀着某种情绪者乘"虚"而入，想整艾青的也多了，这些艾青也不是不知道。诗神，更是不敢来造访了。

所以，这一年艾青除了上述两首表态诗以外，正式发表的诗只有三首，并且可以看出，噤若寒蝉的艾青在这些诗里是没有显示出任何创作新探索迹象的。

但要发生的事还是要发生。1956年2月4日下午，中国作家协会创作委员会诗歌组举行座谈会，先是大家交换了一些有关创作的情况，接着，根据内部事先布置好的步骤，就集中对艾青进行了批评。

面对这样的情形，艾青却依旧虔诚一片，以一贯只讲真话的性格在向大家的检讨中对一些政治运动谈了自己真实的思想感受。

二十来天以后，周扬在中国作协第二次理事会（扩大）会议的大会报告中就公开点名批评了艾青。单纯的诗人这才晓得自己上了圈套。当讨论中有人怀疑艾青能不能为社会主义歌唱时，他庄严地为自己辩护："我以为，没有理由可以怀疑，我能为社会主义歌唱，参加革命就是为了实现社会主义。"

这个话题在1956年3月暂时按下不谈了，但在艾青的内心里并没有按下不谈，他决心以积极创作的实践行动来进一步为自己辩护。1956年，他长长短短的诗发表了24首，是新中国成立以来发表诗最多的一年，比丰收的1954年还多了两首。并且以"浙东人的脾气"要犟到底，决心沿着这些年来自己历经多次失败探求出来的抒情新路子继续走下去。既然他把自己看成是社会主义时代的交响乐队中一个"吹笛子的人"，他歌唱社会主义成就也不想用粗嗓子来放声歌唱，而要采用清亮流转的歌喉来柔声歌唱。如他在这一年夏天和萧乾、吕剑、严阵、费新我等赴内蒙古草原旅行时，写了《长城》《高原》等像粒粒珍珠一样美的草原诗，其中，歌颂草原大建设的《草原婚礼》，赞美火车通向万古荒原的《赛汉塔拉》，虽也仍旧采用"散文美"的自由体大面积铺写，却已不再像当年那样沉郁凝重，而充分显示出了高朗明快的韵味。他更执着于抒唱能引发人类精神向上的人性温爱之美，如《下雪的早晨》。而最具笛韵情味的要算《鸽哨》了。全作靠两个核心意象，即晴天和白鸽相互映衬、有机展开，完成了一个具有悠远情味的象征世界：获得自由独立的祖国，生活是和谐安宁的，前途是明朗辽阔的。这是一幅全凭意象感发出来的意境画，是中国新诗中少有的一首继承传统、借鉴西方关系处理得很得体，富于纯美意趣的诗篇。它选择意象和作意象组合的抒情策略是中西结合的结果，这使得全作高远的象征性意境渗透着神秘的历史性情味，加上体制短小精致、语言单纯明朗、结构匀称有机、形式情韵并茂，从各方面看，都具有典型的新诗规范化特色。这是艾青在寻求笛韵情味的抒情路子上树立起的一块标准的里程碑。

艾青终于走出了一条全新的、为社会主义时代作精神造型的至美抒情路子。艾青毕竟是艾青，许多人口口声声说要在立足传统中借鉴西方，却只是言语的巨人而已，艾青却是个默默尝试、实验、探索的人！正是这一些诗，证实着他一场新的探索是成功的。

但当年艾青没有充分估计到：他为这一成功虽已付出代价，却还不够，以后还要付出更大的代价！

难忘的 1957 年到来了……

第十一章 "1957"档案

像大多数知识分子一样，艾青并不深懂政治，他是个受感情支配的人，因此在复杂的政治环境中就会陷入难以自拔的泥淖。

春天：收集材料写大型诗史《中国》

连续几年，艾青都是憋着一股气的。一方面，他以更大的热情进行创作，执拗地坚持在创作上作新探索，走自己的路，来向世人表白他是忠于社会主义事业的，要为这个时代唱真诚的歌；另一方面，他也不能咽下这口闷气，总想寻个机会在世人面前明辨是非，因此1956年秋天他就一连写了四则寓言《养花人的梦》《蝉的歌》《画鸟的猎人》《偶像的话》和一首寓言诗《黄鸟》，对文艺界的宗派主义和极左思潮作委婉的批评或激越的抗争。但那时他还不敢随便拿出去发表。到1957年春天，形势不同了。1956年4月28日，毛泽东在中共中央政治局扩大会议上曾大力提倡"百花齐放、百家争鸣"，在同年5月2日的最高国务会议上又正式宣布"双百"方针。因此，这个话题在知识分子中间已热闹了十来个月，到这时，更以"大鸣大放"为表现形式，以帮助党整风，纠正主观主义、官僚主义、宗派主义，正确处理人民内部矛盾为基本内容，把"双百"方针的话题推向谈论的极端，在这股情绪潮流面前，艾青也把那几则寓言拿出去发表了。

《养花人的梦》和《蝉的歌》对文艺界的领导者提出了委婉的批评。前者是批评他们只让一花独放会招致众怨，不利于"众芳之国"的繁荣；希望"养花人"在众花身上"体会性格的美"，体会它们迫切要求被理解的心愿，因为"能被理解就是幸福"。后者是对那些赶季节时髦，始终用同一种腔唱高调，既没有真切的感情，又不曾真正理解对象的作风的讽刺，并公开表示作者对文艺界这种现象的厌烦。《画鸟的猎人》和《偶像的话》则显示了艾青对文艺界某种现象激烈的抗争情绪。这两篇当年没有公开发表，却收进了艾青1957年7月出版的诗集《海岬上》中，它们辛辣的讽刺里抗争的激情确有点火药味。

这可是种下了更大的祸根。一些心怀叵测者只等时机成熟来清算艾青。但艾青在文艺界的地位那时似乎还动摇不大。这一年《诗刊》创办，他任编委。大型文学季刊《收获》在上海创刊，他也是编委之一。

"山雨欲来风满楼"的政治气候，艾青是缺乏警惕的，纵然有所觉察，也没有把问题估计得那么严重，尤其对自身的威胁更没有作特别严重的估计。也许是燕尔新婚不久，他还沉醉在新建小家庭的幸福中。在夫人高瑛的鼓励下，他雄心勃勃，想要写规模宏大的作品。他先着手以"匈牙利事件"为背景写大型史诗，并且很快完成了《弗洛拉》《巴拉顿湖》两个章节，却因缺乏实感和材料不足停了下来。接着他打算把近百年来帝国主义侵略、掠夺中国的罪恶以及中国人民不堪忍受屈辱与压迫、奋起反抗的悲壮事迹结合起来，写成一部史诗。为此，他在春暖花开的三月偕高瑛离京去上海搜集有关材料。

在上海，艾青除了受老朋友周而复、刘海粟等人的热情接待，还去具体了解了一些大资本家在上海的发迹史，参观了原汇丰银行等。接着，艾青又偕高瑛到杭州，实地考察了哈同花园。他一面参观、访问，一面查阅档案，记下了厚厚的两大本笔记，随之整体布局也已在脑子里形成，写出了一个章节《外滩》，却由于高瑛已到临产期，不得不于5月1日返回北京。

几天后，艾青和高瑛的第一个孩子——未未来到了人间。

夏天：闯了大祸

6月20日，艾青去中国作协文学讲习所作诗歌创作问题的报告，叫《谈诗》，针对党外"某些高级知识分子"，批判了"向我们猖狂进攻的右派"。

7月，作家出版社出版了国内第一部研究艾青的书——晓雪著的《生活的牧歌——论艾青的诗》，以青年人的热情和诗一般的语言赞美了艾青。

但这期间随即有两件事触动了艾青，他开始对自身安危警觉起来。

第一件事是作协反右派斗争按既定部署，揭发批判"丁、陈反党集团"，给这个"反党集团"定性。在一次作协党组扩大会议继续揭发批判丁玲前夕，艾青接到丁玲的电话，她要求艾青出来讲句公道话。第二天，艾青就去出席会议，在听了一个又一个发言骂丁玲是"叛党分子""向敌人投降""搞个人崇拜""一本书主义""向党闹独立性"等以后，他站起来说："对于丁玲的斗争是过火的、残忍的，对同志不能一棍子打死，无限上纲，不能搞宗派……"[1]

这几句话，引火烧身了。

艾青从会场回到家，对夫人高瑛说他的发言可能要惹祸了，并实事求是地说："丁玲当初跟着共产党去了延安，她的大方向是对的。应该说她是一个革命者，也是革命烈士的遗孀。我的作品《春》里有一句诗：'那些夜听着寡妇的咽泣'，就是写丁玲的。说实话，作为同行我不太喜欢丁玲，她是一个很厉害的女人。有人知道凤姐这个绰号，是我给她起的，这就说明了我对她有看法。也许这个看法不公平。"[2]

另一件事是《文汇报》一名记者在艾青5月初从上海返回北京后去拜访，并向艾青约稿。艾青在聊天中不经心地谈到文艺界的近况，并谈了他对宗派主义的看法。而这个记者在这次拜访后不久就受到了批判，她为了自保，写揭发材料诬陷艾青。

艾青就这样进一步被看成与文艺界"反党集团"有密切关系。运动越来越深入也越来越激烈，并开始叫艾青做检查。

6月下旬，艾青的两位国际朋友、智利诗人聂鲁达夫妇和巴西小说家亚马多夫妇前来我国访问。艾青赶到昆明去迎接。

---

[1] 吴洪浩：《厄运中沉浮》，载《不灭的诗魂——艾青》，山东画报出版社1996年版，第147页。
[2] 高瑛：《引火烧身》，载《我和艾青的故事》，中国戏剧出版社2003年版，第45—46页。

聂鲁达是重情谊的，在昆明机场看到三年不见的老朋友远道来迎接非常高兴。在日后他写的回忆录《我承认，我曾历尽沧桑》中这样写："我的老朋友，诗人艾青等候着我们。他那宽大的黝黑脸庞，他那一对机灵和善的大眼睛，以及他的聪明伶俐劲儿，是我们这次如此漫长的旅行的一个愉快的成果。"

艾青陪聂鲁达、亚马多他们游览了昆明的滇池，参观了富有亚热带风光的植物园和石林，还一起享受了温泉浴。乘空隙，艾青抓紧时间写了一首长诗《滇池呵》，一面赞美昆明的建设成就，一面反击右派分子对共产党领导的社会主义制度的侮蔑，匆匆寄到《人民文学》去。玩过昆明后，艾青又陪他们坐飞机越过五岭到四川，在重庆受到四川诗人们真诚的欢迎，还和大家开了个座谈会。接着是坐轮船顺流而下。到万县停留一夜，还陪聂鲁达他们上岸逛夜市，聂鲁达看到茶馆里说唱艺人的表演大为赞叹，认为中国诗人真多，偏远小城也能碰到同行。过三峡急流险滩时，仰望云雨巫山，聂鲁达大有庄严神秘之感。长江轮船长听说这天正是聂鲁达的生日，就做了个大蛋糕送给他，这使得有一颗童心的聂鲁达开心得手舞足蹈起来。到北京后，艾青还陪两对作家夫妇在昆明湖上泛舟，请他们在一家"世界上最独特的饭馆"——只有一张桌子、由皇家后裔开的康乐饭馆品尝中国风味。聂鲁达在这趟旅行中，处处以天真的心、单纯的目光看中国，感到比数年前他来中国时要美好得多，处处是繁荣昌盛景象，因此写了《中国大地之歌》作了赞叹。

艾青呢？从聂鲁达身上看到自己同样天真的影子，忍不住在心里引起一丝孤独与悲凉的情感。

聂鲁达离开北京的那天，艾青没能去送行。那一次竟成了他们的永诀。

"聂鲁达走时，我没有去送行，从此我们没有再见面。""有人告诉我，他曾对着大海呼唤我的名字。"[①]——很多年以后，艾青回忆到这段往事，犹一片凄然。

---

① 《往事·沉船·友谊——忆智利诗人巴勃罗·聂鲁达》，载《艾青全集》第5卷，花山文艺出版社1991年版，第265页。

秋天：灭顶之灾

8月6日，作协党组召开第12次扩大会议，有200余人参加。根据当初的部署，这次批判会把反对"丁、陈反党集团"的斗争目标转向了冯雪峰，并升格为反对"丁、冯反党集团"。第二天，《人民日报》第一版上刊出"文艺界反右派斗争的重大进展"，公开点了这个"反党集团"其他成员的名字，艾青也在其中。艾青的罪状是："丁玲的伙伴，李又然的老友，江丰的手足，吴祖光的知心，艾青长期奔走于反动集团之间。"

从此，艾青除了被揭所谓的反党老底，他这些年探索性的诗歌、几则寓言，以及有关理论批评文章统统被找出来口诛笔伐。

其中就有姚文元的《艾青的道路》。

姚文元在当年反右斗争中写了一批反对文学上修正主义的文章，这些文章每篇都一两万字，并有一个共同模式：先对对象作出"修正主义"的总体估价，然后分析个案，抓住一点，不及其余，发展开去，无限上纲，最后作出一个把对象一棍子打死的结论。先看他对艾青的总体估价：

"艾青的基本方向是资产阶级方向……他的一切诗歌都是围绕着资产阶级的民主自由的轴心而旋转的。"

"艾青对生活有一种虚无主义的宿命论的思想，阴暗和绝望的哲学牢牢地抓住他的灵魂。"

这样的估价是建立在姚文元接着所作的艾青作品的个案分析上的。他分析了《向太阳》《时代》《西湖》《双尖山》等。这里只摘引两个个案分析：

他这样分析《向太阳》："他的代表光明的太阳，仍然是资产阶级民主主义的一个化身……'列宁''国际歌'在这里只是一个装饰品。艾青所热烈歌颂和追求的还是法兰西、美利坚的资产阶级革命……他以为抗战胜利后将会有一个欧美式的资本主义社会出现。这个社会能给艾青发展个人主义，满足个人主义欲望以完全的'自由'。"

姚文元还对《时代》一诗作了分析，这样发挥说："这是他到解放区之后一首宣布坚持个人主义世界观的诗。不少小资产阶级知识分子也带着资产阶级的民主观念来到延安，他们在个人主义和现实碰壁之后，逐步地接受无产阶级思想，改造自己，在创作上逐步地使作品的思想感情接近劳动人民的思想感情。艾青却不然，他仍然十分固执地追求资产阶级'民主自由'那个反动的理想，对于无产阶级及其领导的人民民主革命，他感到的是恐怖。虽然这首诗开头也带歌颂地（'它像太阳一样鼓舞我的心'）描写了'革命'，说'我向它神往而又欢呼'，但这只是被当时身处解放区的形势所迫不得不写的假象。他的真心，也是诗的中心，是对于革命的恐怖和丑化。"

这些恶魔式的发挥是可怕的！使姚文元能作如此发挥的起点是把《时代》定性为"一首宣布坚持个人主义世界观的诗"，"固执地追求资产阶级'民主自由'那个反动的思想"的诗。但姚文元这个"发挥的起点"也不能不使人联想到冯至《论艾青的诗》中对《时代》一诗的定论："个人主义者自我扩张的嘶喊。"

就是在这样一些上纲上线、层层加码的大批判中，艾青终于和延安"文抗"共事的其他几个作家一起被打倒了。1957年12月，中国作协党组作出决议，开除艾青的党籍，撤销他的中国美协理事、全国文联委员以及《诗刊》《收获》编委的职务。

艾青的神经整天处在高度惶惑中，只有高瑛是他即将崩溃的精神唯一的依傍。在一次中国作协的团总支大会上，主持会议的人要求大家"帮助"高瑛，去和艾青划清界限，揭发艾青和丁玲他们的关系，高瑛大义凛然地说："我没有发现艾青有什么问题，我不会和他离婚！"说毕，她头也不回奔出会场，回到家里，抱住艾青哭着说：

"艾青，今天晚上开的是团总支大会……我是逃回来的。"

"你跟我结婚，不后悔吧？"艾青含着泪问。

"我从来没后悔过。"高瑛擦干眼泪，抬起头说，"艾青，咱俩生在一起，死在一起，上刀山，下火海，我跟你跟定了。"①

---

① 以上材料参考吴洪浩：《不灭的诗魂——艾青》，山东画报出版社1996年版，第153—154页。

艾青凝视窗外茫茫的夜,一字一顿地说:"涅克拉索夫为十二月党人的妻子写过一部长诗《俄罗斯女人》,总有一天我要为你写一部《中国女人》。"

冬天:王震伸来温暖的手

从此,艾青从诗坛消失,在时间的深沟里沉下去了。

1958年春节,是艾青一家最难度过的一个春节。

窗外,隆冬的寒风似刀般吹刮着布满阴霾的神州大地,可挡不住市井里巷中辞旧迎新的喜庆气氛,此起彼伏的爆竹声响彻云霄,连稀疏的星星都忍不住躲到云层后张望。然而,室外的热闹终无法冲淡室内的郁闷气氛,艾青家的这一顿除夕团圆饭大家都吃得食不知味。

吃完饭,艾青一声不响地走进了卧室,高瑛理解他的心情。艾青正站在窗前凝望着浓黑的天幕,高瑛体贴地走到他身后柔声说:"怎么一声不响就走开了,大除夕的也不跟孩子们聊聊,你这样会使他们担心的。"

艾青没有吱声,过了一会儿才说:"我们还是早一点睡吧,让这个年在我们的睡梦中过去好了。"

大年初一,天才刚亮,艾青夫妇就被一阵阵的电话铃声吵醒了,艾青对高瑛说不要去接,可能是打错了,这种时候避嫌还来不及,谁还会想到我们。

可电话仍是固执地响个不停,高瑛接了起来,问:"你是哪一位?"

"希望诗人不要感到孤独,千万读者就在他的身旁。"说完对方就把电话挂上了。这样的电话高瑛接了好几次。

"请转告诗人,现在是乌云密布的时候,诗人歌颂的那轮太阳,总有一天会升起来的。"

"艾青是我们心中的一颗恒心!"

"人民的诗人,人民永远热爱他!"

打电话来的人都没有留下姓名,但那一份份真情让艾青夫妇多少感到一些安慰。艾青不无感慨地说:"这些人胆子太大,要是被人知道了,灾难一定要落到他们头上。"

艾青在等待发落的时候，听到一个消息，说有位将军向中央要他。

艾青思量，这个将军一定是王震。他想起1943年的延安，在南泥湾慰问垦荒战士的时候，结识了当时的359旅旅长王震将军。15年过去了，将军和自己的友谊持续着，他不禁为这份情谊感怀。此时的将军已是中华人民共和国的农垦部部长。

不久，郭小川来到艾青家，说王震要见他。

王震一见到艾青就说相信他是拥护党和毛主席的。他还说让艾青离开文化圈，换换环境。他说："1954年我在铁道兵团的时候，叫你到我那里，你没有去；1956年我去大兴安岭视察时，我站在大兴安岭上，观望茫茫的大森林时就想，要是艾青到这里来，一定会写出好诗。"

这时，王震走到墙上挂的地图前，用手点了几个地方给艾青看，说："这一带就是北大荒，中央军委指示，10万转业军人到那里去，向地球开战，北大荒将发生天翻地覆的变化，北大荒欢迎你去。"

艾青动容地说："现在这个时候，有人收留我，是我的幸运。"

王震又考虑周全地说："852农场给我盖了个小木屋，可以给你住。这一两天内我会去你家，给你爱人做做思想工作，叫她带着孩子和你一道去。"

王震说来就真的来了。他来的时候，艾青一家正在吃饭，他看看餐桌上的菜说："老艾，你的伙食比我的好。"他问和艾青一家坐在一起吃饭的两个保姆："你们都是哪里人？"保姆说："我们都是湖南人。"王震说："我们是同乡啊，你们也去北大荒吧。"保姆说："我们吃不惯高粱和玉米。"王震说："你们上哪还能找到这样好的主人，同吃同住，平等相处。"

王震转而对高瑛说："我是来动员你去北大荒的。"

高瑛说："我不用动员，我是志愿兵，就是你不同意我去，我也要向你申请去。"

王震高兴地对艾青说："老艾，你这个爱人，性格很爽快，我对她估计错了。"

当王震看到书架上的一些书时，说："老艾，北大荒也需要文化，你把这些书都带去好了。"

　　王震走了，艾青的精神却振奋了起来，他对高瑛说："10万大军开往北大荒，那里一定会热闹起来了。"

第十二章　拓荒20年

1958年4月，春回大地，正是游春好时光。但处在逆境中的艾青无意于春天的艳丽多情，一家人正整装待发。

他心底里清楚，即将奔赴的地方绝不是天堂，然而别无选择。于是，艾青带着高瑛和孩子们随着转业大军乘坐专列火车，奔赴北大荒。他们要去的那个地方，在地图上是找不到的，它坐落在完达山脉北麓，叫南横林子，是852农场场部所在地。

从东北森林到戈壁荒滩

当汽车驶进南横林子，猛见一片白桦林，十分耀眼。

艾青面对自然风光，不禁风趣地说："高瑛，你看，白衣战士在列队欢迎你！"

高瑛悄悄对他说："你想得多好，他们是在迎接从战场上溃败下来的艾青和他的家属！"

汽车拐了两个弯，终于停了下来。他们要安家落户的地方到了。

四月的南横林子，还没有从冬眠中苏醒过来，黄沙覆盖下不见一丝绿意。

不谙世事的女儿看着眼前的景象疑惑了，她问高瑛："妈妈，我们为什么要到这里来？我不喜欢这个地方。"孩子满脸的不高兴让母亲心酸，可童稚的心怎么会理解大人的世界所发生的灾难。高瑛无言以对。

艾青为了安慰这颗幼小而纯真的心灵，就握着她的小手说："玲玲，这里的空气真好，你看，天蓝蓝的、云白白的，过些时候树就绿了，孩子在这种环境里生活成长，会更聪明的。"玲玲没有再说什么，但看得出，女儿对爸爸说的话是不以为然的。而不满一周岁的儿子未未是没有什么想法和要求的，这个林子里最小的公民，他的眼中只要有爸爸妈妈，不管到哪里都会是自己的家。

这里竟没有路，只要人踩过去了，就是一条路；这里也没有门牌号码，那些不起眼的房子一目了然；这里的房子都是土垒的，既没有一块砖，也不见一片瓦。几栋三间大小的小木屋，是农场领导人的家，由于王震部长的决定，艾青一家就住在其中的一栋里。

在东北的原始森林里，这幢小小的木屋就是艾青生命的航船冲破特大的险风恶浪，终于可以暂时停泊的港湾。

春天终于姗姗来迟，不知不觉中南横林子绿起来了，一些不知名的小鸟在树林中飞来飞去，给闭塞寂寞的生活增添了一些情趣。艾青就常领着未未和玲玲在林间看小鸟、听鸟鸣，设法给孩子们寻找乐趣。这时，房前屋后一窝一窝的野蕨菜发芽了，那嫩嫩的绿意让人开怀；黄灿灿的金针花一片片随风招展，热烈、奔放，让人疑是江南三月怒放的油菜花；继而，红的百合、白的铃兰、紫的芍药以及更多叫不出名字来的奇花异卉次第开放，装点着这片贫瘠的土地。树林里也郁郁葱葱起来，早睡早起的艾青，清晨感受着林中的静谧与安详，透明的天、清新的空气，让这个动荡岁月中沉浮的诗人平静了下来，他常常凝望着太阳从树林上空冉冉升起，那温暖的阳光从树叶的罅隙间洒落下来，似一个个金色的亮片满地闪耀，令孩子们欢呼着、雀跃着、追逐着。艾青的心为童稚的笑声所感染，身不由己地和他们欢呼、雀跃、追逐。

新建的农场没有蔬菜，艾青对高瑛说："就让我们俩在这里发扬南泥湾精神，开荒造田，自力更生。"为了给夫人鼓劲，又说："高瑛，你是个爱劳动的人，英雄有用武之地了，我们要向树林要地。种地有季节性，再不下种就晚了。"

为此，他们天一亮就开始干活，挖出来的树根都堆成了一座小山。终于，功夫不负有心人，向往中的小菜园诞生了。艾青说："丝瓜喜欢照镜子，就在水塘边上种丝瓜。"树林里的地是腐殖土，很肥沃，种下的茄子、辣椒、豆角、黄瓜等，长势喜人。菜园子边上有几个没有挖出来的树桩子，成了艾青家天然的凳子，艾青闲着的时候，常常坐在上面，吸着烟，观赏自己经营的菜园子，看着满园的累累硕果，别有一种滋味在心头。

南横林子可以说是艾青精神领域的"世外桃源"，显然，艾青在新的环境里变化很大，他那紧锁着的双眉舒展开来了，叹息声也听不到了。他喜欢大自然、喜欢树林、喜欢这幢能挡风避雨的小木屋，更喜欢这里轻松、恬静的生活。他说："我们的新家，像童话里的房子，我喜欢过这种清静的日子。"

1958年冬，天飘着雪花，王震视察到此，来看看艾青的家，对他说："我们已经决定，在852农场建示范林场。树越伐越少，这得育苗造林，我想叫你当副场长，给你一个接触群众的机会。"

艾青实事求是地说："这个副场长，我还是不当的好，谁会接受右派分子的领导？再说我又不懂林业，我参加劳动就是了。"

王震劝他说："你是个大诗人，当个小小的副场长，是大材小用了。你要打消顾虑，大胆地干，向工农兵学习，丢掉知识分子的多思多虑、优柔寡断。这里的领导都很信任你，也很尊敬你。"

艾青担任了林场的副场长，林场很照顾他，叫他做些力所能及的事情。他看过鹿圈，夜战时他提灯，好人好事他写黑板报表扬，劳动之余也写了不少诗和散文。如他和军垦战士一起，制订着林场的发展规划，感奋地写了长诗《踏破荒原千里雪》；他和军垦战士一起，深入老林砍伐参天巨树，感奋地写了又一首长诗《蛤蟆通河上的朝霞》；他和军垦战士一起，在白草茫茫的荒原上放起了野火，感奋地写了抒情诗《烧荒》。

是的，"小小的一根火柴/划开了一个新的境界"——在北国荒原的"烧荒"中他获得了一个哲理启示：个人渺小而卑微的一份劳动，也可以为祖国的大建设开拓出一个新的境界。这使失去尊严的艾青在战天斗地的劳动中追回了自我价值。那就更好地和军垦战士一起，磨亮镰刀，去"犁开一个新的时代"吧！

日出之前，他踏着露水，在密林里采集又大又洁白的蘑菇。

风雨长夜，他守着孤灯，静听山灵雄浑而神秘地歌唱。

岁暮怀人，他为高瑛擦干伤感的泪，在她耳边轻轻吟诵着："哪儿需要我们，/就在哪儿住下！/一个个帐篷，/是我们流动的家……"

是的，这儿就是"我们"的家。他拿出5000元稿费，给林场配置了发电机和照明器材，于是入夜时分，人造的星星闪烁在完达山下、密林深处。

一年半的时光就在荒原生涯中悄悄儿逝去了。1959年秋天，王震将军又去北大荒视察，来到852农场。当听完当地领导汇报到艾青为林场作出的贡献后，他兴奋地赶去会老友。但将军看到这一家子艰苦的生活境况和艾青消瘦了的身子，心疼了，决定让艾青换一个条件好一点的地方。

这一年的11月，艾青把孩子留在北京，带着高瑛，按照王震将军的安排，乘车奔向大西北，到乌鲁木齐新疆生产建设兵团总指挥部报到。兵团副政委张仲瀚是王震359旅时的老部下，早就接到将军对艾青的工作安排和待遇的指示，就热情地接待了艾青，并让他们在兵团招待所住下，说什么都不要管先休整一段时间。可艾青受不了无所事事的闲散生活，再三要求工作，张仲瀚又征求了王震的意见，最后决定让艾青为兵团机运处汽车运输标兵苏长福写一部报告文学，准备拿苏长福的先进事迹和优秀品质教育全兵团战士。艾青怀着庄严的心情，接受了这个任务。

写作军垦长篇《沙漠在退却》

苏长福是一位贫苦农民，新中国成立前生活在水深火热之中，19岁逃荒从河南出外谋生，在国民党军队充当过器材兵。新中国成立后，在党的关怀和教育下，成了名扬四海的英雄人物。他创造了驾驶汽车安全、节约行走50万公里（相当于绕地球12圈多）不大修的突出事迹，光荣地参加了北京庆祝新中国成立十周年大典。

1960年初春，为了更好地了解先进人物，艾青和高瑛在机运处负责同志陪同下，到苏长福工作的二营三连——离乌鲁木齐70多里的后峡实地采访他的事迹。

他们乘机运处的车奔上了乌鲁木齐——库尔勒公路，走一站，停一停，体验一阵子生活，这样一步步深入到天山深处的后峡。从这里开始，出现一条通向更荒冷的山顶去的公路——"苏长福长年跑车的路"，艾青决心在这条路上进行实地追踪采访。这是一条新中国成立后新开辟的公路，远望像是嵌在上下都是陡直的崖壁里，路面不仅狭窄，而且弯弯曲曲，路的旁边是灌木丛掩盖下的万丈深渊，可以听到仿佛是从地心里发出的洞水流淌声。苏长福就长年累月驾驶着他的运输车，冲破一次次急转弯时和来车相撞的威胁、滑入深渊的威胁、突然塌方的威胁，把车驶向海拔 4000 米的明槽，爬上海拔 5000 米的腾格里峰，为那儿的军垦战士运去各类建设物资、生活给养。站在这里俯视下方，山下正是烈日炎炎如火烧的日子，而在这里却人人都得穿上棉衣。50 岁的艾青忍受着严寒、疲劳和高山缺氧的痛苦，在这英雄扎根的地方整整生活了一个月，除实地观察和体验以外，还细细访问了苏长福本人、他的家属以及周围的同志，记下了一本本笔记，回到乌鲁木齐后，又埋头疾写了三个月，顺利地完成了一部长达 15 万字的报告文学《苏长福的故事》。艾青曾这样回忆他那段时间的生活：

> 我几次到天山里面的一个峡谷——后峡，从住帐篷到住楼房，那儿有一个新建立的钢铁厂，交识了不少人，我曾几次到一个四千多米高的明槽——南北疆分界的地方。那是个新辟开的山口，风很大，有一次还刮着风雪，而山下却是一片骄阳。
>
> 在明槽附近有一片永不消融的冰大坂，很大的银白色的平面，谁也不知道那儿的冰有多厚。
>
> 那时，我们所走的是一条解放后新开辟的公路。天山的路是难走的。公路有些段落很窄，不仅窄，而且大都是急转弯，汽车必须不断地按喇叭，以便对面来的车找一个比较宽的地方等着，让这辆车过去了再走。
>
> 路的旁边，上下都是陡直的崖壁，在灌木丛的掩盖下的深渊，不断地传出山涧的流水声，那正是水獭出没的场所。
>
> 想当年筑路的人们该多么艰难。公路经过的几个地方，山夹口的平坦的处所，可以看见留着纪念碑，那就是埋下筑路时死了的人的坟墓。让我

们过路的人采上一束野花向他们致敬吧！①

这期间，新疆生产建设兵团团以上干部扩大会议正在乌鲁木齐召开，王震在大会上作了动员报告。他号召广大农垦战士发扬南泥湾精神，多流汗、多打粮，让大家向运输标兵苏长福学习。接着，他向与会者介绍了艾青："他——就是中外闻名的大诗人艾青同志。"只见有人走到王震跟前，低声耳语了几句，王震不以为然地摆了摆手，更大声地说道："艾青同志可以算得上我的老朋友、老战友。过去在延安，我们见过面。他曾到法国留过学。在国统区进步刊物上，他发表过不少革命的诗篇。他曾在国民党监狱坐过牢，但始终同情革命、向往革命。他抛弃了可以得到的舒适环境，经历了千辛万苦，来到革命圣地延安，这就很了不起么！今天，我们邀请艾青同志参加这个会，就是希望他能把苏长福同志的英雄事迹尽快地写成书，造成声势，扩大影响，使兵团各行各业不断涌现出像苏长福那样的英雄人物，为国家建设、为支援灾区、为战胜严重的自然灾害做出更大贡献！他被下放到北大荒，是我亲自点将要到新疆来的。我了解他！"

兵团副政委张仲瀚插话道："我完全拥护王司令员的报告。我同意王司令员的看法，艾青同志过去对革命有过贡献嘛！"

兵团政治部主任王季龙接着说："艾青同志很有才华，我相信他一定能把苏长福这个英雄人物写好。"②

会后，王震等兵团负责同志又走过来和艾青一一握手。王震还关切地问道："老艾，生活过得习惯吗？有哪些困难尽管说，要注意身体呵！代问候高瑛同志。"

这一切，使艾青深受感动。

1961年1月，这部书稿以《苏长福的故事》为名由新疆青年出版社出版了，但书上的署名不是"艾青"，而是"新疆军区生产建设兵团机运处文艺创作组"。

---

① 艾青：《怀念天山》，载《战地》1980年第1期。

② 有关情况见冯金保口述、肖望生执笔：《艾青在新疆的生活片断》，载《新疆青年》1982年第7—12期。

当王震将军又到新疆来视察，听说艾青创作热情很高，深入天山腹地，采访英雄模范，为机运处标兵写出了一部报告文学后，大为高兴，在两位老友见面时，他一拍艾青肩膀说："老艾，我陪你去看看中国地图上还没有的一座年轻的城——兵团建成的。"

吉普车奔驰在古尔班通古特荒原上，沿着一条由天山的雪水汇成的玛纳斯河前行多时，便进入一座掩映在钻天杨中的新城——农八师所在地石河子。

是的，这是一座年轻的城，直觉告诉艾青，这儿可以成为他生命的航船长久停泊的港湾。在参观访问之后的一个晚上，沉睡已久的灵感竟然又苏醒过来，他写了一首美丽而又充满青春气息的诗《年轻的城》。

当艾青把这首抒情诗交给王震将军看时，他也交出了自己的一个新的决定："就让我们一家落户在这里！"

从此，"中国诗坛的泰斗"艾青，和与他相依为命的妻子高瑛把几个留在北京的孩子都迁到了新疆，在石河子一住16年。

在这里，他享受着师级待遇，在师部大院，有一幢自己的房子。

同时，他"经常受邀与兵团各首长、农八师师长罗汝正、政委鱼振东出席各种大型会议"，在"某些高级社交场合也一直受到贵宾的礼遇"。

他应邀出席石河子兵团农学院的开学典礼，"上千名师生全都起立争睹艾青形象，暴风雨般的掌声经久不息……"

他到莫索湾农场出席宣教股召开的创作会议，和年轻的垦荒战士杨牧、石河等结识了，为日后成为"诗城"的石河子播下了一颗颗诗的种子。

他受老军垦战士邀请，去参加他们后代的婚礼，在"农家小院，为新郎新娘举杯祝福……"①

的确，"祖国的河山到处都可爱，/人在哪儿哪儿就是家乡"。写诗的冲动又出现了，他写了《垦荒者之歌》。他以军垦战士的身份唱着："伊犁的苹果香又甜，/鄯善的瓜儿甜又香，/我们要把祖国大地/处处变成鱼米之乡。"写到这里，他忽然幻感到在他自己也加入进去了的垦荒者大军面前，"沙漠在退却！"而且，

---

① 以上参考祁人、沙平：《艾青在新疆的岁月》，载《萌芽》1996年第10期。

在沙漠退却了的地方，一定会出现一个塞北江南。

是的，在莫索湾垦区这块古老的荒原上，经过农垦战士几十年如一日的辛勤劳动，展现在人们眼前的是一望无际的金色麦浪，在清风吹拂下，舒展着它的成熟、明媚与奔放——这是广大农垦战士征服大自然的丰功伟绩！天真而淳朴的诗人，想到这里热血沸腾：天山下，古尔班通古特荒原的中心，玛纳斯河边的石河子，是他最好的生活和创作基地。抒情小诗，不写了吧，要把这里的军垦战士迫使沙漠退却的壮丽人生事业，用一部规模宏大的书反映出来。

他决心以开发莫索湾的动人事迹为基础，写一部长篇小说：《沙漠在退却》。

从1961年起，一天又一天，一年又一年，他奔走在石河子与莫索湾之间60余公里的沙漠上，调查各种事迹，采访各个人物，参加各次会议，全心全意投入到和战士们一起挖渠、造林、改造沙漠的劳动生活中。当1961年12月17日《人民日报》刊登了艾青等摘掉右派帽子的消息，从全国各地发来二三百封向艾青表示祝贺与慰问的信，有的还真诚地希望他早日返回北京时，他向高瑛说："我们什么地方也不要去，这儿就是我们的家。我一定要把《沙漠在退却》写出来。"

这期间，艾青还创作了《从南泥湾到莫索湾》《年轻的城》《地窝子》《戈字辈》《铺路》《槐树》《泉水》《垦荒者之歌》《帐篷》等20多首诗作。从他的诗中可以看出，自我情感价值的追求意志是越来越淡化了，他只有一个虔诚的念头：要为社会主义祖国的边疆大建设作讴歌！讴歌！讴歌！艾青把主要精力都放在搜集以开发莫索湾为核心的征服荒漠的伟大斗争的材料，在此基础上，写成了军垦农场建场史——《沙漠在退却》。

1983年深秋至1984年初，应四川人民出版社之约，艾青在一位艾青研究者协助下，对书稿《沙漠在退却》作了最后的加工与审定，并以《绿洲笔记》为书名于1984年8月正式出版。

风暴袭击石河子

当"文化大革命"以史无前例之势猛扑而来的时候：

> 历史的纤绳断了
>
> 帆船搁浅在险滩
>
> 狂风撕烂了布帆
>
> 暴风折断了桅杆①

十万人口的石河子，艾青家是被抄了又抄的第一家。

令人感到痛惜的是：艾青几部未发表的长诗手稿《长江行》《踏破荒原千里雪》《蛤蟆通河上的朝霞》《弗洛拉》《巴拉顿河》《外滩》等，以及在完达山下和古尔班通古特荒原上写的一些抒发心境的短诗，统统被抄走，再也找不回来，还有一些知名作家、艺术家写给他的信，也都毁于一旦。

艾青私下里对高瑛说："我那些稿子要是给烧了，就太可惜了，我再也写不出来了。"

高瑛见艾青坐在椅子上，两眼发呆，问他话也不回答，眼睛直直地瞅着正在睡觉的小儿子。她吓坏了，哭着哀求："艾青啊，我和孩子都需要你，你不能做出对不起我们的事啊！"

艾青一下子把她搂在怀里，哽咽起来了："我在生与死之间徘徊半天了，要不是留恋你和孩子，现在你就看不见我了。"

高瑛虽然相信艾青说的这些话，可还是成天提心吊胆的，怕他一时又想不开。于是，日夜关注着他的一举一动，同时还得照顾四个孩子的生活，日子过得实在是既紧张又劳累。艾青看在眼里，终不忍心，发誓说会好好活下去。

---

① 艾青：《每个人都要从自己开始》，载《艾青全集》第 2 卷，花山文艺出版社 1991 年版，第 627 页。

石河子有两派发生了流血的武斗，大字报贴出来，竟然有人说艾青是挑动武斗的幕后策划者。

艾青默默地忍受了，但高瑛再也无法忍受，她想自己不能坐以待毙，就对艾青说："我去北京看看还有没有说理的地方，给我们家找个生存出路。"

起初艾青不想她走，但是想到去了北京，能了解情况、打听消息，就同意了。

高瑛拉着丹丹去了龚建章副师长家，开门见山地说："龚副师长，我想去东北看望父母，请给我开一张路条吧。"那个时候，没有路条（证明）是走不出军管的石河子的。龚建章开始不同意，后见高瑛不达目的誓不罢休的样子，才同意让她去办公室开路条。

高瑛拿着通行证往回走，远远看见家门口停着一辆大卡车。艾青正焦急地等她回家，孩子们已经开始往车上搬东西了。他们全部的家当只有几件行李。

天上开始飘起雨丝，高瑛让机关管理员找来一张苫布把车盖上。艾青坐在驾驶室里，孩子们藏在雨布底下。隔着车窗，艾青对高瑛说："要是北京的情况不好，就赶快归来。"

汽车开了，高剑和未未探出头来喊："妈妈再见，我们等着你和丹丹！"

一家人就这样流着泪在雨中分手了。

高瑛带上4岁的小儿子丹丹前往北京，结果盘缠用尽，没奈何回山东老家挪借回新疆的路费。道路多险阻，她只得夜夜让梦魂飞向沙漠寻找亲人了。

流放"小西伯利亚"

艾青和两个儿子被送到"小西伯利亚"后，先是住在旧土坯房子里，后又被赶到一个地窝子里住，这是连腰也直不起来的地方。亏得老职工帮忙，向地下深挖了50厘米，一半在地上，一半在地下，身高一米八的艾青才可以在地窝子里直得起腰、抬得起头。更艰苦的还是劳动。到连队后，艾青被叫去管理林带，他头戴破皮帽，身穿黄棉袄，腰里扎上条绳子，拿把大条剪不停地修整林带中旁逸的枝丫。干上一阵子，他就退后几步端详一番，看看是否修剪得匀称，然后又继续向前修整下去。生活随处有艺术，他像个造型艺术家，把林带修剪得整齐、美观、大方。但好景不长，他被派去打扫厕所。从此，不论烈日炎炎，还是天寒地冻，艾青都要每天冲洗、打扫全连队13个厕所。面对这又臭又脏的重活，艾青依旧一丝不苟、任劳任怨地干。夏天，厕所里臭气熏天，积满粪便和污水，艾青冒着烈日，手持长把粪瓢，把粪水一点一点舀出去，脏水不时溅到身上；冬天，零下20摄氏度左右的严寒，粪便结成了厚厚的冰，他忍着刺骨寒风，用铁锹把粪便的冰块刨开，挖走，冰碴不时打在他脸上。这种超负荷的劳动使他不论夏天冬天，一天干下来，浑身衣服都被汗水湿透。

生活的血泪浸泡着艾青在荒原上的岁月，却也使一个诗人精神的尊严高昂起了头颅。他似乎发现了几千年人类历史进程中又一条岔道。于是，在地窝子里，在一盏油灯下，在荒原彻夜的风雨声中，他借助于一本破旧的法文词典，翻读着《罗马帝国衰亡史》，读着，读着，他似乎领略到历史总是在野蛮与文明、蒙昧与觉醒、迷信与科学、专制与民主等方面一再否定之否定中曲折前进着的。灵魂的昏夜猛然有电光闪过了！他多爱地窝子里菜油灯下这种彻悟历史的生活，并且迅速地在一张小纸条上写下了一个句子：

> 朝着光走的时候
>
> 不要忘记后面有影子

一个20世纪中国的知识分子，有了新的觉醒。

就这样，艾青度过了19个月。他不断给高瑛写信，不断重复一句话："这里的水真甜，是世界上最甜的水。"

一天，当扫完最后一个厕所已近黄昏，他拿着铁锹，站在村口一个小土岗上，眺望夕阳西下、暮烟四合的茫茫荒原，一丝孤寂的凄清感刚冒上心头，却不经意地发现荒原尽头出现了一个慢慢在移动的黑点，越来越近，显出人影来了，这该是一个年轻的母亲拖着一个孩子吧！是谁的随军家眷来了？

"妈妈，天这么暗了，爸爸和哥哥他们在哪里呀？"朦胧中传来孩子的声音。

"就到了，前面一定是了！啊！这不是……艾青！艾青！"

"砰"的一声，艾青手上的铁锹重重地掉在了地上。他发疯一样冲下土岗，抱住了满身尘土的高瑛和丹丹："高瑛，高瑛，你们是从天上掉下来的，还是从地下钻出来的呢？哦，我这不是在做梦吧？"

大颗大颗眼泪从高瑛的脸上滚落，她抚摸着艾青灰白的头发、破烂的衣服，哽咽着说："艾青，我们死也不要分开了啊！"

丹丹问："我们的家在哪里？"

艾青说："别着急，跟着爸爸走。"

走了一会儿，丹丹又问："怎么还不到？是哪栋房子，指给我看看。"一边问一边小脑袋转来转去在寻找。

艾青说："不要往上看，要往下看，前边这个小屋就是我们的家。"这时，丹丹那张小脸马上变了样。艾青牵着他的手走进了地窝子。

"爸爸，这是什么家，我没见过，像野人住的地方。"孩子满心的不高兴。

艾青不知找什么话安慰他："丹丹，你说我们这个小屋，像不像猎人之家？"丹丹没有吱声。"丹丹你看在这根柱子上，像不像盘着一条龙？"

丹丹不耐烦地说："那像什么龙，是一棵没有长好的树。"话不投机，高瑛看出艾青的心里也不是滋味。

八连的地、富、反、坏、右都被赶进了地窝子，他们住的那个，原来是接生羊羔用的地方，最小最矮也最暗，天窗只有脸盆大，白天全靠这点光。

没有床，用土垒了个炕，五口人全挤在这个炕上。

地窝子南边接着地平面。鸡啊，狗啊，常常走在上边；最可怕的是马跑过去，就像发生了地震，尘土满屋飞扬。地窝子的棚顶，中间盖的是一层麦草，许多老鼠在里头安家，到了下崽的时候，白天夜里都能听到吱吱乱叫声。这里气候干燥，到了夏天，地窝子里比较凉爽，癞蛤蟆也会跑进来，有时还跳到坑上。那些软壳的硬壳的小虫，处处可见，习以为常。

虽然五口人挤在地窝子里靠艾青每月60元钱的工资生活着，但他们吃苦耐劳、相亲相爱，待人质朴、诚恳、热情大方，赢得了农场职工的一致好评。老年人尊称这位流放诗人为"老艾青"，青年人尊称他为"艾伯伯"，孩子们尊称他为"艾老爷爷"。新年到来了，漫长的冬天，一家子缩在地窝子里啃比石头还硬的窝窝头，吃不上大米，更别说鱼肉。然而，一大清早，高剑打开地窝子的门，就大声地嚷起来："爸爸，快来看，谁送给我们这一袋大米呀，倚在门边?!""妈妈，窗畔上哪来的这块腊肉，有好几斤呢!"

三个孩子笑开了，艾青和高瑛相对默默，擦着眼泪……

很多年后，艾青回忆起这些往事，满怀温情地说："在我生活过五年半的连队里，小知识分子很多，其中有我的读者。他们同情我，关心我，暗地里保护我。逢年过节，月亮底下送东西给我们吃，把他们节省下来的细粮也给了我们。我很感激他们。"

但是由于长年的折磨，艾青的身体终于垮了。一天，他的小腹疼痛无比，忙送连队医务室就诊。经过检查，诊断为患疝气。于是转院、动手术。这手术动得惊人：医生竟不打麻醉针，直接开刀。手术后艾青休养不了多久，又返回"小西伯利亚"，住进地窝子，每天仍旧去打扫厕所。

20世纪70年代初期，开始有几个外国文学代表团来华访问了。那些国际著名的作家、诗人一来到北京，就打听艾青的近况，其中几个法国朋友知晓了他的下落，要求到新疆石河子访问，目的自然是想见见艾青。因为艾青早年留学巴黎，在他们的心目中，自然倍感亲切，对他的遭遇也更为关注。这却使当局为难了，一次、两次好不容易把这事支吾开了，但要是再出现这样的情况，怎么办？情况反映到了国务院。于是有一天，一辆北京牌小车来到艾青住的地窝子边，国务院派人来了解艾青一家的生活情况。

1972年，在经历了近6年"小西伯利亚"的劳动改造后，艾青才带着一家子人返回石河子。

人回到了石河子，但身体在继续垮下去。由于长期住在地窝子里，既潮湿又光线昏暗，而他每晚又总是在菜油灯下看书，患上了严重的白内障。经医生开具证明，又一层层向上级组织打报告，要求去北京医治，但因故一直拖着。拖到1973年5月17日，艾青给二弟媳雯娟的信还这样说："我们本来计划四月初到内地，不料就在四月间，中央忽然下达文件，严格规定凡某级以上干部到首都看病与探亲，都必须经省一级领导批准。八师党委、兵团党委均已同意我到北京看病，现在只等新疆军区的批示，因此何时能动身尚难确定……"①又拖了几个月，艾青方获准由高瑛和小儿子丹丹陪同去北京就医。

可惜已经迟了，病情的耽误使艾青的右眼彻底失明，左眼视力也已极弱，只得尽力保护。艾青怀着痛苦的心情，会见了几个老友后，就于9月下旬乘车南下，回乡探亲。车站上，前来送行的江丰和他噙泪而别。"明日隔山岳，生死两茫茫"，真不知在这纷乱的世界上，他们还能再见面否？

又来到金华，又回到畈田蒋村，又见到了亲爱的双尖山。当艾青送走前来热情问候的众乡亲和生产队干部后，就让大堰河的二儿子正银陪同着，来到乳娘的墓前，默默凭吊一番。住了不到半个月，又离别了这片魂牵梦萦的红土地，经杭州匆匆一会20世纪30年代左翼作家黄源，就抵上海准备转车赴乌鲁木齐。在等开车前的几个小时里，他带着高瑛、丹丹，匆匆到马思南路监狱附近走了走，告诉他们当年他就是在这里坐牢的。说毕，他久久凝视大墙……

10月13日，他带着无限的伤感回到了石河子。

又是一年多时间过去了，艾青一家的生活总算有了好转，但忧国忧民的诗人心中总不安着。"过尽千帆皆不是，斜晖脉脉水悠悠"，民族的希望，个人的转机，何时到来呢？

就在这时，他左眼的视力也迅速减退。难道仅存的那一只通向世界的眼睛也要被命运夺走吗？他多么想借这一只眼睛看一看"若火轮飞旋于沙丘之上，太阳向我滚来……"的未来奇观！

也就在这期间，斯诺率领美国新闻工作者代表团来华访问。他在这次访问中，很少见到延安时代那些文化界的朋友，颇有些感伤。后来，在拜会周恩来时，他提到了艾青，还介绍了西方国家对艾青诗作的研究经久不息，仍然评价很高，艾青的诗集仍在被不断翻译出版等情况，末了还表示"我这一次很想见到艾青先生"的心情。《参考消息》披露了这场斯诺与周恩来关于艾青的谈话。②一颗美丽的信号弹！艾青就不失时机地再次提出去北京看病的要求，很快

---

① 艾青：《致雯娟》，载《艾青全集》第4卷，花山文艺出版社1991年版，第571页。
② 祁人、沙平：《艾青在新疆的岁月》，载《萌芽》1996年第10期。

获得了批准。于是，艾青把高瑛和丹丹带上，于1975年5月5日告别了石河子，离开了新疆。

在北京，经医院精心治疗，艾青左眼动了手术，把白内障剥去，保住了仅存的一扇通向世界的"灵魂的窗户"。

并且，在一个年轻朋友的帮助下，艾青一家人悄悄儿在北京住下了……

这时，中国正在历史的十字路口徘徊！艾青的心境也是如此。他所在的兵团已取消，另外成立农垦总局，农场要划归地方。艾青既然已到北京，他就想趁此机会有所变动。在1975年8月5日致徐勇良的信中他说道："我的去向未定，亦未和有关方面谈好。本人仍在争取退休到杭州……"①

---

① 艾青：《致徐勇良》，载《艾青全集》第4卷，花山文艺出版社1991年版，第589页。

第十三章 "归来"之歌

1976年1月8日，全国人民敬爱的周恩来总理与世长辞。艾青和全国大多数关怀民族命运的人民一样，既震惊又哀痛。他噙着泪水站在西单大街的人群中，向在他人生大转折时给予过关怀与帮助的总理作最后的告别。

唱着《红旗》歌归来

清明时节，人民英雄纪念碑下，中国人民痛悼敬爱的好总理。天安门广场成了花圈的海洋，人民英雄纪念碑成了中国人民诗歌的里程碑。有一位身着棉衣、头戴棉帽、围着长围巾的高个子老人，默默地站在革命历史博物馆对角的一根电线柱下，望着前方浮出在花圈的海洋上的纪念碑，听着男的、女的、老的、少的一声声愤怒的诗句朗诵声，一颗颗眼泪夺眶而出……

他就是艾青，66岁的流放者、刚从戈壁滩回到京城的"中国诗坛的泰斗"。这时他流的是悲痛的泪，愤怒的泪，更是希望的泪。

四五运动！中国人民民主力量继"五四"以后在天安门前的又一次大检阅。"四人帮"终于被打倒了。

一个人的命运总是和时代联系在一起的。在这样一个时代里，艾青的命运会有所改变吗？

1978年4月30日上海出版的《文汇报》上，忽然发表了署名"艾青"的一首诗——《红旗》，一时间惊动了海内外无数人士。"居然也有读者写信到《文汇报》问这个艾青，是不是还是那个艾青？"①可见有人以为曾高举"火把"奔"向太阳"的那个诗人艾青，早已不在人世了。其实，艾青还是那个艾青。他还活着，并且，这次是高举"红旗"，歌唱着重返诗坛了。

于是，大批读者的来信，通过《文汇报》纷纷向埋没已久的诗人飞去——

"我们找你找了二十年，我们等你等了二十年……"

这是一名老工人来信中的一句话，代表得了众人的心。是的，我们的人民从来没有忘记过艾青——这位吮吸了大堰河的奶汁长大、身上一直旋流着土地耕植者血液的诗人。当他们找到了他时，就向他坦陈心曲——

有人说："只要你收到这封信，看到一个二十多年来经常把你怀念的人的感情，也就使我心安理得了。"

有人说："我们曾到处找你的诗集，找到了就互相传抄，抄好了就东藏西藏。"

有人说："为了保存你的诗集，我用塑料布包裹起来，藏在米缸里。"

……

从这些热情洋溢的言辞里，我们深深感悟到：一个诗人，只要他的歌声是真正属于人民的，那么他的形象就会一直在人民心上。

曾几何时，多少显赫一时的"诗人"至今已黯然无光了，而艾青，却像被掩埋在地底多年的钻石，一旦破土而出，就会在新的世界里，重又闪射出璀璨夺目的光彩。

作为一个始终爱在时代的洪流中拥浪前进的诗人，重返诗坛的艾青没有为自己的遭遇作过多的抱怨，他考虑得更多的还是如何才对得起这个新的时代。在为新出版的《艾青诗选》所写的自序《在汽笛的长鸣声中》的结束处，他这样说自己的心情："如今，时代的洪流把我卷带到一个新的充满阳光的港口，在汽笛的长鸣声中，我的生命开始了新的航程。"

为这一场新航，他作了充分准备。

这种准备大致说可分两个方面。一方面，他热切地关注着"四人帮"垮台

---

① 艾青：《致苏金伞》，载《艾青全集》第4卷，花山文艺出版社1991年版，第635页。

后社会的每一个进程，让时代大转折中光明的预感强烈地刺激自己久已疲惫的心灵，在全新的人生感受作用下恢复诗的冲动。另一方面，他开始每天坚持练习久已荒疏的笔，为写诗做着恢复工作。查一查从1978年《红旗》发表前他给亲友的信，就可以看出艾青为重登诗坛所做的准备工作，是倾注了多少心血！

"四人帮"被打倒后仅一个多月，他在致徐勇良的信中说："我最近也在尝试写一点东西。不少朋友在鼓励我，我也要投入战斗，因为揪出了'四人帮'，把很多人的积极性都调动起来了。"①1977年给徐勇良的几封信里，艾青一再提到自己写诗的"恢复"工作。有一封信中说："我逐渐在恢复'创作'的心情。每天早上起得很早，总想试着写一点什么。"②另一封信中说："我现在已基本上恢复了正常写作习惯，每天能持续工作三四个小时。"③再一封信里还透露了一个重要消息："我这两月来，每天早上二三时起床，可以工作三四小时，陆续写了几千行，放着，等有朝一日需要了即可付梓。"④同一年在给苏金伞的几封信里也总是提及如何恢复写诗的事。一封信中说："……我从来都坚持写东西。我并不急于发表。《上海文艺》曾通过我的一个朋友向我约稿。多少年不发表东西，一旦发表了，少不了议论纷纷。我现在已开始恢复正常的创作生活，每天早晨两三点钟起床，可持续工作三四个小时。"⑤在另一封信里说："至于创作，只要人能思考就不会不想创作。到了百花齐放的季节，假如是花就不愁不会开放。"⑥从这些摘引的信里可以看出：艾青恢复写诗的工作，是充满激情的、艰辛的、成绩巨大的。谁也不会想到，从"四人帮"打倒时起，到《红旗》发表前夕为止，艾青竟已练习着写过几千行诗了。

1977年1月9日，艾青给蔡其矫写了一封长信，很值得注意：

在整整一个多月的时间里，我是很紧张的。我每天两三点钟起床，不

① 艾青：《致徐勇良》，载《艾青全集》第4卷，花山文艺出版社1991年版，第603页。
② 艾青：《致徐勇良》，载《艾青全集》第4卷，花山文艺出版社1991年版，第617页。
③ 艾青：《致徐勇良》，载《艾青全集》第4卷，花山文艺出版社1991年版，第623页。
④ 艾青：《致徐勇良》，载《艾青全集》第4卷，花山文艺出版社1991年版，第619页。
⑤ 艾青：《致苏金伞》，载《艾青全集》第4卷，花山文艺出版社1991年版，第621页。
⑥ 艾青：《致苏金伞》，载《艾青全集》第4卷，花山文艺出版社1991年版，第612页。

停地写呀写，写了改，改了抄，抄了再改，怎么也放不下。

你会问我写什么？写"诗"。你知道，我已有十多年不写东西了，恢复起来是很吃力的。写了有什么用？写就是为了唤起自己对当代发生的事情的应有的热情。去年是我劝你不要写，如今又是我劝你写，赶快写，多多地写。

……

昨晚，我从平安里回来，路经天安门，又一次看见了广场上人山人海的场面，可惜车不停，没有下来，只是远远看到花圈、花篮、标语、大字报、小字报。中国人民是不好惹的，欠下来的债连一分也不能少，都要追回来！像总理这么一个可敬可爱的人，"四人帮"竟敢抹去他的光辉，把人们的肺都气炸了。

昨天我还以为诗要写得含蓄一些；今天我却认为能痛快地大喊大叫也是好的！再不叫喊，更待何时？①

这封信可珍贵之处在于：一是艾青在恢复写诗的训练中，不但艰辛，又是无比投入的；二是他这样投入地作恢复写诗的训练，正是他对当前政治斗争怀着高度热情自觉参与的体现；三是这种自觉，就是要用诗的力量来战斗；四是他意识到自己抓紧训练写诗就是在作备战工作，因此这不是要求把诗写得情趣高雅、韵致悠远的时候，而是要求把冲锋陷阵中的战斗激情直接发泄出来，大叫大喊起来！

《红旗》一诗就是在这样的准备工作基础上写出来的。作为一个革命诗人，艾青为自己重返诗坛设计了一个富有特色的造型：紧跟"在前进中迎风飘扬的红旗""带着胜利的欢呼/奔向共产主义……"

艾青就这样"归来"了！"归来"的第一次亮相还相当漂亮。可不是吗？他在给友人的信中一再怀着兴奋的情绪说："《红旗》发表后，得到一些鼓励。""我在四月三十日的《文汇报》上发表了一首诗……从那以后，曾收到一些读者

---

① 艾青：《致蔡其矫》，载《艾青全集》第4卷，花山文艺出版社1991年版，第607—608页。

来信。也有四五个省的文艺刊物来索稿了。""从《红旗》发表后，反应强烈。"①

紧接着在《文汇报》上发表的是《鱼化石》。艾青曾对朋友说过一句话："这些年变成化石的人太多了。"这是理解这首诗的关键。艾青在诗中写了一条"在浪花里跳跃，/在大海里浮沉"、动作活泼、精力旺盛的鱼，在一场地壳大变动后被埋进灰尘，成了化石——"绝对的静止""对外界毫无反应"的一块"鱼化石"，写这样一块化石不是目的，目的是象征一代生气蓬勃的知识分子在极左思潮中被打入冷宫、丧失自我一切存在价值的悲剧遭遇。当然等这场遭遇结束，他们中有一些人永远成为"鱼化石"，再也恢复不了旺盛的生命，其价值只能是一条时代的伤痕遗留给历史；另一些则决不接受"鱼化石"的命运，而是奋力争取把他们当年"在浪花里跳跃/在大海里浮沉"般的运动和在运动中显示的生命活力恢复过来。艾青显然选择了后者。

由此看来，艾青"归来"后最初亮相的两首诗——《红旗》与《鱼化石》，实在为他即将来到的一番新的诗歌事业划出了两条抒情路子：像《红旗》那样，为社会现实生活而歌唱；像《鱼化石》那样，为人生精神价值而沉吟。

在诗如泉涌的日子里

艾青终于又可以投入生活、干预生活，在火热的时代斗争中吸取灵感、潜入反思，热情创作了。他对朋友说："感谢时代给予我的鼓舞，我的脑子又重新开动了，整天在运转。"②

而随之而来的是：他的家从门可罗雀变为门庭若市了。

他为自己在诗坛亮相后社会上出现的巨大反响而欢欣鼓舞。人民爱艾青的诗，很快形成了一股"艾青热"，全国各地报刊的编辑也纷纷来约稿。艾青在给涂乃贤的信里说："现在《人民文学》《诗刊》均来要稿，我怎能应付这么多的

---

① 艾青：《致涂乃贤》，载《艾青全集》第4卷，花山文艺出版社1991年版，第643页。
② 艾青：《致徐勇良》，载《艾青全集》第4卷，花山文艺出版社1991年版，第623页。

刊物呢？"①可不是吗？过不多久在给同一个人的信里他干脆说："我的处境越来越好。现在就是有一百首诗也不够分配。"但另一方面，他关起门来集中心力思考和写作的环境在丧失。这在给朋友的信里也反映了出来："我已太久没有给你写信了，你一定很奇怪。主要原因是太忙，写了不少稿子，越写要稿的越多，好像欠了二十年的债没有还似的，永远也还不清了。来访的人多，也占了不少时间，积下了大量的读者来信，看了就发愁，其中不少信是看了叫人悲伤的。"②"每天来客不断，现在我们是四个人挤在一间房子里，整天乱糟糟的，只有早晨两三个小时是属于我的。"③从这里可以看出：生活条件的艰苦，的确影响着艾青创作活动的开展，诚如美籍华人女作家聂华苓第一次造访艾青家以后描述的："一张双层床和一张单人床占了一半屋子，上层床堆满了书，两张小桌子占了另一半……"④因此，他在给苏金伞的信里说："我每天好像生活在火车站里。"⑤

但不论怎么说，年近古稀的艾青，毕竟恢复了生命的青春、创造的青春。

他已顾不及一家人生活条件还如此恶劣，顾不及丰收胡同自己那幢房子被人霸占着至今要不回来，顾不及自己的关系还在新疆，更顾不及在北京他们全家都是"黑人"，急于要投入火热的时代生活中去，参与严峻的社会斗争。因此，在继《鱼化石》发表后，他只在极短的时间里还让自己安坐家中，去写一些有关人生冥思、生命感受的诗，如《伞》《电》《酒》《沙漠和绿洲》《相互被发现》《高山上的风》。一等炎热的夏天过去，他就闯出去了。

1978年9月上旬，中国作协和《人民日报》联合举行一次动员作家们到工业生产第一线去和工人交朋友、积极反映"四化"建设的大会，艾青也去了，并且当场就报名要求参加。不久，《人民日报》《人民文学》《诗刊》和《文艺报》联合发起的作家赴大庆、鞍山体验生活的"学习访问团"组成了，艾青于

---

① 艾青：《致涂乃贤》，载《艾青全集》第4卷，花山文艺出版社1991年版，第650页。
② 艾青：《致徐勇良》，载《艾青全集》第4卷，花山文艺出版社1991年版，第657页。
③ 艾青：《致涂乃贤》，载《艾青全集》第4卷，花山文艺出版社1991年版，第642页。
④ 周红兴：《艾青的跋涉》，文化艺术出版社1988年版，第484页。
⑤ 艾青：《致苏金伞》，载《艾青全集》第4卷，花山文艺出版社1991年版，第635页。

9月中下旬与徐迟等一起乘火车奔向东北。他们先到大庆，参观石油工业基地，艾青写下了《波斯菊》《静悄悄的战线》等诗；10月底，到鞍山参观钢铁基地，他也写了《钢都赞》《钢都夜》等，还为马长岭矿山题诗一首《请到这边来》。这些作品表现了社会主义大建设的壮丽情景，歌唱了工人阶级豪迈的气概和崇高的理想。值得提出，在这次参观访问中，诗人不少，而艾青的年龄是最大的，可他写的诗比他们都多，质量又颇有一些是上乘之作——如《静悄悄的战线》《钢都夜》等。坐在火车窗口，校对完自己这些新作的艾青，不禁感慨系之。望着窗外无边的东北大野，艾青恍然感觉到这是对动态存在的、茫茫人生历史的一个意象象征。于是，灵感又来偷袭了，他迅即写出了《镜子》一诗。这是继《鱼化石》之后寄寓着自己人生感慨的精品之作。诚如法兰西著名诗人伯霍尔所说的："我非常喜欢这首诗。诗的后边，即文字之外，好像还有很多的话，还有很多的文字。"①的确，这样的诗是艾青的心声。

艾青同所有关心祖国命运、民族前程的人民一样，关心着中共十一届三中全会的召开，以及在这个会议召开前有关拨乱反正的大动作。更强烈的诗情在艾青心中高水位地蓄积着，只等放开闸门的时候到来。

这个时候终于等到了——

1978年11月15日晚上，中央人民广播电台播出了一个特大新闻：中共北京市委决定为天安门事件平反。对四五运动的平反是政治中国第一个春雷的爆响：一切冤假错案平反之日已到，民主的春天就要来临。一个诗人，是时代浪尖上暴风雨的引领者海燕，还是躲入崖缝的企鹅，该到考验的时候了。这一夜艾青彻夜未眠，拂晓时分，他毅然披起在古尔班通古特荒原上抵御过风霜雨雪多年的棉布军大衣，迎着五更严寒，敲开了工人韩志雄家的门。韩志雄在四五运动中和"四人帮"进行了无畏的斗争，曾长时间被关在监狱里。四五运动平反了，韩志雄也平反了，艾青采访他是去采访一段血写的历史，是去感受一曲正义与邪恶决斗中正义终于获胜的人民民主交响乐。采访结束返回史家胡同后，他马不停蹄地伏案疾书，一天之内一气呵成了抒情长诗《在浪尖上》，副标题是

---

① 周红兴：《艾青研究与访问记》，文化艺术出版社1991年版，第293页。

"给韩志雄和他同一代的青年朋友"。

这是中国新诗史上第一部"四五"英雄史诗！

《在浪尖上》在当年12月10日的《人民日报》上刊出，并随同中共十一届三中全会公报的发表而传遍北京，轰响了文坛。就在诗篇定稿后的第十天，中央人民广播电台和诗刊社在北京工人体育馆和首钢礼堂举行"为真理而斗争"大型诗歌朗诵会，《在浪尖上》是所有节目中反响最强烈的一首诗。

一位艾青诗歌的热爱者这样说："……你们看到大海发潮了吗？我看到了，看到了诗的力量所激发出来的海潮般的壮观。这样大规模的诗歌朗诵会，我参加过许多次，但从未听到像《在浪尖上》所得到的这么多的掌声。从掌声中，从听众的表情里，我看到了听众是何等的满足。"

又一位听众给艾青写信说："您的诗说出了亿万人民的心里话，我仿佛看见您就在我们身边，就在人民的队伍里。我仿佛看见了，您与人民在共同战斗。您的诗，使人民沸腾的热血浸过了心灵的堤岸……"①

艾青自己也说："《在浪尖上》的朗诵效果可谓空前热烈……参加了朗诵会，使我更加感受到诗歌的巨大作用。"②

《在浪尖上》宣告了艾青作为"战士诗人"的本色始终未变，他站在"为真理而斗争"这一前哨阵地上，又吹起了"短促的、急迫的、在死亡之前决不中止的"冲锋号。而这带着一缕缕血丝的号音，在艾青积极介入社会斗争的创作心境中，确也"流荡得多么辽远啊"！《在浪尖上》写成的一个来月后，艾青又完成了一首规模更大的《光的赞歌》，堪称他那些"归来的歌"中的顶峰之作。这一首采用虚实结合的意象组合体来显示科学、民主这两个重大主题的诗，具有宏伟的气魄、瑰丽的形象、明快的诗行、单纯的语言和深邃的意境。这些竟像朵朵红霞托出旭日一样，烘托出了民主、科学的永恒之光——对这"光"的赞美与呼唤，是拨乱反正时代最激动人心的。

进入1979年，他又接二连三地发表了政治抒情长诗《迎接一个迷人的春

---

① 杨匡汉、杨匡满：《艾青传论》，上海文艺出版社1984年版，第242页。
② 周红兴：《艾青研究与访问记》，文化艺术出版社1991年版，第205页。

天》《听,有一个声音》《古罗马大斗技场》《大上海》以及抒情短诗、组诗《假如》等。

这真是一串诗如泉涌的日子。

《光的赞歌》:艾青的"诗体哲学"

《光的赞歌》是一支大曲。它的构思核心就是"光"。艾青从"光"这个特定意象出发,作了惊人的联想,使象征的触角深入到时间和空间无比广阔的领域中去:时间的——"从周口店到天安门"的人类历史长河的回顾,空间的——从自然界到人类社会的鸟瞰,从而抒发了引人深思的哲理命题。全诗共分九章,试分几个部分作一分析。

第一章到第三章写"光"的伟大和重要。诗篇开门见山地提出:每个人的一生"只要他一离开母体,就睁着眼睛追求光明"。这是因为:"世界要是没有光",就等于什么也看不见,什么也不存在;世界有了"光",我们才有了智慧、想象和热情,从而也有了伟大的创造,使世界绚丽多彩,人间无比可爱。那么"光"这件如此重要的东西到底是什么呢?为了诗意地回答这一点,艾青从对"光"的科学的如实描写出发,极巧妙地过渡到象征性的哲理抒情。他说:光"诞生于撞击和摩擦/来源于燃烧和消亡的过程/来源于火,来源于电/来源于永远燃烧的太阳"。这既是科学的实在,却又颇具联想地象征着:这也是通过自然斗争和社会斗争人类所感悟到的历史发展的必然性。

第四章到第六章集中地写了象征历史发展的必然性的"光"的力量,在人类社会中经历千难万险终于被发现、被认识的过程,曲曲折折发展的过程,以及与它的对立面互相斗争又互相渗透的认识的过程。这中间特别暗示着作为历史发展的必然的核心内容,是科学和民主发现和认识的过程。可以说,这三章是全诗体现主题的重心。作为科学和民主象征的"光"能给人以智慧,使人觉醒,所以历史上所有的暴君、奸臣、剥削者,总是"千方百计想把光监禁",使人民群众永远得不到智慧,永远不觉醒,变得越愚蠢越好,越无能越好。这样,他们就可以"把自己当作神明""占有权力的宝库""永远维持血腥的统治""举行妖魔的舞会和血淋淋的人肉的欢宴"。也就是说：这些人怕科学和民主，因为有了它们，人民就会聪明，就会觉醒，不再允许暴君奸臣们把人们当作奴隶和"会说话的工具"，从而产生反抗，使社会前进。但人民并不是永远愚不可及的。回顾人类的历史，就出现了两类大勇者，一类是去解放被专制独裁统治者所监禁的民主之光，交还给广大人民；另一类是"不怕守火的鹫鹰要啄掉他的眼睛""也不怕天帝的愤怒和袭击他的雷霆"而去盗取天火的大勇者，他们在微观世界和宏观世界的艰辛探索中，解放了人类的智慧——科学之光，从而使人类告别刀耕火种，带来工业革命，进入原子的、电子的"光怪陆离的世界"。艾青意味深长地总结道："人类在追踪客观世界中留下了自己的脚印""实践是认识的阶梯，科学沿着实践前进"。正是实践，使我们有了自己锐利的目光，懂得了自然现象和社会现象具有一条历史发展的必然的内在规律，在追踪客观世界的实践阶梯上，砸开一层层权力的枷锁，挣断一条条精神的铁链，攀上一级级真理的高峰，以求得对自然和社会的更大改造、更大进步。但艾青在《光的赞歌》中的哲理思考是深刻而缜密的，他不仅写了科学之光和民主之光被发现、被解放的过程，而且也是在俯视着人类的历史长河中，在从周口店到天安门的漫长的进程中，懂得了人类是"从千万次的蒙蔽中觉醒""从千万种的愚弄中学得了聪明"的，从而懂得了一个认识世界的辩证的规律："统一中有矛盾，前进中有逆转，运动中有阻力，革命中有背叛。"于是几句发人深省的诗出现了：

> 甚至光中也有暗
>
> 甚至暗中也有光
>
> 不少丑恶与无耻
>
> 隐藏在光的下面

　　这种专制向民主渗透、愚昧向科学腐蚀、黑暗向光明进攻的现象，被艾青的诗意体现得多么深刻，"四人帮"的出现，不正是"光中也有暗"吗？震惊中外的四五运动，不正是"暗中也有光"吗？于是诗篇一方面向我们提醒："我们生活着随时都要警醒/看不见的敌人在窥视着我们。"另一方面又指出："然而我们的信念/像光一样坚定——"这就是说：无论经过多少浩劫，穿过多少黑夜，人类总还是在通向无限光明的前程。为什么呢？艾青用诗化的语言向我们作了启迪："我们乘坐的是永不沉没的船/从天际投下的光始终照引着我们。"这船，即人类历史；这天际投下的光，就是人民群众为了认识世界和改造世界而斗争中获得的智慧与力量，在推动着社会发展的总趋势：科学总要战胜愚昧，民主总要战胜专制，光明总要战胜黑暗。因此，顺应和掌握历史发展的内在规律而生活与斗争，人类的前途、国家的前途、社会的前途，总会无限光明，永远光明。

第七、第八章写的是在为实现科学和民主而斗争的过程中个人的作用。艾青象征艺术的高明在于：他在前面已巧妙地以象征形象的逻辑，暗示着为顺应和掌握历史发展的内在必然规律而战斗的人本身，就是这种"光"的体现。因此，在这部分的开头艾青就说："每一个人都是一个生命/银河星云中的一粒微尘/每一粒微尘都有自己的能量/无数的微尘汇集成一片光明。"为了伟大的光，我们的生命也应该燃烧起来，把自己的光融入伟大的光中。紧接着，艾青着重对自己这一粒"微尘"作了抒发——正同其他革命战士一样，艾青意识到自己"是天文学数字中的一粒微尘""也能反映出比本身更大的光"。他这样描述：

> 在这个茫茫的世界上
> 我曾经为被凌辱的人们歌唱
> 我曾经为受欺压的人们歌唱
> 我歌唱抗争，我歌唱革命
> 在黑夜把希望寄托给黎明
> 在胜利的欢欣中歌唱太阳

并且，当他意识到自己这一粒微尘的光在整个人世银河星云的万丈光芒中虽渺小，却有不可忽视的地位时，他向人民也向自己提出："趁生命之火没有熄灭/我投入火的队伍，光的队伍"；他誓要"为真理而斗争，和在斗争中前进的人民一同前进"。显然，艾青在这里作了庄严的宣告，他要用自己的诗来维护历史发展的必然规律。

艾青曾说："这第八章是给自己写的，这等于是我的宣言。"①

在对"光"作了从自然到人类、从历史到现实、从社会到个人的哲理抒情后，艾青在全诗的最后一章——第九章中，把诗思转向了正在为实现"四化"而奋斗的祖国的今天。他指出："武装我们的是最美好的理想""我们的人民从四面八方高歌猛进"。因此，他召唤人民"把每个日子都当作新的起点"，以"最高的速度"飞翔，"从今天出发飞向明天"，并且教育我们这个古老的民族"将接受光的邀请/去叩开那些紧闭的大门/访问我们所有的芳邻"。这就是说：在现代世界科学、民主之"光"的照耀和鼓励下，我们一定会冲破闭关自守的局面，和世界先进的科学、民主水平并驾齐驱，"从地球出发/飞向太阳"。这"太阳"当然是全人类高度科学文明和各民族高度民主制度所合成的共产主义理想的象征。

通过以上的分析我们可以看到：艾青在《光的赞歌》中，纵谈宇宙变迁，横观现实纷争，全归结于"光"的作用，并暗示出：把人类引向物质文明和精神文明的最高境界的真实的"光"，乃是科学和民主，是客观真理，是自然和社会发展的内在规律。在他对"光"作了从自然到人类、从历史到现实、从社会到个人的哲理抒情后，在最后一章里把诗思转向了正在进行"四化"建设的祖国现实，启示着：在新时期社会制度的保证下，我们社会现实本身就是顺应历史发展的"光"，把现实寓于历史进程中去概括、表现，把历史进程的必然规律以现实的发展趋势来证实，从而使这样的诗不仅显示了艾青个人创作上的又一高峰，而且也体现出当代诗歌在反映时代方面已进入一个相当开阔的领域。

吕剑在《〈归来的歌〉书后》中说："我认为《光的赞歌》是艾青的一篇力作，是他的又一座里程碑。他在更大的幅度之内穷究'光'的问题，实际上它是艾青的'诗体哲学'，他的宇宙观、真理观，甚至他的美学观的一篇诗的表述。"这评价很中肯。

---

① 艾青：《谈艺术民主》，载《艾青全集》第5卷，花山文艺出版社1991年版，第571页。

"我终于恢复了应有的尊严"

艾青不仅以诗来积极参与拨乱反正的时代斗争，还参加了各项社会活动，揭露林彪、"四人帮"的封建法西斯罪行，旗帜鲜明地批判极左思潮给社会民主生活带来的惨重破坏。1979年1月12日，他参加《文艺报》《电影艺术》联合主办的文艺工作者座谈会——他"至少有二十多年"没有参加这种文艺界的座谈会了。在会上，他对套框子、抓辫子、挖根子、戴帽子、打棍子这种反社会主义艺术民主的恶劣作风作了严肃的批判。

这次座谈会上的发言后过了5天，艾青又在《诗刊》召开的全国诗歌创作座谈会上，面对来自全国各地的100多位老、中、青诗人作了长篇讲话。

于是，就在这些日子里，他写了一首抒情长诗《东方是怎样红起来的》。这是对一个时代伟大转折过程的象征性抒写：当"那火球无比威严地/冉冉上升"，而"苦难深重的人间/唱出了最纯朴的赞歌"时，他忽儿有一种开阔的联想和美丽的预测："在我们的首都""在全国的城市和乡村的上空""在同一的时刻/回荡着同一旋律的回声……"

是的，四五运动的平反，十一届三中全会公报的发表和以"真理标准问题大讨论"为核心的思想解放运动声势浩大的展开——这一时代大转折的旋律，也一定会在自己命运的回音壁上发出回声！

"回声"的确很快在艾青的生涯里回荡了。

1979年2月1日，中国作家协会作出"关于艾青同志'右派'问题的复查结论"，宣布为他平反，并恢复其党籍和原级别待遇。

于是，出现了一个戏剧性的场面：在这以后不久的一次会议上，艾青、丁玲和周扬见面了。周扬在此以前已向丁玲表示过歉意，这时又向艾青致以歉意。

两个人握住了已经有21年未曾相握的手。

后来，艾青和人谈起此事时说："当时我对周扬说'俱往矣'，丁玲不同意。她说：'艾青，你和周扬俱往矣，我不能和他俱往矣，我要和他算账。'我说：'21年的账，怎能算得清呢，还是向前看吧。'现在，他们两个都不在了，我还活着。"①

艾青的确是向前看的。就在平反后不久——1979年2月21日，他就担任了诗人海港访问团团长，和邹荻帆、蔡其矫、吕剑、雁翼、孙静轩、刘祖慈、傅天琳、雷霆、高瑛等往广州、海南、湛江、上海等地访问。这是艾青心情特别舒畅的一次旅行，一路上和大家谈笑风生、妙语如珠。在他智慧的目光扫视下，真的，生活处处是诗料。广州越秀公园漫步时，他看到一池金鱼，忽有新鲜感觉，对人说："你看，多像刚才那一树象牙红，撒落在这池水里。"他看到盆景，忽发新奇的联想，对这些"失去了自己的本色"的"不幸的产物"，在笔记本上作了这样的表现："受尽了压制和委屈""生长的每个过程/都有铁丝的缠绕和刀剪的折磨/任人摆布，不能自由伸展""夸耀的是怪相畸形""像一群饱经战火的伤兵/支撑着一个个残废的生命"。在海南岛的海滩上，他像个天真的孩子，赤着脚，肩上背着吊在一起的鞋子，和潮浪争夺着贝壳。于是他有了"大海的馈赠/是无穷的"，还深一层发现："阳光下到处是/俯身可取的欢欣""海滩上的天真/浪花里的笑声"。在湛江，他怀有一份夹竹桃情结，不时地在寻觅街道两旁夹竹桃狂放的花朵连缀成的"嫩红的光带"。多美丽的南方：椰林的风，阳光的海港，神秘果，鹿回头，倾塌的海瑞祠，天涯海角，以及无边的绿色，浓郁的绿色，生命的绿色……他有对绿的神异感受："刮的风是绿的，/下的雨是绿的，/流的水是绿的，阳光也是绿的。"世路的艰辛，生命的转机，民族命运绿色的真实，一齐以苦涩与甘甜、狂躁与安谧、豪放与柔婉对立统一的情感表现形式，向艾青善感的心灵奔来，他写下了一组"南方诗抄"：《绿》《盆景》《天涯海角》《海水和泪》《仙人掌》《鹿回头》《拣贝》《神秘笑了》《珠江夜航》《盼望》《船与船员》《集装箱》《老船长》《候鸟》等。

在南方旅行访问25天后，艾青率团于3月17日由广州奔赴上海。

正是暮春时节，列车驰驱在粤湘交界的路上，艾青倚窗远眺着郴江流过的地方：绿色的大地，蒙蒙的微雨；"看不见沙漠，看不见荒地"。这位"农人的

①　以上有关材料均参考吴洪浩：《不灭的诗魂——艾青》，山东画报出版社1996年版，第179—180页。

后裔",是被深深地激动着了,他没有"杂花生树,群莺乱飞"的逸兴,也没有"郴江幸自绕春山,为谁流下潇湘去"的雅趣,他只想着土地是肥沃的,农民是勤劳的,"看来今年要丰收/日子可能过得好一些/看来人和大地有了默契/自然和人谁也不辜负谁"。而从山谷里冲出的奔流出现了,还有奔流上的木筏:"放筏的顺流而下/迎着风浪也毫不慌张"——这是多好的一个具体化感觉,一个对民族前程、人民前程满怀信心的象征意象,他捕捉住了。应该再写一首诗,像"南方诗抄"中其他的诗一样,美丽的、充满阳光的、一片绿色的南方的诗。可是,艾青的心却莫名其妙地不安起来,一股难以说清的情绪出现了:"人民哪,请告诉我/你还需要什么?/大地啊,请告诉我/你还需要什么?"随着这股情绪而来的,是不断萦绕在心头的这三个句子:

> 为什么……
>
> 为什么……
>
> 我的心还是这般忧郁?

真的,这是为什么呢?原来,他从"土地是肥沃的/人是勤劳的/天在下小雨/人还在地里"这样一片情景看出了隐含在内里的小农经济生产方式,这使他沉思开了,表面的繁荣和美好,掩盖不了实质上的原始和落后。看来广大农民离现代化还是那么遥远,他们还不可能有更好的命运——艾青,这位"旷野的儿子"不能不忧郁了。

他又一次感到历史的责任压在心头的重量!

怀着这种复杂的心情,艾青他们到达这次访问的最后一站——上海,下榻在西郊的云峰宾馆。上海市作家协会派出宁宇等陪同,到工厂,去港口,登海轮,参观访问。艾青"兴致勃勃,不顾劳累,一边听主人介绍,一边用心记笔记"。当登上盐城轮后,"他沿着狭小的扶梯直奔驾驶台,游走甲板,举起了望远镜,眺望上海港两岸的景色。随后,他取出笔记本和钢笔,速写码头上的起重机,江中的轮船"。在这期间,上海市作家协会还举行了盛大的座谈会,邀请访问团出席。在会上,艾青发表了热情洋溢的讲话,并回答了一些问题。有人认为"上海没有诗"，艾青就这个问题谈了自己的看法，认为诗人不应该"离开熟悉的生活"，即使"到街上散散步，到上港五区、十区，也可以得到很多诗"。在他看来根本点在于"怎么写的问题"，并提出"必须听从自己的意志进行工作，自己想写什么就写什么"，而这不会脱离现实——如果诗人能懂得"诗要求更深远的真实"，并以此去"考虑一点长远的人民利益"的话。这个问题显然谈得很深刻。他还回答了有关诗的口语化、散文美的问题："诗的散文化，是提倡诗的语言美。现代人讲的是现代话，我们如果讲的是古人的话，是否希望将来的人讲我们现在的话？我们要忠实自己的时代，诗的散文化实际上是诗的口语美。"①

在上海的日子里，艾青孕育了长篇抒情诗《大上海》，完成了一些抒情短诗《盼望》等。

等艾青回到北京，又一份邀请书在等他了：参加中国人民友好访问团，"出访联邦德国、奥地利和意大利"。经历了四分之一世纪的空白，艾青又可以跨出国门！他，欣然接受了。

真是繁忙的、令人振奋的1979年！

5月中旬，艾青完成了在上海访问期间已孕育了的长诗《大上海》，就随同以外交家王炳南为团长的"中国人民友好访问团"出国了。作为一种巧合，他的国际声誉倒先行一步重游世界，那就是美国学者罗伯特·C·弗兰德的长篇论文《从沉默中走来——评现代诗人艾青》在他出访欧洲三国前夕发表了，这是艾青复出后第一篇由一个外国学者客观而全面地介绍艾青，重评被埋没20余年的"中国诗坛的泰斗"的一篇极有分量的学术文章，因此，艾青的名字及诗已再次在欧美被人传诵，在海外华文世界掀起了热潮。罗伯特·C·弗兰德在文章中这样介绍艾青："在漫长的创作生涯中，艾青孜孜以求的只有一点，希望他的诗能给中国——和世界——的无辜的受害者和被剥夺的人们'些许的温暖'，更为坚毅的决心和勇气。当革命开始带来光明的远景时，艾青希望他的诗能激励人民去建设一个新的美好的世界。"他还把艾青和聂鲁达、希克梅特并

---

① 以上均引自宁宇：《永远出航——怀念艾青老师》，载《萌芽》1996年第10期。

提，称他们的诗"都表达了被压迫者和已经获得自由的人们要倾吐的心声"，他们的诗句已是"跨过海洋，四处传诵"的，"他们笔下的形象和比喻，差不多都是全球通用的，因此各国人民都能从中获得温暖和鼓励"。这位西方学者还认为，他们的诗"都来自人民，无所顾忌地把真理告诉人民，明确地划清敌人和人民之间的界线，始终吹响前进的号角""号召人民走向更加美好的未来"。因此，在罗伯特·C·弗兰德看来，艾青和聂鲁达、希克梅特一样，成了"这一时代的伟大诗人""世界诗坛的大诗人"①。

　　就这样，从1979年起，艾青出访欧亚美、走向世界的繁忙生活开始了。

---

　　① 海涛、金汉编：《艾青专集》，江苏人民出版社1982年版，第37—38页。

第十四章　向世界展现风采

1979年5月17日，载着中国人民友好访问团的飞机抵达联邦德国的法兰克福机场，开始了为期一个半月的欧洲三国友好访问。

出访欧洲三国

中国人民友好访问团随行的工作人员陈明仙女士后来在《诗的力量——记艾青同志访欧洲三国片断》中，对艾青的这次出访曾作过这样的总体介绍：

> 诗人像吸铁石一样，吸引着喜爱文艺的中外人士。在国外的年岁较大些的中国人或中国血统的外籍人，见面后第一句话总是说："我在当学生时就从课本上读过您的诗。"学过中文或中国文学的外国朋友，读过诗人过去的诗，急切地想读到他新写的诗，想了解他这些年的经历和今后的创作计划。三个国家从政治家、企业家到工人、家庭妇女，更不用说知识界，对代表团内有一位著名诗人都感到特殊的兴趣。我们反复地从这些社会地位和政治观点不同的人嘴里听到向诗人说着同一句话："希望你能写出我们国家和我们城市的诗篇！"①

---

① 陈明仙：《诗的力量——记艾青同志访欧洲三国片断》，载《文艺报》1979年第10期。

到达法兰克福机场时，联邦德国艾伯特基金会和德中友协的负责人前来迎接，并且当晚陪同中国客人转乘"空中巴士"飞抵汉堡。汉堡是一座海港城市：战前的古建筑，巴伐利亚啤酒店，一座座容光焕发的花园，郁金香游艇，灰色的天鹅……处处显出明媚、安谧和古雅的风韵。一个清晨，正当残月如镰、雀鸟啁啾时分，艾青伫立阳台，纵目异国街巷，忍不住勾起了一缕忧伤得美丽的思乡情绪，写下了《汉堡的早晨》一诗。三天后，抵西柏林，在"柏林墙"边一家典雅的柏林餐馆，殷勤的联邦德国主人招待中国客人，觥筹交错之余，艾青却被餐厅后面的柏林墙搞得心烦意乱，他仿佛感到那是一把将一座城市切成两片的刀！郁闷了一天的他，在抵达波恩的当夜就写了《墙》一诗。访问波恩时一次中国驻联邦德国大使馆举行招待会，艾青以其诗坛泰斗所特具的魅力，吸引了不少华侨、德籍华人和德国汉学家，纷纷前来打听这些年他是如何生活过来的，北德广播电台记者斯维特里克·沃尔夫冈也前来采访，艾青坦诚地向他们说："一九五七年以后，我同一切割断了关系，我仿佛活在一个棺材里，但世界并没有同我割断关系。最近我才知道，香港不断出我的书，甚至法国也出过我两本书。""我沉默了二十年，还要活下去，要写。当然，许多人死了，这是悲痛的！但'百花齐放、百家争鸣'从前是不能实现的口号，今天的确实现了……我能出国，说明中国政治的确发生了巨大变化。"①离开波恩，访问团又去特里尔，瞻仰马克思故居，艾青写了《马克思故居》和《导游人》。在法兰克福和哥适根，他们参观了几所大学和医院，然后于5月27日抵达联邦德国之行的最后一站——慕尼黑，这里有4天的逗留。在参观达豪集中营时，艾青的心灵剧烈地震颤，写下了《死亡纪念碑》一诗；在特根恩湖滨别墅小住，又使他感受到一种可以与大自然默契的生活境界。他每每在晨雾渐退时分独坐湖滨。这时环湖的云杉掩映出湖水的莹洁，冲出芦苇的天鹅掠起浪花的天蓝，随着几辆小车在高速公路上驶过，他的目光投向旷野的尽头：那儿是阿尔卑斯山余脉，群峰之巅有闪光的残雪；而就在这时，小教堂会懒洋洋荡起钟声，宣告又一个明媚的生活日来到……他因此写成了一首优美的抒情诗《特根恩湖的早晨》。最

---

① 周红兴：《艾青传》，作家出版社1993年版，第496页。

使艾青激动的，是德中友协为欢迎中国朋友而在慕尼黑举行的一次集会，当代表团团长王炳南介绍了中国的近况后，一位德国朋友要求团内的诗人朗诵一首自己新写的诗，艾青就朗诵了《墙》。这"柏林墙"真的是插在德意志民族心头的一把刀！所以在听众中引起强烈反响，一位中年西德妇女站了起来，用充满激情的声音说，她本人也写诗，听了诗人艾青的朗诵，一直不能平静，另一个国家的人，如果不是真诚的朋友，怎么能这样深刻地理解他们民族的苦闷。

结束了对联邦德国的访问，代表团于5月31日到达奥地利。

这里是舞蹈的故乡，音乐的城邦。

他们先到被奥地利人称为"绿色的心脏"的格拉茨市，参观了老城、武器博物馆和中世纪的隧道，在森乔其村与村民共进传统民间风俗餐，欣赏民族舞蹈。又去克拉卡尔多夫镇观看民族舞蹈化的古装阅兵仪式，欣赏粗犷的、富有野性力的民间歌曲演唱。结束格拉茨市的访问后，代表团乘列车穿过"连绵千里的森林""郁郁葱葱的森林""密不透风的森林"，向奥地利首都走去。这是25年前艾青曾经经过的地方，那时他还是徘徊在青春边界线上的人，激情的歌者，如今已是鬓发霜浓、历尽坎坷的智慧老人，但这是同一个中国诗人，同一颗追求人生至美的心。在这条绿色走廊上的绿色旅行，也同样使他有"绿得醉人"的感兴。就着车窗，他急速写下了两首《奥地利》抒情诗。

首都维也纳到了！25年前，艾青在这里徘徊时曾获得过一个令人神伤的意象："维也纳，你虽然美丽/却是痛苦的，/像一个患了风湿症的少妇/面貌清秀而四肢瘫痪。"如今，她又怎么样了呢？艾青徘徊在莫斯河谷的两岸，欣赏着群山环抱的盆地里这一座容光焕发的城市，忽然把握到一个新的意象，这片河谷盆地"是一个绿色的摇篮"，而维也纳竟成了"一个传说中的公主""躺在温柔的怀抱里"。他又穿行在这座城中，见高高的钟楼上，古城堡的岗楼上，17世纪的教堂——皇家的陵墓上，到处有鸽子在鼓动翅膀，而公园的菩提树下，林间小道上，喷水池旁，也到处有鸽子在自由自在迈步，他忽然又把握到一个意象：维也纳是一只飞到施特劳斯雕像的提琴上合起翅膀的鸽子。他又漫步到哈尔斯堡王朝的遗址，出入于"珍宝馆""斯提潘大教堂"，又去"美泉宫"，流连忘返于安东尼埃特的肖像，而在巴登区当年占领军打靶场旧址上，他看到已建起的国家大剧院，正在上演莫扎特的《堂·璜》，忽然，他又把握到一个意象：维也纳是啤酒泡沫要从杯子里满溢出来时旅游者心头的欢乐……于是他重写了《维也纳》，又写了《重访维也纳》《维也纳的鸽子》。

维也纳还给了艾青更多的观赏、访问和游览：芭蕾舞，贝多芬故居，施特劳斯《圆舞曲》中蓝色的多瑙河。当奥地利作家协会、奥中友协的负责人和维也纳的一部分艺术家，陪着中国朋友乘游艇在多瑙河上漂游时，大家围住艾青，也荡开了情感的圆舞曲：一位奥地利演员朗诵了几首法译的艾青诗歌，一位华裔用汉语朗诵了他的《绿》，而《奥地利新闻报》的一名记者跟踪前来，对他提出了这样那样的问题。等他们结束多瑙河上蓝色的荡舟，回到下榻处不久，报纸出来了，那位记者跟踪采访的文章也以诗一样的语言见诸报端："这位友好和蔼、具有愉快而诙谐眼神的先生，是红色中国文学界老一辈中的重要人物之一。向他提出的问题已超出了语言问题的范围。是把他当作智慧的诗歌王子，或者该作为无产阶级的英雄来尊敬呢？……"看来，"迷人的艾青"使这位机敏的记者也迷乱了——他们还不懂得：对于艾青来说，"战士和诗人原是一个神的两个化身"。

代表团又于6月12日到达意大利访问。

对艾青来说，这是一片梦幻的神圣土地。当他还在塞纳河畔作着"画者的行吟"时，曾经神往于罗马，并打算从巴黎出发去作一次旅行，但计划只是个梦幻，最终化为泡影消失了，留下的是神圣的青春记忆。半个世纪已逝，消失的梦幻今又归来，化为一场真实的神圣巡礼——艾青的激动可以想象。更令他激动得惊异的是前来迎接代表团的意中友协负责人，在致欢迎词时，朗诵了艾青在抗战期间写的一首诗《桥》——这是多么别致的欢迎词，却又因那么亲切、那么富有深意而叫人激动不已。艾青听到了意大利智慧的心在说：友好的使者，你们应该是"桥"！"桥"是我们这个时代特别珍贵的！

到达罗马不久，意大利总统和议长出来接见中国人民友好访问团。

这就是罗马：巍峨的神殿，庄严的凯旋门，大理石雕像，露天剧场……但罗马正在走向废墟，它是古老的，衰颓而阴郁的，空气中散发着"破砖烂瓦"的气味，来自东方的朝圣者似乎要对这座古城作感伤的沉思了。但一个意想不到的夜晚扫除了艾青的感伤情绪：意中友协组织当地群众和中国代表团进行联欢，民间歌者们以热情的音乐演唱欢迎东方古国来的使者。篝火熊熊了，罗马劳动者们都汇集到广场来了。有人唱起了当年的游击队歌，越唱越起劲，一边歌唱，一边跳起了舞。代表团的人——特别是艾青被热情邀请，也卷入了舞蹈旋涡中，他也跳了，跳得格外青春年少，而围观的罗马劳动者这时竟齐声唱起了《国际歌》。熊熊的篝火，野性的篝火，映红罗马的夜晚，也映红夜晚罗马人与中国人激动的脸，他们奔放地舞蹈。于是一缕庄严的情思浮起在艾青心头："真正的罗马在这里，我看到了罗马人民的心！"当夜他写成了《罗马的夜晚》。

艾青的判断是对的，罗马依旧充满青春活力，浑身热血沸腾，它的人民要在《国际歌》的旋律鼓动下寻求自己民族之路，因此，他们挚爱《国际歌》哺育出来的中国诗人艾青。在罗马的国际书店地下室里，聚集着一批意大利文艺界人士和汉学家、留华学生，他们在墙上贴起意大利文翻译的艾青的诗，而一位教授正在作关于艾青的学术报告，题目是《杜甫与艾青》——他们爱中国的现实主义诗歌传统。

此时此刻，艾青青年时代梦幻化的罗马情结已被注入新的时代感受，前来深叩他灵感的门扉了。当他参观完元老院遗址，在加里波广场眺望罗马往昔的市容，又在残酷得令人难以置信的古罗马斗技场上徘徊之后，他回忆起了古尔班通古特荒原上夜读《罗马衰亡史》的往事，历史感与现实感如此辩证地交糅在一起，使他对人类血迹斑斑的命运感应升华为正义与邪恶搏斗的生存规律。于是，他有了一首更大构思规模、更高哲理境界的诗的孕育：《古罗马大斗技场》。

告别了罗马，代表团又访问了佛罗伦萨、威尼斯、热那亚、都灵、米兰。铺展在亚平宁山谷里的佛罗伦萨，以乌菲齐美术馆、大卫的裸体像、米开朗琪罗广场吸引了他；以波河边毗亚屈理幽美的幻影和但丁的诗行吸引了他。遥远的文艺复兴时代，这里掀起的人文主义巨浪，至今已波及世界，也在艾青的心头回荡，他为此写了《翡冷翠》。威尼斯水城给艾青留下更深的印象！在他的感觉中，威尼斯是"玻璃做的热带鱼"——"彩色而透明"，是"意大利的镶嵌艺术"，是"从亚得里亚海/飘来了一大片睡莲"，是"大海皇后的冠冕"。当万家灯火的倒影漂动在水里时，他徘徊在水城街头，听着隐隐约约飘来的歌声，他循声而去，看到一个坐在石桥上的青年，面对流动的河水和灯光，正弹着吉他作歌唱："歌声很柔和，/琴声很忧伤；/不知为谁弹，/不知为谁唱；/歌声和琴声，/河水和灯光，/在这深夜里，/一同在荡漾……"艾青就这样吟成了优美的《威尼斯小夜曲》，透现出古稀诗人对青春的梦幻感应还是那么强烈。

终于结束欧洲三国的访问了。代表团离开意大利后，到南斯拉夫的贝尔格莱德逗留一星期才返回北京。

艾青这一趟步出国门所产生的影响是深远的，他面向人类而歌唱的灵感也重新被唤起了。在旅途中，他一连写了21首诗，虽然大多是观光中的即兴之作，艺术上免不了有较多散漫随意处，但像《墙》《汉堡的早晨》《维也纳的鸽子》《威尼斯小夜曲》都堪称佳作，尤其是那首在罗马时孕育、回京后写成的《古罗马大斗技场》，更成了他复出后重要的作品。

重返巴黎

当七十寿辰过去不久，艾青应辛格·波利尼亚克基金会邀请，决定去法国出席"中国抗战文学国际研讨会"。中国去的还有刘白羽、吴祖光、孔罗荪、马烽、高行健，其他还有美国、加拿大、西德、东德、荷兰、意大利、法国等地学者、作家以及专攻汉语的青年一百数十人。会议定于1980年6月16日至19日在巴黎召开。

与塞纳河边那一座世界花都告别已48年，艾青又要旧地重游了。鸟恋旧林、鱼思古渊，他能不激动?!

抵达巴黎后，艾青即去巴黎街头观光，又在当年风光优雅的香榭丽榭溜达，赶到第六区寻访当年住过的地方，还被邀请去"红色磨坊"观看和当年完全两种风格的舞蹈……有人问他："你离开巴黎已经48年，现在又一次来到这里，你看它有什么变化——出现了什么? 消失了什么?"艾青为此写下《巴黎》《香榭丽榭》《红色磨坊》，写出了他旧地重游的最初感觉：

埃弗勒铁塔成了无线电台的播音中心；

僻静的小巷，也一辆挨一辆停满了轿车；

香榭利榭成了这个世界霓虹灯最多的地方，各色人种的游客熙熙攘攘，
当年贵妇人坐马车优游的地方，如今在耍魔术；

马路边闲踱着留长发的嬉皮士，还有些女郎在向路人投去暧昧的微笑；

修长的尤加利树已像个年老的妇人，回忆着往昔的悠闲静宁；

被污染了的塞纳河水，泛动着褐色的波浪……

玫瑰树到哪儿去了呢？记忆中的痕迹再也难觅；里斯本旅店还在，门面已
焕然一新，当年住过的那个小房间也找到了，站在它的窗台下，艾青让人拍下
了一张古稀老人的照片。

圣母院的钟声淡远了，驾摩托的青年男女正飞掠在高速公路上。

因工人罢工已停电，市立剧院外面一片幽暗，巴黎在沉思……

艾青迷惘而感伤。但研讨会开始了，在国际论坛上研讨中国抗战文学的地
位和作用，这对每一个中华儿女来说都会引起一股庄严感的。艾青收拾起骚乱
的思绪，投入热烈的讨论中。

出人意料的是，当讨论会进行到第四天，突然推出了一个"向艾青致敬"
的活动，使这场研讨会出现了高潮。会场的布告栏里，有人张贴了一首《致艾
青》的诗："昔日在巴黎是画家，/今日重返巴黎是诗人。/五十春秋过去，/心儿
却永远年轻。/如今重新拿起画笔，/画一艘大三桅船搏击暴风！"接着，这位诗
人高呼：

去吧！饱经沧桑的斗士，

前进！在大海上，在浪涛中！

这一次活动由斯坦福大学的威廉·莱尔教授担任主席。中国代表高行健作
了《艾青的诗学》的长篇发言。这位获得诺贝尔文学奖的作家的发言是从"时
代的号手"的角度进入艾青的诗学世界的。高行健首先认为："应中国人民的解

放运动而生的中国新文学运动怎么也脱离不开时代的要求，新诗则是中国新文学的号角。"而在新诗坛的众多号手中，"艾青这一支铜号最嘹亮，声音传播得也最为悠远"。接着，他介绍了艾青革命人生的历程和半个世纪的创作道路，并指出：艾青始终"站在中国的土地上，把中国人民灾难深重的痛苦和坚韧不拔的斗争精神传遍了中国大地，乃至于全世界"①，因此"是当代中国诗人中声誉最高的一位"②。他还深入地探讨了中国的抗战使艾青"进一步形成了自己的风格，显示了一个大诗人的才华"。他这样说："如果说，在他一九三六年出版的第一本诗集中，还听得出那支从'彩色欧罗巴'带回来的芦笛，那么，在抗日战争中成熟了的诗人，吹的却是中华民族的铜号了。他既吸收了兰波、阿波里奈尔、凡尔哈伦给予他的启示，又摆脱了欧洲时代诗风语言形式上的影响，从全民族的抗战中找到了自己的题材，并在本民族语言的基础上，创造了一种新鲜、纯净的诗歌语言。代替受难的'拿撒勒人'向象征的耶路撒冷前进的，是'脸上刻满了痛苦的皱纹的农民'和'被煤烟弄脏了衣服的工人'，向着抗战的胜利前进。"最后他说："沉默了二十年的人民诗人艾青，在今天的中国，又放声歌唱了。他依然是时代的号手，依然忠实于自己的理想。"③

巴黎第八大学的米锡尔·洛阿夫人接着发言，高度评价了以艾青为代表的中国抗战时期的诗歌，并细致地分析了艾青抗战时期的一些著名诗篇。

《艾青诗选》的法文译者卡特琳娜·菲霞一封致艾青的信在会上宣读："看到您在经历了漫长的磨砺之后还这样健康、这样坚强，这对我们大家是很大的鼓舞。在您从北京带来的近作中，我们发现了您以往的佳作中所包含的同样的力量，同样的慷慨，您的老读者们为此感到庆幸……"

威廉·莱尔教授以研讨会主席的身份，朗诵了他自己和其他法国朋友献给艾青的三首诗，其中有一首这样写："解放了，平反了，/《火把》点燃了，/

① 高行健：《时代的号手——在巴黎召开的抗战时期中国文学国际讨论会上的发言》，载《诗探索》1980年第1期。

② 柳门：《中国抗战文学国际座谈会在巴黎》，载《读书》1980年第10期。

③ 高行健：《时代的号手——在巴黎召开的抗战时期中国文学国际讨论会上的发言》，载《诗探索》1980年第1期。

《乞丐》得到爱护了，/从今以后，诗人，/人们永远热爱你！"

　　艾青在热烈的掌声中走上讲坛，作了《中国新诗六十年》的演讲。他概括地论述了中国新诗发生的原因后，就对新诗60年的发展历程作了系统的回顾，并在回顾中对各个时期有突出成就的诗人作了很有分寸的评价，而特别对抗战时期的新诗，艾青作为亲历者，感受特别多，论述得也特别全面深刻。他认为抗日战争是中国人民久已在渴望着的，一旦爆发，"一百年来的民族郁愤，在一个巨大的决口上奔涌出来了"。而新诗，就是民族郁愤在巨大的决口上奔涌得最好的手段之一，"许多诗人活跃在各个抗日根据地和各个游击区。甚至很多原来是'新月派'和'象征派'行列里的诗人，也在民族危亡的关键时刻惊醒起来，唱起抗战之歌了"。因此，他认为："这是继'五四'以后又一个中国新诗空前发展的时期。我国当代的许多著名诗人，大多是从伟大的民族解放战争时代涌现出来的。他们和人民一起思考，一起走上前线。他们的命运和整个民族的命运联系在一起。"他不仅提到田间、臧克家、戴望舒、力扬、何其芳等战前已有成就的诗人，作了很高评价，还对陈辉、鲁藜、魏巍等青年诗人的创作大为赞赏："当时许多的青年诗人，深入到战区，探入到敌人占领的地区打游击，在激烈的战斗间歇写下的诗，是绝非空想所能企及，也非整天看着云彩能写出来的。这些诗带着早上的青草和含着露水的花的香味。"他的主题报告结束时，还在回答提问中对有些看法作了发挥。谈到受法国文化的影响时，他说："我五十年前来过法国，感受很深。我知道的印象派画家很多，但知道的诗人很少。我爱法国诗，但读得却不多。"谈到诗的好坏，他认为不能以难懂或易懂为标准："李金发是我的老师，他的诗比李贺的还难懂。诗是不是以难懂为最好？我怀疑。诗，我看不懂，就摇头。"当有人提出抗战时期有些附敌的知名作家，是否还值得研究其技艺成就时，艾青激动地说："假如日本人拿刀往我们脖子上砍，还不喊，礼貌上还说该让他砍？日本人带了猎狗来，难道还请他进来喝咖啡？作为一个中国人那个时候说不要抵抗，那就是脸皮特别厚。日本人也不是见了中国人个个都杀，你要跪下来向他微笑，他也可能不杀你，还给你工作做，那就叫汉奸。……文学家还得是个人。"最后，艾青还对主席威廉·莱尔教授和其他友人们写诗对他赞美作了感谢，但他说：

"这不只是对我个人的承认和尊敬，而且是对我的祖国及其文学的承认和尊敬。"

一阵热烈的掌声！

这期间，法国报纸纷纷发表评价艾青及其作品的文章，刊登了艾青的照片和签名。

这期间，法兰西歌剧院举行诗歌朗诵会，节目单上，艾青的名字和法国人民最喜爱的两位现代诗人艾吕雅和普列维尔并列在一起。

这期间，巴黎市市长接待了中国贵宾，特地对艾青说："我读了你的诗。你能否在欧洲多留几天，到那不勒斯，那里集中了很多诗人。"

巴黎毕竟是值得留恋的，但出访的日程排得很紧，他不得不谢绝市长的挽留，告别这一座能带给他青春梦忆的花都，和中国代表团其他成员一起，去法国的滨海城市尼斯、蒙特卡罗小住几天，于6月28日进入意大利，艾青再次游览了古城罗马等地，然后，结束了这次欧洲出访。在这些天里，艾青又先后写了《尼斯的早晨》《蒙特卡罗》《尼斯》《古罗马的小油灯》《花》等诗。在《古罗马的小油灯》中，艾青抒唱了一个朋友赠送给他的这件古罗马文物，怀古的心绪使他对这盏在电灯的世界里显得十分可怜的小油灯作了沉思："它以小小的光/照亮幽暗的历史的长廊/把人类引向光明。"这是不是也隐含着艾青对重访巴黎时某种怀旧情感的辩解心绪呢？在艾青日后写的《我的创作生涯》一文中，曾感慨地提及这次重游巴黎的事："有人问我：'你离开巴黎这么久了，你看它有什么变化？'我说：'凯旋门、巴黎圣母院、铁塔，依然如故。但是，十三区盖了这么多高层建筑；还有戴高乐国际机场，蓬皮杜文化中心，高速公路，汽车也增多了；街上有很多穿喇叭裤、戴黑眼镜、骑摩托车的青年男女。巴黎大变了。'"看来，半个世纪以前的巴黎，也像古罗马的小油灯，曾以小小的光照亮过历史的长廊，把巴黎引向当今更大的光明。

怀旧的感伤在新一轮现代文明的光照下已经消隐了，心境平和的艾青于7月7日回到北京。

飞向惠特曼的故乡

一份大洋彼岸的邀请函，又飞到了北京东城的史家胡同27号：美国爱荷华"国际写作计划"主持人聂华苓及其丈夫保罗·安格尔邀请艾青去美国进行为期4个月的写作与访问，同时还注明请夫人高瑛陪同前往。

小说家王蒙也收到了这样的邀请函。

就这样，艾青从法国回来不到两个月，又要跨出国门了。这次总算由夫人高瑛陪同，生活起居有了照顾。他们于8月24日与王蒙一起，经广州到九龙，在香港稍作逗留。在香港短短两天的停留中，艾青一气呵成了抒情长诗《香港》的初稿。然后，于8月27日飞抵旧金山，8月30日又飞抵美国中部著名的大学城爱荷华。

这是个拥有8万人口的山城，而5万是大学里的师生。爱荷华河明净的流水穿城而过，城向两岸伸展，一家一幢的住宅全是别墅式的，红瓦白墙掩映在浓郁的林木丛中，和美国其他城市的骚乱、喧嚣有天壤之别。艾青很爱这个富有田园风光的地方，把它比作"一首没有被污染的抒情诗"。当聂华苓夫妇及孩子们把他们从机场接进"五月花"公寓住下，艾青仿佛感到自己进入了安徒生的童话世界里。

艾青像一块特殊的磁铁，竟具有那么大的磁场。除了受邀请而来的25个国家（地区）的作家都被吸引在艾青周围，还有不少旅美华人作家、诗人、学者以及从大陆、台湾去的中国留学生，也都闻名前来看望这位"中国诗坛的泰斗"。为了满足被这"磁场"吸引住了的中华儿女能在艾青身边一起交流诗情、画意、爱国之情，"国际写作计划"的主持人聂华苓借自己的寓所于9月12日开始举办第二度"中国周末"活动。这一天晚上，先由台湾画家刘国松夫妇做东，为欢迎来自大陆、台湾、香港的，以及来自美国各地的华人作家、艺术家，在聂华苓家举行盛大宴会。出席宴会的除了艾青夫妇，还有从大陆去的王蒙，台湾去的吴晟，香港去的李怡，纽约去的於梨华、姚庆章、陈幼石、秦松、郑愁予，加州去的陈若曦、许芥昱、单川玉，圣地亚哥去的李黎，威斯康星去的周策纵，印第安纳去的李欧梵，洛杉矶去的翱翱，芝加哥去的张系国、许达然，俄亥俄州去的张明辉、兰曼，以及来自海峡两岸的留学生。

刚从中国访问归去的爱荷华州州长罗伯·雷从一百多英里以外的首府逊·莫因偕夫人开车赶来参加宴会。

大家像久别重逢的亲人、朋友，乍一见面时忍不住发出惊呼、拥抱，之后，又纷纷把手伸向"磁场"中心的古稀老人——艾青：

"艾老，我从学生时代起就爱读你的诗，找不到你的诗集，我手抄了一本！"台湾诗人吴晟说。

"我写诗是受你的影响，你的许多诗我都能背！"从东海岸纽约赶来的旅美诗人秦松握着艾青的手背诵起来，"雪落在中国的土地上，寒冷在封锁着中国呀……"

一位年轻的女士从人群中冲进来，大声说："艾老，我又见到你了，我要拥抱你……"她叫李黎，来自圣地亚哥的小说家。

一个已不很年轻的留学生站在一角怔怔地望着被众人围在中间的老诗人，心头映现出钱塘江边的乡村小学，"好好学习，天天向上"的课堂，语文老师在向他们朗诵《春姑娘》……她忍不住对身边的男友悄悄儿说："我们是不是在做梦？"

于是，大家吃中国菜，干杯！再干杯！有人翩翩起舞了，又有人加入了；有人唱起了祖国的民歌，"跑马溜溜的山上……""月儿弯弯照九州……"有人唱起了抗战歌曲："万里长城万里长……""起来，不愿做奴隶的人们……"艾青也情不自禁地用浙江方言唱起《大刀进行曲》。"整个晚会，充满了乡愁和由于难得见面的欢乐所交织在一起的感情"[1]。

"中国周末"活动的第二天下午，爱荷华大学英文系哲学大楼举行了诗歌朗诵会，正巧在美国加州的袁可嘉也赶到了，不少外籍作家与来宾也来参加了。朗诵会由旧金山州立大学的许芥昱教授主持，聂华苓首先致辞说："今天是中国

---

[1] 艾青：《在爱荷华的"中国周末"》，载《艾青全集》第5卷，花山文艺出版社1991年版，第271页。

作家的三代同堂，老一代的、中年一代的、年轻一代的，介乎老年的中年的，他们合在一起，就是一部中国现代史，包括二十世纪中国社会的变动，国家的兴衰，人世的沧桑。因此，他们到爱荷华来和我们这些海外作家和世界许多地区来的作家相聚，这实在是一件大事，一件大喜事。他们千山万水来到这儿和我们相聚也说明了一点：人在大陆也好，人在台湾也好，人在海外也好，我们血管里流着同样中国人的血——这一丝血缘关系是不可分割的……当然，这样的聚会最好能发生在北京，在台北……"

朗诵会开始了。郑愁予朗诵了艾青的《雪落在中国的土地上》，秦松朗诵了艾青的《透明的夜》《礁石》，袁可嘉、吴晟、周纵策、李黎等纷纷登台朗诵了自己的近作。大陆的、台湾的、香港的、旅居海外的三代中华儿女，围绕着艾青，以诗交流着故土之恋，祖国的爱……①

就在这些日子里，灵感不断来叩击艾青的心扉。他一早起来写作，写倦了，就到公寓前面的草坪散步：高大的榉子树，烈火燎原般的枫林，爱荷华河迢遥的波光，露珠样新鲜的清晨空气，以及不知从哪个角落传来的斑鸠渴求的唤声……于是灵感又像沐浴过一样走来！他写下了《远方有城市》《衣阿华》《爱荷华的红叶》《百老汇舞蹈》《保罗·安格尔》等诗。

而旅居美国各州的侨胞、美籍华人及美国朋友又纷纷来邀请艾青夫妇前去做客。在爱荷华写作和休养了两个月后，艾青又成了密西西比河畔的浪游者，足迹踏遍了美国东南海岸及中部的许多城市。

艾青夫妇到了芝加哥，诗人许达然等热情地接待了他们。艾青穿行过高层建筑之间的"峡谷"，登上了"世界房屋之巅"——110层楼西尔斯公司大楼，仰望苍天、俯瞰全城，大有矗立于人造珠穆朗玛峰之感。他还参观了芝加哥美术馆，见到多幅青年时代渴望见到的世界美术大师的作品，他感慨了："于是毕加索和芝加哥/两个名字连在一起。"而当他在芝加哥大学校园漫步的时候，忽然听说使广岛夷为平地的第一颗原子弹就是在这里制造的时，心隐隐作痛起来。

---

① 参考艾青：《在爱荷华的"中国周末"》，载《艾青全集》第5卷，花山文艺出版社1991年版，第271页；高瑛：《爱荷华"中国周末"小记》，载《人民日报》1980年10月21日；杨匡汉、杨匡满：《艾青传论》，上海文艺出版社1984年版，第283—284页。

他为这座全像处在飞奔状态中的"浮游的灯火的海岸"般的城市，写下了《芝加哥》一诗。

11月8日，他们来到了纽约，画家姚庆章当晚宴请了艾青夫妇和王蒙，以及也正在这里访问的卞之琳、冯亦代和沈从文夫妇。老朋友在异国相逢，分外亲热。在纽约期间，艾青应哥伦比亚大学、耶鲁大学之邀，由於梨华陪同，去作了演讲，还去参观了大都会博物馆、美术馆、帝国大厦、联合国大厦。又应宾夕法尼亚州大学之邀，去费城两天，参观宾州大学，作了演讲，该校校长宣布将印有艾青速写像和艾青签名的请帖装入学校档案，作为一次珍贵的文化纪念。返回纽约后，应纽约一批来自海峡两岸的和旅美的作家、诗人之邀，去哥伦比亚大学教育学院汤逊堂出席由《新土》杂志主办的"中国文学创作的环境与前途"座谈会，主持人洪铭水教授在欢迎词中对艾青的诗坛归来表示了热烈的祝贺，并说："我个人希望这次艾青之获得解放也象征着中国的获得解放。"座谈会上，艾青谈了自己的创作历程，王蒙介绍了中国文学创作的现状，吴晟谈了"乡土与诗"的问题，夏志清、葛浩文、秦松、郑愁予也发表了自己的看法。

在纽约，艾青还意外地遇见了1946年在张家口时结识的美国汉学家罗伯特·佩恩，这位美国学者那时在西南联大工作，因为作"艾青和卞之琳研究"而特地从昆明赶到张家口去看望过艾青。35年后重又见面，罗伯特·佩恩还记得艾青很喜爱显克微克的版画，就邀艾青上他家做客，以这册版画相赠；两位老人还彻夜作"沧海桑田的对话"。这给艾青留下中美人民友谊的深刻印象。

11月17日，艾青为这一座矗立在哈得逊河口、以"巨大无比的钢架"结构成的、人都是"生活在钢的大风浪中"的大都会献出了一首诗：《纽约》。如何抓住这座现代物质文明顶峰城市的新鲜感觉，表达出来，是很不容易的，艾青自己也感叹地说："我费了多大的劲去把握它！"①所以这是一首写得比较成功的诗。

在纽约住了21天后，艾青他们到了波士顿。参观哈佛大学，艾青还被邀作了演讲。访问波士顿大学，在那儿会见费正清教授，艾青和他也是1946年在张家口见过面的老朋友。费正清笑着对艾青说："我记得你当时的第一句话是：

①杨匡汉、杨匡满：《艾青传论》，上海文艺出版社1984年版，第286页。

'我希望你给我们送来惠特曼，而不是送来马歇尔。'"在这里，艾青作《得丽湖畔》等诗。在波士顿住了两天就去华盛顿。在华盛顿，艾青参观了世界上藏书最多的美国国会图书馆，馆内收藏了多种艾青的著作。也参观了白宫、国会大厦、水门公寓，美国国际交流总署隆重宴请艾青。逗留三天，即去印第安纳，应印第安纳大学之邀，前去讲学。

艾青他们在漫游美国各大城市一个多月后，于1980年12月2日返回爱荷华。

终于临到要告别爱荷华——这首"没有被污染的抒情诗"了！终于要和聂华苓、安格尔道声"再见"了。"国际写作计划"的主持人举行了盛大的宴会，为艾青一行饯行。12月13日，众人在依依不舍中离开了爱荷华。

归途中，艾青他们在洛杉矶稍作停留，参观南加州大学，饱览了美国另一类型的城市风景，使艾青引起特别新鲜感觉的，是这座城市四处弥漫的雾。他抓住了这一点，写成了《洛杉矶》一诗。他从抒情对象的朦胧中写出了南国风光的朦胧美。12月18日抵达旧金山。这是艾青他们在美国的最后一站，葛浩文等朋友在等待他们的到来。艾青出席了由葛浩文主持的座谈会，会见了几位美国诗人，还结识了一位华裔工程师，听他讲述当年成千上万背井离乡来开发旧金山的老华工悲惨的历史，大受感动，使他走在这座繁华城市的每个地方都感到洒着中华儿女的血汗，因此，顾不得旅途劳顿，写成了长诗《旧金山》。12月30日，由旧金山飞抵香港。在香港又逗留一个星期。1981年1月8日，返回北京，结束了为期四个多月的美国之行。

回顾这段时间的生活，艾青深有感慨地说："在这四个月里，使我感触最深的，是同旅美同胞相处时，他们流露的对祖国的热爱。我们相互间增加了了解，增进了友谊。"[1]

法国和美国之行，不仅使艾青写下了不少动人的诗篇，丰富了他第三个创作高峰的精彩内容，增添了创作价值的分量，并且使艾青作为"中国诗坛的泰斗"的形象，在世界华文文学界和国际诗坛都扩大了影响，进一步显示出艾青

---

[1] 周红兴：《艾青的跋涉》，文化艺术出版社1988年版，第552页。

作为中国文学界的代表人物大踏步走向世界，为世界所接纳的风采。所以，对艾青来说，这是难忘的1980年。

亚洲巡礼

1982年清明过去不久，联合国教科文组织新闻办公室、亚洲教科文协会与俱乐部联合会，联合向艾青发来了邀请函，邀请他赴日本参加在东京和京都召开的"亚洲作家讨论会"，讨论的题目是《文化特性：欧洲的观点和前景》。这次会议的时间不短，有8天，但规模不大，只邀请了中国、日本、印度、巴基斯坦、菲律宾等9个亚洲国家的11位著名作家、诗人参加。艾青接受了邀请，由中国作协外联部资深翻译家金坚范陪同前往。

4月11日，一个春光明媚、樱花盛开的日子，艾青他们飞抵东京。

艾青不曾去过日本，对这个岛国他怀有一种复杂的感情。和中国所有的爱国者一样，他对日本军国主义分子侵略中国、造成我们民族无尽灾难的往事是仇恨的，不会忘记的，但对日本人民的勤劳、质朴和富有进取性的精神又十分赞赏，怀有十分亲切的友情，特别是日本文化与中国文化在历史上的血缘关系，更使他对这个邻邦人民增添了亲切感。所以当他一踏上这块土地，就颇为兴奋，甚至觉得"在这样一种美好的春日里来谈论文化特性，真是太富有诗意了"——这是他和日本代表、资深小说家井上靖见面时表达的心情，也是他出访日本整个过程中的心情。

12日，举行讨论会开幕式，会后，亚洲教科文协会与俱乐部联合会主席清志数野设宴招待。13日，开始大会发言，艾青在会上作了《民族文化与特性》的长篇发言。

这是一次相当精彩的发言。

首先，从文化的全球视界看，艾青认为："民族文化是一个民族精神劳动的成果，也是人类共同的财富。在历史的长河中，各民族创造了具有鲜明的特点、浓郁的风格的文化。民族不分大小，一律平等。每一个民族的文化，都有它自己的不同于其他民族的特殊性。这种特殊性，便是各民族在世界文化共同宝库中所作的贡献。"从这一点出发，艾青在发言中强调各民族文化交流的必要性，并回顾了中国在历史上"乐于也善于同别国的优秀文化进行交流"的情况，特别提及同印度、日本的感人至深的文化交流情况，也指出："日本明治维新之后，在文化上急起直追欧洲，成了中国与其他一些国家文化交流的桥梁。"而这样的文化交流更重要的意义则是"增进各国人民之间的相互了解和发展友谊的一座很好的桥梁"。

其次，从各民族文化的个体视角看，艾青认为："形成一种民族文化，是由历史、地理、经济、生活习惯、审美观念等因素所决定的。每一个民族要珍重自己的文化传统。"他不无自豪地谈及了数千年来中国人民创造的灿烂文化，以及在文学艺术上已形成自己的民族传统，积累了丰富的艺术经验等方面情况，也介绍了中国政府十分珍视自己的文化，以及在保护文物与文化遗址方面采取的措施，认为中国政府提出"剔除其封建性的糟粕，吸收其民主性的精华"的政策，"是发展民族文化，提高民族自信心的必要条件"。同时也强调："要发展本民族的文化，还必须吸收外国文化中一切进步的、健康的东西。"也就是要"洋为中用"："不是无选择地盲目搬用，而是在中国文化传统的基础上，有条件地吸取各国进步文化。"艾青讲到这里，还特别以中国新诗的产生作例来说明这一点："现代的中国新诗，在外国各种流派的冲击下，打破了古典诗歌的格律，打破了古奥的文字，尊重自由创作，采用日常的口语，在技巧上也比较多样化，能更广泛地反映现实生活，因之也更为广大人民群众所喜爱"，但又指出新诗革命中这种接受外来影响和移入新的诗体，"并不是随心所欲的决定"。新诗革命的经验也宣告着："只有那些适合民族需要的东西，才能在本民族的土壤中生根、开花，成为本民族艺苑中的香花。反之，那些不适应民族需要的东西，是找不到生存土壤的。"

最后，提出各民族文化交流中"不容忽视"的一点："文化的相互影响是一种非常复杂的现象。进步和落后的文化，民主和封建、健康和颓废的因素，又经常交互作用，呈现出错综纷纭、鱼龙混杂的局面。因此，吸收外来文化的影响，是一个分析、鉴别、咀嚼、哺化的过程，不能毫无批判地硬搬和模仿。"他提醒大家注意历史上曾经发生过的殖民主义者文化侵略的罪行："即使在科学技术高度发展的今天，文化之间的相互影响达到了前所未有的程度，也必须遵循批判地吸收，抵制腐蚀的原则。"讲话到此，艾青说出了一句富有高度形象概括性、语惊四座的话：

> ……茶叶与咖啡当然可以并存，但是鸦片与大麻必须禁止，科学与迷信必须加以区别。按此原则各民族定会创造出更加光辉灿烂的民族文化。

这一席讲话的简洁、雄辩和深刻性，赢得了与会代表极大的反响、高度的赞扬。

4月15日，"亚洲作家讨论会"移至京都继续举行，艾青他们乘火车前往。在京都他们参观了皇宫和离宫，还出席"亚洲作家讨论会"代表与京都文化人士的圆桌会议，以及《大阪新闻》的招待会。

瞻仰岚山周恩来诗碑，是艾青在京都逗留期间一项重要的活动。

4月21日，艾青从日本返回北京后，又接到新加坡写作人协会和新加坡文艺研究会联合发出的邀请函，邀请他和萧军、萧乾偕同夫人参加新加坡"国际华文文艺营"活动。

这次访问活动他也还是参加了。

新加坡的这场华文作家聚会的讨论内容其实是日本那场"亚洲作家讨论会"话题在一个方面的发展，即讨论华人作家在从事华文文学创作中如何继承中华人文精神和发扬中华传统文化的问题。经过多次磋商，这次会议直到1983年1月上旬才召开。时间选定得恰到好处，因为那时北京正是滴水成冰、雪花纷飞的季节，而新加坡却温暖如春。

被邀参加此次活动的，有北京、台北、香港、吉隆坡、槟城、马尼拉、汉城（首尔）、东京、爱荷华、纽约等地17位用华文写作的作家、诗人、学者。北京方面的艾青、萧军、萧乾分别由家人高瑛、萧耘、文洁若陪同前往。他们在1月13日飞抵新加坡。诚如艾青在日后写的《新加坡的聚会》[①]一文中说的，

---

① 艾青：《新加坡的聚会》，载《时代的报告》1983年第5期。

这次活动的直接目的是"使许多国家从事华文写作的作家和诗人们在一起讨论如何发展华人文学的问题"。

艾青到新加坡后一直感冒，最初几天的活动无法参加，1月15日下午才勉强来到会场。18日上午，"华文文艺与未来"座谈会在人民协会礼堂举行，他也出席了，《星洲日报》为此发表了《艾青来到讲台上》等文章。一时间，新加坡报纸纷纷发表艾青在新加坡的报道，评价艾青作品的文章、选登艾青各个时期的作品，形成了一股"艾青热"。

19日上午的总结会上，艾青坚持出席，并作了即兴演讲。他认为："文化像水，像空气，是会流动的。文化在交流中产生影响。只要善于吸收，善于借鉴，就会发扬光大。"从这个前提出发，他提出要使华文文学获得更大的发展，就应该提倡向外国学习，并以新诗为例说："我们的新诗，从它诞生的时候起，就深受外国诗歌的影响，这种影响使我们的文学艺术更加丰富，更加发展。"他还谈到东南亚华人对华文文学创作如此重视的重要一点，应该说是保存华文，保存东南亚华人"国有的（从中国带去的）文化"，使之不会"丧失掉"，不至于"被同化到旁的文化中去"。所以他提倡大家对东南亚华文文学——尤其对新马华文文学要加强研究。他的这席话，对炎黄后裔、海外游子是极大的安慰和鼓舞，使与会者深受感动。

在告别宴会上，一位叫邝摄治的代表意味深长地说："尽管英文英语在经济前途上好过华文华语，但是当一个外黄（肤色）内白（文化）的'香蕉人'是痛苦的。那样，就会像无根的浮萍般地飘荡了。"艾青听了大受感动，所以返回北京后他特意写了散文《新加坡的聚会》，讲了这次活动的经过，对讨论内容作了综合介绍，自己针对讨论话题的临场发挥也写了，而当回忆到邝摄治的这段话时，他动了感情，在文章中这样写道："我深深感到我们应该关心那个角落里华人所面临的问题，帮助他们不要把'根'丧失掉。不但关心，而且应该给以有力的支持。"

从严格含义上说，时间短促并受病魔干扰的新加坡之行，是艾青生命的新航中走出国门的最后一次。

第十五章　人生的晚霞风光无限

从1978年4月30日《文汇报》上发表《红旗》一诗，宣告艾青的"归来"起，到1984年发表《全世界都看见天安门》后基本上不再写诗止，短短六年时间，他共写了180多首诗，惊人的数量和质量，标志着艾青又一次创作高潮的出现，也展示了他人生的晚霞风光无限。

这180多首诗使艾青出版了三部诗集：1980年5月四川人民出版社出版的《归来的歌》、1982年10月江苏人民出版社出版的《彩色的诗》和1983年11月黑龙江人民出版社出版的《雪莲》。

又一次站在诗坛最前列

读着艾青的这些诗，使人深深感受到：这位"中国诗坛的泰斗"生涯里默默无闻的21年，并不意味着他诗人事业的一长段空白，可以说那是艾青在突破以往创作水平前扎实地积累生活和顽强地探索人生的沉思时期——虽然为此他付出了很痛苦的代价。坎坷的经历使艾青获得了一个真正能投身人民群众实际生活中去的大好机会，而"文化大革命"又使他得以深刻地感悟到革命的道路上真正的绊脚石是什么，自己的创作道路上真正的危机是什么。诚如前已引述过的，他在《谈艺术民主》中说："一九一九年的'五四'运动到一九七六年的'四五'运动，走了漫长的五十七年！而我们今天好像还在补五十七年前的课，要求科学、要求民主。"这正是他多年沉默地探索、冷静地观察后的一次彻悟。

也正是这些，促使艾青能站到一个新的高度来进行创作，在认识生活、概括生活和表现生活上，能把现实感和历史感交织起来，情感与哲理、精巧与自然交织起来，从而使这批诗作成了艾青创作的又一块里程碑，也无可争议地成了新时期文学创作中富有代表意义的优秀诗篇。

高尔基曾经认为：一个现实主义诗人，在诗中多少得做一个历史学家。的确，现实毕竟是历史发展过程中某一个阶段而已，所以反映现实是离不开历史发展的必然趋势的，而这样做也就使诗人的创作能达到历史哲学的高度。《归来的歌》概括生活的基本路子就具有这种历史哲学的特性。艾青在这部诗集中确显示出一种历史学家的胸襟，能把现实与历史交织起来抒情，这从《在浪尖上》《光的赞歌》《古罗马大斗技场》《大上海》《迎接一个迷人的春天》《天涯海角》《每个人都要从自己开始》等诗作中见出。尤其是《古罗马大斗技场》和《光的赞歌》，在这种现实与历史交织的抒情中升华出了有关人类之命运的哲理感悟。吕剑在《〈归来的歌〉书后》中说："我认为《光的赞歌》是艾青的一篇力作，是他的又一座里程碑。他在更大的幅度之内穷究'光'的问题，实际上它是艾青的'诗体哲学'，他的宇宙观、真理观，甚至他的美学观的一篇诗的表述。"这种站在历史哲学高度的创作境界，使《归来的歌》中涉及个人命运感受的抒情，显示为从内心伤痕无法平复、长年隐痛中超越出来，转化为和历史进程相交融的豁达奋进。《海水和泪》中的伤痕感无疑很强烈，但诗篇最后说："总有一天/海水和泪都是甜的。"《鱼化石》则以"即使死亡/能量也要发挥干净"这一庄严的使命意识，来化解不公道的世界带给自己的无尽"悲酸"。所以《归来的歌》中纵有伤痕感，却没有汇入"迷失的一代"。他总是"从自己开始"把伤痕感和使命感交织起来，去迎接新的生活的挑战。在《每个人都要从自己开始》里，年已古稀的他甚至用诗的语言向"迷失的一代"发出召唤："赶上来""迎接每一个日子/和人民一同前进"。而也正是在这种历史哲学的高度，使他在这本诗集中抒唱社会主义祖国"四化"大建设时，集中表现的是建设者精神境界具有历史哲学感悟意味的变化，《盼望》是最典型的。至于一批出访欧美的抒情诗，则既体现了现代文明对传统文明的威胁，又显示出现代文明本身在残酷的竞争中发展，从而为西方的现代文明唱起了"欧罗巴圆舞曲"，这也正是他以历史哲学的目光观照西方社会的必然。

《彩色的诗》和《雪莲》两部诗集无论写的是社会情状、现实人生，或是西方都会、自然风光，所涉及的抒情思路大致说有两条：一是以生命的动为表现形态所显示的本能冲突，另一是以生命的静为表现形态所显示的本能和谐。具体地说，它们体现为如下三类抒情：首先是社会人生的安宁中生存的和谐，如《北京的早晨》，抒发的是早已从他心头失去如今重又把握到的一脉有关北京"清新"的黎明的感受。它以繁华的街头车辆疾驶而过的喧闹声和挂在街树上的鸟笼里传出的鸟鸣声相交融——这两种声音的对比来暗示奔跃的生态环境中异样的清新与安宁感，这是不带政治痕迹的社会生活感受的抒发，却透现出艾青对三中全会以后国泰民安的心境感受。《当你睡梦中》《得丽湖畔》等则以对自然世界本体和谐的抒情来显示这种生存安宁的心境感，这些诗反映出艾青已把出于复出思动和政治激愤的抒情特色在作淡化。其次是对现代文明追求中欲望的宣泄，这一类诗主要写他对西方世界的感受，显示为从欲望宣泄的角度看待西方文明：既有对迥异于兽性的创造欲望及其成果的赞美，又有对雷同于兽性的本能欲望及其表现的诅咒。这种赞美与诅咒对立统一的抒情，使艾青写出了一批对西方文明诗性体现得最成熟的诗篇，如《蒙特卡罗》《纽约》《巴黎》《香榭丽榭》《芝加哥》等。最后是面向海洋的开拓中世界的大同，这体现在抒情长诗《面向海洋》中。可以说，《面向海洋》是艾青从艺术辩证法出发去观察、体验和概括生活，又在"面向海洋"所象征出来的人类命运演变规律中，探求宇宙社会以及生活的辩证规律而写成的一首表现人类文明追求的史诗，它以开阔的境界、高远的主题、原型象征的艺术所完成了的这一场宏观抒情，成了艾青创作高潮中可以和《光的赞歌》并峙的顶峰型名篇。如果说《光的赞歌》体现了艾青的诗体哲学观，那么《面向海洋》则体现了他的诗体史学观。艾青一生面对纷乱世界的感受、思索及探求人类命运演变必然轨道后，终于在《面向海洋》中作了一次诗性总结。

在艾青创作出现又一次高潮期间，诗坛有两类各显偏颇的艺术作风并存着：一类把继承民歌和古典诗歌传统过分强调，写诗只求直抒、直叙、直描，结果是或板滞笨拙，或枯干乏味，或一览无余，或如记账单；另一类专心于西方现代派技巧的移植，走了极端，结果或弄巧成拙，或有意无味，或花俏过分，或玄秘过度。艾青这期间的诗却能于二者中各取所长，体现了一种机智精巧与自然朴素的交织。这是一种"大巧之朴"，从中可以看出艾青的诗已渐入化境，有某种炉火纯青迹象了。

正因为有这样的成果，所以《归来的歌》获得了中国作家协会第一届（1979—1982）全国优秀新诗一等奖；1986年1月中国作家协会第二届优秀新诗（诗集）评奖中，《雪莲》又获奖。这些都说明了艾青又一次站在诗坛的最前列。

作为他又一次站在诗坛最前列的另一个标志，则从一场有关引导新时代诗歌走向健康之路的论争中显示出来，那就是他和一些人之间有关"朦胧诗"的论战。

所谓"朦胧诗"，指的是20世纪70年代末由一些青年诗人组成的"今天派"开始孕育，20世纪80年代初正式崛起于新时期的一批带有新潮倾向的诗歌。这些青年诗人中的多数成员是在20世纪70年代特殊的社会政治环境里开始创作的，由于经历了"文化大革命"十年的社会动荡，上山下乡等个人遭遇，他们总是把自己的命运和民族的命运结合起来感受现实，从而导致他们本能地具有介入社会生活的抒情积极性。但社会政治环境的某些明明暗暗，促使这批经历过"文化大革命"的年轻人不得不在呈示自己与隐藏自己之间建立起表现诗歌真实世界的象征隐喻型艺术格局，采用一些隐晦的、高度意象跳跃式的语言传达策略，致使读惯明白晓畅、直接抒情、如实叙写类诗的人不习惯，说这些诗很朦胧，读来令人气闷，因而有"朦胧诗"之称。应该说从"今天派"发展过来的这股诗歌力量，对新时期诗歌的发展具有不容忽视的作用。但矫枉常常会过正，有一些对时代现实缺乏责任意识、对社会生活缺乏真切感受的人，把这一股诗歌力量中的艺术格局和语言策略作了片面的追求：怀着"玩"的心态以把诗写得怪异、费解为荣，造成一些诗情感内容苍白空虚、艺术表现晦涩难懂的局面，把"今天派"当年的艺术传统歪曲了。这样的现象确实不是健康的。艾青始终认为诗可以写得朦胧一些，并且承认自己年轻时也颇有一些诗写得朦胧，但朦胧不能病变成晦涩。在他看来，诗要是不来自于诗人对生活的真切感受而靠苦思冥想，是不行的。在为雁翼的诗集《白杨村风情》所写的序中他说过一句话："冥想得过分，诗就会晦涩。"由于这是违反艺术规律，所以要反对。他同时也反对把"朦胧诗"说成是唯一的那种理论，这会引向这么个结果——越让人读不懂的诗才是最好的诗。这不科学！因此，1981年3月14日，艾青在北京图书馆举办的一次诗歌演讲会上，曾对"朦胧诗""新诗发展的基础、方向与前景"发表了一些意见，后来他又把这部分整理成一篇文章，以《从"朦胧诗"谈起》为题，在《文汇报》上发表了。这篇文章以较多篇幅赞赏了舒婷的"朦胧诗"，也对有些朦胧诗形象表现不充分以致显得晦涩的现象提出了批评，却遭受到一些年轻诗人的反对，甚至还有人对他进行人身攻击。为此，他在有些场合进一步发表了看法，核心意见是："我想应该把朦胧诗与难懂的诗分别开来。"从这一点出发，他对北京一位来访者说："如果一首诗，谁也看不懂，那就只有一个读者，即作者自己了。有的诗，甚至连作者自己也说不明白。据说，上海有一位诗人写的一首诗，谁也看不懂，人家问他是什么意思，他回答说：'我也说不出来，你看是什么意思就是什么意思，你怎样理解就怎样理解。'"①——在艾青看来，这其实是和绘画上的抽象派一样的。因此，他又对新加坡一位来访者这样说："抽象的艺术，包括诗歌在内，排除了客观世界的实物形体，忘掉了社会生活的真实内容。把艺术发展成为无意识的和无理性的，说这是创新。其实疯子最富有独创性，但是，谁能够同意疯子是艺术家？"应该承认，艾青对年轻人的攻击也多少产生了一点情绪，但总的说还是采取真诚规劝的态度的，因为他们还年轻，还不成熟，说一些过激话可以原谅。但对有些上了年纪、有一定身份的学者不以科学的真诚而出于不负责任的态度来谈问题，那他就不那么迁就了，这反映在他和美国威斯康星大学的周策纵教授交谈后写的《迷幻药》一文中。周策纵1981年访问中国时曾和艾青见过面，还向艾青谈过"难懂的诗也应该发表"的看法，当时，艾青就"顺手拿了《上海文学》的一首"给周策纵看，"他看了说不懂，我请他再看，他看了还是说不懂，我又请他再仔细看看，他又看了，还是说不知所云"。于是艾青说："我以为周先生是美国威斯康星大学的著名教授，如亚丁所说：'曾花费了几十年写诗和研究中国

---

① 周红兴：《艾青研究与访问记》，文化艺术出版社1991年版，第123页。

古诗与新歌'的一个人，看了三遍都不懂，这样的诗难懂度够高了，发表了给谁看呢？这样的诗，他坚持要发表，两人谈不到一起，只有各人保留自己的意见。"为什么周策纵这样坚持呢？和艾青见面时没有谈，后来他在别处谈了，有人把他的看法整理进《各家诗人谈诗》一文中。周策纵认为"国内的诗写得太明了，太单纯，有些像口号一样，一看就知道结尾是怎么回事了"，而"国外的诗不是这样"，"海外的人与国内的人生活和经历不一样，看法有距离"。根据这样的谈法，"得出的结论就是：国内的诗人应该向海外的诗人学习"。而周策纵坚持认为他读了三遍也读不懂的诗还值得发表，其潜台词无非是：出现这样难懂的诗正是向海外诗人学习的结果，让它们发表出来是为了力矫中国当前新诗写得太明了，太单纯，有些像口号一样，一看就知道结尾是怎么回事，以及与"海外的人"的"看法有距离"之"弊端"吧！这使对中国诗歌事业抱有极强责任感的艾青难以忍受了，因此，他在《迷幻药》一文中义正词严地说："我们从来不排斥外来的东西，多少还保留了一点'温良恭俭让'的作风。但是，我们并不迷信外国。迷信来源于愚昧无知。"揣度艾青的心理，他把周策纵的一些见解看成是要大陆的新诗走台湾走过的路，这条路被一位反对台湾某些现代主义诗风的台湾诗人说成是强调"横的移植""全盘西化，排斥民族精神与民族风格而盲目反对传统"；强调"主智""排斥诗的抒情的本质""造成一种颓废的专作字句花样"，使诗进入"晦涩虚无状态"的一条盲目跟西方现代主义走的路。艾青还大段引用了这位台湾诗人尖锐地批判台湾现代主义诗风的话："在这种主导思想的影响下，长期以来就产生了大量的虚伪、无聊的作品。在内涵上既不能从生活出发，也没有真情实感，就不能不空洞虚无。在形式上则徒然作词汇的剪贴拼凑，对西洋现代作品作东施效颦式模仿。结果它既自绝于广大的读者，而广大的读者也抛弃了它，纯然成了极少数自命诗人的一小撮人自我陶醉的迷幻药。"艾青在文章中引文至此紧接着用这么一句作结："有人竟想到处推销这种迷幻药呢！"这是画龙点睛的一笔。

从《迷幻药》一文中看艾青和周策纵的论争可以明白：他不仅对无视于社会责任感和时代使命感，以自我为中心，盲目玩弄西方现代派技巧的某些新时期诗人持批判态度，而且对像周策纵这样推销"迷幻药"的学者也十分反感。

值得指出，艾青对有些"崛起论"者为突破当代诗歌困境所下的苦心是体察不够的，对他们的某些指责也多少有偏颇之处——当然，艾青的出发点应该说完全可以理解，因此对某些偏颇也应该是可以理解的吧！

"归来"后首次还乡

生命的新航终于进入宁静的港湾。

宁静以致远。艾青的世界展示出来的这一片人生的晚霞、无限的风光还出现在其他方面。

1982年5月，浙江邀请艾青回乡，参加"纪念艾青创作50周年"的活动。

这是艾青"归来"后的第一次还乡。

实际上艾青这一次回浙江共参加了三项活动：在杭州有两项，一项是由浙江两个小小的学术研究团体发起并举办的"艾青研究学术报告会"，另一项是中国作家协会浙江分会搞的"纪念艾青创作活动50周年"，它们是"纪念艾青创作50周年"系列活动的两个方面；这一系列活动的第三项是金华人民欢迎艾青回乡访问。

"艾青研究学术报告会"是由中国当代文学研究会浙江分会和浙江省文学学会现代文学研究会联合发起和举办的，它名义上是浙江省的一项学术活动，实际上是全国性的。艾青自己后来也对人说："我们是在会议的最后一天才到杭州的，一到那儿，除了见到浙江作协的朋友们，意料之外还见到从四川来的作家和朋友，新疆也有四位代表来参加。我问他们是谁通风报信的，或是在什么地方看到新闻，但他们笑而不答。"①值得指出：浙江两个学术团体发起和举办这样一个研究艾青创作的全国性会议，对艾青来说不仅是他"归来"后的第一次，也是他一生的第一次。并且这两个学术团体举办这么一个有80多人参加的全国性会议也显得很大胆，因为他们一无背景，二无经费，仅靠600元学会活动经费和学会负责人凑来的几百元钱，再凭一股热爱艾青的真情支撑，才闯出来的。

---

① 引自1982年5月26日下午艾青在大华饭店和骆寒超的谈话记录。

由于经费极其拮据，连去车站迎接外地代表的派车费也出不起，只得找杭州火车站边的红楼招待所作代表们住宿和开会之处——这样可以省下一笔迎送代表的派车费。但会议开得很成功，从5月16日至22日上午，整整一个星期，大会报告、小组讨论都很认真，提交论文60多篇，大都写得有相当的学术分量，如蒋海涛的《关于艾青生平和创作的一些情况》，方牧的《论艾青的抒情史诗》，骆寒超的《时代感·历史感·传统感——论艾青对诗坛的启迪意义》，晓雪的《艾青的诗美学》，王彪的《论艾青诗歌的力感》，周红兴的《论艾青的狱中诗》，朱栋霖的《论〈大堰河〉与艾青的创作个性》，等等。在这些学术报告与讨论中，着重研究了艾青的两大问题：一是艾青成为"中国诗坛的泰斗"，他的诗歌美学观和创作实践是如何影响了从20世纪30年代到80年代的中国诗坛，又是如何成为几代诗人的榜样力量的；二是艾青的创作成为中国诗歌走向世界的真正代表，他是以什么样的诗思通向全人类的，他又是如何在立足于传统，又借鉴西方的基础上形成自己的个性与风格，从而显示为愈是民族的才愈是世界的这一特色的。

出席这次学术报告活动的浙江方面有汪静之、黎央、莫洛、唐湜、炼虹、蒋海涛、戴林淹、田地、岑琦、骆寒超、方牧、沈泽宜、丁茂远、钱诚一、高松年等，全国各地来的有雁翼、丁芒、黎焕颐、晓雪、杨匡汉、文乐然、周红兴、高永年、王玉树、李丽中等。艾青夫妇是21日下午乘机抵达杭州的，浙江电视台派出专题组跟踪采访、拍摄。艾青抵杭的当天晚上，浙江省委的两位宣传部部长前去大华饭店拜会，部长之一的诗人于冠西当晚回去后写了《艾青会晤记》一诗，次日《浙江日报》在显要位置发表，这无异于发出一个信息：艾青回浙江来了。这轰动了杭州城，所以23日下午，艾青去红楼招待所与"艾青研究学术报告会"全体代表见面并发表讲话时，自发赶去赴会的人特别多，会场几有被堵塞之感。

艾青和会议的主持人及代表中的莫洛、唐湜、炼虹、田地等老朋友热烈握手后，就上了讲台，很高兴地即席讲话。

他首先从对他的纪念活动开始谈："我想过，一个工人做一辈子工，一个农民种一辈子田，也没搞过什么纪念活动，我写了一点诗，有什么好纪念的呢？

我从来也没有想过写诗是一条鲜花铺满了的道路。我最早是在监狱里写诗，拿到监狱外发表的。在《芦笛》中，我曾说过：'在这里芦笛也是禁物。'也就是说，在中国，艺术也是禁物。写《大堰河——我的保姆》时，换了个名，这个名字一用就用了五十年。在我遭受磨难时，很多人受到我的株连。有一个读者抄了《我爱这土地》一诗，因为他是地主出身，就说他有变天思想，被判两年徒刑。还有一位读者很喜欢我的《诗论》，'文革'中他用《毛泽东选集》的封面把它包起来，被查出来后也判了两年徒刑。骆寒超大学毕业前写关于我的论文，受我的株连被打成了右派，先是遣送温州劳动，后是到中学教书，这个处罚还算'文明礼貌'的……"在回顾了自己因写诗而受难的往事后，他又这样说："我这个人是乐观派。蒋介石说我颠覆政府，把我关进监狱，我以为自己要被枪决，绝没有想到会有今天；想不到有朝一日登上这个大雅之堂，'含着微笑，看着海洋'（众大笑）。我想到的是自己要走一条漫长而黑暗的道路。在座的大多是比我年轻的，应当为那样的时代一去不返而高兴，今天，我们面临的是高歌猛进的时代，应当唱欢乐的歌。"在谈到新诗的发展方向和道路时，艾青谦虚地说："有人说要学习我诗歌的方向、道路，其实，我有什么方向、道路呢！我也决不认为我写诗的道路就是正确的。我历来主张对新诗发展不要限制太死，要有好多条道路，条条道路通罗马嘛！我本身也尝试写过多种诗体。比如，我也写过格律诗，但写不好，写不过闻一多、胡乔木。我也尝试过写十四行诗，但写不过冯至，行数总是会数的，数到十四行就行了吗？民歌体我也写过，但写不过贺敬之、李季……但诗是要有创造的，哪怕创造一两个新鲜的比喻也好。有的人写了一辈子也创造不出一个新鲜的比喻，这就是无效劳动，劳而无功嘛！"最后他谈到诗歌语言的问题时强调学习人民的语言："哪怕是在最黑暗的岁月里，人民也会有诗的语言。一次，我在公共厕所里听到一个人对另一人说：'我们邻居出去一个礼拜，大家都要问一问，可是，国家第二号领导人没有几年了，都不说一声。'还听到有人说：'十个指头都去掉大半了，也不喊一声疼。'这就是人民的语言，诗的语言。所以要多听听人民的语言，人民的语言有深奥的道理，要会听要会感受。"

艾青的讲话在经久不息的掌声中结束，他还和与会代表合拍了照片后先回去休息。这时，会上群情激昂，有人提出这次学术报告会开得十分成功，建议把会上宣读的论文，选编出一本集子出版。大家一致赞成，但是有哪家出版社肯出呢？正在议论间，代表中的新疆人民出版社负责人、小说家文乐然站起来说："我们新疆是艾青的第二故乡，作为他第一故乡的浙江既然召开这个学术报告会，那论文集就得由我们新疆人民出版社出。"

就这样，"艾青研究学术报告会"在热烈的掌声中闭幕。

5月24日上午，西子湖边六公园附近的浙江省政协礼堂布置得庄严隆重，浙江省文联、中国作协浙江分会的负责人，部分在杭的作家、诗人和外地来的朋友100余人纷纷前来参加这项为艾青创作50周年而举行的纪念活动。纪念会由浙江省文联主席、中国作协浙江分会主席黄源致开幕词，他激动得流着眼泪表达了艾青和自己终于能在文坛复出的由衷欢欣之情，并代表家乡的文艺界朋友向艾青50年创作所取得的杰出成就表示热烈的祝贺。浙江省政协副主席何克希也讲了话。接着汪静之、黎央、莫洛、唐湜、炼虹、田地、雁翼等也分别发言。莫洛说："在抗日战争时期就有人称艾青为东半球的大诗人，现在他已走向全世界。"田地说："艾青的诗照亮了、滋润了、哺育了我的成长，艾青是时间的桥、空间的桥、自己的桥，谁要想做一个诚实的勤奋的人，谁要想对党对人民对时代有感情，对我们的民族有深刻的了解，就应当努力向艾青学习！"雁翼说："艾青是中国新诗六十年中坚持最久的诗人。应当感谢浙江同志举办这个'艾青研究学术报告会'。"然后，为了对艾青有个全面的认识与评价，经黄源提议，骆寒超对艾青50年的创作及其国际影响作了系统的发言。

"今天，在这个会上听到的是一片赞扬声，我感到很惭愧。"艾青答词的语调显得平静而坦诚，"我没有打过仗，没有流过血，不值得赞扬，不值得祝贺，也不值得歌颂。……我写诗可以说是历史的误会。我原来是学画的，被关进监狱后，是在'铁栅栏'保护下写诗的。诗中我大骂旧世界，大骂白里安、俾斯麦。我在诗里写了要把这监狱毁掉，可是，监狱人员不懂，竟然给拿出去了。这诗是很厉害的，现在想起来有点'后怕'。我又写了《大堰河——我的保姆》诅咒这不公道的世界"。接着，在简单地回顾了自己的生活和创作历程后，他总括起来说："我的道路是歪歪扭扭走过来的，时代逼着我走过来的。就是这么一条路，谁想学也不可能。"

在谈到诗与情感的问题时，艾青激动而深沉了："我没有写过一首真正的爱情诗。但我也不是无情的。在我的诗里就曾这样说过：'为什么我的眼里常含泪水？/因为我对这土地爱得深沉……'有些诗我写着写着，眼泪就流下来了。有些诗，多少年了，念着念着眼泪又下来。我写诗时，总是把心掏出来。"

讲话到最后，他把自己50年创作道路的回顾作了画龙点睛的一笔："我走过的路，是时代走过的路。时代巨轮推动着我，一步步艰难地前进，这全都要感谢人民。"

如果说"艾青研究学术报告会"是完全民间性的，那么这一场纪念会就是半民间性的，都自发地体现出文艺界与学术界人士对艾青的尊敬与热爱。

在杭期间，艾青夫妇还由中国作协浙江分会负责人陪同拜访了延安时期的老战友、女作家陈学昭，由老朋友黎央等陪同游览了西湖。漫步在西子湖畔，遥望湖那边绿荫围护中的母校，往事如潮水般涌来，艾青的眼睛渐渐潮湿起来，伫立良久，他无限感慨地自语："西湖是我艺术的摇篮！"

5月25日晚上，中国作协浙江分会与浙江省文化会堂联合举办了"艾青诗歌朗诵演唱会"。全台节目是在艾青的老友、著名朗诵诗人炼虹直接指导下排练出来的，质量相当高。艾青夫妇和他的老朋友们，以及许多浙江省、杭州市文艺界人士出席，还有大批热爱艾青诗歌的杭州市青年和各大学一些学生赶来参加，纷纷向艾青致以敬意。演出过程中反响一直强烈，艾青自己也深受感动，他曾对人说："炼虹是深懂我和我的诗的，所以能排得出这样一台很感动我自己的节目。"[1]

就要结束杭州的活动，朋友们对艾青的即将离去依依不舍，因此5月26日晚，黎央、炼虹、岑琦、骆寒超等借大华饭店临湖的包厢，为艾青夫妇及一些外地诗友、学者饯行[2]，席间谈及对艾青的研究等问题，艾青意味深长地说："车子不要开得太快，速度太快了就容易出事，高速公路也有危险，一碰车就是

---

[1] 引自1982年5月26日下午艾青在大华饭店和骆寒超的谈话记录。
[2] 有文章说由"湖畔诗社邀请艾青夫妇"，不确定。

几百辆。"

5月27日上午10时余，艾青夫妇由骆寒超、周红兴陪同乘车抵达金华，开始了"纪念艾青创作50周年"的第三项活动：访问家乡。到底是家乡，金华地、市党政领导干部，文化宣传系统和文联的负责人，以及艾青的亲友早在车站等候，在火车站就形成了一股欢迎热潮。

在金华的4天活动是紧张的，也是更使艾青动感情的——

家乡的最高学府——浙江师范大学是艾青到金华后当天下午就去访问的：几千名浙师学子对自己家乡出了一位世界级大诗人而无比自豪，他们聚集在大礼堂内内外外。庄严的军乐声中艾青夫妇登上欢迎大会的主席台，在热烈的掌声中两位女大学生献上鲜花，并把浙江师范大学的校徽别在艾青夫妇胸前，在一片期待的肃静中艾青站起身来，他拍拍胸前的校徽凑着麦克风风趣地说："今天，我成了教授了！"全场轰动，掌声又起。

毕竟是在家乡，热烈的气氛使人感到分外亲切。

欢迎典礼结束后，艾青就和浙江师范大学的教授、学生一起来到一架葡萄架下，围坐谈诗。当一个学生问他为什么不写爱情诗时，艾青说："爱情诗我的确写得少。爱情总是要花月荫里、葡萄架下；我写诗那个时代却烽火连天、动荡不安……但是，我对当时人民的悲惨生活、祖国的苦难命运还是充满感情的，所以也可以说我写过不少爱情诗，写对我们这块土地的爱情。"

在浙江师范大学的校史上，这是多么值得回忆的一个下午！

艾青又回到了畈田蒋村。又是十年不来了，梦里的摇篮，生身之地，卑微的、没有人注意的村庄，明丽的自然风光与污秽的生活形成鲜明对比的小小村庄，你变得怎么样了呢？当小车在村口刚停下，几乎全村男女老少都出来了，把那条卵石铺成的村街挤得水泄不通，鼓着掌欢迎游子归来。艾青的双眼湿润了，对陪他走着的骆寒超喃喃地说："每个人都有自己的母亲，这儿就是我的母亲……"说着他们走进了大部队。

蒋正银来了。这位大堰河的二儿子、77岁的老人拉着艾青一只手，在手背上抚摸着、抚摸着；身材高大的艾青，用自己另一只手搭在奶兄的右肩膀上，也在抚摸着、抚摸着。他俩的嘴唇都在颤动，都讲不出一句话来——"此时无声胜有声"！埠阳塘边、旷野的一角，黄土埋着的那缕"紫色的灵魂"——亲爱的乳娘，地下有知也该笑了……

又回到自己的家乡，弟弟、弟媳和侄儿女们也全从金华赶来，把老家收拾一新，等着他的到来。艾青一踏进家门，院子里的葡萄架就向他扑来一团绿色的清荫，那是多么的温柔亲切；厅上"天伦叙乐"的匾早已不在了，钉在那儿的是浪迹天涯的诗人伤感的记忆。他走进西厢房徘徊了一阵子，用脚蹭蹭当中的一块地对同行的骆寒超说："原本这房间是铺地板的，我要去法国，父亲就是挖开这块地板，从埋在下面的陶罐里取了1000块鹰洋给我做路费的！"又走上楼梯，打开了厅堂楼上的北向窗子，他久久地望着远处的双尖山，默不作声，但心里却响起了岁月遥远的回声："再见呵，我的贫穷的村庄，/我的老母狗，也快回去吧！/双尖山保佑你们平安无恙，/等我也老了，我再回来和你们一起。"呵，如今艾青是老了，回来了，又和双尖山、畈田蒋村、古老的家园在一起了，可是时间是那么短暂，他不能和这一切长守在一起，为了人类的命运，他只能永远在旅途中……

艾青又离别了畈田蒋村。

他还去侍王府重游他的母校——省七中旧址，又应邀去设在金华郊区改名为金华一中的新址，以老校友的身份和师生见面，漫游校园，他又一次说："每个人都有自己的母亲，这儿就是我的母亲！"

5月29日下午，金华行政公署四楼会议室举行家乡人民欢迎诗人艾青回乡的盛大集会，全地区几个县、市从事文化宣传和文艺工作的领导干部、部分专业人员都赶来参加了。地委宣传部部长主持会议，地、市领导分别致欢迎词，骆寒超就艾青的生活经历和创作成就作了介绍与评价。他在讲话的最后说："在20世纪人类文明的星空中，出现了一颗又大又亮的诗星，他的光芒给一切命运不幸者以温暖，给无数真理追求者以信念，给所有心灵受创者以勇气，他的光芒还将穿越这个世纪，通向人类生存时间的尽头。这颗星，是从亚洲的东方升起的，是从中国的吴越大地升起的，是从我们浙江升起的，是从我们金华这块红土地上升起的，他，就是坐在我们中间的艾青！"

在全场热烈的掌声中，在群情激昂的期待中，艾青站起来向家乡人民致以答谢词，他的声调仍旧是那么的平静沉稳："我在三四天前就讲过，农民种了一辈子土地，工人一辈子劳动，没有谁为他们开过庆祝会；我只写了几首歪诗嘛，就这样庆祝，那样庆祝，实在不敢当，这也不是我故作谦虚。"

"我写诗并不是有计划地要为什么重大事件表示我的态度，我不是的，完全是时代逼着我不得不写，因此写一点，写一点。"艾青从这样的话开始，向家乡人回顾了新中国成立前自己追求真善美的艰辛历程和反右派以后——特别是"文化大革命"期间的苦难人生，然后说："我只是好像跟着历史走，一步一步走过来。我通过了一个漫长而又黑暗的隧道，但是，终于见到了光明。这隧道还会不会再有呢？我就不去顾忌了，能够通过几个隧道就算几个隧道吧！不管怎么说有了今天这样一个时代，我总算又歌唱了。写了一些诗，大概将近两百首。这几年啊，大家才发现：'这个人搞错了！'现在叫作中国作家协会副主席。我说这个副主席我不愿当，有人想当副主席当不上，我说你们谁要当当去吧！我还是写我的诗，跟着时代走，时代叫我高兴我就高兴，时代叫我悲哀我就悲哀，我对工作就是这样。我只想劳动，这个就是我的劳动。没有什么可以庆祝的，也没有什么可以值得祝贺的。当然，刚才地委这个部长祝贺我，我非常感谢。"

5月30日上午9时半，艾青夫妇和前去送行的金华地区领导、文化教育界人士及亲友告别，和家乡人民告别，和亲爱的双尖山告别，途经上海，稍作逗留，拜访巴金后，即返回北京。

诗韵大成

在晚霞里，艾青人生的一道道风景线所显现的境界是如此美丽、悠远：

1984年，中央向有关部门下达文件，要求多宣传艾青。党给予艾青崇高的荣誉。

1984年12月，中国作家协会第四次全员代表大会在北京召开，会上艾青再次被选为中国作协副主席。中国作家给予艾青崇高的荣誉。

1985年3月，法兰西驻中国大使馆举行隆重的授奖仪式，以法兰西共和国总统与文化部部长的名义，授予艾青以"法国艺术与文学最高勋章"，艾青留学的国家给予他崇高的荣誉。

1986年6月，浙江人民推选艾青为第六届全国人大代表，并在第六届全国人民代表大会第一次会议上当选人大常委会委员，中国人民给予他崇高的荣誉。

1987年，澳门《文化杂志》主编、葡萄牙学者官龙耀在该年第2期《文化杂志》上，公开发表《提名中国大诗人艾青为诺贝尔奖候选人》。

1987年8月，闻名全球的巴西作家亚马多在中国文化部举行的欢迎宴会上倡议："诺贝尔文学奖应当颁发给伟大的诗人艾青。"

1988年1月，由冰心、冯至、卞之琳、王蒙、李瑛、费德林、稻田孝一、聂华苓、苏珊娜、贝尔纳等54位中外作家，联名写信给瑞典皇家学院诺贝尔文学奖评委会："我们联名向你们郑重倡议：诺贝尔文学奖应该发给杰出的诗人——艾青。"

1989年，艾青八十寿辰时一位中央领导前来祝贺，并说："您是我们国家最伟大的诗人。"

艾青在坎坷的道路上孜孜不倦地艰辛创造所留下的精神财富已远远超越了中华国界，为全人类所共享。于是，一场世界范围的"艾青热"，悄悄掀起了。

也终于迎来诗韵大成的日子——

一套五卷本、装帧精美的《艾青全集》，计300万字，由花山文艺出版社出版，并在北京人民大会堂举行了首发式。

经文化部批准，一次处于世纪之交、富有承前启后意义的盛会——"艾青作品国际研讨会"，于1991年8月25日起在北京首都宾馆召开，来自十多个国家、地区的100多位学者、诗人参加了会议。

8月25日上午，"艾青作品国际研讨会"在北京人民大会堂举行了隆重的开幕式，国家副主席王震、全国政协副主席程思远、文化部代部长贺敬之等领导人、来宾以及会议代表共300多人出席。王震在宣读的贺信中说："艾青同志在中国诗坛辛勤耕耘六十年，为中华民族奉献了丰富而优美的诗篇。我殷切希望与会的中国文艺工作者，学习艾青同志热爱社会主义祖国的优秀品质和勤劳创作的不倦精神，为弘扬中华民族的优秀文化、繁荣社会主义文学艺术作出新的贡献。"①贺敬之在讲话中说："继郭沫若之后，艾青是新诗的最杰出的代表人物之一。他不仅是我国新民主主义革命时期的杰出诗人，而且是我国社会主义时期的杰出诗人。从三十年代吹响了'芦笛'，到八十年代唱出了'归来的歌'，艾青创作了近五百首诗篇。这些诗篇是人民心声的结晶、时代精神的结晶、民族精神的结晶，他的作品不但进一步拓展了我国新诗的广阔道路，影响了一代又一代诗人，也对我们的民族精神产生了积极的影响；不但在我国的城乡广泛流传，也远播海外，赢得了崇高的国际声誉。"②

中国作家协会副主席马烽因健康原因无法出席研讨会，但写来感人至深的信说："以往常常听到诗歌界的一些朋友们这样说：'艾青是中国当代诗坛泰斗！'我认为绝不是无原则的吹捧，而是实事求是的评语。'诗坛泰斗'这一称号，不是哪个单位或哪个个人随意加封的，而是艾青同志以他大量的优秀作品铸造而成的。艾青同志其所以能创作出那么多好诗，受到广大读者的欢迎与热爱，我认为主要是他多年来坚持忠于人民、忠于时代、忠于艺术，无论国际风云如何变幻，无论国家民族处于何种境地，无论个人身处顺境还是逆境，从未动摇过。他的作品的光辉、人品的光辉照亮了广大读者和众多的青年诗人，在国际上也产生了广泛的影响。"③

瑞典皇家文学院院士、诺贝尔评奖委员会委员马悦然，因故无法赶赴盛会，给艾青寄来贺信，高度评价了艾青："您的《雪落在中国的土地上》，我每一次拜读时，眼里都充满着泪。您的《火把》将永远照耀着正直人的脚步。"

艾青作了简短的答词，除了"表示由衷的感谢"以外，他既谦虚又认真地说："我是一个普通的诗人，研究我和我的作品并不重要，重要的是大家共同推动文学事业的发展。目前，新诗的创作与研究工作都存在着一些问题，现代生活对于诗歌艺术的冲击是显而易见的。我们不能沉湎于过去，而应当面向未来。

---

① 《王震同志的贺信》，载《艾青作品国际研讨会论文集》，花山文艺出版社1992年版，第3页。

② 《贺敬之同志在艾青作品国际研讨会上的讲话》，载《艾青作品国际研讨会论文集》，花山文艺出版社1992年版，第4页。

③ 《马烽同志的贺信》，载《艾青作品国际研讨会论文集》，花山文艺出版社1992年版，第15页。

诗人和诗评家们是不能消沉的，要跟上时代的步伐，要和人民同甘苦，共命运。"从这些话里可以看出：艾青并不希望大家对他作回顾，而更希望共同来研究新诗如何更好地跟上时代，把自己的情感和人民结合在一起，面向未来而歌唱。艾青一以贯之只想着如何把缪斯真诚地献给时代和人民的问题。

在开幕式以后的分组讨论中，回顾总结艾青精神作为一种东方文化现象的世纪性价值。老诗人鲁藜在分组讨论会上以激动的心情回顾了艾青的创作历程后，提出作为一个诗人必须要像艾青那样具有强烈的社会责任感和崇高的时代使命感。他严肃的思考与真诚的探讨精神产生了巨大的精神震撼力，赢得了与会者一致的赞赏。有的发言以高屋建瓴之势对艾青在诗坛的地位作了科学的估价，也给大家以启发。艾青的老友、来自台湾的老诗人钟鼎文（番草）在会上说："我这次来参加我老哥艾青的国际研讨会，非常高兴。中国新诗的发展自'五四'运动开始，胡适开其端，郭沫若奠其基，由于它是中国土地上的新事物，大家在经历了一段探索之后，到了艾青《大堰河——我的保姆》的发表，才真正大厦落成。艾青在中国新诗发展史上的地位是无人可以代替的……"[①]

俄罗斯著名的汉学家费德林在会议的第三天才赶到，因为他们国家正出现剧烈的政治动荡，他是克服了重重困难赶来的。一进会场他就站在那儿激动地说："我来迟了，因为国内出了点事。这个会我是一定要来的……我不能坐，因为我讲的是艾青。艾青是当之无愧的伟大，我在国内翻译出版了两本书，一本是屈原，一本就是艾青。艾青就是今天的屈原。我把这两个人介绍给苏联的读者。我来得很困难，但我必须来，因为这不单是我个人的友谊，还有国家之间的友谊……"[②]

捷克斯洛伐克汉学家邓纳带来了他们国家、人民对艾青的深情厚谊，在会上这样说："艾青的诗丰富了人们的思想境界，鞭策着我们摆脱庸俗，而升腾到一个高尚、清新的精神境界；艾青的诗着重强调的是人的价值；他歌颂友谊，也歌颂大自然，他的诗句激发人们自省。艾青的诗篇向我们揭示了含而不露的

---

① 吴洪浩：《不灭的诗魂——艾青》，山东画报出版社1996年版，第202页。
② 根据骆寒超的记录，并参考董正勇：《追踪艾青》，新疆大学出版社1997年版，第114页。

事与物的美，揭示了其所包含的深刻意义。作为真正诗人的伟大之处，正是他们能够启示与激励人们。这里，我想起了艾青的《煤的对话》《鱼化石》《礁石》《树》以及《希望》等几篇美好的诗。"①

在这次研讨会上，有一部分艾青研究者对艾青创作的审美内涵、创作心态、艺术规律、诗体特征诸方面，作了较为深入的考察，像叶橹的《物象世界斑斓的生命色彩——艾青诗美特征之一种探讨》，刘祥安的《浅论艾青诗歌对于时代的超越》，蓝棣之的《论艾青诗魅力的构成》，骆寒超的《论艾青诗的意象世界及其结构系统》，杨匡汉、杨匡满的《地之子的歌吟》，章亚昕的《忧患的创世者——论艾青诗歌的抒情主人公》，李万庆的《沉郁　豪壮　浑朴——论艾青抗战初期诗歌的美学风格》，翟大炳的《论"艾青体"叙事诗——兼谈叙事诗中"心理场"表现》，汪亚明的《向忧郁的深处拓进——论艾青前期诗歌创作的审美价值》等，都是写得严肃、扎实、有自己见解之作，有些论文，如对艾青诗魅力的构成的考察中，既论述了艾青艺术刻画的"内指性"给他的诗带来传统诗与浪漫主义的诗未曾有过的魅力，又论述了艾青诗中意象象征所特具的魅力，还论述了浪子式行吟诗人"不仅行吟在广大的国土上，尤其是行吟在历史的脉搏上"所带来的魅力，是几十年艾青研究中不可多得的新成果。又如对艾青诗歌意蕴的深层考察，能抓出他全部诗中太阳、土地、河流三个原型意象以及由此派生的意象世界及其结构系统出发，论证其诗歌内在的象征层次，从而在文本的内在规律探索中概括出艾青的抒情个性，可以说是为艾青研究寻找另一种思考路子。这次研讨会上虽然不乏泛泛之论和溢美之词，但的确有些论文是超过1982年在杭州举行的那次"艾青研究学术报告会"水平的。可以说在艾青研究上，这次研讨会已闯出了一条更接近艺术本真的新路。

艾青本人除了对朋友们从四面八方奔他而来赴会的诚意一再表示感激之外，对一片颂扬之声也颇感不安，所以在闭幕式上他又一次诚恳地说："不要把我捧得很高，也不要把我贬得很低。写诗是没有荣誉可言的。农民种地他们在稻谷

---

① 《捷克斯洛伐克·邓纳先生在艾青作品国际研讨会上的发言》，载《艾青作品国际研讨会论文集》，花山文艺出版社1992年版，第43—44页。

上留下名字了吗？……我既不是身经百战的将军，也不是倾国倾城的美女，我的一生平淡无奇。对我最高的颂扬，莫过于称我是人民的儿子。"

这是艾青向众多赞扬者提出的诚挚请求，也是这一次来自海内外100多位诗人、学者为艾青的诗韵大成而合写的那篇动人长文中画龙点睛的一笔——"人民的儿子"！

"让我再看看家乡"

在"艾青作品国际研讨会"上，艾青家乡金华县县长李启农在致贺词时引用了艾青在50年前写的《村庄》一诗对家乡寄托殷切期望的诗句："什么时候我的那个村庄也建造起小小的工厂，/机轮的齐匀的鸣响混在秋虫的歌声一起？/什么时候人们生活在那里不觉得卑屈，/穿得干净，吃得饱，脸上含着微笑？"接着这位县长说："如今金华的人民可以含着微笑答谢艾老的良好祝愿：在我们金华这片古老的土地上，随着改革开放的发展，一批乡镇企业已经兴起，人民安居乐业，日子过得越来越好了，盼望您老人家能再回到家乡看看。"

艾青深深地记着这席话。

打那以后，走路已很不方便的他常常久坐在书桌前，遥望窗外的蓝天白云、晨曦晚霞，聆听檐头的野蜂嗡鸣、燕子唧啾，回想着逝去的岁月，用颤抖的手歪歪扭扭地写着双尖山、古定禅寺、西湖、塞纳河、陇海线、风陵渡、武汉、桂林、夫夷江、延安窑洞、古尔班通古特，还有冯雪峰、田间、聂鲁达、丹娜……而写得最多的是"双尖山"。当1992年春天来到的时候，他对夫人高瑛说："我要回金华去，让我再看看家乡！"

于是有这一年5月下旬艾青最后一次的还乡。

浙赣线上一列快车在奔驰，软卧车厢的一个窗口，坐着一位白发老人，聚精会神地看着车窗外的景色。车过义乌，他自言自语起来："要到义亭了。义亭过去是孝顺，孝顺过去就到了，就会到了……"神情快乐得像个天真的孩子。

他就是艾青！由夫人高瑛、一位女医生等陪同回金华去。

陪同者中有人说："艾老，你的记性真好，一个接一个的站名都背得出来！"

他没有把眺望窗外那片红土地的目光收回来，既像在回答又像在自语般地说："是通往家乡的路呦，能不记得吗？近乡情更怯，近乡情更怯……"声音低下去了。

列车到金华站，出现了比十年前更热烈、庄严的欢迎场面，金华市、县的领导赶来了，艾青的亲属们赶来了，电视台、电台、报社的记者拥上来了。当艾青坐着轮椅被推到金华师范学校附属小学学生的队列前时，两个戴红领巾的孩子向他献上了鲜花，他抚摸着孩子们的头，柔声说："你们是真正的鲜花！"眼睛湿润了。

当金华市委书记和市县主要领导设宴为他洗尘时，他用颤抖的手举着酒杯说："我的家乡实在太可爱，家乡人民对我太热情了。我只不过是个普通的诗人，只不过写过那么一点诗，家乡人民却给我这么高的荣誉。我准备写一篇《故乡行》。"

当看完"纪念艾青创作活动60周年"文艺晚会的节目，艾青对用他的诗谱成的歌曲演唱节目、用他的诗意排演的舞蹈节目赞不绝口，并向全体演员说："……开得很成功，我只能说很成功！金华是我的故乡，我诞生在金华，故乡太可爱了，实在是太可爱了，绿油油水汪汪的……我回来，故乡这么热情地隆重地欢迎我，我是谢谢，谢谢，第三个还是谢谢。我没有带什么礼物，祝家乡人民幸福、健康！"

陪同艾青到金华的骆寒超在金华地委礼堂作关于艾青文学道路的演讲，他听说后，就坐着轮椅赶来听了。当骆寒超谈及艾青诗的魅力来自他对强烈跳动的时代脉搏的共振，并以此向坐在身边的诗人自己请教时，他说："我写作是为了人民。我一生的路我看得清清楚楚，我歌颂苦难的人民，悲哀的人民。农民是最苦的，'日出而作，日入而息，皇帝（帝力）与我何有哉?！'"

当浙江师范大学师生在邵逸夫图书馆报告厅热烈欢迎艾青冒着酷热再次访问家乡这所高等学府时，他顾不得别人的劝阻，还是挣扎着上了讲台，面对一张张青春的脸激动地说："这里的山太多太多了，到处都是山。但山再多，困难再多，我还是要回来看看。许多人劝我不要回来，我还是回来了！因为这里有那么多山，大山压顶呦，就有力，生命力！有山就有水，就有那么多河，'水通南国三千里'呦！有水，就有灵气，水灵灵的！小看不得我们这里的山水，使金华富有建设家园的创造活力，使这里有你们这些灵气很足的大学生……刚才校长说'月是故乡明'，是啊！我就要回来看看！月亮也是金华的好！"

这是一次令他不时沉思的乡归，也是一次令他伤感的乡归。

十年以后重返家乡，二弟已经离世归天，大堰河的二儿子——他的奶兄蒋正银也已超升，生命在新陈代谢，生活在日新月异，时代在突飞猛进，不变的是童年的记忆，少年的梦幻。于是，他的轮椅又向畈田蒋村滚去，向大堰河的墓地滚去。

这是一个春日的下午，在畈田蒋村村口外，有一批青年推着坐轮椅的艾青，后面有更多更多的人，男的、女的、老的、少的，跟在轮椅后面缓缓而行。一支多么动人的队伍，行进在通向大堰河墓地的、水泥铺的田间小道上。轮椅上的艾青，沉思地望着无边的绿色原野：那是双尖山，依旧肃穆而神秘地耸立在云天中；那是西周高背，两株老樟树还是那样枝繁叶茂，郁郁葱葱；古定禅寺望不见了，埠阳塘却已在眼前，镜子一样照出他的满头花发；垂柳依依，芦苇萧萧，再过去——他多么熟悉那地方呀，亲爱的乳娘长眠的地方，如今已焕然一新，墓碑上刻着他自己书写的字："大堰河之墓"。墓前一块平展展的水泥地上，竖着一块诗碑，上面刻着他的诗句："大堰河，是我的保姆/我敬你，爱你！"

揭碑仪式开始。艾青坐在轮椅上，用忧伤的眼神久久凝视着大堰河之墓。鞭炮响起，锣声荡开，记者们拍照的咔嚓声此起彼伏，有人在讲话，又有人在讲话，在朗诵墓碑上的诗句，可他几乎听不到了……

从大堰河墓地回来，他坐着轮椅，在畈田蒋村绕了一圈，没有进自己的祖宅，没有去再看一眼"天伦叙乐"的匾，只是在村口的广场上停了下来。于是，广场上，老樟树下，围满了全村的乡亲，他慈祥地看着他们，无言地对他们微笑着，微笑着……突然厚厚的嘴唇颤抖起来，眼眶湿润了，他默默地举起手，告别的手，挥动着，挥动着，让轮椅架着他，走了，永远地离开了这座生他、养他的村庄，这条青石板铺的村路，这个祠堂前的池塘……

再过两天，他就要结束这一趟乡归，返回北京了。临走前，他接待了浙江师范大学中文系的两位女硕士研究生，其中一位向他提了一个问题："艾老，您又要离开家乡了，真不知何时还能再来，大家都依依不舍的。请您谈谈自己人生行旅的感想。"

艾青沉默了好一会儿，说："我给美国的聂华苓写过封信，有过这么一句话：'我一直生活在旅途中——永远不会到达的旅途中……'"

他为总结自己的一生，说出了最后一句话。

第十六章　艾青的诗歌审美观

艾青在《诗人论》中曾这样说过：

每个诗人有他自己的一个缪斯——

惠特曼和着他的缪斯散步在工业的美利坚的民众里……

马雅可夫斯基和着他的缪斯以口号与示威运动欢迎"十六年"的到

来……

叶赛宁的缪斯驾着雪橇追赶着镰刀形的月亮……

凡尔哈伦的缪斯则彷徨在佛拉芒特的原野，又忙乱地出入于大都市的

银行，交易所，大商场，又在烦嚣的夜街上，像石块般滚过……①

这里的"缪斯"是对诗人的抒情个性与艺术风格的综合称谓。也就是说，艾青认为诗人必须具有自己的抒情个性与艺术风格。

那么艾青具有自己的"缪斯"了吗？回答是肯定的。

但他通向的"缪斯"之路，既艰难又富有特色。

---

① 艾青：《诗人论》，载《诗论》，三户图书社1941年版，第99—100页。

从自发到自觉的情感个性

如果承认诗是情感的产物，没有情感就没有诗，那么艾青在通向"缪斯"之路上，首先从自发到自觉，渐渐地形成了自己的情感个性。

艾青的情感个性是由哪些要素构成的呢？如同前面所述：由于童年时候艾青就被算命的说成"命硬"，要"克父母"，因而遭到家庭的遗弃，在贫妇大堰河家里奶大。这使他从小就切身体验到了下层劳动者被剥削受欺压的苦难命运，"感染了中国农民的忧郁"；而当被领回地主父母家后，他依旧是家庭中地位最低的，受父亲打骂，被全家歧视。这种不愉快的童年生活，促成他从小就本能地同情受压迫者，滋育出捍卫人性尊严的人道意识，而对社会无道、人间不平又会激起愤慨，产生了谋求自由解放的反抗情绪。后来在念初中时，他又无意中接触到一本《唯物史观浅说》，使他第一次获得了以阶级关系看待社会问题的观念。在这以后艰辛的人生历程中，消灭阶级、世界大同的共产主义理想终于一步步消融了他单纯的民主主义要求，形成了崭新的真理人生的世界观，同时也形成了一条能贯穿他一生行事的线——依靠劳动人民，走革命的路，为绝大多数受压迫者求解放而斗争。如同他自己所说的："正因为这样，我当年对人类前途就充满乐观的信念。我曾经这样想，即使自己消灭了，又怎么样呢？——人类还是在发展的呦！"因此，他敢于在"大夜弥天"的20世纪30年代初，毅然投身左翼文艺活动，以致在铁窗下度过了三年的囚徒生涯。民族的灾祸、人民的疾苦、个人的积愤，使他对光明、美好的时代怀有强烈的渴望，而"即使自己消灭了，又怎么样呢？——人类还是在发展的"这一股潜在的情绪，又使他始终憧憬光明，对未来怀有坚定的信念。因此，对黑暗苦难的忧患感受、叛逆抗争的骚动情绪、自由光明的神圣信念——这三方面的心灵感应，对艾青来说显得分外敏锐，它们构成了艾青情感个性的三要素。

艾青曾说："一切都为了将来，一切都为了将来大家都好好地活，就是目前受苦、战争、饥饿以至于死亡，都为了实行一个始终闪烁在大家心里的理想。""属于这伟大和独特的时代的诗人，必须以最大的宽度献身给时代，领受每个日子的苦难像是那些传教士之领受迫害一样的自然，以自己诚挚的心沉浸在万人的悲欢、憎爱与愿望中。他们（这时代的诗人们）的创作的意欲是伸展在人类向着明日所发出的愿望的面前的。唯有最不拂逆这人类的共同意志的诗人，才会被今日的人类所崇敬，被明日的人类所追怀。"[1]

这些话显示着：艾青情感个性三要素中，自由光明的神圣信念——对人类的明天所寄托的希望，是黑暗苦难的忧患感受、叛逆抗争的骚动情绪的必然归宿。

艾青体现黑暗苦难的忧患感受、表现叛逆抗争的骚动情绪，差不多都会涉及黎明、太阳或火——对这些"光"的联想。因此，在他的诗篇里，"光"的意象千姿百态、瑰丽动人，总比他表现黑暗苦难或叛逆抗争的意象更有诗意的深邃与辉煌。在《吹号者》里，他把"黎明"比作"时间的新嫁娘"，乘着金色轮子的车辆，从天边滚碾而来，而我们的世界为了迎接她，已在东方张挂起万丈曙光，让天地间举行最隆重的典礼——那真是天上人间融成一片的金碧辉煌、华美壮丽，于喜庆的热闹中笼着一点神秘感，借以暗示未来的时代必然无比光明美好，大大地丰富了为正义而献身的崇高主题；在《晨歌》中，他把太阳幻化为金色的大鹏，扑腾着那光的翅膀，遨游在"无极的海洋""无风的沙漠""阿尔卑斯山之巅"；在《迎》里，他更把太阳设想为骑了金黄棕毛的马，浑身闪着金色的光芒，从山背后向山巅疾奔而来，从松林那边的旷野上驰骋而来……太阳被表现为天马行空般所向无敌的巨大形象，有囊括天宇、气吞汪洋的气概，使人感悟到光明时代的来势谁也阻挡不了。诚如18世纪意大利思想家维柯所说："人心的另一特性是：每逢人们对远的未知的事物不能形成观念时，他们就根据近的习见的事物，去对它们进行判断。"艾青正是根据近的、习见的自然界光明现象，来对远的、未知的时代进行判断，借以体现他对光明必能到来的信念。

情感个性是决定抒情思路的基础。艾青以向往光明为核心的情感个性三要素，也决定着他在创作中以向往光明为逻辑中心，使三条抒情思路之间形成了

---

① 艾青：《诗论》，三户图书社1941年版，第85页。

独特的结构和规律。

先从艾青诗中抒情对象的逻辑组合关系来考察他的抒情结构及其规律。

在艾青一些主题各不相同而具有代表性的诗篇里，抒情对象总是环绕一个以"光"为象征内涵的对象作核心，结构成有机的抒情建筑群。具体说，这样的抒情结构可分为两大类。第一类，凡以抒唱自由光明的神圣信念作为逻辑起点的，其抒情思路必然由此出发推移向黑暗苦难的忧患感受和叛逆抗争的骚动情绪。《向太阳》是这类抒情结构的典型。这首诗如他所自述的，"是以最高的热度赞美着光明、赞美着民主"。全作由"我"奔向太阳贯串起来，因此奔向太阳是抒唱的逻辑起点，但"我"从光明的感受出发，首先联想到的是血雨腥风的黑暗祖国和家破人亡的苦难人民，以及自己忧患到几近绝望的心境——这在《我起来》《昨天》两章中表现得十分感人。如："昨天/我把自己的国土/当作病院/——而我是患了难于医治的病的/没有哪一天/我不是用呆滞的眼睛/看着这国土的/没有边际的凄惨的生命……/没有哪一天/我不是用呆钝的耳朵/听着这国土的/没有止息的痛苦的呻吟。"这就是推向了黑暗苦难的忧患感受的真切表现。其次，他联想到中国人民终于发出最后的吼声：反叛！于是有对撑着拐棍的伤兵们为国捐躯的赞颂，有对为抗战募捐而进行着宣传活动的少女的赞颂，有对吃不饱、穿不暖仍加紧生产以支援前线的工人、农民的赞颂，也有对日夜操演着杀敌本领的士兵的赞颂。在这场抒情思路的继续推演中，显示出整个中华大地亿万人民叛逆抗争的骚动情绪。这样一条逻辑推演线显示着严峻的现实主义始终在规范着艾青诗歌中的情感导向，即我们的时代要通向光明，必然要经历无比艰难曲折的过程：亿万人民在黑暗痛苦中煎熬，在奋起抗争中流血献身。

《火把》等著名诗篇也如此。

再看第二类，凡以抒唱黑暗苦难的忧患感受作为逻辑起点的，其抒情思路必然由此出发推移向叛逆抗争的骚动情绪和自由光明的神圣信念。《我爱这土地》是这类抒情结构的典型，它写于抗日战争进入最残酷、艰苦的阶段。艾青在诗里唱出了对灾难深重的祖国母亲的爱，他说他要像一只鸟一样"用嘶哑的喉咙歌唱"如下几个祖国大地上必然会出现的对象，以及他从这些对象上激发出来的情感：一是"被暴风雨所打击着的土地"——以及由此而生的黑暗苦难的忧患感受；二是"汹涌着我们的悲愤的河流""无止息地吹刮着的激怒的风"——以及由此而生的叛逆抗争的骚动情绪；三是"那来自林间的无比温柔的黎明"——以及由此而生的自由光明的神圣信念。这三类有关祖国命运的对象以及他对此所怀有的几种情感的排序十分值得注意，体现着艾青对祖国所作的歌唱是：从灾难痛苦到奋起战斗，再进入一片光明。由此可见，艾青诗的抒情结构中有一个引人注目的特点：灾难也罢，痛苦也罢，总是暂时的，通过反叛抗争，最终必定有一个自由光明的结局。

《吹号者》等著名诗篇也如此。

所以这两大抒情结构各有特点：第一类是从"光"的感受中去体察和反映严峻的社会现象，从而对新时代的神圣憧憬作了战斗的现实主义展示；第二类是从战斗的社会现象中去感受和抒唱光明的感受，从而对严峻的现实的发展前景作了光明的浪漫主义渲染。

艾青诗歌创作中的这种抒情结构所提出的规律，也体现在他一生的创作生涯中。由于各个阶段抒情的侧重面不同，其抒情结构形成了两大体系。

从1932年开始写诗到1937年全民族抗战爆发前夕，是艾青创作的第一个阶段。

这阶段的创作是他从表现黑暗苦难的忧患感受出发的，并写了如下几类诗。第一类，表现的是一个激进的革命民主主义者在半殖民地半封建社会里被压迫、受凌辱，以致到处流浪、长年受监禁所引起的痛苦、忧郁、愤怒和渴望自由的情绪，如《芦笛》《画者的行吟》《马赛》《铁窗里》等诗所显示的。第二类，表现的是广大劳动人民在三座大山压迫下家破人亡、走投无路所引起的痛苦、阴郁、茫然和仇恨的情绪，如《大堰河——我的保姆》《透明的夜》《卖艺者》《死地》等诗所显示的。第三类，表现的是广大人民——也包括诗人自己在黑暗势力的高压下所激化的情绪，首先是反叛抗争的情绪，写在狱中的叙事长诗《九百个》表现得十分强烈；其次是流血献身的情绪，以耶稣被钉死在十字架上这一圣经题材写成的《一个拿撒勒人的死》很突出。第四类，表现的是通过叛逆抗争和流血牺牲必然会迎来自由光明的未来时代，《春》《煤的对话》《太阳》等就体现了这种神圣的乐观信念。

所以，艾青第一阶段的创作，揭示社会黑暗、人民苦难的诗和叛逆时代、献身抗争的诗，是和渴求自由、憧憬光明的诗以一种因果关系结构在一起的，而后者则是前者的必然归宿。

从全民族抗战爆发到1941年3月，是艾青创作的第二个阶段。

这一阶段的创作也是从表现黑暗苦难的忧患感受出发的，还可分为《向太阳》时期和《火把》时期两个创作高峰。

《向太阳》时期艾青写了如下几类诗。第一类，是艾青1937年底到武汉和1938年初去山西临汾期间写的诗，如《雪落在中国的土地上》《北方》《手推车》《乞丐》等，表现战乱中祖国遭受的灾难和人民流离失所的痛苦。不过，他在北方并不只看到悲哀，"在风沙吹刮着的地域，我看见了中国的深厚的力量，当每次列车运着无数的士兵与辎重与马匹驶向前线时""更看到了民众的力量在无限止地生长，扩大到任何一个角落"。因此，他又写下了另一类表现中国人民奋起抗战，以战斗求生存、得解放的诗，如《风陵渡》《车过武胜关》《除夕》《街》和长诗《他死在第二次》等，而"在这种新的信心里"，他又"写了《吹号者》，以最真挚的歌献给了战斗，献给了牺牲"。"写了《向太阳》，以最高的热度赞美着光明，赞美着民主。"①以此完成了这阶段的第一个创作高峰。1938年秋天，艾青因武汉大撤退而辗转至衡山、桂林、新宁，后又去了重庆，在所谓的大后方，他又面对旧中国农村在三座大山压迫下残败的景象，也切身感受到当局消极抗战、曲线救国、压制人民民主的社会现实，迫使他的诗思既关注民族战争，又着目阶级矛盾与民主斗争。这时他写了如下几批诗：第一批写荒芜的山野景色和穷苦的农民生活，如《旷野》《冬天的池沼》《船与船夫》等，渗透着深沉的哀怨之情；第二批写大自然景物，用以象征人民大众在黑暗的现实中不甘屈服的坚韧精神，如《山毛榉》《灌木林》等；第三批写战略相持阶段广大人民团结一心，力抗抗日逆流、维护爱国民主，如《树》《火把》等，特别是《火把》，以万千火把大游行的壮丽场面来渲染人民民主团结的力量，赞美这

---

① 均见《为了胜利——三年来创作的一个报告》，载《艾青选集》第3卷，四川文艺出版社1986年版，第80页。

种力量能"使黑夜从这里逃遁"的斗争精神；第四批写光明的未来一定会来到的信念，如《解冻》《太阳》等。综合这第二阶段的创作，虽分两个高峰，但总显示为从表现黑暗灾难的忧患感受出发，推向奋起抗争以求光明前程——这么一条抒情思路。

由此看来，艾青第一、第二阶段的创作，属于同一种抒情结构体系。

再看第三阶段，即从1941年3月艾青抵达延安起到全国解放这几年的创作。那是从自由光明的神圣信念感受出发的。

艾青抵延安后感到自己"才算真正看见了光明"，在一种诗人乌托邦色彩的浪漫激情支配下，艾青写下了《古石器吟》《向世界宣布吧》《太阳的话》《给太阳》《野火》《播谷鸟集》《黎明的通知》等，唱出了陕北人民翻身得解放的感受，有一种"光明世界的喧噪声"。但他又清醒地看到，在敌占区、国统区广大城乡人民还在经受着种种苦难，民族独立、人民民主远没有得到实现，因此他又写了《献给乡村的诗》《村庄》《古松》等，对旧中国农村的闭塞、落后和农民的不幸命运作了悲哀的抒唱。而光明世界和黑暗世界鲜明的对比，又激发起艾青的激情，用血的代价来捍卫自由光明的新世界，因此他又写了《雪里钻》《起来，保卫边区》等诗。从这里可以看出艾青没有在光明的世界里忘乎所以，光明是和黑暗对立地统一着的，要扩大光明，就得时刻想着周边环境依旧是黑暗苦难的，要消灭黑暗与苦难的存在，只有奋起反叛抗争，流血牺牲。

从中华人民共和国成立到1957年的反右派斗争，这8年是艾青创作的第四个阶段。这时他总的倾向是讴歌光明，如他自己所说的："我的心是阳光满照的海洋。"因此，他下决心要"为新的日子歌唱"[①]，写了大量歌颂新社会新生活的诗。这时他还没有感悟到"光中也有暗"的道理，却能正视外部世界还存在着帝国主义的侵略和殖民地人民的苦难，所以他面向世界，写了《维也纳》《一个黑人姑娘在歌唱》《黑人居住的地方》《我的阿非利亚》等诗，为殖民统治下的被压迫民族寄予忧患之情，同时也写了《亚细亚人，起来》《千千万万人朝着一个方向》《大西洋》等诗，以高昂的情绪歌唱反帝反殖民侵略，这些诗在血与

① 艾青：《这是一个晴朗的早晨》，载《艾青选集》第2卷，四川文艺出版社1986年版，第102页。

火的斗争光辉照耀下，庄严雄浑，洋溢着受压迫者定会获得解放的乐观精神。

综合第三、第四两个创作阶段的情况可以看出，它们同属于艾青又一种抒情结构体系：立足于自由光明的神圣信念，推向黑暗苦难的忧患感受和叛逆抗争的骚动情绪的抒发。

从以上艾青两大抒情结构体系的分析中可以归纳出几条结构规律。一是艾青总是在为时代而抒情，总是在用全身心体察着和时代有必然关系的三类感受，即黑暗、光明和斗争，并且缺一不可地环绕于每个特定时代进行抒情。二是艾青用悲郁的调子抒唱黑暗苦难的时代时，决不失去对未来必然会光明的信念，他懂得顶着大夜弥天的黑暗，通过战斗的路，定会争取到光明的真理。三是他用欢乐的心情抒唱光明的时代时，也不会忘记光明之外还有着黑暗；他懂得要保卫光明，就要忍受特定情况下的苦难，以顽强的战斗去消灭黑暗。四是光明始终是他抒情的核心。

从1932年起可以让艾青大大地进行创作的岁月有半个多世纪，但是，他竟有20多年——一生中最好的创作年华被迫中断了创作。在此之前，他对于“甚至暗中也有光”的感受是强烈的，认识是深刻的，但对于“甚至光中也有暗”却一直认识不足，他把延安根据地和中华人民共和国内部几乎是写成绝对光明的。在那些诗篇里，凡光明向黑暗、灾难和痛苦推移时，艾青所揭示的黑暗，其实只是存在于特定的光明世界之外的，似乎他仅仅意识到“光外还有暗”。但经过20多年默默无闻和流放戈壁的痛苦生活后，他终于感悟到：在我们今天的社会主义社会——光明世界的内部，也还是有阴暗面存在着。人民所受到的一桩桩血的教训，也迫使他去深入思考：我们社会主义祖国的光明时代内部，到底存在着什么性质的黑暗、灾难和痛苦。这就使艾青在“归来”后所写的诗中，抒情结构已有了新的调整。

艾青自己说过：“我到现在为止，还是相信马克思主义”“到现在为止，我们也还是要相信社会主义，它能比较快地引导中国走向幸福”。①因此生活在社会主义制度下的中国，艾青个人纵然受过多年的压制、打击和流放，却仍然认

---

① 引自1980年8月9日艾青与骆寒超的谈话记录。

为今天的社会是他年轻时憧憬过的光明时代，所以他始终是社会主义制度的赞歌手，这从"归来"以后所唱的第一支歌——《红旗》开始，一系列诗篇都可以证实。不过，经历过"文化大革命"的他，毕竟无法规避这个社会主义制度下的社会"光中也有暗"的事实了，同时也无法抑制他发自内心的愤怒。于是，他采用各种抒情方式写了不少揭露这场浩劫的诗篇，如《听，有一个声音》等。

可贵的是艾青第五个创作阶段的抒情结构始终显示着这一点：他既不是盲目而令人肉麻的赞歌手，更不是抑郁悲观的哀歌者。他既看到光明，也看到光明中的黑暗，更看到黑暗中的光明。由此写成的诗如《光的赞歌》《在浪尖上》等，就显得成功。

我们通过对艾青这一阶段的创作分析，可以看出：他的创作基本上保持着上面概括出来的四条结构规律，只不过对其中的两条有所修正和深化。首先是由于诗人深切地认识到社会主义时期，"光明"是要建筑在现代化的物质基础上的，是有赖于民主和法制保证的，而黑暗和抗争的含义也与以往各个创作阶段极大不同，这就自觉地修正和深化了第一条抒情结构规律。而这一场修正也必然会牵涉到第四条规律，要赋予其新的内容：在抒唱光明时不仅不忘光明以外有黑暗，还更着眼于光明之中有黑暗。抒情结构规律的这种新修正，说明艾青的诗歌创作始终与时代步伐合拍。

这才是真正的现实主义精神。

独特的审美敏感区

艾青的情感个性三要素派生出了他的诗歌意象世界的三大系列，而抒情结构规律也决定了他的意象世界结构系统。

要考察艾青的意象世界，有必要从他独特的审美敏感区出发。

艾青在他的诗歌文本中显示出他的审美敏感区有三个，即土地、波浪、太阳。

先看他的第一个审美敏感区——土地。

在长诗《他死在第二次》里，艾青对一个农民出身的伤兵在伤愈后急于去野外走走的心情作了一番真切的抒情，说他仿佛觉得郊外的田野"像有什么向他在召唤似的"，他要去寻找"那像在向他召唤的东西"，但那东西"他自己也不晓得是什么"。这个"他"，实在是艾青自己爱国主义激情的传声筒，"他"的这种心情其实也是诗人自己的心情反映。至于召唤"他"的东西，则是对土地的一种极敏感的爱。的确，艾青对土地的爱是极其敏感的。在《旷野（二）》里，他声称："何必隐瞒呢——/我始终是旷野的儿子。"在《我爱这土地》里，他说自己如果变成一只鸟，就要为这片土地歌唱到嘶哑："然后我死亡，/连羽毛也腐烂在土地里面。"而这正是"对这土地爱得深沉"的结果。因此，他常常与土地及其边缘类事物作心灵的交流，如在《旷野（二）》中，他对"简单而蠢笨/高大而没有人欢喜的山毛榉"就感到十分亲切，成了"朋友"，每当他"被难以抑制的忧郁所苦恼时"，他就会"仰卧在山坡上/从山毛榉的阴影下/看着旷野的边际"，来求得一点慰藉。他甚至是"田野的各种气息的爱好者"，在《黄昏》里说：当他闻到"故乡路上的畜粪的气息和村边的畜棚里的干草的气息"，也会产生不可排遣的爱的困惑。由此可见，土地确实成了艾青独特的审美敏感区。

再看他的第二个审美敏感区——波浪。

艾青爱大海的狂潮，江河的洪流，浪涛上颠簸的船只。在《浪》里，他对白浪无理性的强蛮作了抒写后，竟说"它是美丽的"：

> 而我却爱那白浪
> ——当它的泡沫溅到我的身上时
> 我曾起了被爱者的感激

在《芦笛》里，他说要把自己反叛旧世界的歌"送给海的波/粗野地嘶着的/海的波啊！"正由于艾青对波浪具有异样强烈的爱与敏锐的审美感应，使他面对与波浪的审美感应可以相通的事物时，艾青的直觉情绪就被刺激出来，获得新鲜独特的意象。在《古宅的造访》里，他对所爱的波兰女郎卷曲的金发作这样的联想："你金黄的长发/在我的眼前/展开了一个/幻想的多波浪的海……"又如

《大上海》中的上海，也使他与狂潮巨浪联系起来，激发出他独特的直觉情绪，把握住这样新鲜的意象："好像是某一次涨潮/或许是从未有过的一次涨潮/潮水汹涌着上了岸/在纵深面里的海滩上铺展/却突然固定下来/再也没有退潮/就这样/构成了这么个奇迹——/大上海。"于是随着这个新鲜的感受，他的联想推出了一片浪花："是一片建筑物的浪花/是千万种屋顶的浪花/是钢铁与水泥浇铸成的浪花/是电力与火焰喷涌的浪花"，等等。艾青还把自己坎坷的命运与海浪的动荡不安联系起来感受，在《监房的夜》中他这样唱："像栖息在海浪不绝的海角上/听风啸有如听我自己的回想/心颤扑的陈年的破旧的船只/永远在海浪与海浪之间飘荡。"还把自己真理人生的追求与"奔跑而又跳跃着""越过莽野又跌下崖壁""从不休息也不畏惧"的水浪的奔流联系起来感受，如《河（一）》中这样唱："我要到东方去——/那边有辽阔的海洋/有蛮野的波涛/有莫测的危险与深奥/有精疲力竭后的/月夜似的平静。"他甚至把一些抽象的情思与波浪联系起来，说自己青年时代的苦难生涯是："躺在时间的河流上/苦难的浪潮/曾经几次把我吞没而又卷起。"艾青甚至把他所喜爱的聂鲁达的诗称为"我们这时代的涛浪"，聂鲁达则是"风浪和阳光的朋友"。由此可见，"波浪"确实成了艾青又一个审美敏感区。

再看他的第三个审美敏感区——太阳。

艾青爱太阳，他的很多诗是受太阳的刺激写成的，这在我们诗坛已成佳话。据粗略统计，他单单以太阳命题的，就有《太阳在远处》《向太阳》《给太阳》《太阳的话》《太阳岛》等，更不要说采用与太阳有关的边缘类，如光、火、黎明等写成的诗了。在写于1940年的那首《太阳》中，他这样抒写自己对太阳的感受：

> 同我们离得那么远
>
> 那么高高的在天的极顶
>
> 那么使我们渴求得流下了眼泪
>
> 那么使我们为朝向你而匍匐在地上
>
> 我们愿意为你飞翔折断了翅膀

我们甚至愿在你的烧灼中死去

爱得真是够炙热的！我们可以说：只要艾青一进入太阳这个审美敏感区，便灵感喷涌浮想联翩。太阳使他想起少女、含露的花，想起《马赛曲》《国际歌》，想起不朽的哲人；黎明使他想起光明的使者、美好前程的预言家等。虽然全面、直接抒写太阳及其边缘类的诗在艾青全部诗歌创作中只占百分之十左右，但这类诗大篇幅的居多，其他类的诗，由这一个审美敏感区刺激出来写成的还不少。由此可见，"太阳"确实成了艾青又一个审美敏感区。

正是这样，艾青在长年的创作实践中不断受到来自这三个审美敏感区的感觉刺激，从而摄取到并积累了一批为直觉情绪具体化所需的"意象元件"，这是由他的审美敏感区向边缘类不断拓展的结果。使艾青写出那些代表性诗作的最初的直觉情绪，就是由土地、波浪或太阳刺激出来的。并且，当直觉情绪在推移中一步步获得意象表现时，也先由它们出发向大范围的边缘类拓展，即"土地"先向"田野""山峦""村舍"拓展，"波浪"先向"海洋""江河""行船"拓展，太阳则向"光芒""火焰""黎明"拓展。越过这一个层次，接着再向更细更具体的边缘类拓展，如"土地"系列中的"田野"类，向"水田""池沼""灌木林""手推车""水牛"等拓展；"山峦"类，向"悬崖""岩石""斜坡""山毛榉"等拓展；"村舍"类，向"茅屋""畜棚""卵石路""竹篱"等拓展……如此类推，应该说向边缘类作这样不断的拓展，并非我们臆想，而是符合艾青直觉情绪意象化推演的联想思路的。如《旷野》，抒发的是艾青对土地真挚的眷恋和真切的哀感，而触发艾青直觉情绪的，当然是这片薄雾迷蒙着的空旷而瑟缩的土地。他就从这儿出发，继续对直觉情绪作意象化推演，先推向"卑微的田野"上"荒芜的田亩""枯死的野草""枯涸的池沼"，再推向阴郁的山峦，即由一条灰黄的泥路引向斜坡，斜坡上是疏林横陈、墓碑散乱，雀鸟抖索着羽毛在聒噪。这之后，再推向斜坡下灌木丛边那几间用"芦苇和荆棘所编的篱围里"的小屋——村舍，村舍里的畜棚、柴堆、炊烟……正是这样，形成了艾青代表性作品的三个意象系列。

值得指出：如果艾青直觉情绪的具体化所推演出来的只是上述三个意象系

列，那他的诗是缺乏深度的。可贵的是艾青还对这三个意象系列作了本体义与象征义的延伸。

所谓艾青意象三系列的本体义及其延伸，就是顺着这三个意象系列再深入一步，以它们自身的审美内驱力作意象之"意"的逻辑推演。艾青正是这样做的。并且，他还牢牢把握着诗是至人性的原则，因此他的逻辑推演最后总要归结于人。

上面分析《旷野》时，是从土地出发，再向田野、山峦、村舍推演的，这当然合乎作品实际，却并不全面。诗篇在充分表现了村舍的意象群以后，接着还作这样的延伸：

> 农人从雾里
>
> 挑起篾箩走来，
>
> 篾箩里只有几束葱和蒜；
>
> 他的毡帽已破烂不堪了，
>
> 他的脸像他的衣服一样污秽，
>
> 他的冻裂了皮肤的手
>
> 插在腰束里，
>
> 他的赤着的脚
>
> 踏着凝霜的道路，
>
> 他无声地
>
> 带着扁担所发出的微响，
>
> 慢慢地
>
> 在蒙着雾的前面消失……

这个既寂寞又阴郁、既贫穷又艰辛的农人形象，是和种种旷野意象衰颓之"意"颇谐调的。意思是说，既然旷野是"悲哀与旷达""辛苦而又贫困"的，那么"徘徊在旷野上的人们/谁曾有过快乐呢？"不论"田野""山峦""村舍"，它们的边缘类事物延伸出来的一批意象，要么本体自身就隐含着苦难意味，如"手推车""水牛""山毛榉""茅屋"等，要么艾青把苦难的主观感受有意打入，如"卑微的田野""紫色的岩石""无力的炊烟"等。他这样做的目的是想顺势把一代农民苦难的命运推演出来。的确，在他的诗篇里有着一大批被侮辱与受损害的"地之子"：牧童、童养媳、木匠、泥水匠、算命瞎子以及大堰河等。在长诗《九百个》里，他就写这些"地之子"与土地的关系："黑邃的土地也不断地/送出我永远难忘的/痛苦的记忆……"而在《大堰河——我的保姆》里，艾青饱含热泪赞美的保姆，最后竟是这样的结局："大堰河，含泪的去了！/同着四十几年的人世生活的凌辱，/同着数不尽的奴隶的凄苦，/同着四块钱的棺材和几束稻草，/同着几尺长方的埋棺材的土地，/同着一手把的纸钱的灰，/大堰河，她含泪的去了。"一个勤劳、善良而又富有人性的农妇，却落得多么悲惨的下场。

"波浪"向边缘类拓展是基于这样的关系：它来自海洋、江河，与行船为伴，它们之间有着内在的依存关系。艾青爱波浪，自然也还延及其他。正如《在智利的海岬上》里他向聂鲁达抒情时所写的："你爱海，我也爱海/我们永远航行在海上。"艾青的这块审美敏感区在把直觉情绪刺激出来，再向边缘类拓展时，海洋、江河及行船大多会串联在一起，再延伸出一批"意象元件"，如《黑鳗》这首神话叙事诗，显然是由"波浪"类审美敏感区刺激出来的一场抒叙，它显示着这个"波浪"类敏感区不断向边缘类拓展：风浪推着一只小船驶出江河，进入深海，风浪又把小船击碎在礁石上，使小船及渔夫陈全统统融入海洋。艾青在《英译〈黑鳗〉后记》里曾说："它是属于一个年轻人的作品，从中可以感触到年轻人的心灵的跳动。"因此，全作具有"想象的一次大胆的飞翔"。可见这首诗在潜创作过程中，其直觉情绪就来自艾青年轻时怀有的那块审美敏感区——"波浪"的刺激，有着他一贯的直觉情绪的意象化推演。诗篇中年轻的渔夫陈全不愿在贫困的陆地环境生存下去，就跳上小船，穿过江河，驶进大海，去寻找"仙岛"了，但风浪击碎了他的小船，又把他推送到黑浪山，和渔霸的邪恶势力搏斗，成全了他悲壮的人生追求。我们还有必要深挖下去。对"波浪"和"海洋""江河""船"以及它们的边缘类多彩的描绘，反映了艾青"波浪"系列的意象群一贯的组合特征，但"波浪"的本体义还要延伸，延伸出陈全为追求幸福而去漂泊的浪子形象。不仅《黑鳗》如此，其他不少诗中凡是"波浪"

系列意象群的本体义，也大多如此。如《船夫与船》：

> 你们的帆像阴天一样灰暗，
> 你们的篙篷像土地一样枯黄，
> 你们的船身像你们的脸
> 褐色而刻满了皱纹，
> 你们的眼睛和你们的船舱
> 老是阴郁地凝视着空茫，
> 你们的桨单调地
> 诉说着时日的嫌厌，
> 你们的舵柄像你们的手一样弯曲
> 而且徒劳地转动着，
> 你们的船像你们的生命——
> 永远在广阔与渺茫中旅行，
> 在困苦与不安中旅行……

这个船夫就是在广阔与渺茫、困苦与不安中漂泊着的浪子。根据这些可以认为：由波浪系列延伸出来的浪子形象，陈全也好，船夫也好，其实全是隐喻艾青自己。不妨再看看《少年行》：

> 像一只飘散着香气的独木舟
> 离开一个小小的荒岛
> 一个热情而忧郁的少年
> 离开了他的小小的村庄

很显然，独木船离开荒岛去漂泊，同离开双尖山下的村庄去异国他乡流浪的"我"是叠加在一起的意象，能使我们感悟到这个寻求新世界的浪子，是从"波浪"系列的意象本体义延伸出来的。波浪系列本体义层层推演而成的这条潜创作路子，在新中国成立以后艾青写《在智利的海岬上》时也还保持着。作为对现实生活作适度变形的本体象征诗，《在智利的海岬上》把那座海岬上聂鲁达的家比作一只大航船，而把"从地球的各个角落来的"诗人，比作漂泊到智利海岬来的"十几个航行的伙伴"，聚在一起"谈着航海的故事"。他们为了"在这个世界上应该生活得好"而"一边听海涛像在浩叹"的声音，一边等待拂晓之前哨子的吹响，那时他们就会"张起船帆，向海洋起程，向另一个世纪的港口航行"。可以说，这也是一群追求新世界的浪子。

同样，太阳向边缘类的光芒、火焰与黎明拓展，推演出"意象元件"，也是合乎艾青创作实际的。谁都知道，太阳是最大的光源，光和火是一对孪生姐妹；可是没有太阳在黑夜的尽头出现，就不会有黎明。因此，对艾青来说它们成了以太阳为核心拓展出来的太阳类审美敏感区。写于1937年的那首《太阳》中，太阳被推演成为"火轮"滚向大地，再推演为光芒，使"冬蛰的虫蛹转动于地下"，城市也因它而获得生命的呼吸，"用电力与钢铁召唤它"——这是从太阳推向光与火的意象，却也把物质创造者所具有的特质推演了出来，最后，诗篇进一层推出这样的诗句："于是我的心胸/被火焰之手撕开/陈腐的灵魂/搁弃在河畔/我乃有对于人类再生之确信"——这更是从太阳推向一个精神探求者。所以太阳系列的意象本体义——光明所推演出来的，是一个灵物统一体。特别值得一提的是《吹号者》。它这样作太阳系列的推演：从微明到黎明，到太阳以轰响的光芒出现，再到大地上一切生命苏醒，在太阳光中展开一场反侵略战争——这战争也是太阳系列推演出来的一个光明的"意象元件"。太阳系列的意象推演靠吹号者串联起来，因此吹号者本身也成了太阳系列中一个光明的"意象元件"，在这种推演中显示出太阳系列本体义的延伸，即推演到人——吹号者。吹号者因此和太阳、黎明、光芒、火焰联系在一起了，成了太阳系列本体义延伸出来的、能代表黎明、光、太阳去唤醒众生从事物质创造（承受吹号者的号角声召唤，鸟雀出巢，马群去饮水，村野醒来，劳动者从堤岸上走过……）与精神追求（唤醒民众去为正义而战争）的人的意象。艾青曾在《为了胜利——三年来创作的一个报告》一文中说过："'吹号者'是对于'诗人'的一个暗喻。"看来在太阳系列里，艾青对意象本体作延伸到最后，出现的是一个呕心沥血作着歌唱、召唤众生为物质世界而创造、鼓动众生为正义事业而奋斗的诗人。这个人暗示着：他的存在，他的事业，是人类未来的幸福与光明的体现者。《向太阳》里，艾青有这么一段直接抒情：

> 太阳
>
> 它使我想起　法兰西　美利坚的革命
>
> 想起　博爱　平等　自由
>
> 想起　德谟克拉西
>
> 想起　《马赛曲》《国际歌》
>
> 想起　华盛顿　孙逸仙
>
> 和一切把人类从苦海里拯救出来的人物的名字

看来艾青是把崇高的物质世界创造者和精神世界探求者作为"意象元件"列入太阳系列里了。也就是说，他们作为把人类从苦海里拯救出来的人物，已成了艾青太阳系列中最高类的"意象元件"了。

所以，艾青意象三系列的本体义最后延伸出来的是三类"人"的意象：土地系列是被侮辱受损害的劳动者——特别是农民；波浪系列延伸出来的是寻求生存新境界而四处漂泊的浪子；太阳系列延伸出来的则是把人类从苦海中拯救出来的智者、勇者。众所周知，人类世界原本就是靠这三类人创造出来的，那么，活跃于艾青诗歌文本中的这三类人是不是也能创造出一个独特的、完整的、可以看作人类世界缩影的意象世界呢？

这就要求我们再深入一步，超越以上所论及的本体义及其延伸，而对象征义及其延伸作出考察了。

象征同譬比、借代、影射在技术处理上有某种类似之处，但并非一回事。它的真正内涵在于超越形体意义上的借代式联想或功利意义上的影射式联想，而以具有高度兴发感动功能的喻体来诱使接受者进入宇宙、自然、人生的底奥，感悟出它们生存的、发展的以及与万物相互联系、相互转化的内在规律，是一种对真理作兴发感动的隐喻。由此看来，艾青诗中意象三系列，只有通过远取譬求得喻体，并借它感发出超越本体义、进入精神范畴的真理规律感悟。只有这样，才算具有了意象三系列的象征义延伸。在艾青的作品中是达到了这点的。

先看土地系列的象征义延伸。

根据上述分析，土地系列的本体义其实是从物欲追求出发推演出来的，并延伸为如下一层新意：由于物质要求的不可得——土地的贫瘠以及劳动者无法支配土地而导致的生活贫困，生活贫困导致的农村衰败落后又使得劳动者物质生活上的艰难困顿与精神生活上的阴郁痛苦。由此看来，艾青已超越土地系列的本体义，获得了这样一个象征义：土地是苦难命运、忧患生涯的载体；而与土地相依为命的大堰河及"地之子"们所获得的象征义延伸则是：从土地中获得灾难—忧郁—痛苦，那是人世至真的事实。艾青曾写过一首反映20世纪30年代四川旱荒给人民带来苦难的诗《死地》，抒唱几千万农民在灾荒年月不得不"向死亡的大地的心脏/挖掘食粮"，即挖树皮草根充饥，而等到这些也得不到时，艾青这样抒情：

> 可怜的"地之子"们啊
>
> 终于从泥土的滋味
>
> 尝到大地母亲蕴藏着的
>
> 千载的痛苦

说土地里蕴藏着"千载的痛苦"，足以证实艾青感受到土地是苦难的承载者，这是深沉的。我们还得注意到，艾青是一个吃农妇大堰河的奶长大、深深"感染了农民的忧郁"的人，这种来自土地耕植者的忧郁又强化了艾青对土地永恒的、难以排遣的忧患感。唯其如此，才使他在《我爱这土地》中这样写："为什么我的眼里常含泪水/因为我对这土地爱得深沉。"这是可以从诗句的另一角度获得新的感受的：土地负载的痛苦实在太多了。明白这一点以后，我们进一步来思考：由于每个人的生存世界都无法与土地分离，艾青在面对整个生存世界时，也会情不自禁怀有一份忧郁、痛苦。这在"归来"后写的两首诗《沉思》与《致亡友丹娜之灵》中表现得最突出。按理说，写它们时艾青已恢复政治名誉，生活在"迷人的春天"里，总该欢乐了吧，但实际上艾青心灵深处不完全是那么回事。他从海南岛访问回来，在火车上看到春雨霏霏中南方肥沃的土地和农民的田间劳动，而"黄的油菜花、绿的茶"也在预示着"今年要丰收/日子可能过得好一些"，这使他感受到"人和大地有了默契/人和自然谁也不辜负谁"，照例说他的心境该是欢畅的。然而在诗的结束处，艾青竟向自己这样设问："为什么……/为什么……/我的心还是这般忧郁？"我们也不妨问问：这究竟是为什么呢？再来看另一首《致亡友丹娜之灵》。诗中写到艾青自己已恢复尊严、可以纵情歌唱了时，丹娜却已丧身车祸，"再也听不到我的歌声了"。这时艾青突然这样地抒情："这歌声你是熟悉的——/即使最欢乐的时候也有悲酸。"这又是为什么呢？要回答这个问题只能这样：首先，艾青在几十年的诗歌创作中生活感受是以忧患打底的；其次，这正显示了他心怀由土地系列延伸出来的象征义：生存的至真境界原是永恒的忧患——这一点深深潜存在他的创作心态中。

再看波浪系列的象征义延伸。

波浪系列的意象本体义其实是从精神追求推演出来的，是人出于灵性欲求不可得的产物。由于波浪富于原生的强蛮和爱动荡，不肯让自己在避风港里或者死亡海上静止；总要跳跃，要奔流，要流向更广阔的天地，面对任何阻拦它奔流的障碍物也总要采取挑战的姿态：冲垮它。因此，艾青在波浪系列的象征义则是：波浪是自由地追求与无畏地抗争的精神载体，而陈全、"我"等寻求新世界的浪子，又具有这样一种意象象征义的延伸：与风浪相依为命的漂泊者从人生的风浪中去获得奔跃—搏斗—自由，是人世至善的事实。不妨看看《河（一）》。诗中艾青先问河流："奔跑着又跳跃着/越过莽野又跌下崖壁/从不休息也不畏惧""要到哪儿去呢？"河流的回答是："我要到东方去——/那边有辽阔的海洋/有蛮野的波涛/有莫测的危险与深奥……"这就是说：河流懂得自由地奔流着去探求东方辽阔的海洋之可贵，它虽在追求中经历种种拼搏与苦难，并预感到未来还会有更多的危险等待着，却也在所不惜。这该是寻求新世界的浪子在人格化的河流上的显示。在《九百个》里，艾青借秦末农民之口直截了当地讲出了这种为了自由向恶势力挑战、抗争的象征义：

> 江河啊，和你一样
>
> 我们的心里也有巨大的
>
> 争斗的叫喊潜伏着

江河显然具有一股强大的、风与浪相冲击的争斗力。而艾青在这里使人感到有着一份深沉的感受，江河是自由探求、无畏拼搏的精神载体。如前所论述的，艾青总把自己看成寻求新世界的浪子，在他前期的诗如《我的父亲》里，强烈地流露出他要冲出愚昧、闭塞、贫困的家乡，到更广阔的世界"去孤独地漂泊，去自由地流浪"的渴望，后来当他真的漂泊到塞纳河边后，感受到浪客生涯的"单调与孤独"，还同多数在巴黎、马赛街头漂泊的行人怀有同一的心境，"如海洋上夜里的船只/朝向灯塔所指示的路/像有着生活之幸福的火焰/在茫茫的远处向他们招手"（《马赛》），动情地抒唱出一个世纪的浪子对美好前程的向往与茫然，却也显示着他追求的执拗与无所畏惧。新中国成立后，特别是"归来"后的诗里，艾青波浪系列的这种象征义延伸，不仅依然保持，并且还作了深化的探求。20世纪50年代他写了《礁石》一诗。这也是波浪系列里推演出来的一组意象群体，浪和礁石可以理解为对立关系，譬如突出礁石无惧不断打击、傲然挺立浪涛中的精神品格，但这也不妨从另一个角度来感悟，即它们是被统一在大海中的。大海以浪来显示执着地追求自由，也以礁石来显示坚毅自若地坚持操守。在浩瀚的大海中，它们的组合获得了相互补充，推出一个为坚持自由意志而拼搏者的生存操守。发表于20世纪70年代末的《鱼化石》，艾青从波浪系列推出了一条"在浪花里跳跃，在大海里浮沉"的鱼，因地壳变动而埋入灰尘，成了鱼化石，虽"依然栩栩如生"，却已绝对的静止。诗人由此获得一个悲慨的感悟："离开了运动/就没有生命。"得出了"活着就要斗争/在斗争中前进"的生存规律。这更显示了艾青的一种形而上思考，也使我们获得了艾青诗中波浪系列的象征义延伸的极致：生存的至善境界只能是永恒地探求、搏斗。

最后看太阳系列的象征义及其延伸。

这一系列的意象本体义是指生存完美的光明境界，是从灵物统一的追求中推演出来的；它的延伸义是指人在既获得物质解放又获得精神解放中显示出来的人性完形境界。由于万物生长的最终依据只能是太阳，也由于人类生存是绝对离不开光、火以及黎明的，因此太阳系列必然成为人类物质欲望至高无上的恩赐者；由于太阳能给人温暖、明亮的真实感觉，光、火和黎明使人获得冲破黑暗看到多彩世界的美好感觉，因此太阳系列也必然成为人类精神欲求至高无上的恩赐者。而我们晓得：使人类能得到物质欲求最大满足的，只能是日新月异的科学，使人类能得到精神欲求最大满足的，只能是充分解放人的个性、发挥他们才智的民主，而能让以追求科学为手段的物质财富创造与以追求民主为手段的精神世界探求高度结合的制度，则成了太阳系列的象征义。有关这方面，较有代表性的是《烧荒》《向太阳》《火把》《光的赞歌》等诗篇。在《烧荒》里一开头就说："小小的一根火柴/划开了一个新的境界。"这就是指使得"荒原成了火海"的烧荒。艾青把这个从太阳系列中那个"火焰"推出来的烧荒意象表现得很壮美："火柱直冲到九霄云外""火焰像金色的鹿/奔跑得比风还快""腾飞的烟在阳光里/像层层绚丽的云彩"，并在此基础上升华出一个智性感悟：把荒草烧尽，才能让犁刀"犁开一个新的时代"。为什么说能使人犁开一个新的时代呢？又是个什么样的新时代呢？这里有着一种由太阳系列推演出来的光明，即物质财富创造的象征义。《向太阳》一诗如艾青自己在《为了胜利——三年来创作的一个报告》一文中所说，是"以最高的热度赞美着光明、赞美着民主"，这话说得较概括了一点。具体说，它抒唱了诗人（"我"）从风雨的昨夜走向辉煌的黎明，从单个的孤旅走向群体的洪流，从"哭泣我们的世纪"走向欢呼我们的时代，从永远唱着一曲人类命运的悲歌走向笑得像太阳般唱起民族再生的颂歌。全诗以"我"奔向太阳作为太阳系列意象推演的线索，由此推演出来的"太阳"就是因反抗侵略而使全民觉醒、同仇敌忾、奋起救亡的一个民主爱国时代，而它最终展示的乃是诗人精神世界的深入探求、绝望意识一步步转变的历程。因此这里有着一种由太阳系列推演出来的光明，即精神世界探求的象征义。《野火》一诗写的是黑夜的山巅有一堆熊熊燃烧的野火，诗人欢呼它把火星飞扬起来，"像群仙似的飘落在/那些莫测的黑暗而又冰冷的深谷"，去照见"那些沉睡的灵魂"，去鼓舞"我们这困倦的世界"，让它"苏醒起来！喧腾起来！"前者推演出来的，是灵的觉醒；后者推演出来的，则是物的创造。灵与物——精神生活与物质生活相融于"野火"这个意象上，显得十分和谐，并富有魅力地显示了野火具有丰富的内涵，即"写的是一九四二年的延安"，显示了以延安为核心的抗日根据地"光明世界的喧噪声"。但艾青的太阳系列的意象象征义还是要作延伸的。在《诗论》里，艾青曾说过："存在于诗里的美，是通过诗人的情感所表达出来的、人类向上精神的一种闪灼。这种闪灼有如飞溅在黑暗里的一些火花，也有如用凿与斧打击在岩石上所迸射的火花。"这启示我们：艾青太阳类审美敏感区所刺激出来的直觉情绪，在作太阳系列意象化的推演中，不仅仅合于至民主、至人性的社会制度来象征光明，而且进一步延伸为人类的向上精神。《火把》写的是人民群众强烈要求政府坚持抗战、反对妥协而举行的火把示威大游行，诗篇中洋溢着的是爱国人民昂扬的民主精神。的确，全诗从人流汇集广场、演说、街头火把演出、火把大游行等壮阔场面的抒写中，充分体现了艾青"对于'人群''动''光'的形象"的追求。诗中一再写到"给我一个火把"的呼唤，这是人民对民主之光发自肺腑的要求，而如此众多的人群要火把，并且在有了火把后又高举着它呐喊着口号，化为一支由声音与火光融合的洪流"泛滥"在大街上。这是艾青追求"人群""动"的表现，它又反过来充实了火把的内涵：群众对民主要求的觉醒和民主追求的行动才是真正的"火把"。诗篇还插入唐尼与克明的爱情故事，唐尼在火把游行这一民主洪流冲击、感召下终于觉醒，挣脱了自我爱爱恨恨的小天地，汇入民主洪流。这可说是对"人群"在积极追求民主的"动"势中显得更辉煌而深沉的具现，也是对"人群"之"光"的鼓舞下更积极追求民主作了进一步充实。总之，这是不断追求、壮大民主斗争的一种社会向上精神的表现。艾青说过："一个友人说，这诗假如在'武汉时代'（指以武汉为抗战中心的时期）写成就好了。这友人大概有些感慨于现状吧？但'民主主义'并没有死啊，反之，它却无限止地在生长啊！"这正说明艾青在这首诗的抒情构思中是有意识地要拿以火把为核心推演成的意象群来象征中国人民不断壮大民主势力的向上精神。《光的赞歌》集"光"的本体义、象征义之大成，内涵极其丰富，这首诗所抒唱的光，既是科学智慧的结晶，推动人走向最完美的生存境界；又是民主理想的标志，促使人起来反专制、反奴隶、反思想禁锢。在此基础上，艾青讴歌了人类——也包括诗人自我融入

"光"的虔诚、追求"光"的热情、献身于"光"的壮烈行动，并赞美了消融于光的队伍奋进中的磅礴气势："让我们的生命发出最大的能量/让我们像从地核里释放出来似的/极大地撑开光的翅膀/在无限广阔的宇宙中飞翔"，甚至高呼"让我们从地球出发/飞向太阳……"这是"人类向上精神的一种闪灼"，十分耀眼！是太阳系列的意象象征义一次最动人的延伸，或者可以说，艾青使我们获得了这样一个印象：人性与宇宙性高度交融的至美境界，乃是人类永恒地向上进取。

从艾青诗中意象三系列的象征义及其延伸可看出，艾青从土地系列中延伸出对"真"的象征，从波浪系列中延伸出对"善"的象征，从太阳系列中延伸出对"美"的象征——这是最高类的象征义延伸。而艾青在《诗论·出发》的一开头就说过这样的话："真、善、美是统一在人类共同意志里的三种表现，诗必须是它们之间最好的联系。"这意味着，一座辉煌的缪斯神殿，应该是真、善、美之间联系得最好的建筑结构。那么，艾青这一座缪斯神殿，也属于这样的建筑结构吗？

这就有必要对艾青诗中意象世界的整体结构系统作一番考察了。

严谨而有机的意象世界

综合艾青的全部诗作，留给我们的印象是：他那诗歌的意象世界是一个相当严谨而有机的结构系统。他处理意象三系列之间的关系，就是由土地系列向波浪系列再向太阳系列依顺序递进。诗例很多，如《太阳》《向太阳》《吹号者》《解冻》《河（二）》《死地》《雪里钻》《在智利的海岬上》《光的赞歌》等，其中最典型的是《解冻》。这首诗先向我们展示出"凝固着的地层"，这里有着被严寒窒息的"多少残留的生命"在"发出微弱的喘呼"，还有深山里的积雪，深涧里的冰层，平野上"乌暗的土地"——所有这些，全是土地系列的意象，它们作为递进结构的开始。其次，是承受季节转暖的大自然以顽强的生命力对土地的抚慰，使"一切冻结着的都苏醒了"，各处的积雪融化，冰层解裂，化成涓涓水流，从各个阴暗的角落向平野汇合，奔向江河；而江水因此泛滥起来，化为洪流，发出波涛的喧嚷，"满怀兴奋与喜悦/一边捶打着腐朽的堤岸，/一边倾泻过辽阔的平野，/难于阻拦地前进着"——所有这些全是波浪系列的意象，作为递进结构的第二个层次。最后，我们看到了这一支洪流：

> 经过那枯竭的树林，
>
> 带着可怕的洪响，
>
> 汹涌到那
>
> 闪烁着阳光的远方去了……

这就是从波浪系列的意象又向太阳系列的意象递进。这样一种递进顺序可以看成艾青把握诗歌意象世界的一个结构模式，更可以理解为他所认识的自然生命体演化发展的潜在规律，或许还可以说：正是艾青把握了自然生命体演化发展的潜在规律，才使他诗中意象三系列这样的递进式组合成了意象世界的结构模式。

意象是直觉情绪的具象体，艾青诗中意象三系列的组合其实就是艾青的直觉情绪以及由此升华的诗美情感和社会理想的具象反映。因此，艾青诗的意象世界可以说是通过诗美情感追求结构和社会理想追求结构把模式特征体现出来的。

先看诗美情感追求结构。

我们且拿《吹号者》来看看。诗篇的主人公吹号战士既然是"对于诗人的一个暗喻"，那么他的号角也该是对于诗的一个暗喻。全诗写到吹号者在战斗冲锋中被子弹射中而倒下后，突出地表现了他手中紧紧握着的那支号角：

> 在那号角滑溜的铜皮上，
>
> 映出了死者的血
>
> 和他的惨白的面容；
>
> 也映出了永远奔跑不完的
>
> 带着射击前进的人群，

　　和嘶鸣的马匹，

　　和隆隆的车辆……

　　而太阳，太阳

　　使那号角射出闪闪的光芒……

艾青在这里也用了三组意象来传达号角映现的三个结构层次：从"映出了死者的血/和他的惨白的面容"出发——这是土地系列中意象的延伸，它体现出为献身而承受苦难的诗美情感；再进到"也映出了永远奔跑不完的/带着射击前进的人群，/和嘶鸣的马匹，/和隆隆的车辆"——这是波浪系列中意象的延伸，它体现出为正义而不屈地抗争的诗美情感；然后再进到"而太阳，太阳/使那号角射出闪闪的光芒"——这是太阳系列中意象的延伸，它体现出战争前程一定光明美好的诗美情感。这些地方使我们感悟到艾青具有这样一个诗美情感的追求结构：苦难虽然存在，但只要坚持斗争下去，最终必定是光明美好的。这显示出从苦难递进到抗争再递进到光明的感受趋向——吻合他意象世界的总体结构模式。

　　再看社会理想追求结构。

　　在分析艾青诗中意象三系列各自的延伸义时，已触及艾青如下的社会理想追求：土地系列突出地显示的是物质领域里人民自古的穷困与宿命的苦难，这涉及物质世界的创造必须以科学化来武装的问题，但艾青懂得，孤立地谈科学化是行不通的，因此他在波浪系列里突出地显示了精神领域里社会文化的革新与思想境界的开放。这涉及精神世界的建设必须以民主化来武装的问题。但艾青也懂得，同孤立地谈科学化行不通一样，抽象地谈民主化也是行不通的。我们既要科学化，也要民主化，但它们辩证地结合并付之于实践，只有靠制度作保证。因此，艾青在太阳系列里突出地显示了一个科学化与民主化相交融，既没有阶级剥削又没有思想禁锢的先进社会制度。但这里又涉及艾青的世界观，使他明确意识到：追求一个先进的社会制度必须立足于世界大同的共产主义理想。艾青就依据这样一个社会理想追求来规范自己的运思路子，写成了一支集社会理想之大成的大曲：《光的赞歌》。这首诗的前五章把"光"向四个方向拓宽。第一方面，表现"光"是万物的生命恩赐者，指出大自然要是失去了太阳这个最大的光源，也就没有了春夏秋冬这四季以及它们繁殖的自然财富——没有了人类赖以生存的物质世界。第二方面，表现"光"是精神财富的恩赐者，指出人类要是没有"光"，就看不到大千世界的美，没有了热情与想象，失去了艺术文化，那么"我们对世界还有什么留恋"——以上两个方面是"光"的本体义层次。再看第三方面，表现"光"就是科学智慧，指出人类从愚昧走向智慧，从迷信走向科学，就是从黑暗走向光明；而蒸汽机、电、原子弹、地球卫星、激光、电子计算机等科学智慧的结晶是"光"，"光把我们带进了一个光怪陆离的世界"，使"人类在追踪客观世界中留下了自己的脚印"，走向了人类最完善的物质生存境界。第四方面，表现"光"就是人民民主，指出历史上所有暴君都是怕这个民主之"光"的，更怕"有意志的人"，他们千方百计要监禁光，要使人民成为"驯服的牲口""会说话的工具"，不过"人间也有多少勇士，用头颅去撞开地狱的门"，要去解放"光"——这两个方面是光的象征义层次，但艾青并没有把"光"中止于科学与民主既孤立又抽象的内涵，他懂得要使二者真正交融，必须有一个真正属于人民自己的社会制度作保障。因此从第六章起到结束，把"光"推向一个更高的象征层次了。艾青用最大的热情召唤人民，以"最美好的理想"——真正能沿着科学实践这一"认识的阶梯"去"追踪星际物质"，并能让"任何财富都是人民的"这一原则受到法律保障的社会制度来武装我们，"和最先进的阶级在一起""投入火的队伍，光的队伍"，去"极大地撑开光的翅膀/在无限广阔的宇宙中飞翔"。在这里使我们感悟到艾青具有这么一个社会理想追求趋势：人民在物质领域里还过着贫穷困苦的生活，度着愚昧闭塞的日子，因此要高度科学化；人民在精神生活领域里总在渴望个性解放，创造自由，因此要高度民主化。而我们民族创建了并正在完善着一个属于人民自己的社会制度，它能保障科学化与民主化高度交融，所以我们的前程必定是光明美好的。这就显示出艾青的社会理想追求结构是从民族落后的痛苦感受递进到追求革命的激情，再递进到深信民族前程和人类前程必然光明——这也完全吻合他诗中意象世界的总体结构模式。

艾青曾经在1937年写的《生命》一诗里，以"青色的河流鼓动在土地里/蓝色的静脉鼓动在我的臂膀里/……里面旋流着/土地耕植者的血液"这样的诗句，向我们暗示：土地象征着他的肌体，波浪象征着他的血液。那么太阳象征着他的什么呢？这使我们再次想起他在《光的赞歌》里对自己一生的事业作过的抒唱："在这茫茫的世界上/为被凌辱的人们歌唱/为受欺压的人们歌唱/我歌唱抗争，歌唱革命/在黑夜把希望寄托给黎明/在胜利的欢欣中歌唱太阳。"可见他这一生的事业是处在这样一个结构中的：从真切地去感受人民的苦难到顽强地去探求新世界而进行革命，再进到对光明普照大地作澈声歌唱。可见，他一生事业的归结点是追求光，是追求最大的光源太阳——像太阳一样辉煌的、被艾青坚定不移地信奉的、世界大同的共产主义理想。

而这也正是艾青诗歌那个意象世界结构系统的纲。

通向缪斯之路

研究诗是不能离开意象的，研究艾青的诗歌创作艺术尤其离不开意象，因为他是一位始终坚持意象抒情——甚至致力于意象象征抒情的诗人。

在我国古典诗论中，意象这个术语早已使用。胡应麟在《诗薮》里早就说过"古诗之妙，专术意象"的话。何景明《与李空同论诗书》里还具体指出："意象应日合，意象乖日离。"在他们看来，意象是意与象的有机交融。意是心意，象是物象，心意与物象相融，才可能有诗的意境美。所以中国传统诗论里，意象实指以景寓情、情景交融的艺术处理。亦即"意加象"。但在西方，意象被看成是内发的想象的产物。英语里"Image"就具有想象的含义，指心意通过想象而获得的一种具象表现形态，是心意在物象上象征寄托出来的一种艺术处理品，简言之，意象就是"意之象"。至于在中国现代诗论里，意象既可以是"意加象"的，也可以是"意之象"的。不过，有一条必须统一，即意象首先是感觉或情思的具象表现。

艾青在《诗论》里对意象有过论述，认为它是纯感官的，是一种具体化了的感觉。他又说："用可感触的意象去消灭朦胧晦涩的隐喻。诗的生命在于真实性成了美的凝结，有重量与硬度的体质，无论是梦是幻想，必须是固体。"①这就进一步指出意象必须能起唤醒感官的作用，它必须像"有重量与硬度的体质"一样，必须像"固体"一样，给人以一种"可感触的"感觉。

在艾青的艺术体系中，如何使意象具体化，是涉及如何使形象具体化的大事。艾青面对一些平常的事象，一角诱人的景色，一个抽象的观念，一脉裸露的感情，要想使它既鲜明生动又具体可感地表现出来，也得采用一些方法。艾青惯用比兴手法使形象具体化。对意象的构成是否也可以采用比兴手法呢？回答是肯定的。就是说：比兴作为一种手法，它不仅可以用于形象构成，也可以用于意象构成。正因为这样，艾青诗里的意象也因使用的手法不同而可分为两类：兴的意象，比的意象。

先谈他兴的意象。

兴的原意是先言他物以引起所咏之词，故能达到言已尽而意无穷的效果。兴的关键就是要有"物"，其次又要使这个"物"渗透感性的文化内涵——或者说具有审美文化积淀，以造成意境。根据这两点我们来看艾青的兴的意象，可以明白，它乃是"物"的艺术再造，而这种再造又是通过种种策略使之达到的，或者说这种再造具有如下一些做法：

最直接的做法乃是忠实地刻画有形之物，也就是白描一个物象，以兴发出一片意境。譬如《乞丐》一诗，为了表现中国人民在日本帝国主义的铁蹄蹂躏下流离失所、四处逃荒，以致有些人沦为乞丐的惨景，艾青用了很客观的笔法，把乞丐的神态作了如此细致的白描：

> 在北方
>
> 乞丐用固执的眼
>
> 凝视着你
>
> 看你在吃任何食物
>
> 和你用指甲刷牙的样子

---

① 艾青：《诗论》，三户图书社1941年版，第16页。

这真是入木三分的刻画。我们通过这个具有细节真实的意象，可以直达乞丐内心深处那种饥饿感，那种渴求食物的欲望，那种在死亡线上挣扎的情状，以及使我们不能不为多灾多难的祖国而掉下泪来的悲感。又如《北方》，艾青以善于摄取大自然景色的画家才能，选择了一个个富有形态感的意象，写出了北方冬日的原野荒凉、阴郁、寒冷而骚乱的自然景色。如：

> 天上
>
> 看不见太阳
>
> 只有那结成大队的雁群
>
> 惶乱的雁群
>
> 击着黑色的翅膀
>
> 从这荒凉的地域逃亡
>
> 逃亡到
>
> 绿荫蔽天的南方去了……

这里对有形物"雁群"确实作了既忠实又动人的刻画，再造出这么个渗透着主观情绪的兴的意象，感发出了对战乱年月惶惑、迷乱的情绪。

诚如艾青自己所说的："在万象中，'抛弃着、拣取着、拼凑着'，选择与自己的情感与思想能糅合的，塑造形体。"①他的确不断在万象中寻找并选择与自己的情感相糅合的、具有"形体"的意象，这好像已成为艾青创作的习惯。在这份习惯工作中，兴的意象构造占的比重较大。他要么用具体事象来兴托情绪，要么用具体景色来寄寓感受。在这方面特别值得提一提《大堰河——我的保姆》和《旷野》。前者用了50多个兴的意象兴发出艾青对贫农大堰河及她一家悲惨命运的哀怜之情；后者用了30多个兴的意象寄寓着诗人对旧中国宗法制农村残败、悲凉的感受。通过这些兴的意象，我们不难看出艾青对旧中国农家生活十分熟悉，它们全是属于生活真实的，在艾青对它们作了如实刻画后成了美的凝

---

① 艾青：《诗论》，三户图书社1941年版，第67页。

结物。这种美，是指可以由感官感觉得到的具体的美；这种美，是指能充分感发出意境的美；这种美，是指渗透着诗人主观情感，使人对旧中国农村的衰败引起愤懑、对旧中国农民的苦难引起哀感的美。

这种兴的意象内部结合的情况有一定的复杂性。有时候碰到选作意象的事象或景象本身并不那么具体，这时若单靠忠实的刻画就不可能达到丰美的造型，艾青就采用辅助手段，补加一些东西来烘托或反衬，或者用小意象结合成一个大意象、一个意象群。譬如《一个拿撒勒人的死》，写到拿撒勒人被犹大出卖而要被钉死在十字架上，那时正巧是"白日呵，将要去了"时分，这可以构成一个景色的意象，它寄寓着光明被黑暗绞杀的悲壮感受，但单靠"白日呵，将要去了"是难以兴起深远的意境的，艾青为了把它写得具体可感，就这样：

> 落日照着崎岖的山坡
>
> 大地无言的缄默
>
> 只有原野的远处
>
> 传来飓风的吼叫
>
> 整个的苍穹下
>
> 聚集着恐怖的云霞……
>
> 白日呵，将要去了

在这里艾青化了六行诗共四个小意象来烘托，这些组合成一体的意象群是相当富有弹性的，能感发出人的一种悲壮、神秘、恐怖交糅的感受。再如《旷野》里，写到冬日的旷野一片死寂，生机全被扼杀，艾青这样写：

> 没有什么声音，
>
> 一切都好像被雾窒息了；
>
> 只在那边
>
> 看不清的灌木丛里，
>
> 传出了一片

　　畏慑于严寒的

　　抖索着毛羽的

　　鸟雀的聒噪……

　　这里"没有什么声音，/一切都好像被雾窒息了"是不具体的，为了使它更具体，就采用了古诗中"鸟鸣山更幽"的办法，竟去写鸟雀的聒噪，用有声的鸟雀的聒噪反衬，使这个意象不仅具体而可感，而且把旷野的朦胧、阴冷、寂寞的深远意境兴发感动出来了。

　　再谈他比的意象。

　　比的本意是借物喻物或借物喻情。意象是渗透了主观情绪的材料经典型化后的产物，如果这种材料不具体，或仅是抽象的观念及单纯的情绪，那么为了弥补不足，艾青就运用比的手法，比的意象也就这样产生了。

　　艾青惯用的比的意象大致可分为以实比实、以实比虚和拟喻三类。

　　以实比实就是物比物。由于"此物"并不很具备能兴发感动某一种感觉情绪，或者它所要强调的某一点不够鲜明生动，于是取"彼物"中某一点来作比喻，使此物因之显得生动感人。在这一类意象中，艾青首先给人印象深的是那些看似平凡却十分新鲜的形似的比。譬如《马赛》里描写资本主义的工厂："多量的/装货的麻袋，/像肺结核病患者的灰色的痰似的，/从厂旁的门口，/不停地吐出……"《旷野（又一章）》里写山峦，"不驯服的山峦，/像绿色的波涛一样，/横蛮地起伏着"。《人造雨》里写人造雨："无数的雨喷射在黑色的水管上，/像无数的蒲公英开在暗绿的田地上……"《采棉女》里写棉花："装满了的棉花，/像皂泡一样溢出。"《雪里钻》里写骏马的外形："乌黑发亮的身体，/像裹住了黑缎似的光滑；/两只耳朵直竖着，/好像两个新削的黑漆的竹筒；/四条腿直立着，/稳定像四根钢柱；/脚蹄雪白、干净，/好像上面沾满了白雪。"所有以上这些都是从印象中产生形似的感觉，从而获得以实比实的比的意象，它们不仅比得像，并且很富有生活气息，给人以深远的意境。至于神似的——"彼物"以某种神态来比"此物"的意象，艾青用得更多，譬如：《船与船夫》里写船："你们的帆/像阴天一样灰暗，/你们的篷篷/像土地一样枯黄，/你们的船身/

像你们的脸/褐色而刻满了皱纹。"《高粱》里写高粱米："丰满的累累的果实啊，/在早晨阳光照着的旷野上，/在澄碧的天空的下面，/像无数少女的沉重而闪光的垂发。"《维也纳》里写这座城："维也纳，像一架坏了的钢琴，/一半的键盘发不出声音；/维也纳，像一盘深红的樱桃，/但有半盘是已经腐烂了的""维也纳，你虽然美丽，/却是痛苦的，/像一个患了风湿症的少妇，/面貌清秀而四肢瘫痪"。还有一种神似的比，突入"彼物"精神意义深处，发现出某点闪光的意义来照亮"此物"。它是比一般形似和神似的比的意象更有深意的。譬如《少年行》里写少年艾青离开故乡外出漂泊以寻求自由幸福："像一只飘散着香气的独木舟，/离开一个小小的荒岛；/一个热情而忧郁的少年，/离开了他的小小的村庄。"《告别》里对一个诗人的赞美："人们多么容易理解你，/像人们理解树和岩石一样/像人们理解海和山一样。"

以上所举的，是以实比实的意象中比较单纯的一类。有一类以实比实却把"彼物"的比意、比态作了进一步的扩大与发展，构成一个复杂而又自成完整系统的意象群。譬如《双尖山》中描写一条山泉：

> 而在巨大的岩石下面，
>
> 一泓清泉
>
> 发出淙淙的声音，
>
> 像一条银蛇
>
> 滑进了草丛，
>
> 不见了，
>
> 忽然又出现在林木那边。

以银蛇来比山泉，把那种滑动的、蜿蜒的、飘忽的感觉写得十分传神。记得艾青在写这首诗前十七年，在《春雨》一诗里就已经写过："看青草丛中的溪水，/徐缓地游过去/——像一条银色的大蟒蛇。"由于没有把蛇的比喻扩大，构成一个完整的过程，就不及这儿写得生动，更富有魅力。又如在《光的赞歌》中：

　　　　我们在自己的时代

　　　　应该像节日的焰火

　　　　带着欢呼射向高空

　　　　然后迸发出璀璨的光

诗人把自己的生命比作节日的焰火，本已很生动地表达出如下这点：作为社会主义时代的诗人应该为这光辉灿烂的时代而高唱自由、幸福和光明的赞歌，但艾青并不停留在焰火这一单纯的以实比实上，而又用后面两行诗把焰火的比喻扩大、发展，成为一个复杂而有完整体系的意象，比意就更鲜明动人了。

　　刘勰在《文心雕龙·比兴篇》里曾指出："夫比之为义，取类不常，或喻于声，或方于貌，或拟于心，或譬于事。"的确，世事万千，诗境无穷，欲比之类可谓多矣！上述以实比实的，也许可以说是"方于貌""譬于事"吧！至于"拟于心"的"心"、"喻于声"的"声"，都是抽象的东西，现在要把它们构成一个具体可感的意象，就得采用以实比虚的方法。我们先看艾青写声音的。譬如：《马赛》里写车辆在不平的路上驶过发出的声音："不平的路/使车辆如村妇般/连咒带骂的滚过……"又如《鹪》里写鹪的鸣叫声："你的歌声清新而委婉/圆润如花瓣上的新露/悦耳如情人的话语。"《保卫和平》里写大城市的喧声："大城市的骚扰的喧声，/像按响了一千架钢琴的键盘，/发出无比繁杂而沉洪的音响。"《西伯利亚》里写原野上电线鸣响的声音："电线震动的声音，/像盛夏的果树园里，繁忙的蜜蜂的嗡鸣。"我们再看艾青写心情的。如：《马赛》里写资本主义世界人与人之间互相角逐中的心情："接连不断的行人，/匆忙的，/跄跄的，/在我这迟缓的脚步旁边拥去……/他们的眼都一致地/观望着他们的前面/——如海洋上夜里的船只/朝向灯塔所指示的路，/像有着生活之幸福的火焰/在茫茫的远处向他们招手。"《群众》里写诗人参与群众斗争生活的心情："我静着时我的心像被无数的脚踏过，/我走动时我的心像一个哄乱的十字街口。"《雪落在中国的土地上》里写流离失所的老人对生活绝望而茫然的心情："我们的年老的母亲，/都蜷伏在不是自己的家里，/就像异邦人/不知明天的车轮，/要滚上怎样的路程……"《时代》里写诗人追求时代的心情："我的心追赶着它，激剧地跳动着，/像那些奔赴婚礼的新郎。"《在浪尖上》里写"四五"英雄韩志雄在"四人帮"以极左面目迷惑人民、混淆视听的复杂阶级斗争面前的心情："而你是清醒的，/像大风大浪中的一个岛，/你在万里晴空下，/宁静地注视着万顷波涛……"

以上这些都是以实比虚的较单纯的比的意象。但艾青灵活运用技巧，又把这一类意象扩大化，并使其有内在的完整系统，使意象更丰满。如在《马赛》里，他写自己在花花世界巴黎时那种格格不入的孤独感：

> 在你这陌生的城市里，
>
> 我的欢乐和悲哀，
>
> 都同样地感到单调而又孤独！
>
> 像唯一的骆驼，
>
> 在无畏风飘的沙漠中，
>
> 寂寞地寂寞地跨过……
>
> 街头群众的欢腾的呼嚷，
>
> 也像飓风所煽起的砂石，
>
> 向我这不安的心头
>
> 不可抗地飞来……

在诗人眼中，自己像骆驼，那么巴黎当然像沙漠；骆驼在沙漠中寂寞而孤独地走着，的确生动地比出了自己在巴黎的心情。但寂寞并不等于什么也不来触及他，街头群众的呼嚷总是会在他周围可怕又可憎地震荡着的，于是，诗人又把沙漠、骆驼的比喻扩大和发展，用砂石扑向骆驼来比喻呼嚷，这一来，从骆驼的比喻出发，扩大并发展了它以后，成了一个又复杂又有个完整系统的意象群，使这样一个比的意象的确显得丰盈，更具体可感了。再如《青色的池沼》里，写池沼的平静而清澈，诗人竟用这么个"彼物"来比"此物"：

> 平静而清澈……

　　　　像因时序而默想的

　　　　蓝衣少女，

　　　　坐在早晨的原野上。

　　这是很美丽的比的意象。诗人并不局限于以少女比池沼，并且还涂上了一层"蓝衣"的色彩，不仅给她以坐在早晨的原野上的姿态，还给她展示内心世界，像因时序的律动而在默想着。一个比竟作了如此的扩大，使"彼物"表现得如此充分，确实别出心裁，确实把少女秀丽柔美的外表装饰、温雅娴静的感情内涵、沉思默想的个性气质全赋予池沼了，于是这池沼的平静清澈就显得具有生命之美、灵魂之美了。这就是扩大化的比的意象。

　　在艾青比的意象里还有一类拟喻，这实在是以实比虚的一种变通。我们可以这样说：那些抒情境界较开阔、气魄较大的诗人，在表达抽象的情绪和哲理的观念时，为了使抽象具象化，给人以有血肉有灵魂的生命美感，就采用拟人的意象，马雅可夫斯基就特别爱采用这种意象构成法。艾青也大量使用这种手法来构成意象。譬如：《黎明》里，为了表达黎明是白天的开始，他这样写："我知道/你又叩开白日的门扉了……"在《黎明的通知》里写黎明来到人间："说我已踏着露水而来/已借着最后一颗星的照引而来。"在《吹号者》里写黎明的到来："群星倦了，一颗颗地散去……/黎明——这时间的新嫁娘啊/乘上有金色轮子的车辆/从天的那边到来……"在《太阳的话》里写太阳照进人的心坎："我带着金黄的花束/我带着林间的香气/我带着亮光和温暖/我带着满身的露水/……/让你们的心/像小小的木板房/打开它们的关闭了很久的窗子/让我把花束，把香气，把亮光，/温暖和露水撒满你们心的空间。"在《给太阳》中写太阳："太阳啊，你这不朽的哲人/……/你是时间的锻冶工，/美好的生活的镀金匠，/你把日子铸成无数金轮，/飞旋在古老的荒原上……"在《野火》里写漆黑夜的火光："在这些黑夜里燃烧起来/在这些高高的山岗上/伸出你的光焰的手/去抚扪夜的宽阔的胸脯。"在《死地》里写大干旱中的大地："大地已死了！/——躺开着的那万顷的荒原/是它的尸体//它死在绝望里；临终时/依然睁着枯干的眼/巴望天顶/落下一颗雨滴……"在《雪落在中国的土地上》里，写战争和灾荒遍及的祖国大地："饥馑的大地/朝向阴暗的天/伸出乞援的/颤抖着的两臂。"

这种拟喻的意象构成，艾青有时也给予扩大化，使拟想得来的人化的物象具有"人"的行动或性格的表现过程。譬如写《巴黎》——这座资本主义精神文明集中体现的大城市，就这样写：

> 巴黎
>
> 在你的面前
>
> 黎明的，黄昏的
>
> 中午的，深宵的
>
> ——我看见
>
> 你有你自己个性的
>
> 愤怒，欢乐
>
> 悲痛，嬉戏和激昂！
>
> 整天里
>
> 你，无止息的
>
> 用手捶着自己的心肝
>
> 捶！捶！
>
> 或者伸着颈，直向高空
>
> 嘶喊！
>
> 或者垂头丧气，锁上了眼帘
>
> 沉于阴邃的思索，
>
> 也或者散乱着金丝的长发
>
> 激声歌唱，
>
> 也或者
>
> 解散了绯红的衣裤
>
> 赤裸着一片鲜美的肉
>
> 任性的淫荡……你！
>
> ……

　　　　巴黎
　　　　你患了歇斯底里的美丽的妓女！

这个意象就是一种扩大的拟想，艾青把妓女妖艳的形态、放荡的行为、歇斯底里的精神气质都作了生动的描写，从而逼真地比出了巴黎这个现代化都会的糜烂和荒淫的生活，疯狂而放荡的精神气质。

　　艾青上述两类从构成方式上区分的意象，就审美功能说，都归结为兴发感动出意境这一点，因此它们实质上是一回事，不同于有些诗人，比的意象总是用作认识性的譬比、借代、影射。唯其如此，艾青诗的意象抒情才特具意境美。当然，艾青是个不倦的艺术探求者，他的意象抒情策略还有更显复杂、更见新颖的地方，从意象的审美功能看，他还能显示出既像是兴的意象，对下文起"起情"的作用，又像是比的意象，对下文起"托情"的作用。譬如长诗《藏枪记》里："李树开花一片白，/解放大军过江来。"前一句和后一句没有意义上的必然关系，仅仅是"起情"的作用。但仔细一回味，李树开花是春色宜人的标志，又像是比喻解放大军过江也像春天来临，带来温暖和欣欣向荣的生活境界一样，这就有"托情"的作用了。又如长诗《黑鳗》中："谁能叫天不刮风，/谁能叫水不起浪，/谁能叫人不长大！"前两行和后一行也没意义上的必然关系，仅仅是"起情"的作用。但再一回味，前两句是暗示着任何力量也阻挡不了自然现象的必然发生，那就对后一句有比的意义了，这是艾青吸引了民歌中兴的手法。在《悼罗曼·罗兰》中，他更把民歌的表现手法运用到现代诗上了：

　　　　山是欧罗巴最高的山，
　　　　湖是欧罗巴最美的湖，
　　　　老人是欧罗巴最好的老人——
　　　　正直严肃，勇敢而又聪明；

这儿"最高的山""最美的湖"用来比喻"最好的老人"是显而易见的，但假如前两行没有，后文意义也完整，不比也清楚。那放在这里还有什么作用呢？应该说是以"最高的山"的壮美和"最美的湖"的秀美来兴起对罗曼·罗兰崇高的赞美之情——这样一来，前两句的意象是比兴两者的结合。

艾青有一类诗，形象本身是象征性的，意象却可以是写实的，这时，这个意象就出现了比兴结合的情况。从意象本身看，它是兴的，有"起情"的作用；但对全诗来说，它又是象征形象的一个分子、一个组成部分，是起了"比"的、亦即"托情"的作用。这方面的例子在艾青诗里并不少见。譬如《风陵渡》抒唱突破黄河风浪，驾船从风陵渡到潼关去，艾青用了生活细节真实的表现，这样说：

> 古旧的渡船
>
> 载着我们的命运
>
> 古旧的布帆
>
> 突破了风，要把我们
>
> 带到彼岸

我们首先感觉到这是兴的意象，借以引出一种在险恶环境里搏斗的坚忍的感受。但结合全诗象征形象一体味，我们又会感到这也是比的意象，比喻着民族在生死存亡大搏斗的急风暴雨时代带着全国人民要突破侵略者的腥风恶浪，以达到平安的彼岸。又如《解冻》，也是象征性形象，但写的又完全是大自然解冻的真实景象，每个意象都是自然的、真实的。如：

> 在这晴朗的早晨，
>
> 每一滴水
>
> 都得到了光明的召唤，
>
> 欣欣地潜入低洼处，
>
> 转过阴暗的角落，
>
> 沿着山脚

向平野奔流……

我们读了也首先感到这是一种"兴"，它能引起我们冬去春来、万物复苏的美好情感，但若再回味一下，却还有深一层的东西在：这是在比喻每一个向往光明的人，在时代解冻时，一种奔向新世界去的欢乐的激情。

这些就是比兴结合的意象，能使人的感受由浅入深，富有更多情感回味的余地，甚至由此达到意象象征的高品位抒情。如《浪》《树》《礁石》《高山上的风》等诗莫不如此。

艾青正是采用大量丰盈的意象来抒情，才使情感不架空。我们在他的创作实践中可以看到：意象首先要渗透主观的感受，其次它应该是使思想观念或内心情绪具体化到可以被感官感知的一种艺术处理。因此，它们不仅可以以比的手法构成，也可以以兴的手法构成。基于这些认识，故艾青不把意象当写诗的目的，而认为"是诗人使人唤醒感官向题材的迫近"①，也就是说每个意象不只反映感觉而已，还必须统一在体现题材的总原则下。这决定了艾青诗中的意象绝非孤立的、支离破碎的，或者分开来看一个个很美而统一起来看却莫名其妙的。譬如，他的《冬天的池沼》虽全用比的意象有机地组合，以暗示出池沼的形象，但这些意象全是在体现　个晚景凄凉的老人这个形象的总原则下统　在一起的，它们都不可孤立地看，只有在总体中来认识，才能使人感到更丰富，意境更深远。

诚然，形象是根据构思的原则，运用艺术概括的手法，把意象有机地组合而成的；意象是根据题材典型化的要求，运用艺术表现的手法，把素材具体化感觉而成的。但形象也好，意象也好，都得通过语言表现出来。所以我们说：语言是诗歌艺术中极重要的问题之一。正如艾青所说的："语言是诗的原素；诗是语言的艺术。"②

在诗歌语言的问题上，艾青一贯坚持要以口语为基础，经过加工成为文学

①艾青：《意象、象征、联想、想象及其他》，载《诗论》，三户图书社1941年版，第44页。
②艾青：《意象、象征、联想、想象及其他》，载《诗论》，三户图书社1941年版，第48页。

语言，又经过提炼方可作为诗的语言。他认为：诗的语言既要把口语中凌乱、芜杂而夹带不纯的成分淘汰，也得把散文语言中松散、枯燥和缺乏暗示性的成分净化，这才能使诗歌语言具有"简洁、单纯、明白"这样的"荷马艺术的要素"①。

表现在艾青的创作实践中，诗歌语言的特色显示在哪些地方呢？艾青曾经说过："语言文字构成两个部分：一个是它的外表，即所谓形式；一个是它的含义，即所谓内容。在这里，语言文字又是工具又是材料。"②这启示我们得从两个方面入手去对艾青诗歌语言的成就作考察。

先来考察他作为材料的语言特色。

语言是思维的物质外壳。人类的思维分逻辑思维和形象思维两种，所以语言也可以说是逻辑思维的概念和形象思维的形象的物质外壳。作为物质外壳的诗歌语言同形象是对立统一地依存着的一个完整的东西，从这个意义上讲，语言也就是诗的"材料"。在艾青诗中，这种"必不可少的材料"实际上就是渗透着情感的意象。所以语言也就是意象的物质外壳。我们分析过：艾青的诗总是具体可感的，是一种美的凝结，像"心灵的活的雕塑"，那么作为物质外壳的语言，必定也是具体的，这种语言的具体化，就是指语言的形象化——这是艾青诗歌语言的主要特色。

首先，艾青从敏锐的感觉出发，充分发挥联想去构造富有声、光、色、热等感觉的新奇形容词或短语来作定语，因而使得被修饰的名词具体可感。譬如，艾青在表现痛苦的感受时，爱用"紫色的"这个形容词作定语，像《大堰河——我的保姆》里："呈给你黄土下紫色的灵魂。"《向太阳》里："伏倒在紫色的岩石上/流着温热的眼泪/哭泣我们的世纪。"这两个例子中，无论"灵魂"或"岩石"，都不可能是紫色的。但我们知道：紫色是一种能给人以痛苦感觉的色彩，因为人受鞭笞后呈现出来的伤痕往往是紫色的，艾青把握住了这一点从现实中得来的具体感觉，再创造出这么一个定语来修饰内含痛苦的物象，可说

---

① 艾青：《诗的形式问题——反对诗的形式主义倾向》，载《人民文学》1954年第3期。
② 艾青：《诗的形式问题——反对诗的形式主义倾向》，载《人民文学》1954年第3期。

是贴切不过的。可不是吗？大堰河的"灵魂"是受尽人世创伤的灵魂，"岩石"
是象征着受尽蹂躏的祖国大地，这是一种色彩的语言，色彩是具体可感的，所
以色彩的语言也是具体可感的形象化的语言。其他表示色彩的还有。如《透明
的夜》里，"十几个生活在草原上的泥色的脸"中的"泥色的"；《北方》里，
"颓垣与荒冢呀，都披上了土色的忧郁"中的"土色的"。因为旧中国饱受压迫
的忧郁的农民和泥土始终是相依为命的，看到泥土的颜色，就会引起农民的忧
郁的感情，用在这儿确也十分贴切。又如《旷野》，"衬出它们黑色的褴褛"。
"褴褛"原是劫后拾余的残破的标志，黑色令人想起熊熊大火化一片焦土的色
彩，二者也因此可以通感，于是"黑色的"去修饰"褴褛"也就更能给人以艰
辛苦难的感觉。又如在《浮桥》里写城市：

　　　　又以金色的梦
　　　　和磷光的幻想
　　　　吸引了万人

这儿"梦"用"金色的"来修饰，给人以灿烂美好的感觉，而"幻想"用"磷
光的"来修饰，就更贴切动人了，因为磷光是天蓝的，辉煌耀眼的，却又是刹
那即灭的，从这个意义看，它用来修饰幻想，就使得幻想像看得到一般具体了。
又如《画者的行吟》里：

　　　　这歌里
　　　　以溅血的震颤祈祷着

"震颤"用"溅血的"来修饰，也是从感觉得来的。人或者动物因流血必然会引
起痛苦的抽搐，使肌肉不由自主地震颤，艾青就把二者打通了感觉，从而使
"震颤"获得好似看得到一般的具体。又如《北方》里：

　　　　沙漠风

已卷去北方的生命的绿色

"绿色"用"生命的"来修饰，也极妙。草木成长时总是绿色的，死了方变枯黄，所以绿色给人以生命的美感，用"生命的"来修饰它就能把这种美更具体。又如《吹号者》里有这样的用法：

而当太阳以轰响的光彩

辉煌了整个天穹的时候

这儿用"轰响的"声音来修饰"光彩"，似乎极不科学。阳光怎么能有声音呢？但我们从这个修饰成分中可以看出艾青是多么善于捕捉感觉：当太阳初升，猛从地平线跳起，投出它最初的光时，宛似炸药爆炸一样，而爆炸是要发出巨响的，艾青就捕捉住了这个"轰响"的预期感觉用来修饰太阳初升，把一刹那无限辉煌了的"光彩"修饰得逼真可感了。类似的例子还有很多，如《时代》里："也无论是阴沉的注视和黑夜似的仇恨"，用"黑夜似的"来修饰"仇恨"就挺奇特。仇恨是一种痛苦的郁结而欲求付出代价报复的内心冲动，从心理学角度看，仇恨给人一种阴沉而可怖的感觉；而黑夜，也往往给人以阴黑、恐怖的感觉。就从这点相通的感觉上，艾青找出了"黑夜似的"修饰成分来修饰"仇恨"，确也使人从感官上具体地看到了"仇恨"一样。又如《初夏》里："晴空下的江水/明亮而柔滑"中的"柔滑"，用来修饰"晴空下的江水"给人以动人的触觉感；"碧蓝的天与软白的云层下"中用"软白的"来修饰"云层"，也使人对"云层"有像棉花一样的触觉感。所有这些都是靠感觉得来的定语，用一种奇特的方式去修饰名词，使被修饰的名词具体可感。

其次，艾青构语造句时也十分讲究从感觉出发，充分发挥想象、联想与拟想，在主谓宾的结合中造成一种十分富有暗示色彩的奇妙关系，从而使得抽象的或一般的讲法变成具体可感的语言形象。譬如《透明的夜》里有这样的句子：

村，

> 狗的吠声，叫颤了
> 满天疏星。

"吠声"怎能"叫颤""疏星"呢？但由于荒村之夜声声狗吠，有一种阴森惊怖的感觉；而漆黑的夜，疏星才能被肉眼感到像在颤动，也往往对此夜景产生一种阴森惊怖的感觉。人对此二者会有相似的感觉，现在把它们结合起来，用拟想使吠声叫颤疏星，就能更动人地构成荒村深夜的惊怖气氛。主谓宾关系虽奇特，但由于这种关系是从一种感觉中获得的，只要我们深入到这种感觉中去，如此奇特的关系也就不奇特，反而饶有回味余地，使人深入到一种只可意会难以言传的意境中去。又如《老人》里：

> 饥饿的颜色染上了他一切的言语

这儿"颜色染上"的主谓关系是讲得通的，但染上"言语"却讲不通了。不过可以体味到这是动宾间具象化的做法，使意思表达得曲折、动人而具体。就是说：每句话都带有颜色。可这一来又讲不通了，于是又涉及"颜色"前面有"饥饿的"这一定语。"饥饿的颜色"是把饥饿具象化的一种做法。有了颜色是饥饿的具象化，主谓宾间的奇特关系我们也才能弄清，意思是每句话里都有着对饥饿生活的悲叹和诅咒。这种奇特的关系就把一层平常的意思写得具体可感了。又如：

> 斧斤的声音
> 铿锵地敲响了五月最初的日子

"斧斤"敲响是可以的，但要说"斧斤的声音"来敲响似乎讲不通，其实这是由于只闻声音不见斧斤而产生的一种错觉似的奇特感觉，仿佛声音在敲响。但要敲响"五月最初的日子"也讲不通，动宾关系又奇特了，这奇特是把宾语"日子"具象化，从而使主谓宾之间原本抽象的关系造成一种具体可感和曲折有致的关系，显示了伐木的声音是暗示着五月初的日子已来到了的意思。又如《鸫》里：

> 你又在用你纯真的歌声
> 永远流滴着欢愉的歌声
> 去唤醒每个沉睡的灵魂

这里用"流滴着欢愉"也十分奇特，难道歌声是像"水"一样，可以一点一点地流滴出来的吗？原来，这首诗的前面曾对歌声有个比喻："你的歌声……圆润如花瓣上的新露"，由于把歌声比作一点点露水，故这里用"流滴着"确实很贴切了。那是以视角形象来表现"歌声"这听觉形象的缘故，所以艾青也就以表现视觉中的动态的形象"流滴"作谓语，和"歌声"发生奇特的动宾关系，使听觉意象转化为具体可见的视觉意象。

主谓宾之间如此奇特的结合在艾青的诗里随处可见。如《马赛》里："你是财富和贫穷的锁孔。"我们晓得：锁孔就是关键；谁有本领，就可以从这儿打开财富的门——发财；谁没有本领，就去打开贫穷的门——破产，主语"马赛"和合成谓语"是锁孔"之间的结合是奇特的，但正是在这种语言意象化的技巧中，体现了一层很深刻的社会内容，资本主义世界是人人各怀心计、互相争夺着、暗算着以致贫富悬殊和阶级对立的。又如《向太阳》里："你来自城外的挑着满箩绿色的菜贩""挑着……绿色"，动宾关系奇特。"绿色"原是"菜"的颜色，以色彩代原物，可以更显示出菜的新鲜，这一句诗因而就曲折有致，使人发生联想，使读者在自己头脑里构成更具体的菜贩挑菜的形象。又如同首诗里"太阳的光泛滥在街上"中"光泛滥"的主谓关系也奇特，这是从感觉中得来的把光液态化的处理（艾青在很多处把光液态化了，如《死地》中说"在流着光之溶液的天幕下"），于是"光泛滥"也就不再奇特，而把阳光朗照更具体化了。其他还有如："磨坊和舂臼的声音说尽了村庄的单调"中的主谓宾关系也很特别；"现实解除了我的幻想"中的"解除……幻想"也很特别；"他们的眼睛被失望与怨愤磨成浑沌"的"眼睛被……磨""失望与怨愤磨成……"也很特别。总之，这些主谓宾间的、主谓间的、动宾间的种种奇特关系，都是从感觉出发捕捉来的事象与事象间那种内在关系，它们能使所抒之情或事更具体、更动人，虽曲折却有情致、有意境。

艾青使语言形象化的主要功夫就是下在修饰成分的奇特和主谓宾关系的怪异上。由于他对语言作了这样的艺术处理，因而使他的诗歌语言十分富有暗示性和启示性。像下面的一些诗句，就是在具体可感的意象化语言的外表下暗示着一种深刻的思想或强烈的感情。如：

> 桥是河流与道路的爱情
>
> ——《桥》

> 让我们走在众人的愿望所铺成的道路上吧
>
> ——《他死在第二次》

> 都为的想从时间的深沟里升腾起来
>
> ——《时代》

> 我们有过被欺骗的春天
> 我们有过被流放的春天
> 我们有过被监禁的春天
> 我们有过呜咽啜泣的春天
>
> ——《迎接一个迷人的春天》

> 欢乐坐着智慧的小艇
>
> ——《写在彩色纸条上的诗》

至于启示的语言，艾青曾这样说："启示的语言以最平凡的外形蕴藏着深刻的真理。"①像下面一些诗句就是这样：

爱情并不能医治我们

却只有斗争才能把我们救起

——《火把》

愚昧就是黑暗

智慧就是光明

——《光的赞歌》

认识没有地平线

——《光的赞歌》

在这些例子中我们都可以看出一个特点：它们要么是修饰成分奇特，要么是主谓宾关系怪异，而正是在这种关系中，各结成了具体可感的语言意象。当然，这样的语言凡富于暗示性的，往往意境较深，感情内涵丰富；凡富于启示性的，往往像格言一样，充分地表现出一种机智，诚如艾青自己所说的："一个诗人不理解语言的性能，是不会写出好诗的。"②的确，我们不但要充分认识艾青诗歌语言的意象化奥妙，而且还得透过这层奥妙而区别认识两大性能："语言里面必须富有暗示性和启示性。"③艾青正是按这个标准来创作，创造出他那些作为材料而言的诗歌语言的。

再来考察艾青诗歌语言作为工具的特色。

在考察语言作材料后我们可以得出这么一点认识：语言是向语言转化的概念或意象。但语言毕竟是概念或意象的物质外壳，因此语言也是形式。所以说，由形象或意象的情感内涵为转化的词与词、语与语、句与句之间的有机结合，

---

① 艾青：《语言》，载《诗论》，三户图书社1941年版，第50页。

② 艾青：《诗的形式问题——反对诗的形式主义倾向》，载《人民文学》1954年第3期。

③ 艾青：《语言》，载《诗论》，三户图书社1941年版，第50页。

以及对这种内涵起辅助作用为转移的音乐效果，是考察艾青诗歌语言作为工具的具体途径。

先看艾青诗中由意象的情感内涵为转移的词与词、语与语、句与句之间的错综复杂的结合情况。

由于艾青诗的意象特别具体而丰富，往往好几个小意象组成一个大意象，再由一些大意象组成一个意象群以至一首诗完整的形象，因此，他非得用大量意象化的词和语在各个成分中或一个句子中堆砌起来不可。往往是这样：一个简单句，艾青在各个成分上分别分配给了不少小的意象，使各个句子成分无限制地扩充，从而使得一个简单句变为很复杂的简单句。譬如《吹号者》里有这么一段：

> 在震撼天地的冲杀声里，
>
> 在决不回头的一致的步伐里，
>
> 在狂流般奔涌着的人群里，
>
> 在紧密的连续的爆炸声里，
>
> 我们的吹号者
>
> 以生命所给与他的鼓舞
>
> 一面奔跑，一面吹出了那
>
> 短促的、急迫的、激昂的
>
> 在死亡之前决不中止的冲锋号

这是一句简单句。"吹号者一面奔跑一面吹出了冲锋号"——这是简单句的主要成分。艾青为了使意象具体可感和丰美，确实很巧妙地使用了语言这个工具，办法就是大量增加修饰成分。他用了"在……里"四个处所状语，"以生命所给与他的鼓舞"这个行为方法状语，一同来修饰"奔跑""吹"这两个并列谓语；又用"短促的、急迫的、激昂的"和"在死亡之前决不中止的"这四个以形容词或介词短语充当的定语来修饰"冲锋号"这个定语。这一来，一句本来只需15个字可以表达出中心事件的简单句，因为用了大量的小意象去充实这个中心，竟变成有92个字、占了9行诗的一句很复杂的简单句了。又如在《写给小睡车里的婴孩》的末一节：

> 你静静地睡着了
> 在温爱中
> 在芳香里
> 在布拉格
> 在维尔塔发河边
> 在长长的堤岸上
> 在母亲推着的
> 温暖的、柔软的
> 像花一样的
> 像云一样的小睡车里

这是一句更简单的句子：你睡着了。但为了强调写出婴孩睡着时那种和平、安宁的幸福境界，艾青不仅用副词"静静地"来修饰"睡着"，还用了六个介词短语作处所状语来修饰"睡着"；而第六个介词短语"在……小睡车里"更用了一个主谓结构（"母亲推着的"）、两个形容词（"温暖的、柔软的"）和两个介词短语（"像花一样的""像云一样的"）作定语修饰"小睡车"。可见一个简简单单的中心事件用了这么多小意象来使它丰满华美起来，确实全靠扩大修饰成分达到。意象如此丰盈，又一起挤压在一个简单句里，这样的句子词与词、语与语的结合就显得非常复杂了。但这还只是发生在一个简单句里，艾青有时甚至用复合句，拿大量的状语副句、定语副句来修饰主句中的主谓宾。譬如《大堰河——我的保姆》里：

> 你用你厚大的手掌把我抱在怀里，抚摸我；
> 在你搭好了灶火之后，
> 在你拍去了围裙上的炭灰之后，

在你尝到饭已煮熟了之后，

在你把乌黑的酱碗放到乌黑的桌子上之后，

在你补好了儿子们的为山腰的荆棘扯破的衣服之后，

在你把小儿被柴刀砍伤了的手包好之后

在你把夫儿们的衬衣上的虱子一颗颗的掐死之后，

在你拿起了今天的第一颗鸡蛋之后，

你用你厚大的手掌把我抱在怀里，抚摸我。

这一节诗，第一行是主句，后面有八个时间状语副句去修饰主句的谓语，也就是说用了八个小意象来充实主句的中心事件。应该说，这有些放任大剂量的意象堆积了。从这里我们也可以看出艾青诗歌语言中句法的复杂已达到臃肿的地步。曾记得已故诗人朱湘评英国诗人济慈的语言现象时，这样说：他的初期的作品是繁复的，意象过于拥挤的，好像是夏天河边的芦苇，又像是未经修剪的树枝。笔者以为这也很适用于艾青，特别是他前期的语言现象。由于诗歌语言的这种复杂化现象，导致艾青的诗行不可能一行就是一个完整句子，不可能做到句的顿数均齐、节的格式匀称，难以形成诗歌形式的格律美，而突出地显示了他语言形式的散文化倾向。至于艾青自己呢？又是抱定一个宗旨："以如何最能表达形象的语言，就是诗的语言。"①这样，他就有意识地提倡过诗的散文美。他说过："而那种洗练的散文，崇高的散文，健康的或是柔美的散文之被用于诗人者，就因为它们是形象之表达的最完美的工具。"②所以我们说艾青提倡写自由诗，提倡形式的散文美，乃是出于他诗歌形象的特别富有具体性，出于他使用的意象既具体可感又丰盈到有点堆积的地步，非得用散文结构的语言形式来容纳不可，这是出于一种苦衷。当然，语言形式的散文化和诗的单纯美是背道而驰的，但我们若理解了艾青的苦衷以后，也就可以对他这种做法谅解了。有一个基本出发点艾青是抓得牢牢的，即区别于诗和散文重要的是内容而不是形式，

---

① 艾青：《诗的散文美》，载《诗论》，三户图书社1941年版，第73页。

② 艾青：《诗的散文美》，载《诗论》，三户图书社1941年版，第73页。

如果是有诗的内容，有诗的意象的，那么"即使不是分行排列也是诗"①。艾青的诗之所以不因形式的散文化而被人当作散文，根本点也就在这里，它们具有真正的诗的素质：形象、意象、意境。

但若一味强调只要内容是诗的就好，而把作为诗歌的另一重要标志忘掉也不行。这另一重要标志就是：既然承认诗是语言的艺术，那也得要求诗歌语言必须富有音乐美。这就需要进一步探索以对意象的情感内涵能起辅助作用为转移的艾青诗歌语言的音乐效果。

从艾青的创作实践中可以看出，艾青把诗歌语言的音乐效果只看作充分表现诗歌意象和抒述情感的辅助手段，而不认为是根本的目的。同时，这种音乐效果只能在诗歌语言能以充分地表达意象的前提下，合乎情感内在节奏、自然而然地呈现的，而不愿加上人为的外力。有鉴于此，艾青在他的创作中不仅不凭诗行节奏——音组的有机配合和每行顿数的均齐来显示音乐效果，也不凭诗节的匀称来显示音乐效果，而且连最起码的音韵他也不注意，特别是前期的诗，他"却常是首先就离弃了韵的羁绊的"②。那么，艾青诗歌语言的音乐效果到底从何处显示出来呢？我们以为艾青应和着情感的内在节奏，按语言结合的自然音节，从一种旋律感上来体现音乐效果。这样讲似乎有点玄妙莫测，但实际上我们概括艾青的创作实践，还是可以找到他旋律美的外在表达规律的。

首先，艾青的分行是有一定原则的。他的诗以散文句法为多，一句不一定是一行，有时一句甚至分成十几行，因此诗行往往分得长长短短。一般讲，艾青当然是凭语气的抑扬顿挫自然而然地分的，不过他有几种习惯做法。第一，凡强调哪一个成分，就把那一个成分另起一行。例如《火把》《那是谁》这一节里，唐尼对一个和克明一起走的女子特别注意，这时诗行是：

　　那是谁？那是谁？
　　和他一起走来的

---

① 艾青：《诗的形式问题——反对诗的形式主义倾向》，载《人民文学》1954年第3期。
② 艾青：《诗的散文美》，载《诗论》，三户图书社1941年版，第73页。

那是谁？那穿了草绿色的裙装的

女子是谁？那头发剪得像马鬃的

女子是谁？那大声地说着话的

又大声地笑着的女子是谁？

那走路时摇摆着身体的

女子是谁？那高高地挺起胸部的

女子是谁？

这里的"那是谁""女子是谁"都是抒情主人公所特别注目而非强调出来不可的，于是诗行就以强调的对象为界线另起一行了。第二，由于艾青的诗歌形象重视表现动态，而突出谓语是能强调显示动态的，所以当主语带有一定的附加成分，谓语部分就基本上和它分家，另起一行了。例如《北方》中写沙漠风吹过广大的原野时，艾青对自然景色的动荡而又骚乱的描绘：

从塞外吹来的

沙漠风

已卷去北方的生命的绿色

与时日的光辉

——一片暗淡的灰黄

蒙上一层揭不开的沙雾，

那天边疾奔而至的呼啸

带来了恐怖

疯狂地

扫荡过大地；

荒漠的原野

冻结在十二月的寒风里，

村庄呀！山坡呀！河岸呀！

颓垣与荒冢呀

　　都披<u>上</u>了土色的忧郁……

这里六个打着"＿＿＿"号的谓语，都是另起一行的，我们试着把这些谓语放在
上行的末尾，读起来那种跃动的、不安定的旋律感就要逊色得多。第三，配合
对动态美的强调，艾青往往把他惯用的介词短语的状语成分另起一行，以突出
对谓语的修饰作用。譬如《手推车》中：

　　在冰雪凝冻的日子
　　在贫困的小村与小村之间
　　手推车
　　以单独的轮子
　　刻划在灰黄土层上的深深的辙迹
　　穿过广阔与荒漠
　　从这一条路
　　到那一条路
　　交织着
　　北国人民的悲哀

这里十行诗，有五行是介词短语的状语，前三个修饰"刻划"，后两个修饰"交
织"，都各以时间状语、地点状语、行为方式状语而单独立为一体。第四，艾青
深懂分行造成各种断续，能使音节在骤停或故意拖沓中产生和内在的情绪节奏
相吻合的旋律效果，所以他往往根据情绪的特征来进行各式各样的分行，譬如
《透明的夜》里：

　　一群酒徒，离了
　　沉睡的村，向
　　沉睡的原野
　　哗然地走去……

夜，透明的_

夜！

上引诗句中打"_"处就是艾青故意造成的断续，这使得诗行破碎，产生骤然又续的旋律效果，能给人一种茫然的、游移不定的情绪，这和全诗情绪的内在节奏非常吻合。因为这首诗写的是一群流氓无产者，他们是被三座大山压在最底层，逼得走投无路的一个阶层，心里满怀对旧世界的反叛情绪，却找不到生活的出路，也找不到如何反抗以求解放的出路，结果放纵自己，以致自暴自弃了。所以这个阶层若引导得好，可以改造成一支革命力量；若不去引导，会成为一股破坏力量。这个阶层精神上的典型气质就是游移、彷徨和茫然，艾青的诗歌形象正是反映了他们这一种气质，而这种分行的旋律效果也正好是和这一点情绪气质相吻合的。

其次，艾青还善于根据情绪内在节奏的需要，运用叠词、叠语或排句，以造成某种气势，把所抒之情一层又一层地推向高潮，达到很高的旋律效果。譬如《火把》是一首朗诵效果很好的长诗，抗战前期在重庆时曾被多次朗诵，激励过无数年轻人。朗诵效果好的特点之一是特别爱用叠词、排句。如在《给我一个火把》一节里艾青就这样写：

火把已排成发光的队伍了

火把已流成红光的河流了

火花已射到我们这里来了

火花已射到我们的脸上了

你们的脸在火光里真美

你们的眼在火光里真亮

你们看我呀我看一定也很美

我的眼一定也射出光来

因为我的血流得很急

因为我的心里充满了欢喜

> 让我们跟着队伍去
>
> 跟着队伍到那边去
>
> 到那火把出来的地方去
>
> 到那喷出火光的地方去

这节诗基本上是四行一排比或两行一排比，一直排下来的，那种感情的气势确实是越来越高亢——这是一种热爱光明、向往斗争、投身于群众的激流中去的火热的激情，以一浪高过一浪的旋律效果体现出来的。再如《春》这首诗，也以激越的旋律配合着激越的情绪呈现出来，诗行采用比较灵活的排句和叠词，以推进情绪趋向高潮，而到"点缀得江南处处是春了"时，仿佛已经完结，出现了一个急刹车似的旋律的休止，而突然又另起一段："人问：春从何处来？／我说：来自郊外的墓窟。"好似于无声处猛现的惊雷，藏在语言的外壳中的无形的旋律，以更高亢的情调震响在我们的感觉世界里了。从这儿可以看出艾青善于运用排句的另一个方面：在过多的排句下来时突然来一个不排，也能增强旋律美。所以艾青总是灵活运用。

最后，艾青还善于在句式上采用前后照应、往复回旋的复沓手法，使他的诗歌语言在具体的作品中呈现一种回肠荡气、一唱三叹的旋律效果。著名的长诗《大堰河——我的保姆》共13节，有12节都是每节的第一句和末一句一样，反复咏唱的，如：

> 大堰河，今天我看到雪使我想起了你，
>
> 你的被雪压着的草盖的坟墓，
>
> 你的关闭了的故居檐头的枯死的瓦菲，
>
> 你的被典押了的一丈平方的园地，
>
> 你的门前的长了青苔的石椅，
>
> 大堰河，今天我看到雪使我想起了你。

这种做法是被柔绵的情绪不绝如缕地呈现出来的情调所决定的，有了语言形式上这样的往复回旋又加强了这种情调了。又如《布谷鸟集》里的《浇地》一首，每一节开头都用"驴子走，水车转"：

驴子走
水车转

一个妇女
坐在水车边
她的怀里
躺着一个小孩
睡得甜又甜

驴子走
水车转

……

这首诗写的是农民在水车旋转中的引水灌田劳动，形象本身要显示被描写对象的那种回旋的状态，艾青在语言形式上采用了这种往复回旋的诗节，对描写对象的回旋状态起了辅助作用，并且还加浓了对这种新生活的一往情深、恋恋不舍的情调。

这就是艾青在诗歌艺术中语言形式方面的特色。

总之，内容决定形式而形式又反作用于内容这个艺术辩证法原则，在艾青的创作实践中运用得很好。他在语言上虽也有晦涩难懂的辞藻，也有过欧化的、别扭的、拖沓的句子，形式上也有过分散文化而造成的散漫，但从主流看，他不搞没有真实感情的辞藻的堆砌，也不搞脱离内容的形式主义，他的诗形象具体而丰美，是靠大量"美的凝结物"——意象充实起来的，这结果使他的诗产生了意象的放纵，从而造成了语言现象的复杂化，产生了散文结构的句法，出现了形式上的散文化倾向，但由于艾青始终抓住诗必须要有感人的抒情形象，所以他形式上的散文化成了一种诗的散文美，这种美在于能达到充分表现形象的便利。当然，我们在这里谈的主要是指他具有代表意义的语言形式。新中国成立后，由于生活内容、感受深度等种种原因，以及对民族化、大众化的探索，使他在语言艺术上有显著的发展，语言上趋向于单纯、明丽，形式上趋向于有韵、有格律倾向，这是艺术上成熟的表现，是艾青向"简洁、单纯、明白⋯⋯荷马艺术的要素"迈出的可喜步伐。

尾　声

·

自从再次还乡返回京城后，艾青的身体就每况愈下。

艾青一生受的折磨太多，直到晚年也不能幸免：右胳膊在1987年一次开会时不慎摔断，靠金属连接，已不能写字；两条腿从20世纪90年代初起行走就很困难，只能靠轮椅。因此，金华归来后他干脆就不再外出，有时坐在书桌前，默默凝视着窗外那株紫玉兰，有时坐在小客厅里，久久欣赏着黄永玉那幅画。

诗人阅遍人间春色，把欢乐的、痛苦的、明朗的、阴郁的、高亢的、柔曼的种种生存感受已全都交付给诗歌，确实该休息了。

大江日夜奔流，又流走了四度秋月春花……

当紫玉兰盛开出1996年那一片春色，艾青86岁的生日来到了。3月26日一大早，夫人高瑛想到明天是丈夫的生日，一定会有许多朋友要来祝寿，该早点收拾一下屋子，也得给"老艾青"刮刮胡子，换上一套新买的衣服才是！因此早早起身，忙里忙外起来。

艾青也起来了，坐在轮椅里，看着高瑛这么忙，就问："你忙点什么哟？"

"准备明天给你做生日，你可要好好配合！"

"又是生日了？牛汉他们会来吧！好！一定听你的，一定配合！"

想起老朋友们会来，艾青笑开了。笑着笑着，一口痰涌上喉头，咳不出来，涨红着脸，气闷了过去。

在协和医院抢救了好长时间，总算把咳不出的那口痰吸出来了，但艾青始终没有醒来，心脏还在跳动，一天、一天、又一天……整整40天。

5月5日凌晨4点15分，艾青人生旅途的终点站已到。他永远告别了守在床边的高瑛，告别了他为之奉献的世界和他所挚爱的人民，平静离去。

大事年表

1910年（1岁）

3月27日（庚戌年二月十七），出生于浙江省金华县畈田蒋村（今金华市金东区傅村镇所辖）一户蒋姓人家。取名正涵，字养源，号海澄。"艾青"系他从事文艺工作后使用得较多的笔名，另有笔名莪伽、克阿、纳雍、林壁。

1910年至1913年（1至3岁）

寄养在本村贫妇大叶荷（大堰河）家，使他"自小就感染了中国农民的忧郁"。

1914年（4岁）

被领回家，入读本村蒙馆。

1915年至1917年（5至7岁）

村边半乔山办起私立乔山小学，艾青进该小学就读。

1918年9月至1924年（8至14岁）

先后在傅村镇育德小学、金华县立长山小学与金师附小，受完小学教育。当中因转学等原因，曾停学。喜爱绘画和手工艺。1924年1月保姆大堰河去世，年仅46岁。

1925年（15岁）

9月，考入浙江省立第七中学（今金华一中）读初中。

1926年至1927年（16至17岁）

大革命高潮中，积极参加学生运动，上街捣毁"仇货"店；偷读油印本《唯物史观浅说》，开始以阶级分析眼光看待社会现实。曾想弃学投考黄埔军官学校，因父亲反对而作罢。

1928年（18岁）

暮春，随省立七中师生游览杭州西湖，写出生平最早的诗《游痕》，发表于七中学生刊物《学蠡》上。7月，初中毕业。9月，考入杭州国立艺术院（后改名为国立杭州艺术专科学校，即今中国美术学院前身）绘图系，"同班同学只有十几人，我常在早饭前出去画几张水彩风景"（《母鸡为什么下鸭蛋》）。他成绩优异，在各系统考中，获全院第六名。

1929年至1931年（19至21岁）

年初，受校长林风眠鼓励，赴法国巴黎学绘画。同行者有孙伏园、孙福熙兄弟以及雷圭元、俞福祚、龚珏等。由于父亲断绝经济供给，到巴黎后只得半工半读。开始如饥似渴地阅读西方文学、艺术、哲学、社会学著作，热衷于现代画派——主要是后期印象派的莫奈、马奈、雷诺阿、德加、莫提格里阿尼、丢飞、毕加索、尤脱里俄等的绘画。也爱上了进步文学作品："19世纪俄罗斯旧现实主义的大师们揭开了我对现实社会认识的帷幕。"（《艾青选集·自序》）常去巴黎工人区的列宁厅观看红色电影，思想趋向急进。与在巴黎留学的画家吴作人等交游，偶遇李又然，结成终生友谊。与一波兰女留学生（法语教师）相识，初萌爱意。九一八事变，日本侵占东北。参加"世界反帝大同盟"。

1932年（22岁）

1月16日，参加"世界反帝大同盟东方部"集会，会后写成《会合》一诗。

1月28日——一·二八事变那天，由马赛乘邮轮归国。归途写有《当黎明穿上了白衣》《阳光在远处》《那边》三首诗。3月初回到上海。4月中旬，在上海加入"中国左翼美术家联盟"，并和江丰、力扬等组织"春地美术研究所"，筹办春地画展，在《文艺新闻》上发表最早的文艺评论。6月6日发表《十二个诗人》（署名"伽"）。6月26日发表《乌脱里育》（署名"莪伽"）。6月26日春地画展开展头一天，陪鲁迅观展。7月12日，春地美术研究所上世界语课时，遭到法租界巡警搜查，和江丰、李春道（力扬）、于海、李岫石、黄山定等12名美术青年一同被捕，关押在法租界第二看守所。8月16日，被判6年有期徒刑，狱中无法作画，始有"借诗思考、回忆、控诉、抗争"之举。9月10日写出《透明的夜》，后又写《聆听》等最初的狱中诗。是年，在《北斗》第2卷第3、第4期合刊上以"莪伽"的笔名发表《会合》，在《现代》第1卷第5期（1932年9月）上以"莪伽"的笔名发表《当黎明穿上了白衣》《阳光在远处》《那边》。

1933年（23岁）

1月14日，写成抒情长诗《大堰河——我的保姆》，悼念乳娘大叶荷，并宣告自己要站在被侮辱受损害的劳动者一边向不公道的世界发出咒语。接写《叫喊》（3月13日）、《芦笛》（3月28日）、《一个拿撒勒人的死》（6月16日）、《Orange》（7月17日）等诗。是年5月1日，在《现代》第3卷第1期上第一次以"艾青"这一笔名发表《芦笛》。

1934年（24岁）

继续囚在狱中，从事诗歌写作。以"莪伽"的笔名在《现代》第4卷第5期上发表《病监》，第5卷第2期上发表《黎明（外五章）》（包括《泡影》《辽阔》《搏动》《灯》《路》《黎明》）；以"艾青"的笔名在《春光》第1卷第1号上发表《监房的夜》《叫喊》《Orange》，第1卷第2号上发表《聆听》，第1卷第3号上发表成名作《大堰河——我的保姆》；在《新诗歌》第2卷第4期上发表抒情长诗《铁窗里》。同时继续在此期间写成《巴黎》《马赛》《画者的行吟》《窗》

《古宅的造访》《ADIEU——送我的R远行》《我的季候》《九百个》《小黑手》等诗，并从法文版译述了比利时诗人凡尔哈伦的诗集《原野与城市》。年底由上海看守所转狱到苏州反省院。

1935年（25岁）

10月，获释，回畈田蒋村。年底，与张竹如成婚。

1936年（26岁）

年初赴江苏常州，在武进女子师范学校任国文、图画教师。一学期满，被解聘。暑假后携张竹如赴上海，靠写作谋生，和江丰等重聚，并在新华艺大兼教美术课。结识田间，并在田间的建议下，自费于11月10日出版第一部诗集《大堰河》，收有《大堰河——我的保姆》《芦笛》《透明的夜》《聆听》《巴黎》《马赛》《那边》《一个拿撒勒人的死》《画者的行吟》九首诗。该诗集由上海群众杂志公司发行后，社会反响极大。杜衡在《新诗》第1卷第6期上发表书评《读〈大堰河〉》，茅盾在《文学》第8卷第1期上发表《论初期白话诗》提及这首诗，并予以充分肯定。接着胡风在《文学》第8卷第2期上发表《吹芦笛的诗人》，雪苇在《中流》第2卷第5期上发表《关于艾青的诗》，大力推颂这颗诗坛新星。

1937年（27岁）

1月至7月，在陈唯稷主办的《天下日报》编文艺副刊。在胡风、茅盾编的《工作与学习丛刊》上发表新作《太阳》《煤的对话》等，译作《凡尔哈伦诗抄》。还作《春》《生命》《浪》等诗及论文《梦、幻想与现实——读〈画梦录〉》。7月6日离沪赴杭州蕙兰中学任教，于沪杭路上作《复活的土地》，抒发了他对抗战的预感。在蕙兰中学迎接全民族抗战这一伟大时刻的来到，作《他起来了》《我们要战争呵——直到我们自由了》。年底，回家乡告别父母兄弟，偕张竹如奔赴抗日中心武汉，12月28日夜写成《雪落在中国的土地上》。

1938年（28岁）

胡风主编的《七月》第2集第1期上发表爱国主义经典诗作《雪落在中国的土地上》。1月27日，受山西民族革命大学之聘，偕张竹如并会同田间、萧军、萧红、端木蕻良等奔向临汾，于津浦路上写成《北方》《手推车》《乞丐》《补衣妇》等。在临汾任教半个月，即因晋东南失守，集部分民族革命大学师生组成"抗日艺术队"，任队长，赴西安，流浪一个多月后，于4月初返回武汉。其间写有《风陵渡》《车过武胜关》等。4月中旬，在保卫大武汉的热潮中作长篇抒情诗《向太阳》，并于同年5月16日出版的《七月》第3集第2期上发表，轰动文坛。7月底因战争逼近，撤离武汉，与以群、亦门、卢鸿基等在湖南衡山逗留数月，开始写《诗论》片段。11月17日作《我爱这土地》，并携此诗偕张竹如赴广西桂林，编《广西日报》副刊《南方》。

1939年（29岁）

1月底，诗集《北方》出版，收诗8首。读者反响之强烈出乎本人预料。邵荃麟、楼适夷等发文予以高度评价。3月末作叙事诗《吹号者》，刊于同年5月16日《文艺阵地》第3卷第2期，为艾青抗战时期爱国主义诗歌创作里程碑式之作。4月，创作另一首叙事长诗《他死在第二次》。同月，在《南方》第66期上发表《诗的散文美》一文。与林林等成立诗文学社，在《救亡日报》创刊《诗文学》；与戴望舒创办诗刊《顶点》，7月出版，仅出一期。9月，辞去《广西日报》副刊的编务工作，离开桂林去湖南新宁，在衡山乡村师范学校任教，写成《诗人论》，并编定《诗论》一书，为中国第一部从美学出发探讨新诗创作的书。婚变发生，与张竹如离异，和武进女子师范学校的学生韦荧结合。是年底，第三部诗集《他死在第二次》在上海杂志公司出版，收《吹号者》《他死在第二次》《除夕》《车过武胜关》等诗共8首。

1940年（30岁）

从1937年起的创作高潮在持续3年后，进入第4年，依旧呈上升势头。1月，作《旷野（一）》《冬天的池沼》《解冻》等；2月，作《沙》《无题》《船夫与船》等；3月，作《青色的池沼》《山毛榉》《水鸟》等；4月，作《树》《土地》《太阳》。接陶行知聘书，受聘于办在重庆北碚的育才学校。4月底离开新宁，前往长沙、宜昌，奔波一个月，于5月下旬到达"陪都"重庆。旅途中，以5月1日至4日的4天时间完成长篇叙事诗《火把》，歌唱抗日民主，并在同年6月18日重庆出版的《中苏文化》半月刊上发表，轰动山城。郭沫若、朱自清等均予以高度评价，《新华日报》发专文介绍。6月，任育才学校文学系主任、《文艺阵地》编委。继续勤奋创作，有短诗《旷野（又一章）》《高粱》《篝火》等，组诗《新的伊甸集》及长诗《溃灭》片段问世。9月24日，由胡风引见，在北碚第一次会晤周恩来；在育才学校的一次演讲中，周恩来当众鼓励艾青去延安，使他大受鼓舞，并着手准备冲出重庆。是年6月，抒情长诗《向太阳》作为"七月诗丛"之三由海燕书店出版；9月，诗集《旷野》由重庆生活书店出版。

1941年（31岁）

1月5日，皖南事变发生，艾青处境险恶，决定提前赴延安。让韦荧搭董必武车先走。2月初，受周恩来鼓励与经济援助，会同罗烽、张仃悄然离渝；在宝鸡，又有严阵、逯斐夫妇加入，一行五人，乔装而行。过关卡47道，于3月8日抵达延安。受张闻天接待，被安排在中华全国文艺界抗敌协会延安分会工作。"初夏的一个夜晚"受毛泽东接见。任"文抗"延安分会新一届理事，创办《诗刊》，任主编；与肖三等发起成立"延安诗会"，并当选为陕甘宁边区参议会参议员。作《古石器吟》《秋天的早晨》《强盗和诗人》《毛泽东》《时代》《我的父亲》《黎明的通知》等抒情诗和叙事长诗《雪里钻》。是年6月，《火把》作为"文季丛书"之一在文化生活出版社出版；9月，《诗论》在桂林三户图书社出版。此前一年，父亲已于战乱中病卒，这一年母亲也在逃难中亡故。家人曾希望他回去一趟，但他拂逆了："因为我，自从知道了/在这世界上有更好的理想，/我要效忠的不是我自己的家，/而是那属于万人的/一个神圣的信仰。"（《我的父亲》）

1942年（32岁）

3月，受聘为边区政府文化工作委员会委员。文艺整风前夕，毛泽东多次约见，交换文艺问题。他在此基础上写成《对于目前文艺上几个问题的意见》初稿，此文经修改后定稿，并在5月15日的延安《解放日报》上全文发表。5月2日至23日，参加延安文艺座谈会。会后赴中央党校一部参加整风。任中央党校秧歌队副队长，积极投入民间文艺活动。作《太阳的话》《河（一）》《河（二）》《野火》《献给乡村的诗》《向世界宣布吧》《土伦的反抗》等。是年，编成一部包括40多位诗人、70来首抗战时期新诗的选集《朴素的歌》，作论文《论抗战以来的中国新诗》，发表于4月10日出版的《文艺阵地》第6卷第4期。

1943年（33岁）

决心按《在延安文艺座谈会上的讲话》精神深入工农兵群众进行创作。结识农业劳动模范吴满有，并深入其家乡吴家枣园体验生活，写成长诗《吴满有》，于3月8日在《解放日报》全文发表，新华社也以专电发向各抗日根据地。诚如艾青自己所说："把一首那么长的诗专电发出去，这是我们新闻事业中破天荒的事，也说明中央领导人对它的重视。"3月中旬，和肖三率领陕甘宁边区文化界慰问团赴南泥湾、金盆湾慰问359旅，结识王震，结下终生友谊。开始研究民间文艺，作《论秧歌剧的形式》等。是年5月，诗集《黎明的通知》作为"文学创作丛刊"之一在桂林文化供应社出版；12月，诗集《反法西斯》在华北书店出版，长诗《吴满有》由新华书店出版。

1944年（34岁）

写民间文艺研究论文多篇，包括《汪庭有和他的歌》《窗花剪纸》等。11月30日，中共中央党校劳动英雄模范工作者代表大会上获"全校甲等模范工作者"称号，并得"为人民服务的模范"奖状。是年8月，诗集《愿春天早点来》由桂林诗艺社出版，收诗8首；11月，叙事诗集《雪里钻》作为"新群诗丛"之五，由上海新群出版社出版。

1945年（35岁）

1月13日，"边区群英大会"召开，获"甲等模范文化工作者"奖。开始在鲁迅文艺学院任教，加入中国共产党。作《悼罗曼·罗兰》一诗。8月10日，日本宣布无条件投降，当夜写成长诗《狂欢的夜晚》。根据形势需要，"文抗"与"鲁艺"合并，再分成东北、华北两个文工团，随军接管敌占区城市，艾青被任命为华北文工团团长，率领包括周巍峙、吴晓邦、江丰、凌子风、彦涵、莫朴、王朝闻、贺敬之、王昆、严辰等在内的100多人，于9月20日从延安出发，长途行军到张家口，历时50多天，行程1000余里，沿途写成日记体散文《走向胜利》。12月，华北文工团并入华北联合大学，成为其下属的文艺学院，任副院长。是年6月，诗集《献给乡村的诗》由昆明北门出版社出版，收入1932年至1942年所写农村题材的诗17首。

1946年（36岁）

年初，北方文化社成立，创办《北方文化》，任编委。2月，作长诗《人民的城》，歌唱解放了的张家口。6月，作长诗《欢呼》。7月，受文协张家口分会委托，主编一套"长城文艺丛书"。国共和谈破裂，内战爆发。10月，因战略转移，华北联大随军政机关撤出张家口，转移至冀中束鹿县小李庄。

1947年至1948年（37至38岁）

艾青带领师生辗转冀中平原，经历两年艰苦的战斗生涯，1947年底至1948年春，与文艺学院师生一起在河北省束鹿、荻鹿、涿鹿一带参加农村土地改革，慰问前线将士，并开展教学活动。作反映土改后农村生活的组诗《布谷鸟集》。1948年初，华北联大和北方大学合并为华北大学，文艺学院为其第三部，任该部副主任，积极筹建文艺研究室。同年夏天，在该研究室作《创作上的几个问题》的长篇报告。论文集《释新民主主义的文学》于1947年10月由香港海洋书屋出版，内收有关文学、戏剧和美术论文6篇。当年在狱中所译凡尔哈伦诗集《原野与城市》也于1948年1月由上海新群出版社出版。

1949年（39岁）

2月，随解放大军进入北京。在中国人民解放军军事管制委员会文化接管委员会工作，任国立北平艺术专科学校（中央美术学院前身）军代表。6月，参加新政治协商会议筹备会，任国旗、国徽图案评选组组长。7月，参加中华全国文学艺术工作者代表大会，作《解放区的艺术教育》的报告，当选为中国文联全委会委员；中国美协成立，当选为全委会委员；中国文协（中国作家协会前身）成立，为大会主席团成员。9月，中国人民政治协商会议第一届全体会议召开，当选为政协全国委员会候补委员。9月27日，作《国旗》，发表于同月29日的《人民日报》上，为共和国史上第一首歌颂五星红旗的诗。10月1日，参加开国大典。《人民文学》创刊，任副主编。

1950年（40岁）

3月，作《春姑娘》。4月，参加全国总工会、妇联、团中央、文联等团体组织的"宣传保卫世界和平旅行讲演"团，任副团长。7月，随中共中央宣传工作代表团访问苏联4个月，其间写有《奥特堡》《西伯利亚》《呼喊》《宝石的红星》等诗。是年，《新文艺论集》由上海群益出版社出版；《走向胜利》由上海文化工作社出版；12月，诗集《欢呼集》由人民文学出版社出版。

1951年至1953年（41至43岁）

1951年春夏之交，去广西邕宁县参加土地改革；7月，《艾青选集》由开明书店出版；9月中旬，在北京会晤智利诗人巴勃罗·聂鲁达和苏联作家爱伦堡。1952年3月，《人民文学》改组，留任编委。1953年春，回到阔别16年的家乡，搜集抗日战争时期浙东游击队的斗争事迹，欲写一组叙事诗。回京后写成一篇，但由于采用民歌体写，并不成功，没有继续写下去；6月，诗集《宝石的红星》由人民文学出版社出版；9月，参加全国第二次文代会，仍选为全国文联委员。"文协"改组为"作协"，当选为作协理事，定为驻会作家。在北京结识捷克汉学家丹娜，结下深挚友谊。这几年写诗不多，但所作短诗《给乌兰诺娃》与《西湖》均获好评。

1954年（44岁）

3月，在《人民文学》上发表长篇论文《诗的形式问题——反对诗的形式主义倾向》，系艾青重要诗学著作。作抒情长诗《双尖山》，曾"认为很久以来没写出这样的诗了"。7月，与肖三同行出访智利，祝贺巴勃罗·聂鲁达五十寿辰，往返途中均在布拉格稍作停留，与丹娜相聚。9月9日返回北京，路途上写有组诗《南美洲的旅行》，包括《维也纳》《一个黑人姑娘在歌唱》《在智利的海岬上》《大西洋》以及"海边诗抄"《礁石》《珠贝》《海带》等。10月，到舟山群岛深入生活，回京后于11月间写成长篇叙事诗《黑鳗》。诗歌创作又呈上升趋势。

1955年（45岁）

反胡风事件全国展开，中国作协又有对"丁、陈反党集团"的斗争，一时间文艺界形势严峻，加之家庭婚变，个人生活受到指责，这一年只写了几首政治运动中的表态诗和一首诗评《公刘的诗》。是年1月，《艾青诗选》由人民文学出版社出版。

1956年（46岁）

年初，中国作协创作委员会诗歌组在对诗歌问题的讨论会上批评艾青政治热情不高，创作中"主题的积极性和时代精神相去较远"（《沸腾的生活和诗》），接着中国作协第三次理事会（扩大）会议的大会报告中也以同一说法公开点名批评艾青，他并不气馁，写《养花人的梦》《蝉的歌》等寓言诗对文艺界加于他的不公正待遇予以寓意深长的反驳。冲破阻力与在《人民文学》杂志社工作的高瑛建立新的家庭。又积极投入生活，如和萧乾、吕剑、费新我等赴内蒙古草原访问，无所顾虑地按自己新的创作思路与表现风格创作，一年共发诗24首，包括《长城》《鸽哨》《启明星》《高原》《小河》《小兰花》《赛汉塔拉》《下雪的早晨》等，艺术质量大为提高。11月中旬作诗评《望舒的诗》，对这位老友、已故现代派诗人作出中肯的评价。是年7月，以新中国成立后所作诗为主的选集《春天》由人民文学出版社出版。

1957年（47岁）

1月，《诗刊》《收获》创刊，任编委。并计划写"匈牙利事件"，已完成《弗洛拉》《巴拉顿湖》两个片段，因材料不足而搁笔。偕夫人高瑛赴沪杭两地，收集帝国主义在经济上侵略中国的资料，准备写一首长诗，并已写就一节《外滩》，即受中国作协电召回京。随即反右运动在全国展开，艾青因几首寓言诗而惹祸，又为丁玲辩护而卷进是非中，处境岌岌可危。7月，智利诗人聂鲁达、巴西小说家亚马多来华访问，前去云南迎接，同游昆明滇池、重庆三峡。回京后，文艺界反右运动已进入对"丁、冯反党集团"展开全面批斗阶段，报上公开点了艾青的名。12月，被开除党籍。是年7月，晓雪著《生活的牧歌——论艾青的诗》由作家出版社出版；10月，艾青诗集《海岬上》由作家出版社出版。

1958年（48岁）

4月，被划为右派，撤销一切职务。全家迁往北大荒完达山下852农场安家落户，担任农场下属一个林场的副场长。感奋于军垦生活，写长诗《踏破荒原千里雪》《蛤蟆通河上的朝霞》（均在"文化大革命"抄家中失落）以及短诗《烧荒》等。是年，法国出版李治华教授所译艾青诗选集《向太阳》，内收诗20余首。

1959年至1960年（49至50岁）

调新疆军区生产建设兵团。采访兵团机运处模范司机苏长福，写成长篇报告文学《苏长福的故事》，后由新疆人民出版社出版，署名：新疆军区生产建设兵团机运处文艺创作组。

1961年（51岁）

12月17日，《人民日报》公布摘掉右派帽子。

1962年至1965年（52至55岁）

落户农八师所在地石河子新城，除了作《年轻的城》《垦荒者之歌》《帐篷》等诗以外，主要精力集中于深入军垦第一线，体验生活，搜集军垦战士开发莫索湾、变荒漠为绿洲的战斗事迹，并在此基础上写成了一部40余万字的长篇小说《沙漠在退却》的初稿。

1966年至1972年（56至62岁）

"文化大革命"开始，受猛烈冲击。1967年5月19日，被押送到离师部百余里外大沙漠中的114团2营8连，一家人住地窝子，规定艾青每天打扫13个厕所。数年如此劳役，身体搞垮，疝气发作，动了手术；天天在地窝子里、豆油灯下夜读，右眼白内障严重，已有失明之虞。直到1972年国务院派人来调查和干预，艾青全家方于11月迁回石河子农八师师部。

1973年（63岁）

春天，获准去北京医治眼疾。由于错过治疗时间，右眼白内障不治而失明，乃与在京旧友江丰等告别，转道京沪、浙赣线，回金华老家探亲小住，又去杭州，与翻译家黄源会晤，有退休回杭州之意。9月下旬返回新疆石河子。

1974年至1975年（64至65岁）

闲居石河子一年，左眼的白内障又趋严重，延至1975年初，再次获准带家眷赴京治疗，总算保住左眼。一家五口从此借西城一间小房，在北京定居下来。

1976年至1977年（66至67岁）

1976年清明，曾去天安门广场悼念总理。"四人帮"垮台后，精神振奋，决定重返诗坛，从1976年11月下旬起，为恢复写诗而苦苦练笔。在致友人的信中说："我这两月来，每天早上二三时起床，可以工作三四小时，陆续写了几千行，等有朝一日需要了即可付梓。"

1978年（68岁）

4月30日，一首署名"艾青"的诗《红旗》在《文汇报》上发表，宣告他终于唱着红旗之歌回归诗坛，此举在全国引起密切的关注和热烈的反响。随即是多年前写成而未能发表的旧作如《年轻的城》《垦荒者之歌》《帐篷》和一年多来练笔时写就的新作如《鱼化石》《给东山魁夷》《给小泽征尔》《电》《伞》等纷纷在各家报刊发表。9月、10月间随中国作协作家学习访问团赴鞍山、大庆，作《钢都赞》《钢都夜》《静悄悄的战线》《波斯菊》等诗。11月中旬，天安门事件平反后，写成政治抒情长诗《在浪尖上》，在北京体育馆朗诵时，获得前所未有的强烈反响。12月，完成复出后诗歌创作中具有里程碑意义的抒情长诗《光的赞歌》。

1979年（69岁）

1月11日，挥泪作《致亡友丹娜之灵》，悼念一直为他不幸遭遇鸣不平的捷克汉学家丹娜。1月19日，在粉碎"四人帮"后召开的第一次全国诗人座谈会上作了长篇发言。3月，诗刊社组织"诗人海港访问团"，任团长，率20多位诗人访问海南岛、湛江、广州、上海等地，写有《绿》《"神秘果"》《盼望》《拣贝》《天涯海角》《沉思》等诗。中共中央组织部为他彻底平反，任《诗刊》编委。4月6日至9日，《华侨日报》连载罗伯特·C·弗兰德的长文，论艾青的创作，把他和聂鲁达、希克梅特并提，誉为当今世界三大诗人。5月中旬至7月初，随中国人民对外友好协会代表团访问德意志联邦共和国、奥地利、意大利，作有抒情诗《古罗马大斗技场》及《墙》《汉堡的早晨》《导游人》《访马克思故居》《慕尼黑》《特根恩湖的早晨》《蓝色的多瑙河》等。6月，被增补为全国政协委员。8月至9月间应邀赴哈尔滨写作一个月，并参加黑龙江省文联等单位举办的"艾青诗作朗诵会"，作《听，有一个声音……》《太阳岛》等。9月作《新诗应该受到检验》一文，是在特定时代背景下对诗学建设的一大贡献，载同年《文学评论》第5期。11月，参加第四届全国文代会，被选为全国文联委员和中国作家协会副主席。这是艾青复出后的丰收年，除上面提及的作品外，还写有《失去的岁月》《关于眼睛》《彩色的诗》《虎斑贝》《蛇》等，长短诗共64

首。是年7月，新编《艾青诗选》由人民文学出版社出版，前有一长文《在汽笛的长鸣声中》作代序，回顾自己的经历并系统地谈了自己的诗学观；由法国卡特琳娜·飞霞所译的艾青诗选集《艾青的诗》也在法国出版。

1980年（70岁）

2月中旬，作《母鸡为什么生鸭蛋》一文，详细谈及自己的艺术追求道路。4月，世界作家组织国际笔会中国笔会中心在北京成立，被选为理事会理事。6月，应法国辛格·波利尼亚克基金会和巴黎第三大学邀请，与高行健、吴祖光、孔罗荪、刘翱等赴巴黎参加"中国抗战文学国际座谈会"，作《中国新诗六十年》的长篇报告。会议期间，有"向艾青致敬"的专项活动。会后，随中国作家代表团访问意大利，其间作有《波斯湾上空》《巴黎》《红色磨坊》《尼斯的早晨》《尼斯》《蒙特卡罗》等诗。7月23日在诗刊社举办的"青年诗作者创作学习会"上作长篇讲话，后根据录音整理成《与青年诗人谈诗》一文，是一篇显示艾青诗歌观念具有创新特色的重要诗学论文，在同年《诗刊》第10期上发表。8月上旬，整理定《中国新诗六十年》一文，在同年《文艺研究》第5期上发表。8月24日，应美国爱荷华"国际写作计划"主持人聂华苓之邀，偕夫人高瑛及小说家王蒙赴美国写作和访问，足迹遍及美国的爱荷华、芝加哥、纽约、波士顿、洛杉矶、旧金山等地，与不少旅美华裔诗人、作家、艺术家共度"中国周末"，还应邀在哈佛大学、哥伦比亚大学等名校作演讲，参加座谈会，于年底离美归国。其间写有《纽约》《洛杉矶》《庆阿华》《旧金山》《得丽湖畔》等诗，这是复出后又一次创作丰收年，除上面提及的诗以外，还写有《历史的尊严》《沉痛的经验》《花样滑冰》《城市》《天鹅湖》《生命和时间》《雪莲》《交河古道遗址》等，长短诗共63首。是年5月，诗集《归来的歌》由四川人民出版社出版。11月，诗集《彩色的诗》由江苏人民出版社出版。

1981年（71岁）

3月，在北京图书馆作"谈诗歌创作"的报告，报告的第二部分后以《从"朦胧诗"谈起》为题在同年5月12日的《文汇报》上发表，引起部分"朦胧诗人"与艾青的论战。作《给女雕塑家张得蒂》《献给宋庆龄》等短诗及长诗《香港》，后者发表在同年3月28日的《人民日报》。是年底，作《迷幻药》一文，载同月21日《光明日报》，对中国新诗中的晦涩倾向坦率提出自己的看法，也是他和某些"朦胧诗人"论战中的一次小结。

1982年（72岁）

1月，《人民文学》发表抒情长诗《面向海洋》，和《光的赞歌》一样是艾青复出后的创作中富有里程碑意义之作。4月，中国笔会中心在北京举行会员（扩大）会议，被选为副会长。同月11日赴日本东京参加联合国教科文组织举行的为期十天的"亚洲作家讨论会"，作《民族文化与文化特性》的长篇发言。5月，为纪念艾青创作活动50周年，家乡浙江举行一系列活动。5月16日至23日，中国当代文学研究会浙江分会、浙江省文学学会现代文学研究会联合在杭州召开"艾青研究学术报告会"，艾青偕夫人高瑛于21日到杭州，同与会人士见面，并作即席讲话。24日至26日，中国作家协会浙江分会举行庆祝活动：24日，借座省政协礼堂召开庆祝大会，由分会主席、老作家黄源致开幕词，汪静之、黎央、莫洛、唐湜、炼虹、田地、骆寒超等分别发言，艾青作答词，说："我走过的路，是时代走过的路，时代巨轮推动着我，一步步艰难地前进，这全都要感谢人民。"25日晚，作协浙江分会与浙江省文化会堂联合举办"艾青诗歌朗诵演唱会"。5月27日至30日，艾青回到金华，受当地政府的热烈欢迎和隆重接待，召开诗人荣归故里的欢迎大会，艾青作满怀深情的答谢词，并接受当地最高学府浙江师范学院（今浙江师范大学）邀请，前去和该校师生畅聚并举行诗歌座谈。28日回到畈田蒋村，旧宅逗留、亲朋相聚；29日又到中学母校金华一中（原浙江省立第七中学）和师生见面。回京途中在上海逗留，拜访中国作协主席巴金。是年，《艾青谈诗》由花城出版社出版，收复出以来所作诗学论文、序言等20余篇；高瑛、骆寒超、周红兴编的《落叶集》由浙江人民出版社出版，收艾青新中国成立前散失而从未入集过的诗和1979年版《艾青诗选》中未选入的重要诗作114首；海涛、金汉编《艾青专集》（"中国当代文学研究会资料丛书"）由江苏人民出版社出版。英文本《艾青诗选》（欧阳祯、彭文兰、玛丽莱·金译）、《黑鳗》（杨宪益、弗兰德译）均由外文出版社出版；法文本《艾青诗论》（王载源、尚德兰译）在巴黎出版。骆寒超专著《艾青论》由浙江人民出版社出版。

1983年（73岁）

1月13日至19日，偕夫人高瑛并与作家萧军、萧乾一起参加新加坡人民协会、《民众报》、《星洲日报》、新加坡写作人协会和新加坡文艺研究会在新加坡联合举办的"国际华文文艺营"活动。3月16日，诗集《归来的歌》获中国作家协会第一届（1979—1982）全国优秀新诗一等奖。被家乡浙江推举为第六届全国人大代表，并在第六届人大一次会议上被选为常委。是年，高瑛、周红兴、骆寒超编的《域外集》由花山文艺出版社出版，收有艾青国际题材的诗90首；诗集《雪莲》作为诗刊社主编的"诗人丛书"之一在黑龙江人民出版社出版。

1984年（74岁）

4月，杨匡汉、杨匡满著《艾青传论》由上海文艺出版社出版。6月，参加作家访问团，与周扬等参观珠江三角洲深圳、珠海经济特区。7月5日，中国国际文化交流中心理事会在北京成立，任副理事长。8月，《绿洲笔记》由四川人民出版社出版。该书系节录长篇小说《沙漠在退却》中30多个可独立又相互有联系的故事以笔记体形式组合而成。12月，中国作协第四次会员代表大会在京开幕，艾青出席，系执行主席之一，并在改选中继任中国作协副主席。是年，中共中央一位领导人在读了艾青的《我的创作生涯》后，提议今后要多宣传这样的革命诗人，向国际文坛着重推荐艾青。中央向有关部门下达文件，要求多宣传艾青。

1985年（75岁）

3月12日，法国驻华大使马乐代表法国总统和文化部部长授予艾青法国文化艺术最高勋章。7月23日至8月3日应邀偕夫人高瑛赴秦皇岛、兴城海滨旅游，作《秦皇岛》《北戴河》《山海关》等诗。9月11日，参加田间追悼会。是年11月，《艾青论创作》由上海文艺出版社出版。

1986年（76岁）

1月，继4个月前田间去世，艾青又失去年长的诗友胡风，作《思念胡风与田间》一文。同月，中国作协第二届优秀新诗（诗集）评奖中，诗集《雪莲》获奖。3月上旬，因心脏病发，住进协和医院治疗。11月，被推举为中国人民对外友好协会理事。是年，三卷本《艾青选集》由四川文艺出版社出版；维吾尔文《艾青诗选》由新疆少儿出版社出版。

1987年（77岁）

2月，澳门文化学会《文化杂志》第2期发表官龙耀所写《提名中国大诗人艾青为诺贝尔奖候选人》一文。5月4日至10日，应澳门文化学会邀请，偕高瑛访问澳门，并出席中葡双语版《艾青诗选》（金国平译）发行仪式。12月12日，中国作协主席团会议通过艾青任第三届诗歌奖评委会主任。是年4月，法文本艾青诗选集《礁石（诗与寓言）》（黄育顺译）由巴黎百花出版社出版。9月，日文本艾青诗选《芦笛》（稻田孝译）由东京劲草书房出版，印度文本《艾青诗选》由外文出版社出版。

1988年（78岁）

1月18日，冰心、冯至等中外54位作家、诗人联名写信给瑞典皇家学院诺贝尔文学奖评委会，吁请艾青获1988年诺贝尔文学奖。6月30日，马来西亚《南洋商报》、《南洋文艺》副刊以整版篇幅介绍"中外作家提名艾青角逐诺贝尔文学奖"的情况，并相应发表《雪落在中国的土地上》《镜子》《诗人必须说真话》等诗文。是年，朝鲜文本《艾青诗选》（韩昌熙译）由民族出版社出版。

1989年（79岁）

3月27日，虚龄80岁，各界知名人士前来祝贺。是年，俄文本艾青诗选《太阳的话》（勒·契尔卡斯基等译）出版。

1990年（80岁）

3月21日晚，出席重庆出版社为"抗日战争文艺作品系列丛书"出版在京举行的招待会，不幸摔伤，右肩骨折断，送往协和医院动手术，肩胛骨用金属连接，从此右手不能写字，练习用左手写，并自称"独臂老人"；走路也已不方便，已开始坐轮椅行动。是年，《黎明的通知——艾青诗选》由台湾汉艺色研文化事业有限公司出版，中意双语本《强盗和诗人》（安娜·布依雅蒂译）由意大利米兰谢维勒出版社出版。

1991年（81岁）

5月，出席由中国作家协会在京召开的全国青年作家会议的开幕式与闭幕式。7月，河北花山文艺出版社出版五卷本《艾青全集》，300余万字：第1、第2卷为诗歌，第3卷为诗论，第4卷为《绿洲笔记》及书信，第5卷为散文、文论及附录。并于8月20日在北京举行首发式，伍修权、林默涵、高占祥、臧克家等出席，并对艾青作高度评价。8月25日至28日在京召开"艾青作品国际研讨会"，开幕式在人民大会堂举行，国家副主席王震、全国政协副主席程思远、文化部代部长贺敬之等领导人、来自全国各地和许多国家、地区的诗人、学者以及诗人家乡浙江金华的代表等共300余人参加。研讨会上，冯至、臧克家、卞之琳、公木、戈宝权等文坛前辈及艾青老友费德林、钟鼎文、苏金伞、鲁藜等均作了热情发言。研讨会期间还举办了艾青诗歌朗诵音乐会，李瑛、屠岸、雁翼等诗人朗诵了他们献给艾青的诗。诗韵大成，盛况空前。

1992年（82岁）

1月，任《诗刊》新一届编委。5月19日应金华市、县领导邀请，偕夫人高瑛抵达金华，在故乡参加纪念《在延安文艺座谈会上的讲话》发表50周年和庆祝艾青诗歌创作60周年的系列活动，参加金华市召开的"艾青研究学术报告会"，与金华市、县党政军领导及中国作协书记处书记、《诗刊》主编杨子敏等一起出席金华市、县文化单位联合举办的"艾青作品文艺晚会"；回畈田蒋村参加大堰河诗碑的揭碑仪式，并再次应浙江师范大学之邀，坐轮椅赴该校与师生见面，发表热情洋溢的讲话："刚才校长说'月是故乡明'，是啊，我就要回来看看！月亮也是金华的好！"5月28日返京。是年10月，《艾青作品国际研讨会论文集》由花山文艺出版社出版。

1993年至1995年（83至85岁）

身体每况愈下，已很少参加社会活动，在坐落于东城东四十三条的新居静养。1995年中国人民反法西斯战争胜利50周年前夕，有记者前去采访时，用浙江方言高唱："大刀向鬼子们的头上砍去……"

1996年（86岁）

3月26日清晨，因痰梗塞引起昏迷，延至5月5日拂晓前4点15分，心脏停止了跳动。

主要著译集

《大堰河》	上海群众杂志公司 1936 年 11 月 10 日初版
《北方》	广西日报社 1939 年 1 月初版
《他死在第二次》	上海杂志公司 1939 年 11 月初版
《向太阳》	海燕书店 1940 年 6 月初版
《旷野》	生活书店 1940 年 9 月初版
《土地集》（诗文）	微光出版社 1940 年 12 月初版
《火把》	烽火社 1941 年 6 月初版
《诗论》（理论）	三户图书社 1941 年 9 月初版
《黎明的通知》	文化供应社 1943 年 5 月初版
《反法西斯》	华北书店 1943 年 12 月初版
《吴满有》	新华书店 1943 年 12 月初版
《愿春天早点来》	诗艺社 1944 年 8 月初版
《雪里钻》	新群出版社 1944 年 11 月初版
《献给乡村的诗》	昆明北门出版社 1945 年 6 月初版
《原野与城市》（译诗）	新群出版社 1948 年 1 月初版
《释新民主主义的文学》（理论）	香港海洋书局 1949 年初版
《走向胜利》（散文）	上海文化工作社 1950 年初版
《新文艺论集》（理论）	上海群益出版社 1950 年初版
《欢呼集》	人民文学出版社 1950 年 12 月初版

《艾青选集》　　　　　　　　　开明书店1951年7月初版

《新诗论》（理论）　　　　　　北京天下出版社1952年初版

《宝石的红星》　　　　　　　　人民文学出版社1953年6月初版

《艾青诗选》　　　　　　　　　人民文学出版社1955年1月初版

《黑鳗》　　　　　　　　　　　作家出版社1955年10月初版

《春天》　　　　　　　　　　　人民文学出版社1956年6月初版

《海岬上》　　　　　　　　　　作家出版社1957年10月初版

《苏长福的故事》（报告文学）　新疆人民出版社1961年初版

《艾青诗选》　　　　　　　　　人民文学出版社1979年7月初版

《归来的歌》　　　　　　　　　四川人民出版社1980年5月初版

《彩色的诗》　　　　　　　　　江苏人民出版社1980年11月初版

《落叶集》　　　　　　　　　　浙江人民出版社1982年10月初版

《艾青谈诗》（理论）　　　　　花城出版社1982年5月初版

《域外集》　　　　　　　　　　花山文艺出版社1983年7月初版

《雪莲》　　　　　　　　　　　黑龙江人民出版社1983年11月初版

《艾青论创作》（理论）　　　　上海文艺出版社1985年10月初版

《艾青选集》（三卷本）　　　　四川文艺出版社1986年3月初版

《艾青全集》（五卷本）　　　　花山文艺出版社1991年7月初版

参考文献

一、专集

《生活的牧歌——论艾青的诗》　晓雪著　作家出版社1957年版

《艾青专集》　海涛、金汉编　江苏人民出版社1982年版

《艾青传论》　杨匡汉、杨匡满著　上海文艺出版社1984年版

《艾青作品欣赏》　叶橹著　广西人民出版社1986年版

《艾青的跋涉》　周红兴著　文化艺术出版社1988年版

《艾青研究与访问记》　周红兴著　文化艺术出版社1991年版

《艾青作品国际研讨会论文集》　花山文艺出版社1992年版

《艾青名作欣赏》　牛汉著　中国和平出版社1993年版

《不灭的诗魂——艾青》　吴洪浩著　山东画报出版社1996年版

《追踪艾青》　董正勇著　新疆大学出版社1997年版

《艾青传》　程光炜著　北京十月文艺出版社1998年版

《土地与太阳：艾青的世界》　汪亚明著　天津人民出版社1999年版

《我和艾青的故事》　高瑛著　中国戏剧出版社2003年版

《艾青》　蒋晔、武京予著　河北人民出版社2008年版

《艾青诗歌的历史与文化透视》　陈文兵著　珠海出版社2010年版

《艾青年谱长编》　叶锦著　人民文学出版社2010年版

《还艾青一个清白》　叶锦著　团结出版社2010年版

《艾青诞辰100周年学术研讨会论文集》　叶锦编　团结出版社2011年版

《“诗的散文美”与艾青的诗学观》　王秋丽著　西北大学出版社2012年版

《我和艾青》　高瑛著　人民文学出版社2012年版

《艾青研究·第1辑》　叶锦主编　团结出版社2014年版

《艾青研究·第2辑》　叶锦主编　团结出版社2015年版

《艾青评传》　程光炜著　南京大学出版社2015年版

《艾青　大师的智慧》　蒋晔著　河北人民出版社2017年版

《走进艾青》　首届中国（金东）艾青诗歌节组委会主编　光明日报出版社2018年版

《东方芦笛：艾青》修订本　刘屏著　安徽教育出版社2022年版

二、文章

《论初期白话诗》　茅盾　《文学》8卷1期

《吹芦笛的诗人》　胡风　《文学》8卷2期

《读〈大堰河〉》　杜衡　《新诗》1卷6期

《关于艾青的诗》　雪苇　《中流》2卷5期

《人的花朵》　吕荧　《七月》6集3期

《论两个诗人及诗的精神和形式》　孟辛　《文艺阵地》4卷10期

《艾青和田间》　闻一多　《闻一多全集》第3卷

《漪澜堂畔晤艾青》　聂华苓　《七十年代》1978年第9期

《从沉默中走出来》　罗伯特·C·弗兰德　《华侨日报》1979年4月6—9日

《艾青谈诗及写长篇小说的新计划》　冬晓　《开卷》1979年第2期

《诗的力量——记艾青同志访欧洲三国片断》　陈明仙　《文艺报》1979年第10期

《艾青诗歌艺术风格散论》　杨匡汉、杨匡满　《文学评论》1980年第4期

《他依然年轻——谈艾青和他的诗》　谢冕　《中国现代文学研究丛刊》1980年第3期

《〈艾青诗选〉法文本序》　苏珊娜·贝尔纳　《文艺报》1980年第6期

《艾青在巴黎》　柯国淳　《人民日报》1980年8月4日

《中国抗战文学国际座谈会在巴黎》　柳门　《读书》1980年第10期

《〈归来的歌〉书后》　吕剑　《归来的歌》

《风雨催舟到古稀》　蒋海涛　《浙江师范学院学报》1981年第1期

《艾青与欧美近代文学和美术》　黎央　《红岩》1981年第2期

《论艾青诗歌的力感》　王彪　《艾青研究论文集》

《论艾青抒情诗中的第二形象》　沈泽宜　《艾青研究论文集》

《艾青诗歌中的生死主题》　吕家乡　《诗潮·诗人·诗艺》

《论艾青诗魅力的构成》　蓝棣之　《艾青作品国际研讨会论文集》

《物象世界斑斓的生命色彩——艾青诗美特征之一种探讨》　叶橹　《艾青作品国际研讨会论文集》

《艾青在新疆的岁月》　祁人、沙平　《萌芽》1996年第10期

《艾青——一位卓越的国际大诗人》　马德俊　《诗坛风景线》

《以艾青与青年诗人的关系为例重评"朦胧诗论争"》　李润霞　《中国现代文学研究丛刊》2005年第3期

《饱经忧患后的深沉歌唱——论艾青复出后的诗歌艺术》　来华强　《中北大学学报》（社会科学版）2005年第4期

《论艾青诗的忧郁美及文化成因》　汪亚明　《浙江纺织服装职业技术学院学报》2006年第3期

《论艾青诗中吴越文化的内涵》　樊旭敏　《上饶师范学院学报》2007年第2期

《铁窗里那向阳而生的搏动——论艾青狱中诗的主体意识》　李本东　《黔南民族师范学院学报》2008年第5期

《艾青诗歌的抒情特色》　黄良才　《名作欣赏》2010年第15期

《艾青"诗的散文美"概念分析》　陈增福　《浙江师范大学学报》（社会科学版）2010年第4期

《归来的艾青与新时期的诗歌伦理》　吴思敬　《廊坊师范学院学报》（社会科学版）2010年第1期

《直觉·情感·意象——对艾青诗歌独创性和审美价值根源的探索》 李夫泽 《中国文学研究》2013年第3期

《艾青早期狱中诗歌研究》 魏文文 《常州工学院学报》(社会科学版)2015年第4期

《流亡的命运：关于艾青晚年诗歌艺术价值的重新认识》 徐径 《楚雄师范学院学报》2016年第10期

《论艾青诗歌中个人意志与群体情感的融合》 丁晓妮 《临沂大学学报》2019年第1期

《艾青"土地"意象群的修饰语研究》 郑柳均 《品位·经典》2020年第11期

《艾青诗歌中的"文字绘画"之美》 荆利霞 《新疆艺术》(汉文)2021年第3期

《艾青与延安后期文艺运动》 秦林芳 《中国当代文学研究》2023年第3期

后 记

这是父亲与我合作的一本书。近二十年后回看，依旧觉得这部书稿是父亲和我一次严肃、愉快而又记忆犹新的合作。

艾青对我们来说自然十分亲切。很多年前，父亲的青春命运曾和艾老的政治遭遇牵扯在一起。党的十一届三中全会后，他们自然而然地建立起特殊的友情，两家也一直亲密地交往着。而多年来，在我们这个多少有点文学气息的家庭里，关于诗，更是聚谈中常会出现的话题，这使我爱屋及乌，对这位"中国诗坛的泰斗"的一生经历一直很关注。

人的生命是有限的，但精神之光可以不朽！记得在电视剧《小敏家》中，主人公陈卓对其女儿说的一段话让人感慨良多。他说："人的一生会死三次，第一阶段是生命走到了尽头，被医生确认死亡，第一次生物学意义上的死亡；第二次是在你葬礼上，所有亲朋好友送你最后一程，化作一缕青烟的时候是第二次死亡，社会学意义上的死亡；第三次，当走后的若干年，这个世界上没有人会再记得你名字的时候，是第三次死亡，彻底消亡。"那么，如何让有限的生命留下永恒的精神与意志，比如艾青……

艾青，这位以"歌声"向众生传递"黎明的通知"的诗人，已于27年前告别了他所效忠的祖国和他所挚爱的人民，走向了生命的永寂。而在他86年的人生道路中，大半辈子的生活过得并不美好。不过谁也不会否认，在这不美好中蕴藏的至美！因为，不管处境如何艰难险恶，为了民族的解放事业和人类的前程，他始终以诗投射出一束束生命之光，正如他在《光的赞歌》中所高唱的，

"在这个茫茫的世界上/为被凌辱的人们歌唱/为受欺压的人们歌唱/我歌唱抗争，歌唱革命/在黑夜把希望寄托给黎明/在胜利的欢欣中歌唱太阳"。他也曾说过，这是自己的宣言。

纵观艾青的一生，他用"嘶哑的喉咙"为人类的命运不歇地歌唱了近70年，他向我们这个壮丽的时代呈献了30多部创作诗集与诗论集。因此有人说，他是一株高大、挺拔而又常绿的诗的生命树。

的确，艾青从出现于诗坛的那一天起，就把自己牢牢地扎根在现实的土壤里，并以众生的苦乐和阶级的憎爱化作感情的养分，滋育心灵、拔枝抽叶，昂然挺立在风云变幻的时代旷野上，令他的同代人、后辈人都为之惊叹。而对艾青自己来说，"诗人"是第二义的，他把自己首先看成是真理的追求者。他曾说过自己要效忠的"至善的理想"乃是"属于万人的一个神圣的信仰"，而为了追求它，"即使我的脚踵淋着鲜血，我也不会停止前进"——艾青的诗之所以富有生命力，正在于他的思想是通向全人类的。

作为20世纪的大诗人，艾青已为我们民族赢得了世界声誉！

如今，艾青灵魂的窗户虽然关上了，但关不住的，是他留给这个世界的歌声。当我翻读世界各地用不同语种出版的《艾青诗选》，特别是日本著名的中国新诗研究家秋吉久纪夫教授所译的《艾青诗选》时，我深深感到：艾青的歌声一直在人类文明无边的原野上震荡着，并且"那声音流荡得多么辽远啊"……

关不住的，还有人们对他的怀念。当我翻阅60余万字的《艾青纪念集》，当我读着程光炜的《艾青传》、张永健的《艾青的艺术世界》、谢应光的《艾青研究》、汪亚明的《土地与太阳：艾青的世界》等艾青研究著作时，我深深感到：随着岁月的流逝，从双尖山麓到塞纳河畔，从古尔班通古特漠原到波拉格谷地，这世上无数心灵事业的探求者，并没有忘记他……他的精神洁光永驻人间！

修订版《时代的吹号者——艾青传》改动不多，主要是增加了一章内容，即对艾青的诗歌审美观作了梳理，以便读者更好地理解他的抒情个性与诗美定位，从而凸显艾青作为浙江文化名人的越文化性格。父亲多次说过："艾青是越文化的骄傲，浙江的骄傲，中国的骄傲！"他甚至预言：一世纪、两世纪……以后，艾青在世界文明之林中会获得更高的评价。我很赞同，所以觉得增加"艾青的诗歌审美观"一章很有必要。

最后，要感谢艾青夫人高瑛阿姨，她提供给我们不少重要的材料；感谢杨匡汉、周红兴先生，他们的有关著作，给我们提供了不少参考。同时，对卢敦基研究员关心与支持这个课题的情意深表谢意！

骆　蔓

2023 年 1 月 10 日